野望の中国近現代史
帝国は復活する

Wealth And Power
China's Long March to the Twenty-First Century

オーヴィル・シェル
Orville Schell
ジョン・デルリー
John Delury
古村治彦［訳］

ビジネス社

私の半身であるバイファンに捧げる
——オーヴィル

母に捧げる
——ジョン

野望の中国近現代史　目次

第1章　はじめに：富強（Introduction: Wealth and Power）……5
第2章　行己有恥　魏源（Humiliation　Wei Yuan）……15
第3章　自強　馮桂芬（Self-Strengthening　Feng Guifen）……43
第4章　体用　西太后（Western Methods, Chinese Core　Empress Dowager Cixi）……69
第5章　新民　梁啓超（New Citizen　Liang Qichao）……103
第6章　一盆散沙　孫中山（A Sheet of Loose Sand　Sun Yat-sen）……133
第7章　新青年　陳独秀（New Youth　Chen Duxiu）……163
第8章　統一　蔣介石（Unification　Chiang Kai-shek）……197
第9章　革命は晩餐会ではない　毛沢東Ⅰ（Not a Dinner Party　Mao Zedong, Part I）……225
第10章　不破不立・創造的破壊　毛沢東Ⅱ（Creative Destruction　Mao Zedong, Part II）……263
第11章　白猫黒猫　鄧小平Ⅰ（Black Cat, White Cat　Deng Xiaoping, Part I）……297
第12章　動乱　鄧小平Ⅱ（Turmoil　Deng Xiaoping II）……345
第13章　入世　朱鎔基（Entering the World　Zhu Rongji）……375
第14章　没有敵人　劉暁波（No Enemies, No Hatred　Liu Xiaobo）……409
第15章　結論：復興（Conclusion: Rejuvenation）……447
訳者あとがき……475

第1章

はじめに：富強

Introduction: Wealth and Power

中国人が背負わねばならなかった夢

二〇世紀初頭、内部の腐敗と海外からの攻撃というプレッシャーに直面し、中国の清帝国は解体しつつあった。この当時の人気のあった政治評論家と改革者の中で特に人気があったのは梁啓超《りょうけいちょう》（Liang Qichao 一八七三〜一九二九年）という人物であった。彼はこの時、あまり出来のよくない小説『新中国の未来（*The Future of New China*）』を書き始めた。この小説は当時人気のあった雑誌に連載されていた。『新中国の未来』は、愛国的な幻想とSFが奇妙に入り混じった小説で、六〇年後の復興した中国の様子が描かれている。中国は再び強力で、繁栄した、そして尊敬を集める国として世界に再登場する、と梁啓超は書いている。その当時最も影響力を持つ知識人であった梁啓超が書いたわずか数章のフィクションの習作『新中国の未来』は、多くの読者の心を捉え、時代に対応できない清王朝の無能さへの怒りを掻き立てるのに大きな役割を果たした。そして、人々は、この小説を読むことで現在の遅れた中国も一九六二年には理想的な未来を享受しているに違いないと夢見ることができた。梁啓超が小説の中で書いたことが今や現実のものとなった。「世界をリードする学者たち、政治家たち、実業家たちは、上海で開催された国際博覧会を競い合うように訪問し、中国の現在の発展と儒教を基礎にした過去の両方を賞賛する」と彼は書いた。そして、実際に二〇一〇年に万国博覧会が上海で開催された。梁啓超は「私はこの種の本が中国の輝かしい将来に貢献すると確信している」と書いている。[1]

『新中国の未来』はそこまで素晴らしい文学作品という訳ではない。梁啓超は、小説連載中に、小説について「おかしくて笑ってしまう」と自虐的に述べている。[2] しかし、中国が実際により豊かに、強力に、そして尊敬を集めるようになっている現在、小説を読んでみると、遠い昔の、その当時の中国人たちが自国の恥辱に満ちた衰退という現実から逃避したいと熱望していたことが分かる。しかし、彼らは、あくまでも想像上の未来への逃避をしていたに過ぎない。

このような幻想は中国の一〇〇年を超える衰退に対する中国人たちの自己防衛反応であったということを私たちは理解すべきだ。梁啓超はありそうもない大勝利を夢想した唯一の人物という訳ではない。それから四〇年後、著名な作家であった林語堂《りんごどう》（Lin Yutang　一八九五～一九七六年）は日本帝国陸軍によって多くの部分が占領された中国をじっと観察していた。そして、林語堂は、梁啓超に比べて、より悲しい、幻想的な未来を描いた。一九四二年に出版された著書『涙と笑いの間で（*Between Tears and Laughter*）』の中で、林は、「奇妙な」形の「本能（intuition《インテュイション》）」に突き動かされ、「自分の頭脳と精神が囚われ、身動きができないようになっている迷宮に一陣の美しい風が吹いた」ような状態でこの本を著したと書いている。[3] 林語堂は、周囲には後進性と絶望が溢れていたが、「中国は強国へと成長する」と書いた。「我が国四億五〇〇〇万の同胞は団結し、現状を正しく認識し目覚めており、現状は戦火から逃げ惑っているが、立ち上がりつつある。中国は強さを持っている。そして西洋列強は中国の歩みを止めることはできないし、中国を弱小国のままにしておくこともできない」。[4] 彼が書いたことは彼が見つめていた現実とは全く異なる内容であった。

豊かで、強力な、そして誇り高い中国という根拠のない夢想は、一九世紀において中国の偉大さの復活を求める多くの人々の間に広がっていった。彼らは現状に苛立っていた。一九世紀まで、中国人たちは中華帝国こそが、「中国（*Zhongguo*）」、つまり「世界の中心にある王国（Central Kingdom《セントラル・キングダム》）」であると当然のように考えてきた。それが一九世紀になって初めて覆されたのである。しかし、中国では二〇世紀末からの三〇年間に、世界でも類を見ない規模と速度での高度経済成長が続いた。梁啓超と林語堂の夢想が現実のものとなったように見える。

近現代中国が歩んできた苦難多き発展の歴史の結末、つまり現在の繁栄は誰にも予想できないものだった。著者である私たちは、中国の近代化の試みは失敗続きであったことを踏まえながら、それらの内容に関する言説を再び検証してみたいと思うようになった。近代の多くの改革志向者たちは「新しい中国」を生み出そうと努力した。それでも中国の近現代史は、改革の失敗と、人々にとって災難であった革命が続いた。そして中国の近現代史は数限りない恥辱と後進性に彩られてきた。それが、突然近代化の成功物語として語られるようになった。それはどのようにして起きたのか？　ポスト毛沢東時代に突然起きた奇跡は鄧小平《とうしょうへい》がもたらしものなのか、それとも遠い昔に植えられた種がその変化が人々の目に触れにくい中で、また夢想の中では実現しても、そのようになるとは誰も想像もできない中で、ゆっくりと花開いたものなのか？

本書は、中国の台頭について歴史を追って叙述した本でも、中国の台頭の恐怖について取り扱った本でもない。私たち著者は、中国の「奇跡の経済成長（economic miracle）」の裏側にある物語の歴史的な側面に光を当てたいと思っている。私たちは歴史研究によって、中国の進歩についての新しい視点を見つけようとしているのである。私たちは中国の外側からの視点ではなく、中国人自身の視点を強調したいと考えている。簡潔に述べるならば、私たちの目的は、衰退、占領、内戦、国家による圧政の世紀の後に、最終的に大きな進歩と経済成長の時代に入ることができたことについて、これまでになされてきた説明とは少し違う説明をするということだ。この目標を達成するために、私たちは新しい文献や資料に頼るのではなく、これまでに行われてきた先行研究、政治学の分野で古典となっている研究と新しい研究を使うことを選択した。私たち著者は長年にわたり中国の歴史を研究してきたが、それら先行研究に文字通り浸ってきた。これらこれまで蓄積されてきた先行研究は中国の過去と密接に関連している。それらに基づいて、中国の将来について見通してみたいと考えている。これらの先行研究こそは私たちの思考と理解を形作ってきたし、これからも形作り続ける。私たち著者はこれまで長年にわたり、中国を旅し、研究し、中国に居住し、中国で働いてきた。このような個人的な、直接的な体験からも私たちはいかにして中国で素晴らしい発展が進んできたのか、そしてその理由は何かについて知見を得ることができた。個人的な体験もまた重要な役割を果たすものである。

本書で取り上げている重要な政治的、学問的な人物たちは多岐にわたる。彼らの人生、書いたもの、演説には一つの共通する表現が出てくる。それは「富強（*fuqiang*　wealth and power《ウェルス・アンド・パワー》）の永続的な追求」というものだ。近代中国に関する私たちの説明は、つまるところ、これら国家指導者たちがいかにして人々に「復興（*fuxing*　rejuvenation《リジュヴュネイション》）」の長い道のりを歩ませようとしたかの物語なのである。そして、中国が「復興」の道を歩むことで、中国は最終的により開かれ、そしてより民主的になる可能性が大きくなるのである。

富強という二つの文字はほとんどの場合、「富と力（wealth and power）」と訳される。そして、古くからある表現である「富国強兵（*fuguo qiangbing*　enrich the state and strengthen its military power《エンリッチ・ザ・ステイト・アンド・ストレングスン・イッツ・ミリタリー・パワー》）」を縮めた表現として使われる。これは特に英語圏における中国史研究で見られるものだ。富強という表現は二〇〇〇年以上前の戦国時代に使われ始めた。法家の思想家だった韓非《かんぴ》(Han Feizi　紀元前二八〇～二三三年)は富強について次のように説明している。「賢明な支配者が富強を手に入れたなら、彼は自分が望むものを何でも手に入れることができる」[5]。一九世紀初頭以降に出現した中国の改革を求めた人々にとって、富強という表現は、中国の偉大さの回復を目指す人々の中に共通してある願望を示す言葉であった。そして、彼らの先祖たちが当たり前のものとして享受していた。結局のところ、これらの愛国的な人々は中国が外国からの侵略から自国を守れるような国になることを望んだのだ。富強という二文字は古典の中ではある種の攻撃性を帯びた意味で使われていたが、清帝国の衰退と中国の領土的統一の保持が困難な状況になった一九世紀に再び使われ始めるようになると、「富強」の意味は外国への侵略から自衛へと変化した。富強に対するより適切な英語表現は「繁栄と強さ（prosperity and strength《プロスペリティ・アンド・ストレングス》）」ということになるだろう。

第一次アヘン戦争（一八三九～一八四二年）から続く帝国主義を標榜する列強の攻撃に対し、中国はことごとく敗北し、中国人の屈辱感はその度に深まっていった。中国が「富強」を失ってしまった理由を見つけることが緊急の課題となった。一九世紀以降の中国の知識人たちと政治指導者たちは富強を情熱的に追い求めた。彼らのほとんどはその努力の割に得るものは余りに少なかった。しかし、彼らの情熱は、中国が一貫して、情熱をもって再建と復興を行おうとしてきたことの原動力となったことを示している。

「富強」という夢を追い求めることの裏面には、中国の貧困、弱体、恥辱という長年解決されない現実があった。西洋列強と日本が中国の領土的主権を脅かし、中国の人々が独自の儒教システムの優越性に対する自信を失い始めた時、中国社会全体に動揺が走り、その後、中国の優位性に対する疑いと自虐が蔓延した。日清戦争（一八九四～一八九五年）において、中国は日本に敗北した。この時、大きな衝撃が中国全土を覆った。日本はアジアにおいて、長い間、中国の後塵を拝する国であった。第一次世界大戦（一九一四～一九一八年）終結までに、中国人たちは自国について考える時、そして、世界における地位について考える時、「世界から虐められる被害者である」と考えるようになり、中国の文化、心理、政治などあらゆる面が「恥辱（humiliation《ヒューミリエイション》）」という考えに支配されるようになった。中国の改革者と指導者たちは、「被害者である中国と加害者である諸外国」という考えに対峙しながら、より複雑な責務を果たさねばならなかった。それは、侵略的な列強を批判しながら、同時に中国人たちが持つ劣等感と希望の持てない状況を解消していくというものであった。多くの新しいスローガンが生み出された。そして、それらのスローガンの多くが現在でもつかわれている。これらのスローガンすべてが「偉大な国家であった中国が没落した」という認識から生み出されたものだ。スローガンには次のようなものがある。「国家を再建し、恥辱の残滓を一掃しよう！」「私たちの重要な責務を全うするために恥辱を胸に刻んでおこう！」[6]一九四〇年代までに、中国人たちは頻繁に「恥辱の世紀（百年国恥　a century of humiliation《ア・センチュリー・オブ・ヒューミリエイション》）」という言葉を口にするようになった。そして、国恥記念日（National Humiliation Day《ナショナル・ヒューミリエイション・デイ》　訳者註：一九一五年の日本の対華二一箇条要求が承認された五月九日）が制定されている。現在でも、子供たちは「国が被った恥辱を忘れず、国防を強化しよう」というスローガンを覚えさせられている。[7]

近代から現在にかけての中国の知識人たちは、人々の不平不満をより洗練された表現に紡ぎ直すという作業を続けてきた。その表現に共通するのは「中国が力が全ての、攻撃的な、そして帝国主義が支配する世界において不公正に扱われている」というものだ。このように中国近現代史は進んでいる。私たちは本書において、外国の搾取と外国から与えられた恥辱が、どのようにして中国の失敗を中国人が理解するために役立つようになってきたか、そして、中国が犯してきた失敗がいかにして新しい国家アイデンティティの基礎となっていったかを検証していく。ある学者はこのことを「恥辱の神聖化（sanctification of humiliation《サンクティフィケイション・オブ・ヒューミリエイション》）」と呼んでいる。[8]そして、矛盾した言い方になるが、中国がこれまで犯してきた数々の失敗が「世界の大国の仲間入りをするべきなのか、それとも世界の大国の地位を目指さないままでいるべきなのか」というジレンマを解消するための材料となってきたことについても検証していく。外国の優位は中国を辱め、痛みを与えるものであった。しかし、同時に中国人たちに対する大きな刺激ともなった。このような刺激を受けて中国人たちは、恥辱の残滓を一掃するための改革運動や革命の達成のために全てを捧げてきたのだ。また、改革者と革命家たちは、ナショナリズムを使って、国民が恥辱に立ち向かうように仕向けた。ナショナリズムは、中国が失敗と弱体を重ねているという意識から成長していった。またナショナリズムの基礎にあるのは地下水のように存在する恥辱の歴史そのものである。この歴史の地下水は、歴史の基層の下で長い間かかって水が溜まってできたものである。

一九世紀、中国の被った恥辱を消し、中国の富、強さ、尊敬を回復するという努力は、結局のところ、いかにして西洋の軍事技術と経済的な技術を表す「用（*yong* techniques《テクニックス》）」を中国の自強（*ziliang* self-《セルフ》strengthening《ストレングスニング》）に利用できるかを探す努力のことであった。二〇世紀に入り、より進んだ、そしてより過激なアプローチが必要なことが明らかになった。この時期、中国の思想家たちは真剣に中国の奥底にある、伝統文化の中核を表す「体（*ti* core《コア》）」を維持するための知恵や分別について疑問を持ち始めるようになった。彼らは、中国の後進性と近代の思想や技術を採用することができないことの根底には、儒教の価値観があるのではないかと考えるようになった。梁啓超や厳復《げんふく》（Yan Fu　一八五四〜一九二一年）のような一九世紀末の人々に大きな影響力を持った知識人たちは、中国文化の基礎を投げ棄て、その代わりに西洋思想を輸入しようとした。彼らは中国の偉大さを取り戻すための絶望的な努力を行った。厳復は何かにすがるように、次のように書いている。「この知識は中国由来なのか、西洋由来なのか、古いものか、新しいものかを気にして問うている時間は私たちにはない。もしある道のりが無知とそれに伴う貧困と弱さをもたらすのなら、私たちはその道のりを歩むべきではない。もしもう一つの道のりが無知を乗り越えるために効率の良いものであり、私たちが抱える貧困と弱さを癒すのなら、私たちはそれを真似なければならない。たとえそれが野蛮人たち（barbarians《バーバリアンズ》）のやっていることであっても」[9]。

それからすぐ後、より過激な懐疑が起こり、文化と知識の面で反乱が起きた。これは新文化運動（New Culture Movement《ニュー・カルチャー・ムーヴメント》）として知られる動きである。これは、中国の過去全てを拒絶し、外国からの知識を取り入れようという動きであった。この新文化運動の活動家たちにとって、二〇世紀への時代の変わり目において、古代から続く儒教文化の否定を行うことは、「国家を救う（save the nation《セイヴ・ザ・ネイション》）」ための神聖な使命の達成することであった。西洋の民主的な政治改革は、神から与えられたものではなく、「自然」という源泉から生み出された普遍的な価値と人権という信条から発展した。そして、普遍的な価値と人権は、実際の効能などと関係なく、信奉されるものとなった。こうした西洋の民主的な政治改革とは異なり、中国における改革は、より功利主義的な考えを基にして発展してきた。中国における改革が最重要に位置づけるのは、中国を強国の位置に戻すことであり、そのための方法はいかなるものでも導入が考慮されてきた。近代中国において、フランス革命と西洋の近代を作り上げた思想である「自由、平等、博愛（liberte, egalite, fraternite《リベルテ　エガリテ　フラタニテ》）」に匹敵するのは、「富、強さ、名誉（wealth, strength, and honor《ウェルス　ストレングス　オーナー》）」という考えであった。そのため、中国の改革者たちは、西洋人の目からすると、理想主義的で、目的を重視するというよりも、現実主義的で、現実的な手段を重視する人々に見えた。中国の改革者たちは、中国の苦難の続いた近現代史の各段階で、民主的な統治ということに関心を持っていた。それは、民主的な統治が神聖な、不可侵の政治的自由を保証するためだからではなく、中国により活力を与え、強力にすると考えたからだ。「国父（Father of the Nation《ファーザー・オブ・ザ・ネイション》）」孫文《そんぶん》（Sun Yat-sen 一八六六～一九二五年）は中国に共和制を導入することに貢献した。孫文は冷徹に次のように書いている。「私たちはある考えが実際にどのように機能するかを観察することなしに、その良し悪しを決定することはできない。もしある考えが私たちと世界にとって現実的な価値を持つなら、それは良い考えなのだ。その考えが非現実的なら、それは悪い考えなのだ」[10]。

この論理でいくと、西洋の自由主義的な政治哲学と統治システムこそが、西洋諸国が持つ国の強さを生み出したということになる。それなら、これらを実際に中国に当てはめて実験しないというのは中国の改革者たちにとって愚かな選択ということになる。しかし、それと同じことが共産主義、ファシズム、権威主義にも言えるのだ。もしある「借り物」の考えがうまく機能しなければ、別のもの、そのまた別のものを試して、最終的に機能する考えを見つけるまで続けるということになる。彼らの富、強さ、そして最終的に偉大さの永続的な追求において、改革者たちは世代を超えて、経済面、知識面、文化面、政治面で臓器移植に相当することを中国に対して行うことに彼らのエネルギーを投入してきた。

最初のうち、保守派の、そして外国嫌いのグループがこのプロセスを妨害したが、時間の経過と共に、外国から様々なものを取り入れることはどんどん受け入れられるようになっていった。しかし、どんな手段が外国から取り入れられたとしても、その目的はほぼ変わらなかった。それは国家の「救済（salvation《サルヴェイション》）」であり、世界における優位な立場の回復であった。この現実的な目的のためにあらゆる手段が試された。中国の近現代史のドラマはここにある。ドラマの質はその時々で全くバラバラであった。借り物の考えを受けてそれをどのように運用するかについては全く異なったシナリオが書かれ、演出され、演じられたからだ。外国の様々なモデルから学ぶことは、同時に問題も起きる。外国のモデルを何でも全て取り込むということは、中国らしさを否定することになる。数千年の間育まれてきた中国固有の文化的伝統は否定されることになる。実際、これまでの一五〇年以上、中国は数千年にわたって中国を形作り、中国に貢献してきた文化に魅了されることと嫌悪することとの間を行き来した。現在は、中国文化は中国の弱さと失敗の根本原因とまでは考えられていないようである。最後に、毛沢東（Mao Zedong　一八九三～一九七六年）の時代、中国のアイデンティティの古い核を破壊するプロジェクトが実行された。その結果は、暴力と全体主義的な決定のせいで、無残なものとなってしまった。しかし、山火事の後に新たに芽吹くように、毛沢東の進めたプロジェクトは、皮肉なことに、後継者鄧小平（Deng Xiaoping　一九〇四～一九九七年）の下での新しい形の経済成長を進める方法の準備となったと言える。

過去一五〇年間に展開された中国近現代の政治史において、中国は自強（self-strengthening）のために絶え間ない努力を続けた。それはより大きな、そして破壊的な波が次々と海岸を襲うようなものであった。このような絶え間ない大変動を理解するために、私たち著者は、時代を代表する一一名の知識人、指導者、改革者、革命家たちを取り上げる。彼らは時代の水先案内人の役割を果たした。私たちが取り上げる時代は一九世紀初頭から現在までである。本書で取り上げる人物たちは、中国近現代史のドラマにおいて、思想家、因習打破主義者、指導者として重要な役割を演じた。私たち著者は、本書で取り上げる一一名の人物たちが、読者にとって曖昧で、よく分からない、なじみの薄い中国史を身近に感じるための手助けをしてくれるだけでなく、世代を超えて中国の知識人や指導者たちが繰り返し追い求め続けたテーマを浮き彫りにしてくれる。そして、これを理解することで、世界で最も重要な国の一つである中国が近代へと進む苦闘の道のりの中で、一貫して何を語ってきたかが明らかになる。

第2章

行己有恥　Humiliation

魏源《ぎげん》　Wei Yuan

ある寺院にて

南京にある静海寺（Temple of the Tranquil Seas《テンプル・オブ・ザ・トランクイル・シーズ》）の周囲は、「静（tranquil《トランクイル》）」という漢字に反して騒がしい。静海寺は南京の北西部に位置し、揚子江の河岸と獅子山公園に挟まれている。三車線の大通りには自動車とトラックが溢れ、南京中心部から一四世紀に大規模に要塞化された時に建設された門に向かって流れている。都市部にある「万里の長城（Great Wall《グレイト・ウォール》）」とも呼ばれる南京を取り囲んで立っている城壁は明王朝の初代・洪武帝《こうぶてい》（Hongwu Emperor　一三二八～一三九八年）によって建設された。明は南京を新王朝の首都にした。城壁は現代的な都市となった南京をいまだに取り囲み、獅子山の急こう配の頂が南京に面してそびえている。明時代、王朝の役人たちは獅子山に巨大な塔を建てようと計画した。その塔からの眺めは人々を驚かせることだろうと彼らは考えた。塔が建設されていたら、北に大河を望み、首都が南に広がる光景が見えたことだろう。この大計画が完成する前に、王朝の金蔵は空になってしまった。そして、それから約六〇〇年後の二〇〇一年九月に獅子山のタワーは最終的に完成した。

獅子山の麓、静海寺の境内は、中国現代史の重要な出来事が起きた場所である。一八四二年八月、耐え難い暑さの中、静海寺の一室で中国の交渉担当者たちはイギリスの担当者たちと一緒に座らされていた。そして、彼らは中国にとって圧倒的に不利な南京条約（Treaty of Nanjing《トリーティー・オブ・ナンジン》）の条文を作成しなければならなかった。この屈辱にまみれた文書によって、三年にわたって続いたアヘン戦争（Opium War《オピウム・ウォー》）は終結した。アヘン戦争は中国と西洋との間の最初の大規模戦争であった。そしてアヘン戦争はそれ以降、西洋列強の度重なる攻撃の結果として、繰り返されていった軍事上、外交上の敗北の歴史の始まりであった。

静海寺の境内にある、清とイギリスの担当者たちが会談を持った建物はほぼ当時のままに復元されている。その建物の向かいの小さな田舎風の建物を越えるともう一つの建物がある。その建物は「中国が強制的に結ばされた不平等条約（unequal treaty）《アンイークォール・トリーティー》」として知られる苦しい歴史的事件の資料展示館となっている。南京条約はイギリス帝国海軍戦艦コーンウォリス号艦上で締結された。コーンウォリス号は静海寺に近い揚子江に停泊していた。この時、中国の役人たちは、南京条約が「信用と信頼に基づいた永久的な文書」となることを望んだ。[1] 中国を支配した清王朝は、不快であっても不可避の譲歩をイギリスにしなければならなかった。清王朝は南京条約について「攻撃的な外国人たちを宥めるための計略であり、彼らを追い払うことで、北京は再び世界の中心の役割を回復し、それによって均衡状態が回復できるのである」と主張し、南京条約を正当化した。当時の中国人たちはこのように考え、自分たちを慰めた。

現在、静海寺は歴史という建物の壁に空いた丸窓のような存在になっている。歴史展示室の最初のパネルには次のように書いてある。「これらの不平等条約は中国に恥辱を与えた足枷のようなものであった。これらの不平等条約によって、中国は自国で起きる政治的、軍事的出来事に対してコントロールする力を失った。そして中国の社会的、経済的発展を邪魔し、破壊した。中国が自国内でのコントロールを失ったことが一つの理由となって、現代中国は貧しく、弱い国となった」。パネルには更に、「静海寺は、中国の近現代史において初の不平等条約である南京条約締結に向けた交渉の行われた場所である。そのため、この場所は中国の現代史の始まりの象徴となっている」。

私たちは、静海寺から中国の恥辱の歴史を再び語り始めることにする。中国人たちは静海寺を中国が近代という時代に入っていく苦しい道のりの出発点であり、同時に、富と力を再び手にするための長い、苦難の道の出発点でもあると考えている。静海寺は、近代中国のアイデンティティの重要な要素が生まれた場所として公式に認められた場所なのである。静海寺は、中国史における後進性（backwardness）《バックワードネス》と無能さ（impotence）《インポテンス》を象徴する場所なのである。そして、これは西洋人たちにとっては奇妙なことのように思われる。それは、西洋諸国は近代国家となるにあたり、大きな勝利を伴っていたからだ。イギリスであれば名誉革命

（Glorious Revolution《グロリアス・レヴォリューション》）、フランスであれば民衆によるバスティーユ監獄襲撃、アメリカであれば独立宣言（Declaration of Independence《デクラレイション・オブ・インディペンデンス》）への署名が大きな勝利ということになる。それが中国の場合は、近代化（modernization《モダナイゼイション》）への道のりが予想もしなかった敗北の衝撃と偉大さの喪失の瞬間によって彩られているのである。しかし、そうした敗北、喪失の瞬間、怒り、恥辱を人々は最終的に受け入れた。物質的には強力でも文化的には劣っている外国列強による支配は、中国を再び大国の地位へと復帰させようという反発力を生み出した。中国の指導者たちは、外国列強を「夷（*yi* barbarians《バーバリアンズ》）」と軽蔑を込めて呼んだ。恥辱の感覚は、積極的な力へと変化した。抑圧されているという感覚が新たな近代国家としてのアイデンティティ構築のための刺激となったのだ。天国を失った喪失感の中で生きるという恥辱に満ちた感覚、他国に後れを取っているという感覚は、やがて中国の特徴にまで昇華した。その特徴とは、中国が最終的に西洋諸国に追いつくために、国力を強化し、発展させよう、また、中国の名誉を回復するために自衛力を強化しようという感覚のことであった。

このドラマは現在まで続いている。静海寺の展示室に掲げられている最後のパネルを読むと、現在の中国政府が中国の近現代史を英雄的な精神性の高さを主題にしたドラマにしていることが分かる。そのパネルには次のように書いてある。

「この恥辱に満ちた歴史を振り返ることは不快であり、困難を伴う。中国が強制された数々の不平等条約は歴史的な悲劇であり、中国の近現代史は不幸な出来事に次々と見舞われた。そして、こうした経験を通じて、中国人民は怒りと恥辱を強く感じた。しかし、不平等条約の解消は、中国人民の独立と自強を求める不屈の闘志を示すものである。恥辱を感じることは、勇気を生み出す。歴史を私たちへの警告と捉えるならば、私たちの目的はおのずと定まる。それは、中国人民の復興（rejuvenation《リジュヴュネイション》）を促すことである！」

この公式に認められた中国の近現代史において、一八四二年という年は歴史の第一年目ということになる。

競争が激しく、恐怖に満ちた大学入試に向けて受験勉強をする高校生たちは全員、アヘン戦争前とアヘン戦争後という中国史における公式な時代区分を受け入れ、公式の歴史解釈について丸暗記をしなければならない。こうした中国史の時代区分の中にはいくばくかの真実が含まれている。確かに、アヘン戦争は過去と未来を区別する線引きにおいて重要な役割を果たした。同時に、中国の世界における位置に関する新しい考え（中国は遅れているという考え）を人々が持つように促した。これによって、人々は、中国がいかにしてこの世界で生き残っていくべきかを真剣に考えるようになった。

しかし、中国の近現代史の大本にある「恥辱に満ちた歴史」という考えの根源を理解するためには、そして、中国の自意識と国家イメージを理解するためには、時間を少し遡る必要がある。何かが大きく間違っているという認識は、第一次アヘン戦争においてイギリスに敗れるという衝撃の数十年前からすでに中国国内に芽生え始めていた。しかし、中国には、文化と統治方法に関する根本的な前提を疑うという経験が歴史的に乏しかったために、こうした認識は少しずつしか浸透しなかった。

魏源（Wei Yuan　一七九四～一八五六年）は中国が衰退の中にあると最初に気付いた重要人物である。そして、近代的な「復興（*fuxing*　rejuvenation《リジュヴネイション》）」の方法を探し始めた人物でもある。魏源は中国の衰退に気付かない大多数の国民の中で、最初に新しい現実と格闘した。それは、中国が近代的な海軍力を持った西洋列強に大きく立ち遅れ、国家の生存が危機に瀕しているというものだった。中国には元々あったのだが、長年にわたり無視されてきた「統治術（statecraft《ステイトクラフト》）の改革」の伝統を復活させることで中国を防衛する必要があった。そのため、魏源は中国人たちに対してイギリスのような西洋列強から戦略的に知識を学ぶことを奨励した。蒸気機関で動く、最新式の大砲で武装したイギリスの船舶は中国の沿岸部に現れ、大河を遡り、それらの地域を破壊した。そして、帝国の心臓部に入り込んでいた。

魏源は漢民族であったが、満洲族の打ち立てた清帝国が一八世紀に達成した偉大さに誇りを持ち、一九世紀初頭の衰退にひどく打ちひしがれた。魏源は、衰退に対して警告を発することで、当時の中国の知識人や政治家たちに大きな影響を与えた。その影響は今も残っている。魏源は中国のエリートたちが目指すべき最重要の目的を次のように規定している。それは「国家の富強（*fuqiang* wealth and power《ウェルス・アンド・パワー》）を回復すること」であった。このフレーズは二〇〇〇年前に生み出されたもので、魏源が再び使い始めた。それ以来、このフレーズは、中国の知識人と政治指導者たちにとって北極星（north star《ノース・スター》）のように不変の指針となった。

帝国の絶頂

魏源は、一七九四年に湖南省邵陽で、清帝国の中級役人の家に生まれた。湖南省邵陽は、それから一世紀後に生まれた毛沢東の出生地に近い場所にある。[2] 一七九〇年代は、清王朝時代において、政治、経済、軍事が最高水準に達した時代であった。少なくとも表面上は、中国はそれまで通り、「世界の中心に位置する帝国（Central Kingdom）・中国（*Zhongguo*）」だと考えられていた。実際、清帝国下の中国は、「盛世（*shengshi* age of prosperity and flourishing《エイジ・オブ・プロスペリティ・アンド・フロウリッシング》）」を謳歌していた。[3] 明時代から比べ、人口は倍増し、その数は三億を超えた。これにより、清帝国は地球上でもっとも人口の多い帝国となった。それだけでなく、他国に比べてかなり高いということはなかったが、それでもかなり高い生活水準を多くの人々が享受できる国でもあった。経済史家ケネス・ポメランツの研究が示しているように、中国で最も豊かであった揚子江下流デルタ地帯の一人あたりの生活水準は、ヨーロッパで最も豊かであったイギリスとオランダの生活水準に匹敵した。イギリスとオランダでは、中国産のお茶、磁器、絹の需要が高まっていった。そして清経済は、それまでと同じく、前工業化時代の世界経済におけるグローバライゼーションをけん引する重要な存在であった。[4]

領土の面を見てみると、中国は非常に巨大であった。清王朝は満洲族によって建国された。満洲族は万里の長城（Great Wall）の北部から侵攻し、一六四四年に北京を奪取した。この清帝国は、その前の明に比べ、領土を倍増させた。一八世紀末までに、清の軍隊は遠くヒマラヤ山脈にあるチベットの首都ラサ（一七九二年にネパールのグルカ兵を撃退した）から、紅河河畔のハノイ（一七八八年に清軍は一時的にではあるが、退位させられたヴェトナム皇帝を復位させた）にまで到達していた。清帝国の政治的安定は、乾隆帝《かんりゅうてい》（Emperor Qianlong　一七一一〜一七九九年）の六〇年に及ぶ支配によって支えられたのだ。[5]

この清帝国の力が最高潮に達していた時期、魏源が生まれる数カ月前、乾隆帝は、イギリスからの使節ジョージ・マカートニー卿を迎えた。これは中国と西洋との間の関係にとって大変に重要な出来事となった。イギリス国王ジョージ三世はマカートニーを長とする九五名からなる使節団を北京に派遣した。使節団は最新のヨーロッパの技術と美術品を贈物として持参した。マカートニーの公式な目的は、イギリスと中国との間に、大使の交換を基にした「通常の」外交関係を開くことであった。しかし、マカートニーに課せられたより重要な使命は貿易関係の改善を図ることであった。一八世紀のイギリスは、二一世紀のアメリカと同様、その軍事力と経済力に比して、中国との貿易関係においては、耐え難いほどの巨額の貿易赤字を抱えていた。巨額の貿易赤字は、中国の消費者たちにとってはイギリスからの輸出品で買いたいと思うものがない一方で、イギリスでは中国産のお茶の需要が高かったことで発生した。

マカートニー率いる使節団が最終的に乾隆帝に拝謁した時、乾隆帝は、清帝国はイギリスの製品や発明品を必要としないこと、そしていかなる国とも「対等な」外交関係を築くことはないことを冷たく通告した。乾隆帝は「一世紀以上の時間をかけて確立させてきた、これまでの手続きと規制の全てを、貴官の個人的な見解に合わせるために変更できると考えているのか？」と述べた。乾隆帝はマカートニーに対してジョージ三世に対する勅語を持って帰国するように求めた。勅語の内容な以下のようなものであった。「貴方の送ってきた大使が見たように、私たちは全てを持っている。私は奇妙なものや新しい発明品に価値を見出さない。

そして貴国の製品を利用することはこれまでもなかったが、これからもない」[6]。乾隆帝の言葉遣いは、自己満足の極致であるが、巨大で強力な帝国の支配者の立場から考えると、その当時の中国と西洋との力の均衡を評価すればもっともな内容であった。

マカートニーは大変に独善的であった。しかし、中華帝国の誇り高い政治構造の基礎が腐り始めていることにいち早く気付いた。マカートニーは日記の中で次のように書いている。「中華帝国は古く、機能が衰えた第一級の巨大戦艦のようなものだ。過去一五〇年間にわたり、幸運にも有能で、用心深い士官たちの努力によって何とか浮かんでいることができた。その威容によって近隣諸国に睨みを利かすことができた。しかし、無能な人間がその艦橋にあって指揮を執ることになれば、規律と船の安全は消え去ってしまう。すぐに沈没ということはない。しばらく漂流し、やがて浅瀬に座礁することになるだろう。中国が古い基礎の上に強大な国家をもう一度建設することなどあり得ない」[7]。

マカートニーが感じたように、中国の「盛世」は急速に終わりつつあった。人口増加の圧力、環境面における制約、政治腐敗、文化の硬直化は偉大な清帝国を衰退させつつあった。人口増加が続き、食料を確保するために労働集約的な農業と開墾が数十年にわたり続いた。その結果、農地は痩せ、休耕地が増え、干ばつや洪水が頻発するようになった。そして、農民たちは家族を養うことがどんどん難しくなっていった。活力のある政府ならば、このような状況に直面しても適切な対処を行い、人々の信頼をつなぎとめることができたであろう。しかし、清帝国にとって不幸であったのは、官僚たちの腐敗が上下あらゆる所で深刻化し、一般的な中国人は政府こそが問題の元凶であり、解決策を提示できる存在ではないと考えるようになっていたことだ[8]。

魏源が誕生した年、清帝国の衰微の兆候はすでに出ていた。この年（一七九四年）、一〇年近くにわたり帝国によって抑圧された農民たちの不満は頂点に達し、大規模な反乱が発生した。この反乱は白蓮教徒の乱

（White Lotus Rebellion《ホワイト・ロータス・レベリオン》）と呼ばれる。この白蓮教徒の乱は、それ以降、一九四九年の毛沢東の勝利まで中国を覆った、国内の暴動、反乱、内戦の最初の出来事となった。マカートニー卿は予言的なことを述べている。彼はイギリスの使節団に対して次のような内容の書簡を送っている。「満洲人の政府の全ての権威と事務能力を冷静に観察してみると、これからも中国の臣民たちを抑えつけることができると考えるのは誤りだということが分かる。これからの一年間でいくつかの省で反乱が起きるだろう。それらは通常通りに鎮圧されるだろうが、反乱の頻発は中国の抱える病の症状と言えるだろう。発作は起きるたびに何とか抑えられるだろうが、病自体が根本的に治療されることはないだろう」[9]。反乱に対する恐怖感は近現代の中国の支配者たちを捕えて離すことはなかった。鄧小平と彼の後継者たちでさえもそうであった。彼らは安定を脅かすいかなる種類の社会的、政治的反乱をも強く嫌悪した。

統治術（Statecraft）への回帰

魏源が物心ついた時代、彼の周りの世界は衰退の兆候を示していた。一九歳の時、魏源は、湖南省で最も才能に恵まれた若者の一人として、競争の激しい奨学金を貰うことができ、北京に行くことになった。彼は新婚の妻を郷里に残し、知識人の道へと進むべく首都に向かった。この時代はまだ閉ざされた時代であった。学生と教師たちは、官僚登用のための科挙に合格するために古代の儒教の教科書の内容を暗記することに全精力を傾けていた。科挙は、地方、省、国家の各段階で試験が行われた。科挙に合格することだけが、帝国の特権的な官僚となるための唯一の正式な方途であった。一番下の地方レベルの試験に合格するだけでも特権を得ることができた。地方レベルの試験は一年に一度行われ、合格すると「進士」の称号を受けた。これに合格することでそれ以上のレベルの試験を受けることができ、魏源のような野心的な学生たちは、それ以上の試験に合格してより高い地位に就くことを目指した。一九世紀の中国で野心を持った男性たちにとって、科挙に合格することは存在全てを賭けた、最重要のものであった。

北京に到着した魏源は早速勉強を開始し、知識を詰め込んでいった。魏源は、同時に、劉逢禄《りゅうほうろく》（Liu Fenglu 一七七六〜一八二九年）のような当時、異端と考えられた思想家たちに心惹かれるようになっていった。劉逢禄は現在では全く忘れ去られた存在であるが、その当時は清帝国内で重要な思想家の一人と考えられていた。劉逢禄は、古典についてこれまでとは異なった、正統ではない解釈をすることで、儒教の賢人たちの秘儀を理解できると主張した。彼はいわば案内人のような存在であった。彼は繰り返し、暗記以外の方法で科挙に合格できるという、受験生を興奮させる主張を行った。劉逢禄が行った中で最も過激な主張は、歴史は無限の「朝代循環（王朝交代のサイクル dynastic cycles《ダイナスティック・サイクルズ》）」によって動いているのではない、というものだ。朝代循環は教育を受けたその当時の中国人のほぼ全てが受け入れていた前提であった。劉逢禄は、「歴史とは目的論的に、直線的に進む。古代の混乱状態から、〝大同（*datong* Grand Harmony《グランド・ハーモニー》）〟と呼ばれる将来の理想郷へと進む」と主張した。劉逢禄は、孔子自身が平和に至る前の不完全な時代に生き、大同時代に至るまでの中間的な世界を秩序だったものとする、現実的な、実益重視の秘儀を教えていたのだ、と考えた。劉逢禄は当時の中国も混乱と大同の間の過渡的な段階にあると確信していた。魏源は、大胆な新しい方法を用いて儒教のこのような現実的な、自由な形式を実際の世界に適用しようと試みた。[10]

一八二二年、魏源は、受験者全体の二番の成績で会試に合格した。[11] 魏源はこの合格によって、中国のエリートの仲間入りを果たした。そして北京で行われる最高峰の殿試の受験資格を得た。しかし、彼が最終的に殿試に合格するのには更に二〇年かかった。そして、試験に失敗し続けたことで彼の歴史的重要性が続く理由となったのは何とも皮肉なことであった。魏源は科挙の受験生として失敗し続け、不満を持ち続けた。しかし、皮肉なことに、そのことによって魏源は伝統に縛られない、そして独創的な思想家となった。

魏源は一八二〇年代初めから改革者としての役割を果たすようになった。魏源は官僚として彼ができたであろうことよりもより大きな影響を中国の将来に残すことになったプロジェクトに従事した。それは本の編纂であった。豊かな地域であった江蘇省の財務長官が政府の運営、経済政策、社会秩序に関する著作や論文の収集を行わせるために魏源を採用した。魏源はその成果を一八二六年に『皇朝経世文編（*An Anthology of Statecraft Writings from the Present Dynasty*）』として出版した。この著作は中国の学者や官僚たちに大きな衝撃を与えた。彼らは、かつて「繁栄した」帝国であった清帝国について何が間違ってこのような衰退を招いたのかを懸念し始めていた。「統治術（statecraft）」という言葉は、中国語で言えば「経世（*jingshi*）」である。これは文字通り「社会の秩序を整える」ことを意味する。より現実的で、政治的な中国人学者たちは、純粋な儒学者たちと自分たちを区別するために「経世」という言葉を使った。純粋な儒学者たちは、倫理的な自己修養、形而上的な哲学、古典主義的な学問中心主義により関心を持った。『皇朝経世文編』において、魏源は「経世」という統治の技術の形の精髄を示した。『皇朝経世文編』は、政府高官たちにとっては実用的な手引書となるように、そして政治改革と経済改革に関する諸理論の要約として利用できるように企図された。「富強」という古くからあるモットーと彼自身の目指す改革のためにそれを復活させることで、魏源は中国がこれから経験するであろう近代化の苦難の道のりに対する新しい概念的な基礎を提供したのだ。『皇朝経世文編』はそのための著作であった。[12]

『皇朝経世文編』に魏源が収録した文章は全て儒教の教えを受けた学者と官僚たちが書いたものだった。一見すると、彼らは国家よりも家族を重視し、物質的な利益よりも道徳的な価値を大事にし、利益と罰ではなく祭祀と教育によって統治することを重視する正統な儒教の教えを説いているように読める。しかし、彼らの文章を一冊の本の中身として通読してみると、彼らの文章は正統な儒教の道徳主義を深いところで破壊するメッセージを持っていることが分かる。『皇朝経世文編』には教条的な学者たちが書いた政策提言が収録されていた。彼らがそうした文章を書いた目的は政治的、経済的、軍事的に帝国を強化するための新しい、そして現実的な方法を模索することであった。魏源の主張した改革は儒教による道徳的諸価値を基にしたものと言うよりも、儒教の古くからのライバルの主張に基づいたものであった。そのライバルとは法家(Legalists《リーガリスツ》)と呼ばれる。彼らは富強が究極的な目的であると主張していた。

孔子に対する最初の批判者として法家の政治家たちが出現した。孔子は紀元前五〇〇年頃に生き、先祖に対する孝行と支配者に対する忠誠を重視した道徳を主張した。中国語で儒家(*rujia*)、「学者たちの学派(School of Scholars《スクール・オブ・スカラーズ》)」として知られる、孔子と彼の弟子たちは慈悲、儀礼、社会調和といった様々な徳だけが良い統治の正統な、そして有効な基礎となると主張した。法家との間で起きた良く知られている論争の中で、儒家は「富強」について、「正しさと賢明さこそが国家の基礎であり、力と利益は統治の破壊者となる」と主張した。[13]

中国の伝統的な思想において、儒家と反対側にいる極端な、政治的、哲学的なグループとして、法家(*fajia*)、「法学者たちの学派(School of Legalists《スクール・オブ・リーガリスツ》)」がいる。彼らは、平和で協調的な農業社会に対する支配方法として儒家が主張した徳(virtues《ヴァーチューズ》)による統治という儒家の理想を否定した。法家は支配者と支配者の部下たちにとっての適切な目標を簡潔な、そして力強いフレーズで表現した。それは「富国強兵(*fuguo qiangbing*)」、「国家を豊かにし、軍事力を強化する」というものであった。この新しい思想の創設者の一人は、紀元前四世紀の政治家であった商鞅《しょうおう》(Shang Yang　紀元前三九〇〜紀元前三三八年)であった。商鞅は卓越した政治家であり、「残酷な性質」を持っていたが、秦王国を「国家として豊かにし、軍隊を強化する」ために全精力を傾けた。[14] 商鞅が法家思想の最初の実践者とすると、偉大な法家思想の理論家は韓非《かんぴ》(Han Feizi　紀元前二八〇〜二三三年)であった。韓非は中国史の中でも、血塗られた動乱の時代であった戦国時代(Warring States Period《ウォーリング・ステイツ・ピリオド》)に活躍した。韓非の教えは、秦の始皇帝の道徳に囚われない統治を生み出した。秦の始皇帝は紀元前二二一年に武力によって中国を統一した。韓非の哲学の核心は次の簡潔な表現に集約できる。それは、「賢明な支配者が富強の道を習得すれば、彼は望むものは何でも手に入れることができる」というものだ。[15] 韓非はマキャベリ流の政治の影の部分を強調した「平和な時、国家は豊かになるが、危急の時は軍隊が強力になる」という主張を行った。[16]

法家は、儒教が主張した協調的な農業社会に基づいた理想主義という考え方に対する、過激な代案を提供した。法家は国家の強さにとって重要なのは、軍事面における最新技術への投資を行い、主要な産業における民間企業と国家の独占を融合させた形式で商業を促進し、過酷な法律を、権威を持った国家によって公平に執行することで社会秩序を維持することであった。法家の主張した優先すべき事項と諸原理を見てみると、権威主義的な、国家主導資本主義という現在の「中国モデル」との類似点を見出すことができる。法家は人間の本性に対して悲観的であった。そして人間は、忠誠心や慈悲ではなく、恐怖や欲望によって動くものだと考えた。これが帰着するところは、支配者の責務とは、例外を許さず、明確な褒賞と罰則について厳格に執行するシステムを導入することということになる。法家思想は法の下では全ての人間が平等であるという平等主義を採った。そして、彼らの名前通り、法家は、儒教の政治哲学である徳治（*dezhi*）、「徳による支配（rule of virtue《ルール・オブ・ヴァーチュー》）」ではなく、法治（*fazhi*）、「法による支配（rule of law《ルール・オブ・ラー》）」を賞賛した。しかし、法家は、支配者たちはアメと鞭を使って、人々を服従させ、個人の我儘な衝動や行動ではなく全体の利益にかなった行動をさせねばならず、そのために支配者は権力を維持しなくてはならないと主張した。古代中国のリアルポリティークの実践者たちには、儒家たちの述べる道徳に関する戯言に耳を貸す余裕はなかった。彼らは徳について何も考えなかった。彼らにとって富強だけが支配者の成功と失敗を分ける究極の要素であった。

魏源が編纂した『皇朝経世文編』の卓越した点は、一九世紀の改革思想の主流に非儒教的な考えを復活させたことであった。法家思想の言い回しと価値観を、儒教を信奉する学者と官僚たちにとっての指南書に混ぜ込むことで、魏源は既存の体制内部から革命を始めたのである。もちろん、『皇朝経世文編』は儒教に対して直接攻撃をしたり、疑義を呈したりしていない。魏源自身が儒教思想の信奉者であったために、儒教に対して直接的な批判はしなかった。魏源は儒家が王道（*wangdao*）、「王の進むべき道（Kingly Way《キングリー・ウェイ》）」と呼んだ道徳的な理想主義に代わって、実践的で、功利主義的な「富強」を導入したのだ。これは法家の主張するところであった。魏源は、「つまるところ、賢王は臣民の生活を豊かにし、国家を強くするものなのだ」と主張した。魏源は次のように書いている。「古代から、王道とは別に富強が実践されてきた。しかし、王道が富強と離れて実践されたことはなかった」[17]。魏源は、「孔子が生きていた時代から、軍事と経済を両立させること（guns and butter《ガンズ・アンド・バター》）は統治の基礎だった」と主張した。魏源は次のように書いている。「十分な食料と十分な軍事力は帝国の統治にとっての道具であった。孔子と彼の弟子たちは人々に物質的な福祉を提供することと国家予算の管理に関心を持たなかったのだろうか？」[18]言い換えるなら、儒教の言う哲人王（philosopher-kings《フィロソファー・キングス》）ですら人々の生活を豊かにし、国家を強くしなければならないのだということになる。魏源の生きた時代、それはより重要性を増した。統治に失敗した支配者たちこそは、「富強」を達成したいと望むことこそが重要であり、時代の要請であった。

アヘン戦争と恥辱に満ちた平和

『皇朝経世文編』によって魏源は政治改革者としての名声を確立した。しかし、魏源は殿試に繰り返し失敗したことで、官職の面ではどうしても上に行けず、制限を受けた。殿試に合格できないことで、政府高官にはなれなかった。それでも彼は、省レベルの政府高官たちの政治顧問として働いた。魏源は、塩と穀物の輸送と交易制度の改革といった課題に取り組んだ。塩と穀物の輸送と交易は国家が独占し、大きな利益を上げる事業であったが、その当時は高コストによる無駄と腐敗の温床となっていた。魏源は、改革に合わせて活発化した民間の塩の輸送に自分の生活費を投資し、ささやかながら利益を得た。そのお金で一八三四年に揚子江デルタにある都市揚州に邸宅を購入した。そして、魏源は殿試に合格するために勉強することを放棄した[19]。

そこにアヘン戦争が起きた。魏源はアヘン戦争の様子を安全な揚州の邸宅から呆然としながら見ていた。そして、アヘン戦争に関しては脇役的な役割を果たした。彼は重要な政治家たちとつながりがあり、そして、アヘン戦争を詳述した著作である『道光洋艘征撫記（*An Account of the Dauguang-Era Pacification Campaign Against the Western Ships*）』を書いた。この本における魏源の主張の核は、「清帝国の偉大さを守り、回復するために、海外から学ぶなど緊急の改革が必要だ」というものだった。彼の主張はそれ以降の政治家階級に大きな示唆を与え、かつその内部に亀裂を生じさせることになった[20]。

魏源がアヘン戦争について語る時、その中心に置いたのは、中国最初の麻薬取締官となった欽差大臣・林《りん》則徐《そくじょ》（Lin Zexu　一七八五～一八五〇年）の果たした英雄的な役割であった。道光帝《どうこうてい》（Emperor Danguang　一七八二～一八五〇年）は一八三九年初頭、林則徐を広東に派遣した。林則徐の使命は、アヘンの使用を禁止すること、中国国内で爆発的に増加しているアヘン中毒者数を抑制するためにイギリス人商人がアヘンを積極的に販売することを差し止めることであった。中国の力が強かった「盛世」時代、アヘン使用は限定的であった。一方、イギリス人はお茶中毒と言える状態にあり、中国は大きな貿易黒字を出していた。しかし、一八二〇年代以降、イギリスの貿易業者たちは広東におけるイギリスの銀の流失を止めるために有効な、しかし攻撃的な方法を発見した。広東はその当時、中国で唯一ヨーロッパ人が商品を持ち込むことができる港だった。イギリスが長年悩まされてきた貿易赤字は、イギリス領インドで栽培されたアヘンを中国の仲介業者たちに販売することで解消し、中国がお茶の輸出で生み出す利益以上に大きな黒字を生み出した。こうした貿易業者たちの多くは、イギリス政府が支援していた東インド会社(East India Company)《イースト・インディア・カンパニー》と関係を持っていた。東インド会社はその当時の麻薬カルテルといった存在であった。アヘン貿易は大成功を収めた。イギリス議会は広東以外にも市場を拡大するために圧力をかけ始めた。必要ならば軍事力の行使も辞さない構えだった。清の支配者たちは財政危機に直面した。それまで中国に入ってくるばかりだった銀が突然出ていくようになってしまった。加えて、道光帝は彼の臣民たちの間でアヘン中毒が拡大していくことに狼狽した。その結果、中国とイギリスの関係は、近代世界で最初の麻薬戦争を戦うことになり、結局のところ悪化した。[21]

戦争が始まる前、中国とイギリスとの間の争いで中国に勝利をもたらしたのは、林則徐であった。彼が広東に赴任して最初にやったことは、イギリスの貿易業者たちが活動を許されていた地域を包囲したことだ。この地域にはアヘンの倉庫が林立していた。林則徐は、イギリスの貿易業者たちに対して、二万箱に及ぶアヘンを引き渡すように命じた。魏源は、この時のことを次のように活き活きと描写している。「海岸の高くなっている場所に柵を立てた。ここに麻薬が集められた。この場所は海水を混ぜられたアヘンでいっぱいになった。そして石灰も投げ入れられた。熱せられた炉にこれらは入れられた。さながら熱々のアヘンのスープを作っているようであった。アヘンのスープは水門から海に流し込まれ、波に流されていった」。[22]

林則徐の部下たちは三週間にわたってアヘンを少しずつ水に溶かしていった。その過程は、人々にとって「ワクワクする見世物」となった。[23] このアヘンの取り締まりと処分は、中国が西洋との関係において収めた勝利の最後の瞬間であった。これ以降、一世紀後に毛沢東が中国の義勇軍を朝鮮戦争に派遣し、アメリカ軍と戦うまで、中国が西洋に対して勝利を収めるということはなかった。しかし、林則徐の乱暴なアヘン没収と処分は、イギリスが欲しがっていた開戦理由を彼らに与えてしまう結果になった。歴史家のピーター・ワード・フェイはイギリスの論理について次のように書いている。「イギリスの論理とは、中国を戦争に引きずり込んで、アヘンからだけでなく、戦争からも利益を得たらよいではないか、ということであった」。[24]

林則徐は強硬な姿勢を取った。林則徐はイギリスのヴィクトリア女王（Queen Victoria　一八一九～一九〇一年）に対して道徳的、経済的な理由からアヘン貿易を中止するように求める書簡を送った。しかし、イギリスの外交政策が変更される可能性は極めて小さかった。当時のイギリスの外交政策は、タカ派のパーマストン卿（Lord Palmerston　一七八四～一八六五年）によって立案されていた。一八三九年の秋、林則徐はイギリスの攻撃に備えて広東の防備を固めていた。しかし、一八四〇年の夏にイギリスが完全武装の艦隊を送って来た時、彼らは広東を攻撃せず、林則徐を驚かせた。イギリス艦隊は広東を通り過ぎ、沿岸を北上し、上海の近くの戦略拠点を占領した。

魏源も個人的に一八四〇年九月に戦争に巻き込まれることとなった。魏源は、捕虜となった、測量士のピーター・アンストルーター大佐の尋問を手伝ってくれるように地元の役人たちに依頼された。アンストルーター大佐は浙江省で偵察任務中に中国側に捕えられた。この時、魏源はこの頃から既に「野蛮人に関する諸問題」の権威だと考えられていた。[25]魏源は、刑務所に到着すると、早速アンストルーター大佐にイギリスについて尋問を始めた。魏源にはイギリスを訪問する気などなかったが、イギリスは彼の興味関心を刺激する存在であった。アンストルーター大佐は、首に鉄の輪をはめられ、足首には一八パウンド（約八キロ）の重りをつけられていた。それでもアンストルーター大佐は、魏源から発せられる遠く離れた祖国イギリスに関する質問に可能な限り答えた。捕虜となったアンストルーター大佐は、彼の祖国、島国であるイギリス（魏源は「英吉利（Ying-jie-li）」と訳した）は大変に小さいので、イギリス国民は海外貿易に依存せざるを得ない、従って、造船と武器製造に関する新技術を開発し続けているのだ、と話した。アンストルーター大佐はまた、イギリス政府が、中国のように土地と労働にかける税金からではなく、海外貿易にかける関税からほぼ全ての税収を得ていることを魏源に教えた。魏源は、尋問後、アンストルーター大佐から得た情報を、「イギリスについての簡単な報告」という報告書にまとめ始めた。魏源は簡潔な、そしてポイントを押さえた内容の報告書を書いた。魏源は次のように書いている。「イギリスは自分たちで使用するためにアヘンを製造しているのではない。アヘン吸引から上がる利益を享受するために製造しているのだ。そしてアヘンから得た利益を使って、西洋諸国は富強を追求しているのだ」[26]。

魏源がイギリスの捕虜を訊問している間、林則徐は広東をイギリス軍の攻撃から守っていた。これは林則徐が外国から購入していた大砲を配備していたからだ。『道光洋艘征撫記』の中で魏源は林則徐の次のような発言を紹介している。「三〇〇万両あれば、中国は必要としている船舶と銃を全て買うことができる。そして、大量の船舶と銃を買えば、敵の最高の技術を真似ることができる。それによって、私たちは敵の兵器で敵を抑え込むことができる。そうなれば、彼らも私たちに攻撃を仕掛けてこない」[27]。

しかし、林則徐のように「敵の最高の技術を真似る」必要があると考える人はごく少数であった。中国の官僚のほとんどは、海外のものを全て蔑視する態度を取り続けた。そのような感情は西洋人たちも十分に感じ取っていた。アヘン戦争に従軍したダンカン・マクファーソンは回顧録で次のように書いている。「傲慢、冷酷、偽善。中国人たちは、自国以外の全ての国々を軽蔑している。彼らは、自分たちは間違いなど犯さない存在と考え、そして、中国皇帝を除いて、自分たちは世界で最高の人間だと考えていた。中国人たちは、中国を世界で最も文明化され、最も教養のある国で、最も多く生産した最古の国だと考えている。つまり、中国を世界で唯一無二の国家だと考えているのだ」[28]。魏源がいみじくも喝破したように、林則徐は外国嫌いの好戦的なグループと徹底的な宥和を求めるグループとの間で孤立していた。両方のグループとも、イギリスの海洋力が示した、新しい形の脅威に対して無関心であり、広東以外では状況が悪化している戦争の責任を林則徐に押し付けた。

一八四〇年九月末、宮廷は林則徐を問責のために北京に召喚した。彼の次に赴任した司令官は愚かにも、林則徐の立てた要塞を守備するという方針を変更し、イギリス軍の広東攻撃を招いた。一八四一年一月、イギリス軍は広東を攻撃し、中国側は手痛い敗北を喫した。哀れな司令官はイギリス側に対して、処分したアヘンの補償として七〇〇万両を支払い、イギリス側が広東の近くにある香港という、寂れたそしてマラリアが蔓延する島を占領することを認めると約束させられた。しかし、道光帝は司令官が交渉してまとめた内容の合意に署名することを拒否した。魏源は次のように書いている。「広東の要塞が敵の手に落ちたこととイギリス側の不遜な態度に対し、道光帝はお怒りになった。そしてアヘンの代金として一銭でも支払うこと、もしは寸土でもわが領土を失うことはしてならぬと仰せられた」[29]。

このような場合、中国の官僚の標準的なやり方は、誰かに敗戦の責任を押し付けるというものだ。そして林則徐の代理の司令官がイギリスに対しての弱腰と過度の宥和を理由に逮捕された。一八四一年春、次の司令官は強硬派で、また愚かにも、イギリス艦隊に奇襲をかけることを命じた。完全武装のイギリス艦隊は反撃し、広東は陥落し、立ち直れないほどの敗北を喫した。一八四一年の夏、林則徐は息子二人と共に、現在の新疆ウイグル自治区にあるイリに追放処分となった。イリは砂漠の縁にある、中国にとって北西部の辺境にあった。林則徐はその途中、浙江省に立ち寄った。そして、一晩を魏源と共に過ごした。儒教教育を受けた中国紳士の間のたしなみとして、魏源は、左遷されて辺境に向かう、友人であり、師でもある林則徐と会えたことを次のような詩にしたためた。

「多くの様々な感情が去来する日、私たちは会ったが、言葉を発せなかった
私たちは嵐の中の無力な虫のように状況に翻弄された。私たちは時間と競争しながら、龍を殺す方法を学んだ。しかし、いまやそれも笑い話だ
あなたは野蛮人たちの技術や知識を三年にわたって研究した。しかし、それでも我が国は四囲を危険に晒

されている。

私たちが北京に生き、国政を議することができるなら、私たちは海洋における国防政策を堂々と主張するだろう

一晩、私たちは会し、別々の道に分かれる。それはまるで私たちの体に喜びと後悔が同時に存在するようなものだ

私たちは浙江で見た月のことを決して忘れない。知友同士は自分たちの苦境を一杯の酒で忘れるものだ」[30]

林則徐は後により砕けた調子で次のように書いている。「現在、山火事に対処することも難しい状況だ。結局のところ、西洋の銃、戦艦、海軍力は私たちにとって必要不可欠なものなのだ。不逞な野蛮人たちが海を越えて再び我が国に迫ってくる時、銃、戦艦、海軍力といったものは至急整備されなければならないものだ。それは海からの攻撃に対して、我が国を永久的に防衛しなければならないからだ。更に言えば、私が武器を持っていなければ、鰐の口から逃れ、クジラの攻撃を避けることができるだろうか?」[31]。

イギリスは、最新鋭の戦艦ネメシス号を所有していた。ネメシス号は世界初の鉄の装甲を備えた蒸気外輪戦艦（steam-powered paddle battleship《スティーム・パワード・パドル・バトルシップ》）であった。イギリスはこのような最新の軍事技術を使って、一八四二年に上海近郊に激しい攻撃を加えた。そして、揚子江を遡上していった。イギリス艦隊は、揚子江と京杭大運河（Grand Canal《グランド・カナル》）の合流点を占領した。この合流点は、中国南部の稲作地帯から米が運ばれ、首都がある北部に積み替えられる場所であった。イギリスは中国の最大の弱点を掌中に収めた。イギリスは、中国の商業の中心地を抑え、米の輸送を分断した。その結果、皇帝への食糧の供給も断たれてしまった。これにより、悲惨な状況が出現した。揚州の豊かな塩商人たち（魏源も彼らに連なっていた）は、五〇万両の銀をイギリス側に支払った。これで揚州は攻撃されず、彼らの財産も略奪されることはなかった。しかし、魏

源が描写しているように、「揚州以外の町に停泊していたジャンク船には火が放たれた」[32]。魏源はまた次のように書いている。「八〇隻を超える外国の戦艦が揚子江で暴れ回った。そして、イギリス艦隊がついに南京に近づいた時、取り乱した皇帝は、交渉団を派遣すると決定された。皇帝は交渉団の代表に〝白紙委任（carte blanche《カルテ・ブランシェ》）し、必要だと思った行動を取ることをお認めになった〟」[33]。ひとたびは強硬な姿勢を取った宮廷も、南京が攻撃されないように、和平条約締結を望む姿勢に転換した。あるイギリス軍の士官は南京で見た中国人たちについて次のように書いている。「彼らは自分たちの希望を隠し切れないでいた。彼らの希望は次の一点に集約された。それは私たちの即時引き揚げであった」[34]。

そして、一八四二年八月一一日、少数のイギリスの代表団が静海寺で中国側の担当者と会談し、悪名高い南京条約について交渉を開始した。イギリスからの野蛮人たちを中国から静かに引き揚げさせることが中国側にとって最大の目的であった。そのために、中国側は屈辱的な交渉を強いられた。香港の領有権に加えて、中国は上海を含む四つの沿岸都市をヨーロッパ諸国との貿易のために「開く」ことをイギリスに認めた。上海はその後、急速に発展し、「東洋の真珠（Pearl of Orient《パール・オブ・オリエント》）」と呼ばれるようになった。上海は条約港（treaty ports《トリーティー・ポーツ》）の一つとなった。条約港は中国の沿岸に増えていった。それはまるで外国で作られた真珠の首飾りを中国の首回りにはめるようなものであった。中国側は、治外法権（extraterritoriality《エクストラテリトリアリティ》）に基づいて、イギリス国民に対して裁判権を行使することができないということも決められた。そして、清は戦争賠償としてイギリス側に対して二一〇〇万両（テール）を銀で支払うことに同意した。その中には林則徐が処分したアヘンの代金も含まれていた[35]。

魏源は、イギリスに対しての賠償金はもっと減額し、アヘンの販売を禁止する合意を取り結ぶべきだと主張した。皮肉なことに、アヘン戦争を終結させるための南京条約においてアヘンの販売については言及されていなかった。しかし、交渉の最初から清側の交渉者たちはイギリスに対して怖気づき、イギリスからの要求をそのまま受け入れた。魏源は落胆しながら次のように書いた。「適切な戦いであれば良い。しかし、今回は場違いな場所で戦いに固執し、間違った時に和平が達成された」[36]。

西洋の脅威から目を背けることが招く歴史的な結果が破壊的なものとなるだろうということを見通していた。そして、魏源は彼が信奉している法家の考えである「富強」を改革の根本とする必要があるということを改めて主張した。「野蛮人たちに賠償金として支払った多額の金で外国から銃と船を買うべきであったし、それを使って船員や兵員の訓練をすることもできた。そうすることで私たちは自分たちの目的である武装化と国防を達成することができただろう。そして、野蛮人たちの技芸を自分たちのものにし、国家を豊かにし、武器を強化するための努力をすることもできたであろう」[37]。

国防に関して極端に新しい方法を採る必要性があるという教訓とは別に、アヘン戦争はもう一つの教訓を魏源に与えた。それは帝国主義的な列強の間の分裂を利用するために、中国は国際関係について急いで学ぶ必要があるというものだった。魏源は中国の外交技術について不適当極まりないと考えた。例えば、アヘン戦争の期間中、アメリカとフランスが清に対して交渉を申し入れてきた。この時、中国の交渉担当者たちは、イギリスとアメリカとの間の緊張関係、そしてイギリスとフランスとの間の緊張関係を利用して、イギリスを牽制してみようなどという意図をまったく持たずに行動した。一八四三年に清はイギリスとの間で追加の条約を締結したが、清は無気力なことに、他国との間で締結した条約の内容がイギリスにも自動的に適用される、最恵国待遇の権利（most-favored-nation rights《モーストフェイヴァード・ネイション・ライツ》）を認めてしまった。アメリカの交渉担当者たちもアメリカに最恵国待遇の適用を清に認めさせた。これによって、列強はどこの国が中国との間で何か有利な取り決めをしても、その内容が列強全体に適用されるという前代未聞の状況を作り出した。最恵国待遇条項によって、清は「以夷制夷（*yiyi zhiyi*）」、「野蛮人を使って別の野蛮人を牽制する（using barbarians to《ユージング・バーバリアンズ・トゥ・》 control other barbarians《コントロール・アザー・バーバリアンズ》）」という中国伝統の戦略が使えなくなってしまった。列強はそれぞれの国が勝ち取った帝国主義の戦利品を自動的に全員で享受できることになったのだ。[38]

アヘン戦争が起きたことで、魏源は研究と執筆に専念することになった。南京条約が締結された時と同じ月、魏源は新たに『聖武記（*Records of the Conquest*）』を上梓した。その内容は、満洲族と清帝国の隆盛に対する賛歌であった。魏源は、歴史研究を基礎とし、『聖武記』の執筆に一〇年を費やした。魏源の著作は大きな賛同を得た。そして、清の初期における成功は統治術を駆使したためであることを人々に思い出させた。清は、初期段階で、富強を追求した。それは、外国の脅威を防ぐためだけでなく、継続的に帝国の版図を拡大させるためであった。魏源は次のように書いている。「国家が豊かで強力な時、国家はうまく機能するだろう。反逆者たちにうまく対処し、一つの方法に固執しない。収入をうまく管理し、無駄遣いすることはない。武器を備えているが、それを誤った方法で使わない。軍隊を組織するが、兵士を弱体化させることはない。このような状態であれば、野蛮人たちを恐れる理由がどこにあるだろうか？　侵略に対する国防に関して不安を持つことがあるだろうか？」[39]

魏源の同胞たちが、一八四二年の軍事的、外交的敗北について熟考していた時、魏源は『聖武記』を発表した。彼らは、『聖武記』を読むことで、中国の「盛世」時代は、辺境地域に関してだけのことではあったが、活発な、そして拡張主義的な外交政策の上に築かれていたということを認識した。この時代は、オランダの大砲やイエズス会の地図作製法など、外国人から学ぶことを歓迎していた。

魏源は『聖武記』の中で、それ以降重要となるもう一つの概念を紹介している。魏源は、感情的にならず、冷静に中国人は自国が置かれている状況、つまり中国が国際的にその地位を低下させている状況について、恥辱を感じる必要に迫られていると主張した。魏源は『聖武記』で清の隆盛について書いたが、これは読者たちにその時代に対して誇りを持たせるのではなく、清の衰退について恥辱だと感じさせるために書いたのだ。魏源は一九世紀の苦境に対処するための、言い換えるなら、中国の近代の苦闘全体に最も適した言葉を、中国の古典の中から見つけ、『聖武記』の前書きに書いている。それは次のようなものだ。「恥辱を感じれば努力をするようになる。国家が辱められれば、人々の精神は高揚するのだ」[40]。この考えはそれ以降一五〇〇年の間、多くの人々によって繰り返し主張された。静海寺の博物館に現在も飾られている文書にも次のようにある。「恥辱を感じることで勇気が生じる」。

魏源は『聖武記』の中で、清帝国がいかに大胆に西進し、ユーラシア大陸における国境を押し広げていったかを詳述している。そして、読者たちもよく知っているのだが、魏源が生まれた一七九〇年代にはそのような大きな攻勢は行われなくなった。南京条約がそれ以降続く終わりのない敗北と中国人の生命と中国の領土の犠牲の始まりとなることを想像できた人はほとんどいなかった。

敵を知る

魏源は、一八四三年に、次の先駆的な著書『海国図志（*Illustrated Treatise on Sea Powers*）』を出版した。この著書によって、中国人は、中国の衰退につけ込んで利益を得ている海洋大国について関心を持つようになった。魏源は、アンストルーター大佐の尋問から学んだこと、そして、魏源にとって英雄であった林則徐の努力から示唆を受けた。林則徐はスタッフを集めて、広東で西洋諸国の製品を集めさせた。林則徐は、『四洲志（*Treatise on the Four Continents*）』を魏源に与え、この著作をよりシステム的に発展させた研究を行うように求めた。そして、林則徐は左遷され広東を離れた。魏源は、中国を包囲する海軍力を持った諸列強についてのより信頼できる新しい情報を収集した。

これまでに前例のない大規模な調査研究を行ってはいたが、魏源は暗闇の中を彷徨っているようなものだった。一次資料が不足していたことに加え、外国訪問の経験がなく、外国語習得の経験もなかったことで、魏源の仕事は困難を極めた。魏源は、数少ない上に間違いだらけの翻訳書と西洋人による中国語の書物に頼らざるを得なかった。プロシアからの宣教師カール・グツラフ、宣教師の息子としてマカオで生まれたジョン・ロバート・モリソンが中国語で本を書いていた。この二人はアヘン戦争においてイギリス軍の通訳を務めた[41]。

魏源の責務は複雑さを増していった。それは、教育のある中国人のほとんどが「野蛮人」たちから学ぶということを拒絶したからだ。三〇〇〇名のイギリス軍が二〇万の中国軍を中国本土で打ち破り全滅させたと推定される戦争の後でも、この状況は変わらなかった[42]。魏源自身は外国の影響によって汚れた人物と見なされる危険を冒して、中国の直面する危険を同胞たちに訴える努力を続けた。魏源は次のように書いている。「西洋のことを研究するだけで犯罪的な行為と見なされる可能性がある。現在、外国の書物の翻訳、野蛮人たちの技術の模倣、外国の状況の解説をする中国人たちは外国のスパイと見なされる状況にある。こうした人々は、外国人と交流したという罪を犯したとして罰せられるだろうし、いろいろなトラブルに巻き込まれるだろう」[43]。その結果、西洋が中国について研究を重ねていくのに対して、中国は西洋について無知なままということになってしまった。

しかし、魏源は正統な儒教が持つ排外的な、外国嫌いの傾向によって魏源が動きを止めることはなかった。新しく出現した強力な海軍力を持った列強を戦略的な分析の対象にする必要を魏源は正しく認識した。魏源の行動はまた、古代の兵法家の孫武《そんぶ》（Sunzi　紀元前五三五年?〜?）の「己を知り、相手を知れば百戦危うからず（Know yourself and know your enemy, and fighting a hundred battles you will win every one《ノウ・ユアセルフ・アンド・ノウ・ユア・エネミィー　アンド・ファイティング・ア・ハンドレッド・バトルズ・ユー・ウィル・ウィン・エヴリィ・ワン》）」に沿ったものであった。孫武は法家の考えに近く、『孫子（*Art of War*）』を著した。この教えに魏源の『海国図志』は沿ったものだ。ジャネット・ケイト・レオナードは次のように述べている。「『海国図志』は、西洋の拡張と西洋のアジアの通商と政治に関する意図に対して現実主義的な地政学的な評価を行った中国史上初の書物だ」[44]。

イギリスは緊急にかつ注意深い研究が必要なモデルであった。魏源だけがイギリスの実際の位置を知っていた。そして、魏源はイギリスの商業帝国主義の重要な要素を把握し、それが中国の脅威となっていることを理解していた。魏源は『海国図志』の中で次のように書いている。「イギリスは兵士を送って通商を活発化させる。軍隊と通商は相互依存関係にある。競争相手に打ち勝つことで、イギリスは野蛮人たちの間で最も強力な存在となったのだ」[45]。

魏源は、清帝国はイギリスの海洋帝国主義を真似すべきではないと提言している。魏源は中国の防衛のため、そして、既存の領土を維持し、アジアの海洋における中心的な立場を再び得るために、「野蛮人の技術」を十分に学ぶことを求めた。レオナードは次のように説明している。「魏源は西洋の海軍、陸軍技術の採用を主張したが、海軍力の西洋流の使い方には反対していた。その中には攻撃的な拡張主義が含まれている」[46]。

魏源の外交政策に関する戦略は次の一つの原理に集約された。それは、「平和に至るまでは、野蛮人を制するのに野蛮人を使う。平和に至れば、彼らを統制するために彼らの持つ優れた技術を学ぶ」[47]というものだ。魏源は次のように結論付けている。「野蛮人たちの優れた技術は次の三つだ。①戦艦、②火器、③兵士たちの訓練と規律維持の方法である」[48]。魏源は、中国の諸価値と文明の代替物として、ヨーロッパや西洋を理想化していない。魏源は次のように書いている。「ヨーロッパには多くの野蛮人の部族が生きている。彼らは経済的利益と力のみを求める。彼らは、フクロウのように裏切りを常とする」[49]。しかし、中国は、中国の富、強さ、世界での地位を高めたいと思うなら、野蛮人の「優れた技術」を無視すべきではないのだ、と魏源は主張している。

特筆すべきは、魏源が民主政治体制《デモクラシー》（democracy）について肯定的に捉えていたということだ。魏源は『海国図志』の中のアメリカに関する章で次のように叙述している。当時のアメリカはジャクソニアン・デモクラシー民主政治の名の下で参政権が拡大していた。もっともそれも白人男性に限られていた。「アメリカの政治体制はこれまでの、そして現在の政治体制よりも素晴らしいものだ。それは、アメリカの政治体制は人々の意思に密接しているので、このシステムこそを公的システムと呼ぶことができるのだ！」[50]。魏源は民主的なアメリカと権威主義的な中国との間の根本的な相違点を喝破し、次のように書いている。「政府の政策決定と政府高官の選抜は全て下から、つまり人々によって行われる。中国はそうではない。全て上からの、つまり皇帝と彼の高級官僚たち（mandarin《マンダリン》）によって行われるのだ」[51]。

魏源はアメリカを賞賛してはいたが、アメリカの民主政治体制の中の指導者選抜システムを真似ること、そしてアメリカが憲法で中央政府の力を制限していることを模倣するべきだなどとは言わなかった。歴史家のフィリップ・クーンは次のように述べている。「清帝国時代、中国の人口は三倍になり、社会的安定の脅威となった。そして、エリートたちは攻撃を受けやすい立場にあった。権威主義的な支配を弱めるタイミングではなかったし、逆にそれを強めるべきであった。最後に指摘しておきたいのは、西洋からの攻撃を受けた清朝末期、中央政治の中心課題はナショナリズムの高揚であった」[52]。実際のところ、「国家を強くする必要性」というテーマは現在までの中国の指導者と思想家たちのほぼ全てが繰り返し述べてきたのだ。

『海国図志』の出版の翌年、魏源はようやく、北京で行われる殿試に合格し、中央政府の高位の地位に就く資格を得た。これ以降、一〇年間、魏源は江蘇省の高位の地位をいくつも歴任した。江蘇省は若い時から魏源が官僚たちに助言を行ってきた場所だった。しかし、彼は宮仕えではなく、自由な生活様式に長く慣れ過ぎたためか、これら高位の地位に就いても窮屈さに不満を募らせた。また、魏源の母親が亡くなったために、儒教の「孝行（filial piety《フィリアル・ピイエティ》）」の原理に基づき、湖南省に戻り、三年間喪に服さねばならなかった。その間、公的な仕事をすることができなかった。

最終的に公的な生活から退いた時、魏源は現実に対して心の底から幻滅した高級官僚となっていた。一八五四年までに、太平天国の乱（Taiping Rebellion《タイピン・レベリオン》）が発生し、拡大していった。この時期、新しい思想家や活動たちが登場した。魏源はこうした「法家と儒家の融合体（Legalist-Confucian amalgam《リーガリスト・コンフューシャン・アマルガム》）」について、彼ら新しい人々が「経世」を目指していると描写した。そして、魏源の存在はすぐに忘れ去られていった。一八五六年、魏源は家族と離れ、杭州の仏教の僧侶たちの共同体に参加した。そして翌年早々に魏源は死去した。官僚としての魏源は大きな業績を上げることはできなかった。しかし、魏源が遺した一連の著作はそれ以降の中国の改革志向者たちに大きな影響を与えた。魏源の全著作は、西洋世界が侵攻してくる中国の状況をよりよく理解したいという愛国的な動機によって書かれたものだ。魏源はそうした状況の中で、中国を防衛し、「富強」を回復する方法を模索した。

脚注はビジネス社ホームページを参照
http://www.business-sha.co.jp/wp-content/uploads/china.pdf

第3章

自強　Self-Strengthening

馮桂芬《ふうけいふん》　Feng Guifen

荒れ果てた廃墟

清王朝の夏の宮殿であった円明園《えんめいえん》（Yuanmingyuan）は「完璧な輝きの庭」を意味する。円明園は北京の北西部、西山の麓にある。康熙帝《こうきてい》（Emperor Kangxi　一六五四～一七二二年）が皇子のために一八世紀初めに宮殿を建てたのがその始まりだ。一七五〇年代、康熙帝の孫、乾隆帝《けんりゅうてい》（Emperor Qianlong　一七一一～一七九九年）は召し抱えていたイエズス会の宣教師たちの助言と支援を受けて、円明園を公園、庭園、湖、丘、寺院、宮殿の華やかな複合施設とした。中国版のヴェルサイユ宮殿（Chinese Versailles《チャイニーズ・ヴェルサイユ》）を作り上げたのである。[1] ヨーロッパのデザイナーたちが新しい中国風の美的感覚（new aesthetic of chinoiserie《ニュー・エスセティック・オブ・シノワーズリー》）を取り入れようとしていた時、乾隆帝は中国と西洋の建築スタイルを融合させ、東洋と西洋をつないだ新しい景観設計を生みだすと決めた。ジョージ・マカートニー卿（George Macartney　一七三七～一八〇六年）は、円明園について賞賛を込めて次のように詳しく書いている。「円明園は多くのパヴィリオンから構成され、それらが広大な敷地に点在している。それぞれは四阿《あずまや》でつながっている。訪問者たちは巨石を目にし、おとぎの国の世界に来たような感覚に捉われる」。円明園に魅せられたマカートニー卿は日記に次のように記している。「様々な場所の様々な美しさ、湖、川、素晴らしい建築物は、私に言葉では言い表せないほどの大きな印象を植え付けた」[2]。

一八世紀、西洋と中国との間には限定的な細々とした関係が続いていた。北京の宮殿にはカトリックの宣教師たちがいた。彼らは中国の習慣に従って生活していた。またヨーロッパ各国からの貿易商人は広東港に集められていた。清王朝は西洋との間の商業活動を統制し、制限する貿易システムを構築し、ヨーロッパ各国からの貿易商人たちはこのシステムの下、利益を上げていた。第一次アヘン戦争（一八三九～一八四二年）によって、統制された貿易は終わりを迎えることになった。そして、第二次アヘン戦争（一八五六～一八六〇年）によって、新しい関係が築かれた。中国人たちは不利な条件を押し付けられた。そして、自分たちは西洋との間で不平等な関係を押し付けられる、敗北する側にいるのだと痛感するようになった。

一八五六年に第二次アヘン戦争が始まった。そして中国は再び敗北した。この年、広東の清帝国当局は、香港に登録されていたある商船（アロー号）に対して、海賊行為とアヘンの密貿易の疑いで入港後に拿捕した。イギリス当局は、アロー号はイギリス政府の保護を受けていると強硬に主張し、アロー号の拿捕は戦争行為であると主張した。アロー号の拿捕は、開戦理由となった。これは一八三九年に欽差大臣であった林則徐がイギリスのアヘンを没収したことによく似ていた。イギリスはこうした出来事を利用して攻撃を正当化し、中国沿岸部における商業権益を拡大したのである。「アロー戦争」を口実にして、イギリス海軍は広東を手中に収め、それから北部に殺到し、北京への玄関口として、戦略上重要な港である天津の大沽砲台を押さえた。一八五八年六月、イギリスは清帝国に対して、もう一つの不平等条約となる天津条約の署名を強要した。その内容は、イギリスの大使が北京に駐在することを認めること、さらに一〇カ所の港を開くこと、中国内陸部でキリスト教の宣教師たちが布教活動を行うことを許可すること、アヘンに対する関税を引き下げること、外国製品にかかる取引手数料（清帝国の大きな収入源であった）を引き下げること、であった。[3]

しかし、この停戦協定は長く維持されることはなかった。北京の宮廷は天津条約に反対した。そして、条約への署名を遅らせるという戦術を取ることで、条約の内容を変更させようとした。イギリスとイギリスに与していたフランスは清の対応にしびれを切らし、一八五九年に戦争が再開された。英仏にとって残念だったのは、英仏軍が大沽砲台の奪取に失敗したことだ。しかし、大きな損失を伴ったが大沽砲台を守り切ったという勝利を得たことによって、中国人たちは、自分たちの実力を過大評価するという愚を犯すことになった。そして、英仏の交渉団の人々を人質として捕えた。怒り狂った英仏は総数三万五〇〇〇の外征軍(expeditionary force)《エクスペディショナリー・フォース》を動員し、北京にまで進軍した。その間、抵抗らしい抵抗はなかった。英仏は人質を取り戻したが、一九名は既に死亡し、その他の人々は拷問を受けていた。そこで、英仏はその復讐として、皇帝の最も価値ある所有物である円明園の破壊を決定した。

イギリス軍の司令官エルギン卿は次のように語った。「円明園の破壊は、厳格な懲罰行動である。人の血は流されないが、皇帝の自尊心と感情はズタズタにされる」[4]。英仏外征軍が北京に到着する前、若年の咸豊《かんぽう》帝《てい》（Emperor Xianfeng 一八三一～一八六一年）は、満洲の安全地帯に愛妾（後に西太后となる）を連れて避難した。天子（Son of Heaven《サン・オブ・ヘヴン》）が北京から遠く離れた、北方にある猟場に逃げている間、英仏軍は清帝国に対して、恨みを忘れてはいないことを示し、一つの教訓を示した。それは、イギリス人の権利が侵害されることを決して許さない、たとえそれがイギリスから遠く離れた中国においてであっても、というものだった。歴史家のジェイムズ・ヘヴィアは次のように説明している。「これは恥辱を与えるためによく練られた方法であった。これはイギリスの力を見くびっていた人々に対して大きな、そして明確な教訓となった」[5]。

円明園における略奪は、統制のとれた混乱状況を示した。円明園にはフランス軍が最初に到着した。そして宮殿を破壊し、略奪し始めた。英外征軍に従軍した陸軍中佐G・L・ウールジーは円明園に到着した後、フランス軍の破壊行為と略奪行為を目撃した。ウールジーはフランス軍が暴れ狂っている様子に、「人間に備わっている暴力行為を愛する感情」を見て取った。そして次のような生々しい描写を残している。「天とつながっている王統が築き上げた高名な宮殿は瓦礫の山となった。この瓦礫の山は、ひとたびは中国で最も人々が誇りとしたものだった。私たちの言語では、この状態をめちゃくちゃな混乱状態（topsy-turvy《トプシィー・ターヴィー》）としか表現できない。フランス軍の駐屯地の周囲には絹と様々な衣服が散乱していた。兵士たちはより多くを略奪しようと走り回っていた。このような事態になると、多くの兵士たちがそうなるのであるが、彼らは自分たちが見つけられた中で最も馬鹿げた見た目の衣服を身に纏っていた。彼らにとっては、皇帝の衣服が無尽蔵にあり、それらを身に付けて走り回っていた」[6]。

イギリス軍も到着直後から円明園の破壊という悲しい仕事を仕上げるためにフランス軍に協力した。ウールジーは次のように書き残している。「一八六〇年一〇月一八日、英仏軍は円明園の周囲に点在している宮殿全てに火をかけた。一八日と翌日の一九日、黒く厚い雲が立ち込め、以前は素晴らしい眺めであった場所に煙が充満した」[7]。ウールジーはまた次のように書き残している。「一〇月一九日の夜、夏の宮殿は消失した。円明園の中の光景は大きく変わった。壁は黒ずみ、建物の木の柱だけが焼け残っていた。焼けただれた木の存在だけが、ここに宮殿があったことを示していた」[8]。

当時二七歳のイギリス軍工兵隊大尉のチャールズ・ジョージ・ゴードン（Charles George Gordon　一八三三～一八八五年）は、陰鬱な気持ちでその時のことを次のように書いている。「私たちが焼き払った宮殿の美しさと素晴らしさを想像できる人はほとんどいないだろう。それらを焼き払ったことで私は暗い気持ちになった。実際のところ、宮殿は余りに巨大で、私たちは時間に追われていた。従って、略奪するにしてもどれが価値のあるものかを判断しながらなどとてもできなかった。私たちは大量の金の装飾品を焼き払ったが、それらをまるで真鍮のように扱った。このような仕事は軍隊にとって道徳にはずれた仕事であった」[9]。

ウールジー中佐は、良心の呵責を示しながら次のように考えたと書き残している。「私たちが最初に庭園に入った時、そこはおとぎ話に出てくる魔法の庭なのではないかと思った。しかし、一〇月一九日にその場所を離れる時、そこには瓦礫の山が残されていただけだった」[10]。

しかし、ウールジー中佐は清王朝をおとなしくさせるには円明園の破壊をするしかなかったという論理を受け入れた。中国人たちが最も痛手を感じる場所を攻撃するしかないということを理解したのだ。ウールジーは次のように書いている。「官僚たちの最大の弱点は、彼らの誇り高さとそれからくる高慢さの中に潜んでいる。円明園の破壊は、中国人たちにとってもっとも衝撃的な出来事で、これによって中国皇帝が世界で最も偉大だという思い上がった考えを矯正することができた」[11]。庭園を瓦礫の山に変えたことは「我々の強大さの最も確かな証明」となり、「中国皇帝の主権は世界中に及ぶという曖昧な考えを持っていた中国人たち全てを意気消沈させる」ことになった、とウールジーは述懐している[12]。

一方、ゴードン大尉は、外国の軍隊による略奪は、中国人たちの間に穏やかな自己反省ではなく、怒りを生み出すと考えた。ゴードンは家族に宛てた手紙の中で次のように書いている。「中国の高貴な人々や官僚は私たちを憎んでいると思う。特に私たちが円明園を破壊した後では、間違いなくそうだと思う」[13]。ゴードンの考えが正しかったことは後に証明された。それから数年後、清の宮廷で最も有力だったある大臣は、西洋に関わり、西洋から学ぼうというグループを非難するために、一八六〇年に中国が受けた傷について語った。この大臣はモンゴル人で、倭仁《わじん》（Woren　一八〇四～一八七一年）という名前だった。倭仁は皇帝に次のように訴えて、一八六〇年に受けた屈辱を思い出させた。「野蛮人どもは私たちの敵でございます。一八六〇年、奴らは武器を取り、私たちに反逆してまいりました。私たちの首都とその近郊にまで侵攻し、先祖の墓の静謐を破り、宮殿を焼き払いました。役人や臣民たちは殺害され、傷を負わされました。清朝が打ち立てられて二〇〇年、このような屈辱を受けたことはございませんでした。我が国の学者と役人たちは全て、怒りで胸を焼いております。そして、現在に至るまで野蛮人たちに対する憎悪を持ち続けております。宮廷は野蛮人たちと和平を結ばざるを得ない状況にあります。しかし、私たちは一日たりとも敵意と屈辱を忘れたことはございません」[14]。

現在、円明園の評判の高かった宮殿は瓦礫のままになっている。その光景はまるで大きなレゴブロックが中途半端に集められているようだ。共産党政府は破壊された宮殿をそのままにして保存している。この廃墟は、西洋列強がいかに中国に対してひどい扱いをしてきたかの見本となっている。中国の被害者ぶりを示す野外博物館になっているのである。週末や祝日となると、円明園は北京市民と北京以外からの観光客にとって人気の観光スポットとなる。外国人が訪れることは少ない。北京市民は、北京のコンクリートジャングルと酷い交通渋滞を逃れ、円明園で湖、緑の多い庭園、そして静けさを楽しむ。しかし、中国全土からやって来る人々にとって円明園は歴史的な教訓を教えてくれる場所でもある。家族連れ、カップル、学生たちのグループは、ひとたびは円明園を彩った、打ち壊された柱と破壊されたままの廃墟の中を歩き、その酷い状況を目に焼き付ける。そして、遠い昔の中国の偉大さに思いを馳せる。政府公認の観光ガイドたちは、観光客に対して失われた楽園について話す。そして、看板には次のようなスローガンが書かれている。「私たちの受けた屈辱を決して忘れるな」

休日に家族を連れて地方から北京に旅行に来たというある父親に話を聞いてみた。彼は円明園を見て、誰もが持つ感情を持ったようであった。彼は歴史的な経緯をよく知らなかった。彼は一八六〇年の英仏外征軍の北京侵攻と一九〇〇年の義和団事件の後の外国軍の北京侵攻を混同していた。それでも彼は重要な点はしっかり理解していた。彼は次のように淡々と述べた。「その当時の中国は弱かった。しかし、現在はどんどん強くなっていっている」。魏源の後の世代における指導的な立場の改革者たちもまた破壊され尽くした円明園から、この父親と同じような教訓を得た。その教訓とは、弱体化した中国は、徹底的に自らを強くする必要があるというものだった。そうした改革者たちの中で、馮桂芬《ふうけいふん》（Feng Guifen　一八〇九～一八七四年）ほど大胆な考えを持つ人は他にいなかった。馮桂芬は魏源の改革志向のアイディアを引き継いだ人物で、一九世紀後半における重要な政治思想家であった。魏源の考えを基にしながら、馮桂芬は中国に富強を復活させる新しい計画を立てた。それは「自強（*zeiqiang*）」、「自分で自分を強化する（self-strengthening《セルフ・ストレングスニング》）」と呼ばれた。馮桂芬は、中国からの収奪を企てる列強についてより深く研究し、彼らの〝技術と方法〟について、魏源が想像した以上の広範囲にわたって模倣すべきだ、と考えていた。外国の侵略と内戦という二つの傷を乗り越え、馮桂芬は、中国が直面している深刻さを増していく危機に対する理想的な解決策となると彼自身が約束した変化を起こす計画を準備したのである。

内憂外患

一八〇九年、馮桂芬は生まれた。その当時、中国の東アジアにおける覇権国家としての立場に変化はないように見えた。江蘇省の中で特に豊かな蘇州の名家の出身であったが、物心つく頃には中流となっていた。唯一残っている馮桂芬の肖像画を見ると、そこには長いヤギ髭とあご髭を蓄え、頭頂部が禿げ上がった真面目そうな官僚の姿が描かれている。彼の高い頬骨としわの刻まれた目じりからは、中国の特権的な官僚となるために必要な何段階にも分かれた試験の準備のために、中国の古典と注釈書を暗記するために若者時代を犠牲にしたのだろうということがしのばれる。[15]馮桂芬は、帝国内でも最も競争の激しい地方の試験に合格した。彼は科挙の早い段階の試験で優秀さを示した。馮桂芬は上の段階の試験を受けるために南京に向かった。その頃南京では、魏源が穀物と塩の輸送システムの改革のために才能を発揮していた。馮桂芬は一八三二年に南京で実施された会試に初めての挑戦で合格した。そこで書いた文章は素晴らしく、「百年に一人の逸材」という高い評価を受けた。[16]しかし、彼は最終段階の試験である殿試には合格できなかった。一八三五年、馮桂芬は会試を再び受験したが、今度は不合格となり、家族を大変に失望させた。魏源などを含むその当時の受験者の多くと同様、馮桂芬は、中国史学者の宮崎市貞が名付けた「中国の試験地獄（China's examination《チャイナズ・エグザミナイション》 hell《ヘル》）」に陥ってしまった。[17]

幸運なことに、馮桂芬は、魏源と同じく、当時の浙江省長官であった林則徐の目に留まり、彼のスタッフに抜擢された。そこで若い馮桂芬は行政経験を積み、政界における人脈を形成し、科挙受験のための準備を続けることができた。そして、一八四〇年、馮桂芬は優秀な成績で科挙に合格することができた。殿試に合格することで、彼が二〇年以上費やした、中国古典の勉強は報われることになった。馮桂芬はすぐに感謝の手紙を彼のパトロンであった林則徐に送った。林則徐はアヘン戦争の責任を押し付けられて、辺境に左遷されたばかりであった。

第一次アヘン戦争後の落ち着かない時代、儒教の知識を持つ官僚たちと科挙受験生たちが集まっては、敗北で露わになった政府の無能ぶりに対して怒りを表明し、その対策について話し合った。馮桂芬もそのような会合に出席していた。ある会合で、馮桂芬は第一次アヘン戦争中に、台湾でイギリス相手に奮戦しながら、政府によって罰せられた人物の演説を聞いた。馮桂芬は次のように述懐している。「その勇者は演説の最後に、〝紳士諸君、最終的にはあなたたち次第なのだ！　誇りを持て！　誇りを持て！〟と私たちに語りかけた。私たちに、大きな恥辱を受けたのだという感情が湧き上がった」[18]。「恥辱を受けることで行動が促される」という儒教の教科書に書かれていることが実際に起きたのだ。

現状を憂うる知識人たちの会合が北京で開かれた。馮桂芬はそこで魏源に会った。二人は林則徐の人脈に連なってはいたが、親しくなることはなかった。馮桂芬は、魏源が中国で最初に「野蛮人たち」の強さから学べと主張した人物であることは認めていた。しかし、馮桂芬にとって魏源は変わり身が早い人物のように思われ、また、魏源が書いた『海国図志』の中に、時代遅れの書物などを使ったために、事実に関する間違いがあったことを批判した[19]。魏源に対して批判的ではあったが、馮桂芬は魏源の富強、統治改革、西洋研究に関する著作から大きな影響を受けた。馮桂芬が主張し、彼自身を有名にした「自強」という考えは、実際には、魏源のアヘン戦争に関する文章の中に出てくる「自修自強（*zixiu ziliang*）」という言葉から来ている。魏源は中国には「自修自強、すなわち自らをより良く改良し、自ら強くなること（self-improvement and《セルフ・インプルーヴメント・アンド・》 self-strengthening《セルフ・ストレングスニング》）」が必要だと主張した[20]。

馮桂芬はアヘン戦争後の一〇年間で、官僚の世界で順調に出世をしていった。しかし、一八四五年に母親が亡くなり、三年間喪に服さねばならなかった。しかし、服喪以降、一八五〇年になると再び出世を重ねた。馮桂芬は政治的な保護者たちの引き立てによって、新しく即位した二一歳の咸豊帝の側近となった。彼が側近として咸豊帝に仕え始めた矢先、父親が亡くなり、馮桂芬は再び、喪に服するために自宅に引きこもり、公の活動ができなくなった。皇帝に会うこともできなかった。それが父親の喪に服するための正しい儀礼であった。[21]

二回目の服喪期間が終わった時、清帝国は再び危機の中にあった。一八五三年、馮桂芬と儒教を学んだ官僚たちは、「太平（Taiping）」、「究極の平和（Supreme Peace）」という名のキリスト教カルトの起こした反乱が誘発した内戦を抑え込むことに躍起となった。第二次アヘン戦争が勃発した時、清帝国は二重の危機に巻き込まれた。古代の法家たちはこのような状態を「内憂外患（*neiyou waihuan*）」、「内部にある懸念、外部からの不幸な災難（anxiety within, calamity without）《アングザイエティ・ウィズイン・カラミティー・ウィズアウト》」と呼んだ。[22]一八五〇年代から一八六〇年代にかけて清帝国は、国内の反乱を鎮圧し、同時に外国からの侵略に対して国土の防衛をしなければならないという大きな試練に直面した。このような状況下、馮桂芬は中国の改革に向けたアイディアを次々と生み出した。

中国南西部において、キリスト教のカルトグループと地方の役人たちとの間で争いが起きた。それが拡大し、太平天国の乱となった。これは一八五〇年のことだった。一地方の反乱はすぐに王朝の存在を揺るがす大規模な内戦にまで拡大した。この内戦で二〇〇〇万人の中国人が死亡した。キリスト教カルトの指導者、洪秀全《こうしゅうぜん》（Hong Xiuquan　一八一四～一八六四年）は科挙受験に失敗した人物で、自分のことを救世主だと主張した。洪秀全は科挙の失敗によって心理的に大きな傷を負った。これは、科挙受験に失敗した人間たちにはお決まりのコースであった。洪秀全は中国南部で布教活動をしていたプロテスタントの宣教師たちから学んだ聖書の知識や用語を使って、自分の妄想を膨らませた。そして、洪秀全はイエス・キリストの弟、もしくは、歴史家ジョナサン・スペンスが指摘しているように「神が中国に生み出した息子」であると主張するようになった。洪秀全は更に、太平天国（*Taiping Tianguo*）、「究極の平和が実現した天国（Heavenly Kingdon of Supreme Peace）」という空想上の国家の建国を宣言した。この太平天国は、キリスト教神学と儒教の古典の奇妙な混合物であった。そして、数百万の武装した農民たちに支持された。[23]

太平天国の乱は中国南部全体に、溶岩のように拡大していった。太平天国は、清朝に絶望した農民たちに対して、農民の直接的な憎悪の対象である地方領主と、漢民族ではないのに中国を支配する満洲族の支配者たちを打倒することを約束した。太平天国軍は士気の低い、そして資金不足に陥っていた清軍を次々と打ち破った。そして、一八五五年には南京を制圧し、南京を彼らの「帝国」の首都に定めた。清朝は覆いようのない衰退の途上にあるだけでなく、滅亡の危機に瀕していることが明らかになった。

このような厳しい状況下、馮桂芬は、中国の各地に高級官僚として赴任するのを待つようなことはしなかった。科挙に合格した官僚たちの多くもそうであった。馮桂芬は生まれ故郷の蘇州に戻り、太平天国軍に対抗するために軍を率いた。太平天国軍は、蘇州に関して、条約港の上海という大きな獲物を捕らえる途上にあるご褒美だと考えていた。南京条約によってヨーロッパ諸国の商人たちは上海での交易が認められていて、上海は好景気に沸いていた。上海には外国の軍隊が駐留し、防衛態勢が整えられていた。しかし、蘇州に関しては地元の人々が防衛するしかなかった。一八五六年に清政府は馮桂芬に宮廷における地位を提示し、北京に帰還するように促した。しかし、馮桂芬は地元の人々から残って欲しいと望まれ、結局生まれ故郷に留まることを選んだ。

太平天国の乱が続く中、一八五六年に広東でアロー号事件が起き、第二次アヘン戦争が勃発した。清は外国からの脅威にも対処しなければならなくなった。清は太平天国の乱と第二次アヘン戦争の両方に対処しなければならなかったが、その試みはうまくいかなかった。一八六〇年春、太平天国軍は揚子江流域の各地で虐殺を繰り返し、蘇州になだれ込んできた。馮桂芬はかろうじて脱出し、中国南部に残された最後の希望の地、上海に逃れた。

抗議

一八六〇年末、馮桂芬は上海に到着し、中国人居住区に居を構えた。馮桂芬はすぐにイギリスとフランスの租界（concession areas《コンセッション・エリアズ》）を訪問するようになり、上海競馬場で競馬を観戦することもあった。ロンドン伝道協会プレスの通訳者であった王韜《おうとう》（Wang Tao　一八二八〜一八九七年）は、通訳として働くイギリス人の家庭を馮桂芬と彼の息子が訪問できるように算段した。王韜は後に中国初の近代的なジャーナリストとなった。これが馮桂芬の西洋世界との初めての接触であった。魏源がアンストルーター大佐を訊問したのと同じ、直接的な西洋体験であった。馮桂芬は、革張りの家具、楽器、本が整然と並べられた本棚の隣にかけてある写実的な絵画、その他、条約港でしか見ることができない西洋の生活を観察することができた。[24]これらの物品は中国とは全く別の世界の一部であったが、少なくとも上海の租界においては手に触れることができるものであった。一八六一年初頭、馮桂芬はイギリスとフランスの租界からほど近い場所に引っ越した。そこは、教育のある中国人にとっては理想的な場所であった。西洋世界には大変近いが、中国に留まることができる、そういう場所であった。[25]上海の租界では、外国が中国の大地に再現されているという奇妙な風景が見られたが、この場所で、馮桂芬は中国が進むべき新しい道について考え、自分の考えを書き残すという仕事を始めた。

第一次アヘン戦争の敗北直後の一八四二年、魏源は中国の最近の歴史について改めて考察し、併せて西洋列強の強さの秘密を再評価する必要があると考えるようになった。一八六〇年に発生した太平天国の乱という動乱とそれに伴う上海への避難という出来事を体験し、馮桂芬は、外国をモデルとするという中国の進むべき新しい方向を指し示すことになった。五〇歳になった馮桂芬は軽い肝臓病を患っていたが、それでも短い著作を発表した。その題名は『抗議（*kangyi dissenting views*）』というものであった。この著作は、馮桂芬の新しい考えである「自強」について要約したものであった。

馮桂芬の著作の『校邠廬抗議（*Dissenting Views from a Hut near Bin*）』というタイトルから、この本が外国からの侵略に抵抗することを主張する内容であることが、儒教の古典教育を受けた読者たちには分かるようになっていた。中国の古典教育を受けた読者たちは、古代の周王朝の武王が生まれた場所である邠《ひん》（現在の西安近郊）がタイトルに入っていることで、『校邠廬抗議』の内容がどんなものであるかをすぐに察することができた。武王は、中国人にとって、異民族の脅威に一貫して抵抗した象徴的存在である。西安は中国と「異民族」が境を接する国境にほど近い古都であった。邠は、その当時、異民族の住む領域の中にあって漢民族が暮らす上海のような存在になっていた。馮桂芬は「廬（hut《ハット》　庵）」にひっそりと住んでいるということをタイトルで示しているが、これは彼自身の厚かましさを表現している。馮桂芬は地方の中級官吏に過ぎないのに、国内政策と対外政策に関して、これまでとは全く異なる提言を敢えて本にまとめて朝廷に献上するという暴挙を行っているという形を取った。彼の著作は、中国初の自前の近代化計画の諸原理をまとめたもので、今日でもその重要性は損なわれていない。

馮桂芬が提示した重要な問題は次のように簡潔に表現される。馮桂芬は次のように書いている。「我が国の領土はロシアの八倍、アメリカの一〇倍、フランスの一〇〇倍、イギリスの二〇〇倍もある。彼らの領土は小さいのに強力である。一方、私たちの領土は大きいのに弱い。こんなことがどうして起きたのか？」[26]この疑問に対する馮桂芬の答えは大胆なものであった。「中国は、新たに出現した敵国の優越性をまず認め、敵国のやり方を採用し敵国の持つ秘密を習得すべきだ。そうしなければ滅亡するしかない」というのが彼の答えであった。

馮桂芬は、「西洋の優越性は蒸気船、重火器、軍事訓練だけに留まるものではない」と主張した。より深遠な、包括的な要素が西洋の優越性を成り立たせていた。馮桂芬は、西洋は四つの分野で中国を凌駕していると主張した。その四つとは、①教育（人々の才能を用いる）、②経済発展（国土を利用して利益を上げる）、③政治的正統性（支配者たちと被支配者たちとの間を緊密にする）、④知的活動（正しい名前を物事につける）である。[27] 馮桂芬は、「中国がイギリスとの差を埋めるためには、無駄に高い誇りを捨て、基本的な分野で敵国の方法を取り入れるようにすべきだ」と総括した。

馮桂芬は中国人に対して「自強（self-strengthening）」を行うように求めた。馮桂芬が主張した「自強」とは、「西洋から学び、西洋から技術を借りるが、西洋に依存しない」ということを意味している。馮桂芬は、外国からの軍事援助をただ受け入れるだけでは、それはかえって危険なことだと警告を発した。そして、単に外国から武器を手に入れるのではなく、中国人を教育し、新しい技術を自力で開発し、維持し、応用させるべきだと主張した。[28] 短期的に見れば、中国は外国の軍事専門家たちを雇い、近代戦の技術を教授してもらうべきだが、長期的に見れば、中国人自身を教育し、鍛え上げて軍事専門家として養成すべきだと彼は考えていた。外国列強から知識や技術を学びながら、彼らに完全に頼りきりになる状態に陥らないようにバランスを取ることは困難で、近現代の中国の指導者たちも失敗を重ねている。文化的に保守の立場を取り、外国との通交を拒絶する孤立主義者たちは、外国から学ぶことを主張する人々を裏切り者と呼んだ。乾隆帝の時代から、中国の一般の人々の西洋からやって来た「野蛮人たち」に対する態度はほとんど変化しなかった。円明園が襲撃されその煙がまだ立ち込めているような時期に馮桂芬は『抗議』を書いたのだが、人々の注目を集めることはなかった。実際のところ、イギリス側の通訳だったトーマス・テイラー・メドウズは、一八五二年になっても中国側が西洋諸国との関係を「野蛮人管理」と呼んでいたと書いている。メドウズは次のように書いている。「私たちの習慣や文化から直接何かを学ぶ機会を持つ中国人は、条約港五港全てを合わせて、五、六〇〇〇人といったところだ。中国の総人口は三億六〇〇〇〇万人もいるのに、たったそれだけの人数なのだ。中国人の大部分は自分たちの国が西洋に比べて道徳の面でも、知性の面でも優れていると考えていた。私は誰かとの会話を特別に覚えているという訳ではないが、数多くの中国人と会話をした。彼らは私たちを野蛮人だと考えていた。それは楽しい経験ではなかった。彼らは常に驚いていた。驚愕というほどではなかったが。私たちがそれぞれ苗字を持っていること、父、兄弟、妻、姉妹などの区別をつけていることに驚いていた。彼らは私たちが家畜か何かのように生活していると考えていた」[29]

このような西洋人に対する侮蔑が中国人たちの典型的な態度であった時、馮桂芬の『抗議』は彼らとはまったく異なる視点から出発していた。それは、中国人に恥(shame《シェイム》)の感覚を持たせるという点であった。馮桂芬から見れば、儒教の「恥(*chi*)」の概念は、静海寺の展示に書いてあるように、単に「辱められる」ということだけではなく、国家を強化するための「触媒」の役割を果たすものであった。馮桂芬は、人間は自分が劣っている点について恥だと感じることができれば、それはその人間が強くなる出発点になると確信していた。馮桂芬は次のように力強く書いている。「人間はひとたび恥辱を感じれば、自分自身を強くするように行動するようになる」[30]

馮桂芬の「自強」プログラムの核となるのは軍事であった。それは、国家防衛が最優先の政策であったからだ。また、軍事面で外国から知識や技術を学ぶというのは、保守的な支配層にもまだ受け入れられるものであったからだ。馮桂芬は蘇州から避難してきた名士たちと共に資金を集めて西洋諸国から軍隊を雇い、それで太平天国側に奪われた諸都市を奪還しようと試みた。これは、彼にとって西洋から知識と技術を学ぶということに関する具体的な経験となった。[31]馮桂芬は上海で活躍していた三人の将軍たちの短い伝記を執筆した。その三人とは、フレデリック・タウンゼント・ウォード(Frederick Townsend Ward 一八三一〜一八六二年)、ヘンリー・バージェヴィン(Henry Burgevine 一八三六〜一八六五年)、チャールズ・〝チャイニーズ〃・ゴードン（Charles〝Chinese〟Gordon　一八三三〜一八八五年）であった。チャールズ・ゴードンが円明園の破壊の様子を母国への手紙の中で描写していたことは既に紹介した。彼はその後、太平天国軍と戦っていた。馮桂芬はイギリス軍とアメリカ軍の士官たちが、最先端の技術と西洋流の戦術を用いて、清軍が太平天国軍に勝利する手助けを行う様子を観察していた。彼はそのことにいたく感銘を受けた。そして、馮桂芬は『抗議』の中で、中国西部の戦略上重要な港湾都市に西洋型の造船所と武器庫を建設するための資金を出すように主張した。彼は次のように書いている。「そのようにするしか私たちが元来持っていた強さを回復する道はない。そのようにするしか私たちが最近被った恥辱を拭い去る道はない。そのようにするしかこの広大な地球で最強国となる道はない」[32]

　馮桂芬は技術上の近代化という問題に取り組んだ。それと同時に、同時代人たちに先駆けて日本の重要性を認識していた。日本は中国の隣国であり、西洋の知識と技術を取り入れるということに関して中国のモデルとなった。しかし後に日本は中国に対して幾度も干渉するようになる。馮桂芬は日本が一八五〇年代末から開国し、改革を進めている努力を賞賛した。馮桂芬は、中国は第一次アヘン戦争から二〇年経っても何の進歩もしていない一方で、日本は西洋列強から無理矢理開国させられ、市場を開放させられてから、ほんの数年で近代的な船舶を建造できるまでになっている、と嘆いた。そして、中国も日本のようにしなければ、「私たち中国人は世界のその他の約一〇〇カ国にとっての肉や魚のようになって食い荒らされてしまうことになる」と警告した。[33]

　馮桂芬の関心は軍事分野のみに限られていた訳ではなかった。彼はこれまた同時代人たちに先駆けて、西洋諸国の戦場での優越性の土台にある政治にも関心を持ち、調査・研究を行った。馮桂芬は、西洋諸国の持つダイナミズムと強さを構成する要素として、各国政府が国民に対して説明責任（accountability《アカウンタビリティ》）を負っていることを挙げている。馮桂芬のような中国の国家統治に関する思想家たちはこれを「支配者と被支配者たちの緊密さ」と表現した。[34] 馮桂芬は、そのような親密さはイギリスの議会制民主政体やアメリカの大統領制民主政体のような政治モデルによって自然に醸成されたものだと考えていた。馮桂芬は、中国の役人たちは、イギリスやアメリカとは対照的に、国民から完全に離れて孤立していると見ていた。馮桂芬は次のように書いている。「私の人生は単純で真っ直ぐなものであった。従って、私は宮廷にいる高官たち、そして県や郡レベルの役人たちに対して、人々の苦しみや悲しみに思いを致すように求めたい。多くの人々は助けを求めているのに、役人たちはそのような声を聞いたことがないなどと言う。そのような無知と無関心は人々との間で意思の疎通を欠いているために起きているのだ」。[35] 馮桂芬は、太平天国の乱の発生原因も支配階級の孤立にあると確信していた。彼は次のように書いている。「帝国内で反乱を起こした叛徒たちは元々叛徒として生まれて成長した訳ではない。食料と教育を与えられなかったがために反乱を起こしたのだ」[36]

『抗議』の原稿には、一八六〇年のアメリカ大統領選挙でエイブラハム・リンカーン（Abraham Lincoln 一八〇九～一八六五年）が当選した直後に、馮桂芬が行ったアメリカの民主政体についての評価が書き込まれている。馮桂芬は民主的な選挙のプロセスとアメリカの「富強」との間には明らかにつながりがあると考えていた。彼は自由に関して道具主義的な見方をしていた。この自由に関する道具主義的な考え方はこれ以降の中国の政治的な言説の中で長く生き続けることになった。馮桂芬は次のように書いている。「野蛮人たちの様々な書籍を読むと次のように書いている。アメリカでは大統領が国家を支配する。そして政治権力は大統領の息子に移譲されるのではなく、賢い人間に移譲される。人々は投票用紙に指導者にふさわしいと思う人間の名前を書き、投票箱に投げ入れる。そして最も多くの得票を得た人間が大統領になる。各州の知事も同じ手続きで選び出される。このような制度を採用しているので、アメリカは徐々に豊かにそして強力になっていき、国力の面でロシア、イギリス、フランスを乗り越えつつある。野蛮人たちの中には優れた人間など存在しないなどと誰が言えるだろうか？」[37]

馮桂芬はアメリカを賞賛し続ける。馮桂芬は中国に「村落レベルの民主政治体制」を導入してはどうかと提案した。彼は次のように書いている。「それぞれの村落で、村人たちは、指導的な地位に立候補した人間の名前を投票用紙に書きつけるようにする。投票用紙は村落の事務所に提出される。投票用紙は数えられ、集計される。最多の得票を得た人間が指導的な地位に就くようにする」[38]。彼はまた、政府の地位も、科挙の合格者や宮廷の人間たちにコネがある人間たちにだけ限定すべきではなく、儒教の教育を受けた人々、学生、村長、村長の補佐役たちから推薦を受けた人々に開放してはどうかという提案も行っている[39]。こうした馮桂芬の提案は不完全なものではあるが、中国初の被支配者たちの同意によって支配者が選ばれるべきだという内容の主張であった。馮桂芬は次のように主張した。「一人か二人の人間の私的な意見と多くの人間の形成する意見のどちらかを重視すべきかと言えば、私たちは後者の方を重視すべきということになる」[40]

馮桂芬は独創的な提案を数々行った。その中でも特筆に値するのは、政府の予算決定プロセスを人々に公開し精査させるというものだった。これは当時で言えば革命的な提案であった。そして現在でもそう言えるだろう[41]。そして、彼は北欧の社会福祉システムと教育システムを賞賛した。馮桂芬はオランダの教護院やスウェーデンの識字率向上のための義務教育のことを耳にし、それらを賞賛した[42]。馮桂芬は西洋に関する翻訳書を読み、「野蛮人の専門家たち」や数は多くないが上海に滞在している外国人たちと議論を行った。これらの経験を通じて、馮桂芬は外国の政治システムがいかに機能しているか、中国にとって何が有効かについて、大まかな考えをまとめた。正統な儒教は古代から続く伝統的なモデルを重視していたが、馮桂芬はそれを否定した。そして、馮桂芬は次のように主張した。「もしあるシステムが良くないのなら、たとえそれが昔から伝えられてきたものであっても、私たちはそれを拒絶すべきだ。あるシステムが素晴らしいものならば、私たちはそれを採用すべきだ。たとえそれが文明的ではない人間たちが生み出したものであっても。私は野蛮人たちの著作を読んで、そのようなものを拾い上げている。野蛮人たちの生み出したものだというだけの理由でそれらを拒絶すべきではない」[43]

馮桂芬の政治哲学を民主的であるとは言えない。現代で言えば「参加型権威主義（participatory《パーティシペイトリー・》 authoritarianism《オーソリタリアニズム》）」により近いものだ。結局のところ、馮桂芬もまた政治的権威は、天の子である皇帝から発生して、下ってくるものだと考えていた。彼に続く改革者たちと同様、馮桂芬もまた西洋流の民主政体は中国には適さないという結論に至った。加えて、中国の価値観と儒教の諸原理の優越性にも自信を持っていた。馮桂芬は次のように考えていた。「確かに中国は〝富強を達成するために西洋から技術〟を学ばなければならない。しかし、社会システム、道徳観、そして文化はそのまま保たれるだろうし、そうするべきだ。中国のそうした要素は万邦無比のものなのだ」

馮桂芬は「今日、私たちは外国について再び研究しなければならない」と勧告している。彼は続けて次のように書いている。「外国は私たちと同じ時間と同じ大地の上の存在している。しかし、富強（富と力）を獲得している。中国と外国との間に類似性があるだろうか？　私たちは外国の進んでいる点を簡単に採用できるだろうか？　私たちは中国伝統の倫理観と教えを基礎にしながら、それらを外国から学んだ〝富強のための技術（*fuqiang zhi shu*）〟で補強できるとすれば、これは理想的なことではないだろうか？」[44]。東洋的な目的達成のために、西洋流の手段を用いるという考えは、中国の改革志向者たちが持つ夢である。この夢は、それ以降、鄧小平《とうしょうへい》（Deng Xiaoping　一九〇四～一九九七年）に至るまで繰り返し語られてきた。そして、現在の中国の最高指導部でも同じ夢が語られている。

武器工廠と教育研究機関

馮桂芬は『校邠廬抗議』を書き上げるとすぐに、完成した本を当時中国で最も強力な人物に送った。その人物とは、読者の方が想像しているであろう皇帝ではなかった。その当時、皇帝は即位したばかりの同治帝《どうちてい》（Emperor Tongzhi　一八五六～一八七五年）で、まだ五歳の満洲人の少年であった。馮桂芬は、儒教に精通した君子で、清の支配者たちが、軍を率いて太平天国の乱を鎮圧してくれると最後の期待をかけていた曽《そう》国藩《こくはん》（Zeng Guofan　一八一一～一八七二年）に本を送ったのだ。彼はアメリカではユリシーズ・S・グラント（Ulysses S. Grant　一八二二～一八八五年　訳者註：アメリカ南北戦争時の北軍司令官で、後に第一八代アメリカ大統領となった）に匹敵する人物であった。

曽国藩の人生は馮桂芬の人生と似ているところがある。若くして科挙に合格しながら、一八五三年に生まれ故郷の湖南省に帰り、太平天国との戦いを指揮した。しかし、馮桂芬とは異なり、曽国藩は、太平天国の乱がもたらした「内憂」を鎮圧することに成功した。曽国藩は地元の名士と普通の住民たちを動員して共同して郷士を防衛することに成功した。曽国藩が動員した人々が新しい軍事組織・湖南軍（Hunan Army）の前身となった。一八六〇年の時点で、太平天国軍を打ち破れるのは曽国藩しかいないと考えられていた。清の命運は曽国藩の双肩にかかっていた。清の正規軍はまともに戦えなかった。そこで清の宮廷は地方軍に過ぎなかった曽国藩率いる湖南軍に実権を与えるほかなかった。魏源の『聖武記』を読めば分かることだが、清時代にこのような権力の分散が行われたのは、まさに異例中の異例のことであった。清朝は「忌避の規則（rule of avoidance）《ルール・オブ・アヴォイダンス》」を史上初めて、一時停止することに決定した。忌避の規則とは帝国の官吏が自分の生まれ故郷で役職に就くことを禁止したものであった。その結果、儒教の学者であり官僚でもある人々は自分たちの故郷に戻り、故郷のために戦うことができるようになった。[45]

北京にいる満洲族出身の支配者たちと清の高官たちだけが曽国藩と彼の率いる湖南軍に自分たちの生存の希望を託していた訳ではなかった。馮桂芬もまた彼らに賭けていた。馮桂芬は上海に滞在中、個人的に曽国藩に助けを求めた。『抗議』を書き上げた一八六一年一一月、馮桂芬は曽国藩に書簡を送った。その内容は、太平天国軍から蘇州を奪還するために、湖南軍の一部を上海に派遣し、清朝の旗の下で戦っている英米軍と合流させるように取り計らってほしいと嘆願するものであった。曽国藩は最初、湖南軍の作戦地域が拡大してしまうことと自分の使命以上の要求であることを理由に、馮桂芬の願いを聞き届けることを躊躇した。しかし、最終的には彼の有能な腹心である李鴻章《りこうしょう》（Li Hongzhang　一八二三～一九〇一年）を上海に派遣すると決定した[46]。

当時、李鴻章はまだ三〇代後半という若さであった。しかし、彼はすぐに多くの注目を浴びるようになった。身長は一八〇センチを超え、鋭い眼光を備えた李鴻章は、人々の印象に残る存在であった。李鴻章と会談したフランス人小説家ピエール・ロティ（Pierre Loti　一八五〇～一九二三年）は、李鴻章について、「彼はとても背が高く、立派な頬骨を持っている。よく動く目はとても小さいが、何事も見通す能力を示している」と書いている[47]。曽国藩の命令を受けて、李鴻章は彼の生まれ故郷である安徽省の人々を集めて地方軍団を創設した[48]。この安徽軍が上海までスムーズにかつ安全に移動できるように、馮桂芬と蘇州から上海に逃れていた名士たちはイギリスの蒸気船七隻を雇い入れた。一八六二年四月、李鴻章と彼が率いる安徽軍は上海に到着した。そして、太平天国軍との戦闘を開始し、一八六三年末までに蘇州を奪還することに成功した。

馮桂芬は李鴻章や曽国藩と緊密に連帯するようになったことで、自分の「自強」というアイディアが清朝政府にも受け入れてもらえるかもしれないという希望を持つようになった。曽国藩は日記に、『抗議』という書物は「偉大な学者」が書いたものだと記し、部下たちに『抗議』を配り、読むように勧めた[49]。そして、曽国藩は馮桂芬の言葉遣いやアイディアをそのまま口にするようになった。彼は自分の部下に向かって次のような発言を行った。「私たちが自強を達成するための方法を見つけたいと望むならば、政府の活動の改革と、才能のある人物をその才能を必要としている地位に就けることを考慮せねばならない。そして、火薬や蒸気船、その他の道具を最重要なものとして考えねばならない」[50]。曽国藩は馮桂芬に『抗議』を印刷して出版すべきで、そのように取り計らうと伝えたが、馮桂芬はその申し出を断った。それは、馮桂芬は保守派が彼の「抗議」の内容を非難し、攻撃を加えてくることを恐れたからだ。その代わり、自分の考えを広めるために、『抗議』の原稿を秘密のうちに、曽国藩のような指導的立場にある人たちのために働いてはいるが、才能に見合った地位に就けていない、教育程度の高い人々に回し読みしてもらうという方法を選択した。[51]

李鴻章は上海に到着してすぐに、馮桂芬を最側近の顧問として迎え、李鴻章の改革志向の政策提案書の代筆をさせた。[52] 実際、李鴻章が「自強」というフレーズを初めて使ったのは上海に到着し、馮桂芬が彼の顧問になった後からだ。[53] 李鴻章は馮桂芬の「恥辱が自強を推進するための触媒となる」という考えにも共鳴した。李鴻章は馮桂芬に書簡を送った。その中で次のように書いている。「私は、中国製の武器が外国製の武器に比べて劣っていることをとても恥ずかしく思っている。私は毎日、自分の部下たちに謙虚な気持ちを保ち、恥辱をしっかり受け止め、知識を増やしたいと思うならば、西洋人たちの秘儀を学ぶようにせよと繰り返し教えている」[54]

「中国を救うために西洋型の武器を製造する」という馮桂芬の考えは、李鴻章が中国初の近代的な武器工廠を上海と蘇州に創設したことで現実のものとなった。馮桂芬は李鴻章が一八六三年に北京に送付した覚書の下書き原稿を書いた。その覚書は、西洋から軍事技術や武器だけでなく、教育・訓練方法も取り入れる必要があるという内容であった。その内容は以下のようなものであった。「我が国を強くしたいと望むならば、外国の優れた武器について学び、それを使う以外にはない。私たちが機械化部隊を作るための機械を手に入れたいと望むならば、私たちは機械製造を専攻する学生たちのための教育課程を作るべきだ」[55]

李鴻章の覚書は、対外関係を総合的に取り扱うために北京に新たに創設された「総理各国事務衛門（*Zongli Geguo Shiwu Yamen*）」に送られた。これは西洋型の外務省であり、第二次アヘン戦争後、複数のイギリス政府関係者の進言によって創設された。総理各国事務衛門は李鴻章の覚書を皇帝に差し出した。また、馮桂芬の「自強」という新しい考えを支持した。総理各国事務衛門の文書には次のような文章が記載されている。「国家統治の基礎に自強という考えを置くべきだ。そして現在の状況から考えて、自強に関する最重要課題となるのは兵士の訓練ということになる。しかし、兵士の訓練よりも先に実行されねばならないのは武器の製造である」。[56] 一八六五年、李鴻章は彼自身が持っていた小規模の武器工廠を統合して、南京に超近代的な大規模軍需物資製造工場を建設した。この江南製造兵工廠(Jiangnan Arsenal《アーセナル》)は、地域の工場のネットワークの中心的役割を果たした。『抗議』の中で馮桂芬が書いた提言が現実のものとなった。

現在、江南製造兵工廠だった場所は観光地となっている。南京の城壁の南門のすぐ側にある。訪問者たちは当時を感じることができる。ヨーロッパ風の煉瓦の建物が立ち並んでいる間を歩くことができる。訪問者たちは、その当時の近代の危険性を追体験することができ、中国が衰退への道を進まないようにするために、最新のアイディアからこの工廠が建設されたということを感じることができる。江南製造兵工廠の建造物は、二〇世紀に起きた様々な破壊から奇跡的に免れた。日本による南京大虐殺、共産党と国民党との間の内戦、毛沢東の主導した文化大革命が起きたが、それらの巻き起こした大規模な破壊を生き抜いたのだ。江南製造兵工廠の跡地は、現在「一八六五」という名前の複合商業施設になっていて、ネオンサインが付いている。この名前は李鴻章が工廠を建設した年にちなんでいる。この施設には、おしゃれなレストラン、芸術家のアトリエ、五つ星ホテル、ソフトウェア開発会社の本社がある。江南製造兵工廠の跡地は、馮桂芬の「強い新中国」というアイディアが現代にも生きていることを示している。そして、現代の「富強」の象徴ともなっている。

武器庫の創設と軍事面の改革に合わせて、馮桂芬は全く新しい教育機関を創設するという計画を立てていた。西洋からやって来た宣教師、外交官、そして学者たちは中国語を学び、儒教の古典を研究していた。中国は他国の文化を習得するという競争に完敗した。馮桂芬は中国のエリートたちの考え方と教育方法を革命的に変革しなければならないと考えた。彼は次のように書いている。「通商関係を樹立してから二〇年、多くの外国人が中国語を理解し、中には古典や歴史書をそのまま読む者もいる。彼らは我が国の法律、規制、地理、人々の持つ特性を理解している。我が国の高官や役人が外国人や外国のことについて全く無知なままであるのは恥ずべきことではないだろうか？」[57]

中国をこのような無知蒙昧の状況から抜け出させるために、馮桂芬は、科挙制度の徹底した改革を提案した。彼は、外国語に長けた学生たちには、儒教の古典を修めたと見なして郷試と会試を免除すべきだと主張した。[58]馮桂芬は更に、古典をただ暗記させるだけでなく、科挙の受験生の半分には武器と工業に関する技術の試験を行うようにと主張した。

総理各国事務衛門の下に、中国で初めての通訳学校が北京に設置されたのは一八六二年だった。その後、馮桂芬は外国語と科学を学べる、教育機関を上海にも設置するように運動を始めた。これは『校邠廬抗議』の中で提案されていた。李鴻章は宮廷でそのような学校設置の認可を求めた時、『校邠廬抗議』の中に書かれた言葉をそのまま使った。李鴻章は次のように語ったそうだ。「中国人の賢さと知性が西洋人たちに劣っているのであろうか？　私たちが西洋の言語を習得し、お互いに教え合うようになれば、蒸気船や武器に使われている先進的な技術を徐々にではあるが、徹底的に習得することができるようになる」[59]。

馮桂芬の提言は皇帝に受け入れられ、中国は海外について研究する学校を開校していった。一八六三年に上海、一八六四年に広州、一八六六年に福州に学校が設置された。そして、馮桂芬は上海に設置された、中国初の「近代的な」教育機関の責任者に任命された。[60]しかし、このような動きは保守派からの強硬な、そして長期にわたる抵抗に遭った。古典を勉強することだけが長年にわたり、中国の各帝国において権力と栄達に至る唯一の道であった。教育上の哲学を変更し、古典以外もカリキュラムに取り入れるということは政治的、社会的秩序を根底から揺るがすことであった。一八六七年に西洋の学問を学ぶことを主張する人々が数学と科学を、そして、政治経済学と国際法もカリキュラムに加えようとした時、保守派の人々は、こうした動きを、法家の「力と策略（power and plotting《パワー・アンド・プロッティング》）」の名を借りた、儒教の「儀礼と道徳（rites and morality）」に対する卑怯な裏切りだと非難した。[61] 総理各国事務衙門にいた西洋学問教育の唱導者たちは、このような保守派の反対に対して、馮桂芬の「自強」という新しい理論を基にした主張で対抗した。それは次のようなものであった。「私たちは、次のような多くの提案を行った。学生たちに外国語の読み書きを学ばせ、機械製作の様々な方法論も学ばせる。外国から輸入した銃の扱いを兵士たちに訓練させる。官僚たちを外国に派遣してその国の習慣や社会状況を調査させる。首都に六軍を配し防衛にあたらせる。これらの提案は全て、自強を求める戦いを進めるための決定であった。私たちはこうした提案のために骨惜しみをせずに働いたし、こうした決定は私たちにとって特別なものであった」。[62] 彼らは論争に勝利した。しかし、事態が好転することはなかった。そして、伝統に縛られた政治文化の中で、「野蛮人の学問」が占めるスペースはごく限られたものであった。

馮桂芬は晩年の一〇年を蘇州で執筆と講義をしながら過ごした。李鴻章は一八六七年と一八七〇年に馮桂芬を高官へ登用するように求めた。馮桂芬は多くの名誉を獲得したが、馮桂芬は質素な服装をし、蘇州のエリートが享受した、頽廃的ではなかったが華やかな社会生活を放棄した。[63] 馮桂芬は一八七四年に亡くなった。改革に従事していたグループの中心人物たちは、『校邠廬抗議』から示唆を得た。『校邠廬抗議』は、馮桂芬の死後一〇年出版されなかった。光緒帝《こうしょてい》が一八九八年に最終的に馮桂芬の文章を読み、それを数千部印刷し、高級官僚たちに配布した。そして、彼らには馮桂芬の提案の中でどれが実行できるかを提出するように命じられた。[64] その時代、中国は比較的遠いイギリスに対抗し得るほど自国を強化することに失敗していた。馮桂芬は先進的なアイディアを出し、李鴻章のそれを現実のものにしようとして努力した。これは清王朝の強さを復活させようとしてのことだった。それでも中国は衰退し続け、「アジアの病人（sick man of Asia《シック・マン・オブ・エイジア》）」と呼ばれるような、不名誉な状態に陥ってしまったのだ。

第4章

体用

Western Methods, Chinese Core

西太后　Empress Dowager Cixi

龍のような女性

「龍のような女性（Dragon Lady）が中国皇帝（Dragon Throne《ドラゴン・スローン》）を滅ぼす」というのは、中国史においてよく取り上げられる話題だ。中国最後の帝国の、最後の最高実力者であった西太后《せいたいごう》（Empress Dowager Cixi 一八三五〜一九〇八年）は五〇年間にわたって帝国を支配した。西太后は、唐王朝時代の武則天《ぶそくてん》（Wu Zeitan 六二三?〜七〇五年）、最近で言えば、毛沢東の妻で悪名高い江青《こうせい》（Jiang Qing 一九一四〜一九九一年）と並んで、国を傾けた歴史上の悪女という評価がされている。西太后は一九〇八年に死去した。それは清王朝自体が崩壊するわずか三年前のことであった。清朝の滅亡によって中国は大混乱に陥った。西太后は、儒教の影響による排外主義（chauvinism《ショーヴィズム》）と、事実とフィクションを混同する東洋的な考え方に囚われ続けた人物という批判を受けてきた。また、彼女自身の政策上の失敗によって清帝国が瓦解したという評価もある。

西太后は、北京の中心部にある皇帝の巨大な居城・紫禁城（Forbidden City《フォービデュン・シティ》）を西洋人に初めて開放した支配者であった。それでも彼女の評判は芳しくなかった。西太后は外国人嫌いであったが、西洋列強からの圧力と敵意を和らげるために、外交官の妻たちや外国からの訪問者たちを招いて茶会を催した。これは年老いた皇太后にとっては非常な努力を要するものだった。招待客として紫禁城に入ることを許された野蛮人（外国人）の一人である、あるアメリカ人宣教師は次のように書いている。「人々が〝龍のような女性〟と呼ぶ女性に会うことになったのだが、怖いという感情しか起きなかった」[1]

西太后はその当時でも広大な紫禁城の中に引きこもり、多くの宦官《かんがん》（eunuchs《ユーナックス》）にかしずかれ、エキゾチックな満洲族の衣装に身を包み、宮廷儀式を際限なく執り行った。西洋からの訪問者たちにとっては、西太后はエキゾチックな東洋を象徴する人物であった。外国人たちは西太后に関する想像をどんどん膨らませていった。西太后は策謀と幻影の中心とし、その存在の神秘性をどんどん増していった。イギリス出身の社会学者で幻想的な物語を作るのが得意であったエドマンド・バックハウス卿（Sir Edmund Backhouse　一八七三〜一九四四年）が西太后神話を生み出すことに大きな役割を果たした。エドマンド・バックハウス卿はオスカー・ワイルド（Oscar Wilde　一八五四〜一九〇〇年）に憧れ、一八九九年にオックスフォード大学を卒業した後に北京にやって来た。そして第二次世界大戦が勃発するまで北京に留まった。バックハウス卿は、滅びつつあった清王朝の隠された宮廷生活に関する膨大な書類、日記、覚書を残した。バックハウス卿は西太后を、全能の「老仏陀（Old Buddha《オールド・ブッダ》）」と描写した。彼女もまたそのように呼ばれることを好んだ。

そして、バックハウス卿は、西太后を「権力を簒奪し、独裁的な政治を行った、側室上がりの人物というだけではなく、権力欲やその他の欲に取りつかれた人物」であったと書いている。このような描写は、中国の宮廷に近づけなかった西洋人たちに受け入れられ、帝国が崩壊して以降も長い間、西洋人たちの西太后に対する見方に影響を与え続けた。実際、バックハウス卿の著作についての最近の書評でも、「西太后という理解しがたい人物についてより良い説明を与えた著作であり、これ以上の本は現在まで存在しない」という評価がなされている。[2] バックハウス卿のベストセラーとなった著作『西太后治世下の中国（*China Under the Empress Dowager*）』は一九一〇年に出版された。これはロンドンに本拠を置く『タイムズ』紙の特派員であったJ・O・P・ブランドとの共著であった。この本は満洲族の官僚たちの嘘ばかりが書かれた日記を基にして書かれたものであることが分かっている。しかし、バックハウス卿の最も恐るべき捏造は、彼の死後に出された、回想録（memoir）である。バックハウス卿の回想録は過激な性的描写が余りにも多く、古い北京と宮廷の乱れた性生活について書かれていたために、二〇一一年まで出版されることはなかった。この回想録には中国語、ラテン語、フランス語、日本語、イタリア語、満洲語、そして古代ギリシア語の文献からの引用がなされているが、正確かどうかははっきりしない。バックハウス卿は博識さを示しながら、その実は性倒錯に関するエピソードを数多くこの回想録の中に収めている。『退廃の満洲：エドマンド・トリロウニー・バックハウス卿の中国回想録（*Decadence Mandchoue: The China Memoirs of Sir Edmund Trelawny Backhouse*）』は、西洋人が中国について書いた本の中で最も奇妙で、そして猥らでかつ「学術的な」本である。

バックハウス卿は回想録の中で西太后と性的な関係を持ったと書いている。そして、彼女の好色ぶりに驚いたとも書いている。バックハウス卿は毒々しい表現に溢れた回想録の中で、ある宦官の手引きによって西太后と密会したと書いている。そして、バックハウス卿はその時のことを次のように書いている。「西太后は食事中にセックスについて話していた。彼女は性器を擦りつけ合うことを好んだ。彼女は肛門と普通の人よりも大きいクリトリス（日本語では陰核）を刺激することを好んだ」[3]。この当時、西太后は七〇歳近く、バックハウス卿は二〇代であった。バックハウス卿は同性愛者であったが、異性愛者の西太后との数多くの逢瀬を楽しみ、数多くの性交渉の形を楽しんだと書いている[4]。バックハウスは、自分が初めて西太后と性交渉を持ったのは、第二次アヘン戦争で破壊された円明園に代わって新たに建てられた、完成したばかりの夏宮であったと書いている。「西太后の体は小ぶりだったが、スタイルは良かった。そして、生きる喜びに溢れていた。彼女のお尻は形が良く、大きかった」。しかし、バックハウス卿の西太后に関する描写は検閲を通ることができなかった。バックハウス卿は次のようにも書いている。「彼女の好色さには驚かされるばかりであった。私は同性愛者で女性の気持ちが分かるのだが、彼女ほどの好色さをどの女性も持ち合わせていないのは確かである」[5]

西太后が君臨した宮廷についての西洋人の見方は、バックハウス卿という稀代の説得力を持ったペテン師の描いた幻想の姿に大いに影響されている。バックハウス卿は多くの文章を発表したが、それは中国に関する膨大な知識に基づいたものでもあり、美しい文章で書かれたものであったために大きな影響力を持った。

バックハウス卿以外に清帝国の宮廷に関する情報を西洋にもたらした人物としてはJ・O・P・ブランドとジョージ・アーネスト・モリソンが挙げられる。彼らはロンドンの『タイムズ』紙に上海と北京から多くの記事を送った。彼らの書いた記事は西太后に関する世界の意見形成に影響を与え、実態を歪めて伝えることになった。そして、彼らの記事の情報源となったのがバックハウス卿であった。この三人のイギリス人が作った西太后像と中国像は現在でも大きな影響を持っている。

西太后自身と変法自強運動の失敗における彼女の果たした役割について、よりバランスのとれた見方をするために、東洋趣味と儒教の女性蔑視から生み出された虚構を剥ぎ取っていく必要がある。西太后は単純な人物ではなかったし、彼女が中国史上で重要な人物だと考えられているのは、バックハウス卿が描いた幻想的な姿のせいではなかった。西太后はグローバル化が進み、弱肉強食の世界で衰えていく一方の中国を指導する能力を持っていた（ある人々は無能だったと主張しているが）。西太后は中国を豊かで、強力で、威信を持った国として復活させようという強い希望を持っていた。しかし、西太后が支配した中国は、近代化を進めることに失敗し、二〇世紀という列強が争う時代に完全に乗り遅れてしまうことになった。

共同統治

西太后の政治的なキャリアは一八六一年に始まった。第二次アヘン戦争が勃発し、イギリス軍が北京に向けて進撃を続けていた時、若くて美しい側室は咸豊帝と共に夏の避暑地であった北部の熱河省に避難した。熱河省は、万里の長城の北側にあり、満洲族の先祖代々の土地で安全だと考えられた。[6]「小さな蘭の花（Little Orchard）」と呼ばれた二六歳の側室は、皇帝に対して北京に残り、首都の防衛にあたるべきだと促したが、彼女の主張は却下された。[7] 彼女の義兄にあたる恭親王・愛新覚羅《あいしんかくら》奕訢《えききん》（Prince Gong　一八三三～一八九八年）が、西洋人たちを北京から退去させるための交渉を行うという誰もやりたがらない仕事をするために、北京に残留した。咸豊帝と側室は北京から避難し、ヨーロッパ人たちが退去するまでじっと待機していた。北京から逃げ出した咸豊帝と側室は、彼らが愛した円明園が英仏軍によって破壊されたということを知らされた。バックハウス卿は、西太后がその報せを聞いて、「皇帝陛下のお心を打ち砕いた非常識な復讐行為」と非難したと伝えている。[8] その直後、咸豊帝は三〇歳にもなっていなかったが、急死してしまった。咸豊帝の後継者は、西太后が産んだ四歳の男の子しかいなかった。その男の子が順当に同治帝《どうちてい》（Emperor Tongzhi、一八五六～一八七五年）として即位した。

皇位継承、外国軍による首都占領、太平天国による中国南部の掌握が重なった危険な時期、新皇帝の母となった西太后は、亡くなった咸豊帝の皇后、慈安皇太后《じあんこうたいごう》（Dowager Ci'an　一八三七～一八八一年）と並んで皇帝の後見人、共同統治者（coregents《コーリージェンツ》）に列せられることを望んだ。宮廷内の満洲族の貴族グループと漢民族の官僚グループは影響力を巡って争った。この二つのグループの勢力争いにおいて、少年皇帝と二〇代半ばの皇太后（未亡人）が重要な駒であることに西太后は気づいた。皇位継承の過程で、冷酷な権力闘争が起きた。この過程で、西太后は、義兄の恭親王と同盟を組むことで、政治的な動きができることを証明した。恭親王は、秦帝国の最高機関である議政（Grand Council《グランド・カウンシル》）に任じられた。中国の伝統では、皇帝の兄弟は、政府の役職に就くことはできないことになっていた。しかし、西太后はその慣例を打ち破り、夫の兄弟たちを政府の高位の役職に就けた。これは、彼女の共同統治者としての地位を強化するためであった。[9]

少年皇帝に即位の時に与えられた名前、同治は「共同統治（joint rule《ジョイント・ルール》）」を意味する。西太后と恭親王の最初の共同作業は、敵対関係となった満洲族の官僚グループを殲滅することであった。彼らは北京に帰還する途上に不意を突かれ、全員が処刑された。西太后と恭親王は清帝国の御璽《ぎょじ》を手に入れた。この御璽が捺されなければ、政府の文書は公文書とはならなかった。二人の未亡人と恭親王は、少年皇帝が成年に達するまで、巨大な官僚組織と軍事組織をコントロールする力を得た。

一八六一年から七五年まで続いた同治中興（Tongzhi Restoration《レストレイション》）と呼ばれる共同統治が行われた時期、亡くなった皇帝の妻たちと兄弟たちの同盟（満洲族）が出現しただけでなく、曾国藩と李鴻章《りこうしょう》（Li Hongzhang 一八二三〜一九〇一年）といった省レベルで活躍していた漢人の改革志向の官僚たちの同盟が出現した。彼らは変法自強運動（Self-Strengthening Movement）を始めた。西太后には強硬な保守派のイメージがついているが、一八六〇年代、西太后は李鴻章が省レベルで進めた改革プロジェクトの多くを支持した。その中には、馮桂芬が提案した近代化された火薬庫と外国研究機関の創設が含まれていた。しかし、西太后が支配した宮廷は、地方レベルで散発的に進められていた改革の試みを、包括的なそして帝国レベルの試みにまで引き上げることに失敗した。

馮桂芬が『校邠廬抗議』を書いて一〇年後、改革を進めてきた人々は、清帝国が改革を進める力を持っていないことに気づき、失望した。曾国藩は一八六九年に西太后が支配した宮廷を離れた。この時、宮廷の指導力の欠如について深く憂慮した。曾国藩は次のように書いている。「皇太后陛下お二人の才能と力は相当なものである。しかし、お二人とも重要なことは何も仰らない。皇帝陛下はいまだお若く寡黙だ。皇帝陛下の才能がどれほどのものかを推測することは不可能だ。宮廷にいる人々は凡庸な人物ばかりだ。私は才能のない人々ばかりの宮廷を憂慮している」[10]。それから数年後、帝国のある高官は次のように書いて不満を示した。「一八六〇年にイギリスとの間で和平交渉が成立した時、誰もが自強の重要性を指摘した。しかし、それから一〇年経っても何の進歩もなかった」[11]

一八七二年に曾国藩が、そして一八七四年に馮桂芬が亡くなった後、李鴻章が変法自強運動を主導するようになった。しかし、北京では変法自強運動の指導者層が若返ったことで力が落ちてしまったために改革が邪魔されるようになった。そんななか李鴻章が太平天国の乱の鎮圧に貢献し、西洋の「野蛮人たち」との外交で手腕を発揮したので、西太后の信頼を得た。西太后は李鴻章に改革と外交を任せるようになった。

一八六〇年代、李鴻章は自分に忠実な軍隊を率い、才能あふれる助言者たちを自分の周囲に集め、そして揚子江河口域から安定した税収を得られるシステムを確立した。そして、一八七〇年に中国北部の港町である天津に移り、この北京に近い戦略的に重要な地域の総督となった。そこで李鴻章は、北洋軍（Beiyang Army）と呼ばれた新たな軍隊を創設し、近代的な装備と訓練を施した。李鴻章は、剃りあげた頭、長い辮髪、口髭とヤギ髭といった典型的な清朝の官僚の姿をしていた。しかし、李鴻章は西洋諸国が優れた蒸気船を造り、戦争に勝つ能力は、研究機関、交通ネットワーク、情報伝達システム、新しい金融制度といった社会資本の融合の基礎の上に成り立っているということを理解していた。李鴻章と彼の側近グループが技術と社会資本の近代化をより体系的に推し進めたのはそのためであった。交通システムの構築は彼らにとって優先度の高いものであった。李鴻章の側近の一人は次のように書いている。「ヨーロッパの全ての国々は富強（経済力と軍事力）の面で競争している。そして、その結果として彼らの成功スピードは急速なものである。彼らの成功には蒸気船と鉄道が不可欠なものとなっている。中国が鉄道システムを導入しなければ、豊かになることも強くなることもできない」[12]

李鴻章は西太后からの信認を得て、鉄道、蒸気船、電信、紡績機械、近代的な石炭と鉄鉱石の採掘技術を中国に導入しようと試みた[13]。馮桂芬が警告したように、中国人が自分たちの力で自分たちの利益のために工業化を進められなければ、外国人が自分たちの利益を追求するために中国の工業化を進めるようになると考えられていた。李鴻章は、「中国が工業化を急速に進めなければ、中国と西洋との間の隔たりは埋めることができなくなる」と主張した。一八七二年、李鴻章は官民が合弁した、全く新しい形の企業、輪船招商局（China Merchants Steam Navigation Company《チャイナ・マーチャンツ・スティーム・ナヴィゲイション・カンパニー》）を創設した。この輪船招商局は、「官督商弁（*guandu shangban*）」、つまり「政府が監督し、民間が経営する（government supervised merchant managed《ガヴァメント・スーパーヴァイズド・マーチャント・マネイジド》）」形態を採用していた。これは、二一世紀の中国で採用されている国家主導発展志向型資本主義（state-led《ステイトレッド・》 developmental capitalism《ディヴェロップメンタル・キャピタリズム》）と国有企業（state-owned enterprises《ステイト・オウンド・エンタープライゼズ》）を先取りした形態であった。李鴻章は一八七二年に西洋型の産業経営について次のように書いている。「私たちが彼らの方法を本当にそして徹底的に理解できたら、つまり、私たちがより多く学べば、状況をより良く改善できるのだ。そして、もしそういうことをしないままでいて、これから一世紀の間に野蛮人たちを中国から追い出し、自分たちの力で中国を強国の地位に復帰させることができるなどと考えられるだろうか？」[14]

一八七三年、西太后は統治者の地位から正式に降りた。そして、一〇代になった彼女の息子である同治帝が自分の名前で中国を支配することを認めた。彼女は政治に対しての関心を失い、その代わりに彼女の持つ旺盛なエネルギーをつまらないプロジェクトに注ぐことになった。そのプロジェクトは破壊された円明園の代わりになる巨大な夏宮の建設であった。この夏宮建設プロジェクトは、外国人によって中国に与えられた恥辱を洗い流すという象徴的な意義があった。しかし、そのコストは国家の逼迫した財政に対する大きな負担となった。[15] 西太后は、彼女が進めるプロジェクトに対して十分な予算を得るために奮闘していた。そのさなかの一八七五年、同治帝が父親と同じ天然痘で若くして亡くなった。西太后は再び皇位継承を巡る闘争に巻き込まれることになった。同治帝が後継者となる男子を残さずに亡くなったために、西太后の立場も弱いものとなった。清朝の皇位継承の慣習では、世代交代を行うために先帝に男の子がいない場合は甥が皇帝の座に就くことになっていた。しかし、西太后は再びそれまでの慣習を打破し、同治帝の従弟（西太后の政治的同盟者恭親王と西太后の妹の息子）を皇帝の座に就けた。光緒帝として即位したその子供はまだ二歳であった。光緒とは「偉大な継承」を意味する言葉である。西太后は力技で慣習を破って光緒帝《こうしょてい》を即位させた。このことで分かることは、西太后が再び清朝の舵取りをするという決心をしたということであった。[16]

西太后の戦争

西太后は帝国の統治者として再登板することになった。そして、西太后は変法自強運動に参加した改革者たちの政策提言に耳を傾けるようになった。一八七八年、西太后は曽国藩の息子に面会した。この時、西太后は次のような発言を行った。「私たちは恥辱を一日として忘れることができるだろうか? 私たちは確実に中国を強化していかねばならない」[17]。西太后は進歩的な役人たちによる省レベルでの改革を支援し続けた。そうした役人の中には李鴻章も含まれていた。李鴻章は一八八二年の段階で、「中国は軍事力を強化する前に経済を発展させる必要がある」と主張していた。しかし、李鴻章は「まず豊かになる」というアプローチを主張したために、「汚職を行っている」という批判を受けることになった[18]。

国際関係に関して言えば、西太后は李鴻章とその他の変法自強運動の指導者たちを信頼していた。彼らは中国が西洋から引き離されているという恥辱もうまく活用すれば、中国の復活のために有効に利用できると考えていた。中国のジャーナリストの草分けであった王韜《おうとう》(Wang Tao 一八二八~一八九七年)は一八八〇年に次のように書いている。「強力な近隣諸国と非情な敵たちは継続的に我が国に注目している。このような状況は我が国にとって幸運なことであって、嘆くことはないのだ。私たちに必要なことは前進するという強い決心をすることだ。私たちが西洋諸国のようにうまくやれないことを恥ずかしく思うことで、何かをやり遂げることが可能となるのだ」[19]

一八八〇年、西太后は病気にかかり、一年以上、公式行事から遠ざかった。療養期間中、西太后不在の宮廷は曽国藩の息子をロシアに派遣し、サンクトペテルブルク条約締結のための交渉を行った。条約締結の目的は、当時ロシア軍が占領していた中国北西部にある広大な草原の統治権を取り戻すことであった。交渉の結果、統治権を取り戻すことができた。この当時の中国にしては珍しく外交で勝利を収めた。この勝利に勢いを得て、タカ派の官僚たちで作っていた清流党（Purist Party《ピュリスト・パーティー》）が穏健派の変法自強運動派を攻撃し、西洋に対してより積極的な外交政策を採るように求めた。そして清流党が外交における主導権を握るようになった。不幸なことに、彼らは強硬な外交政策を採ることを主張しながら、近代戦における勝利に必要な軍備を備えるための改革を行わないという愚を犯した。[20] タイミングが悪いことに、この時フランスがヴェトナムを中国の影響圏から奪い取ろうとしてきた。清流党は愚かにもフランスと戦争をせよと強硬に主張した。西太后は重用した強硬派の影響を受けて西洋諸国に対して敵対的な態度を取るようになった。一八八四年、議政会議に出席した西太后は大臣たちに次のように述べた。「咸豊帝は一八六〇年の戦争に自責の念をお持ちであった。しかし、陛下はご自分のご希望を叶えないままに崩御あそばされた。私たちは今こそ先帝の恥辱を晴らさねばならない」[21]

中国はヴェトナムを巡りフランスと戦争し（清仏戦争）、またしてもヨーロッパ列強の一角に屈辱的な大敗北を喫した。この敗北は宮廷の一部に大きな衝撃を与えた。それは中国の弱さが技術的な問題ではないということが明らかになったからだ。変法自強運動によって進められた改革のおかげで、中国南部の福州を拠点とする強力な海軍である南洋艦隊が創設されていた。しかし、南洋艦隊はフランス側の戦略と戦術に対抗することができなかった。更に、変法自強運動による改革が地方中心で、散発的にしか進められていない状況が不安を増幅させた。李鴻章によって創設された北洋艦隊は天津を拠点にしていた。しかし、李鴻章はフランスとの戦争に反対していて、南洋艦隊を支援しなかった。フランス軍は南洋艦隊を撃滅し、清とイギリスとの間に締結されたのと同程度の「不平等条約」を締結することを要求した。一八八五年、李鴻章は西太后の代理として天津条約に署名し、清仏戦争を終わらせた。[22]

清朝が保持してきたアジア地域の古い秩序が崩壊しつつあった。ビルマ、ネパール、タイ、ヴェトナム、琉球、そして朝鮮の各王国は清朝に忠誠を誓ってきた。それらの国々は、毎年、北京に使節を送り朝貢する代わりに、清朝から貿易権と保護を与えられてきた。これらアジアの各王国は清朝の楯とも言うべき存在であった。しかし、古い絵画から絵の具が剥がれおちていくかのように、清朝の保持してきた秩序からそれらの王国が離れていくようになった。列強からの圧力が日に日に強くなり、列強と戦争をすれば敗北してしまうのではないかという恐怖が西太后を襲った。それに対処するため、西太后は李鴻章が提案した北洋艦隊の増強という野心的な計画を支持した。彼の計画が実行されれば、北洋艦隊は一〇年以内に二五隻の軍艦を擁する、アジア最強の艦隊になるはずであった。しかし、李鴻章は新たな恐怖に直面することになった。一九世紀後半、中国は西洋から引き離されていただけでなく、日本にも後れを取るようになっていた。中国は長い間、隣国日本を「非文明的」で、劣った存在と考えてきた。一八八五年の段階で、李鴻章は次のような予言めいた発言をしている。「これからの一〇年間で、日本は富と力を増大させるに違いない。そして、日本は中国に将来厄災をもたらす存在になるだろう」[23]

李鴻章と日本における李鴻章と同じような立場にあった伊藤博文（一八四一～一九〇九年）を比較すると、日本という確実にしかも急速に台頭してきた大国と衰退を止めることで精一杯の大国との間にあった違いがどんどん大きくなっていった様子がよく分かる。李鴻章は中国から離れたことがなかったが、伊藤博文は何度も海外を訪問していた。伊藤は日本で憲法を制定することを目的に、西洋諸国の政治モデル研究のために各国を二年をかけて訪問した。伊藤博文はカリフォルニア州サクラメントで行った講演で次のように語っている。「私たち日本人が西洋諸国を訪問しているのは皆さんの強さを学ぶためです。皆さんの持っておられるより良い、素晴らしいものを幅広く学ぶことで、私たちはより強くなることができます」[24]。憲法研究のための海外訪問から帰国した後、明治天皇（Meiji Emperor）は伊藤に対して新しい政策を立案し、実施する権限を与えた[25]。一方、李鴻章は海外を訪問したこともなく、翻訳書や海外に住む中国人から送られてくる二次的な報告書に頼るばかりであった。そして、変法自強運動で進められた改革も省レベルに留まった。

李鴻章は日本の近代化モデルを賞賛と恐怖で眺めていた。そのような見方をしていたのは李鴻章だけではなかった。ある時、二七歳になる広東在住の改革志向の若者から李鴻章に書簡が送られてきた。書簡の中で、この若者はより進んだ武器を手に入れるという目的を達成するために、伊藤と同じように自分をフランスに送ってくれるよう求めた。その若者は次のように書いている。「我が国は豊かにそして強くなるために努力を全く行っていない。私たちはヨーロッパ各国を訪問して発展の方法を学ぶことができる。日本を見てみれば分かる」。[26] この若い愛国者の名前は孫中山（孫文）という名前であった。李鴻章は孫中山の頼みを却下し、面会の機会すら与えなかった。[27]

変法自強運動の改革志向者たち、保守派、タカ派の清流党は宮廷内で権力を巡って争っていた。一八八〇年代、西太后は新しい夏宮を建設するという壮大な夢に再び没頭するようになり、現実逃避をすることになった。この夏宮は「大切に育まれた調和の庭園」を意味する頤和園《いわえん》（Yiheyuan）と名付けられた。清朝の財政状況は史上最悪の状況になっていた。官僚たちは西太后におべっかを使って、彼女の気まぐれに付き合っていた。彼らは自衛と経済の近代化に必要な予算を西太后の個人的な贅沢につぎ込んだ。改革を進めた李鴻章ですら個人的な富を増やすことに腐心した。西太后の養子である光緒帝の父恭親王はより近代的な海軍建設のための特別資金を西太后の新しいプロジェクトに注ぎこんだ。そのプロジェクトとは、一八世紀に作られたが、一八六〇年の円明園の破壊で一緒に破壊された大理石で出来た遊覧船のレプリカを作るものであった。しかもそのレプリカに蒸気エンジンを持つ外輪船の技術を用いるというものであった。[28] このプロジェクトには多額の予算が必要であった。そして、とても皮肉なことであった。それは、このような中国にとって全く必要ではないプロジェクトに、改革派の主張である、「中国の価値を中核とする（Chinese Core）」を意味する「中体（*zhongti*）」と「西洋の技術を用いる（Western Function《ウェスタン・ファンクション》）」という「西用（*xiyong*）」が応用されていたからだ。この変法自強運動の主義が間違って応用された船は、頤和園にある昆明湖の北側に作られた港に今でも停泊している。そして、観光客は「無駄なものに無駄なお金を使った」という思いに駆られている。全く役に立たない巨大な船がこちらも全く使い道のない人造湖に停泊されているのだ。これらを含む頤和園は迷宮には黄色に塗られた仏教寺院、ラマ教の寺院、道教の寺院がある。エドマンド・バックハウス卿の『退廃の満洲』の中で最も毒々しい描写の中に頤和園が出てくる。バックハウス卿は昆明湖での遊覧を西太后と楽しんだ後、西太后が持っていたとされる「肉欲」を満足させるために英雄的な努力をしたと書いている。[29] この巨大な迷宮である頤和園は西太后の自己満足の産物であった。これが完成したのは一八九四年一一月であった。ちょうど西太后の六〇歳の誕生日であった。残念なことに、西太后の誕生日祝賀会は彼女が支配した時代で三回目のそして最もひどい結果となった戦争が勃発したために中止となってしまった。

因果応報

西太后は、東アジアの大部分を長年支配した中国の後継者であった。中国が支配した地域には中国の隣国の王国であった朝鮮も含まれていた。朝鮮は儒教を深く信奉し、政治的に中国に忠誠を誓っていた。朝鮮は、一三九二年以降、李王朝が支配していた。そして、朝鮮は、明、清両帝国が構築した「朝貢システム（tributary system《トリビュータリー・システム》）」の要となる存在であった。明治日本が国力を増加させたことで、朝鮮に対する中国の支配が弱まった。この状況に西太后の側近たちはパニックに陥った。一八九四年に朝鮮で農民たちの反乱（甲午農民戦争）が起きた。これに対して清と日本は先を争って朝鮮半島に軍隊を送った。そして、誰が「秩序を回復」するかで争うことになった。「中央の王国（Central Kingdom）」と称してきたアジアの大帝国と「日出ずる（Rising Sun）」新興帝国は三〇〇年ぶりに戦火を交えることになった。[30]

一八九四年九月一七日、中国と日本との間で海戦が黄海の鴨緑江沖で行われた。西太后は、李鴻章率いる北洋艦隊が数字の上では日本艦隊を上回っていたので、勝利を収めるだろうと楽観していた。しかし、日本の方が訓練、戦略、そして団結の面で中国よりも優れていたので、中国は大敗北を喫する結果となった。たった一日の戦闘で北洋艦隊の半数は撃沈されるという惨憺たる結果に終わった。日本は陸海両面で連戦連勝し、遼東半島の旅順（Port Arthur）に置かれていた清軍の重要基地を占領した。そして、日本軍は進軍を続け、山東半島の威海衛（Weihaiwei）にあった清軍の軍港をも占領した。日本軍は軍港に装備されていた中国側の大砲も利用して、威海衛に停泊していた北洋艦隊の残存艦船を攻撃した。この時、清の南洋艦隊は支援を行えず、傍観するしかなかった[31]。

中国人は自分たちが「小人」と呼んで馬鹿にしていた日本人に完敗したことで意気消沈してしまった。日本は、誇り高い李鴻章に対して屈辱的な降伏条件を受け入れるために日本までやって来るようにという主張をした。李鴻章は一〇年前のことを思い出して暗澹たる気持ちになった。一〇年前、李鴻章と伊藤博文は、日中関係の安定を目的として対等な立場で、天津で会談を持った。それが一〇年経って、下関にまで出向き、自国の弱さと敗北について説明するという苦しい立場に置かれることになった。しかも講和会議期間中、李鴻章は悪漢に襲われ負傷するという屈辱も味わった。伊藤博文は自分よりも二〇歳も年上の李鴻章に「現在に至るまで貴国で何も変化が起きず、改革もなされていない理由は何でありますか？」と流ちょうな英語で尋ねた。李鴻章は三〇年に及ぶ中国の近代化の中心にいた。その李鴻章は通訳を通じて次のように答えた。「我が国は伝統と慣習のために近代化の試みが中途半端に終わってしまったのです。私たちは思い通りのことを進めることはできなかったのです。中国にも貴国と同じく近代的な事物をよく理解している者たちがおります。しかし、中国国内は、貴国の封建時代と同じく各省に細分化され、地方優先主義が蔓延しているのです。そして、お互いが足の引っ張り合いに終始し、何かを行う権威を誰も持っていないのです」[32]

魏源、馮桂芬、李鴻章といった人々が推し進めたはずの近代化の結果はただ恥辱を残すだけのことであった。年老いた李鴻章はただ嘆くしかできなかった。彼は次のように語った。「我が国の事物は伝統に囚われてきた。そのために私はやりたいと望んだことを達成することができなかった。この一〇年間を振り返って見ても、全てが何も変わらずにそのままであった。私はただただ残念に思う。私は多くの願いを持ちながら、それを実現するだけの力を持つことができなかったことが悔しくてならない」[33]

李鴻章は諦めの境地に陥っていた。それに加えて、下関条約（Treaty of Shimonoseki）に署名する直前、日本のある過激分子が李鴻章の暗殺を企て、至近距離から彼に向かって発砲し、鼻の裏側に銃弾が残ってしまった[34]。一八九五年四月一七日、李鴻章は下関条約に署名した。この時、李鴻章の顔には包帯が巻かれ、痛々しい姿であった。李鴻章の姿は、中国がより深く体面を傷つけられたことを象徴していた。一八六〇年のイギリス人と同じく、この時の日本人は中国を貶めようとした[35]。そして、日本は彼らが予想したものよりも大きなものを手にした。下関条約によって、日本はヨーロッパ列強と同じく、中国に対して教訓を与えることができる立場にあることを証明した。日本は朝鮮半島に対する事実上の監督権、そして台湾と澎湖諸島の統治権も獲得した。また、四つの新たな中国国内の条約港での交易権を清朝に認めさせた。また、賠償金として二億三〇〇〇万両（テール）を得た。中国からの賠償金を使って日本は産業の近代化を推し進めた。愛国的な熱情をますますたぎらせ、中国に対する経済と軍事両面の優越をますます確かなものにした[36]。

日清戦争によって、明治の近代化が成功し、西太后の中国復興の試みが失敗したことが明らかになった。西太后は自身をイギリスのヴィクトリア女王に匹敵する存在だと考えていた。しかし、ヴィクトリア女王に近い存在は明治天皇であった。明治天皇の在位期間は、一八六七年から一九一二年までであった。これはほぼ西太后の支配した期間と同じ長さであった。そして、明治天皇はこの期間に日本を世界の列強に押し上げた。日本の改革者たちは中国の変法自強運動の参加者たちとほぼ同じ考えを持っていた。日本の改革者たちは魏源を含む中国の初期改革者たちの文章を読んでいた[37]。しかし、明治エリートたちは、彼らの考えを実際に行うことができたのだ。
一八五三年、日本はアメリカ海軍代将マシュー・ペリー（Matthew Perry 一七九四〜一八五八年）率いる「黒船艦隊」の到着によって「強制的」に開国させられた。そうではあったが、野蛮人たち（外国人たち）の研究に邁進した。一八六〇年代には、日本人は嫌々ではあったが、政治システムを改革すること、より中央集権的で協調的な方法で経済を発展させること、西洋が発展したその理由と秘密を知るために公式使節や学生を外国に送ることといったいくつかの点で合意に達した。一八七一年、日本は有名な岩倉使節団を海外に派遣した。この使節団には五〇名の高官が参加し、二年間諸外国を研究して回った。[38]一方、西太后が支配した中国には、「洋務（*yangwu*）」、つまり西洋の事情や事物（Western Affairs）に通じた学者や政府高官はほとんどいなかった。ほんの数人のそういった人々は、中国の伝統文化を破壊する人々だと見られていた。洋務に通じた人々はそれでも中国の少年たちをコネチカット州に送ってアメリカの教育を受けさせるというプロジェクトを計画し、実行したことがある。しかし、このプロジェクトも予算不足に陥り、政治的な論争の的になり、文化的保守派の強い反対に遭い、一八八一年に中止となってしまった。[39]
西太后の側近たちと違い、明治天皇の側近たちは、馮桂芬が考えていた近代化を実行する用意ができていた。馮桂芬は、西洋諸国の強さの基礎にあるのは、「支配者と非支配者との間が近いこと」であり、二者の間をつなぐためには選挙を基礎にした民主政治と議会による代議政治の経験が必要だと考えていた。明治維新の立役者たちは馮桂芬の考えを実行し、議会制度を伴った権威主義政治体制を確立した。また、日本のエリート階層を拡大し、より多くの国民が統治に参加できるようにした。彼らはこうしたことを天皇の神聖な権威と日本の伝統文化を弱めることなく実現した。その過程でいくつかの政治闘争が起きたのは事実であるが、一八八九年、明治政府はアジア初の、近代的なそして成文化された憲法を誇らしげに発布した。[40]

日本は政治体制を大きく変革したが、それは経済の分野でも行われた。明治期の日本は、国内の工業化と帝国主義的拡大を基礎にした発展を実現すると決心した。魏源が再発見した、中国の法家思想のモットーである「富国強兵（rich country, strong army《リッチ・カントリー・ストロング・アーミー》）」を掲げながら、明治期の指導者たちはこのモットーを自分たちの国の言葉でも表現した。[41] それは「発展（expansion and development《エクスパンション・アンド・ディヴェロプメント》）」という言葉だ。「発展」は一九世紀の中国では全く起きなかった。[42]

総体的に見て、西太后の支配した中国と明治期の日本との間にある最も大きな違いは、日本は教育、政治、経済、軍事の改革を、明治天皇の名の下に伊藤博文をはじめとする設計者たちが監督するという中央集権的な方法で実行した点にある。中国は日本とは正反対の方向に進んだ。中国は元来、高度に中央集権的な帝国であったが、それぞれの地方でバラバラになり、地方の経済はそれぞれ自立し、軍閥が割拠する状態になってしまった。西太后の支配する中国では、変法自強運動に参加した改革者たちはそれぞれ別個に省レベルで強固な反対に遭いながら改革を進めていくにとどまった。西洋に追いつくために西洋に学ぶということを国家レベルで統一的に行うことができなかったのである。

改革がはらむ危険

日清戦争で中国は大敗北を喫した。それによって、中国は全体として意気消沈した。この時、中国国内では自強に関してもう一つの戦いが行われた。この時の戦いを年老いた西太后は目撃することになった。日清戦争後、李鴻章は西洋各国を訪問することになった。アメリカでは大統領グローヴァー・クリーヴランド（Grover Cleveland　一八三七～一九〇八年）がニューヨーク港で盛大に迎え、イギリスではヴィクトリア女王（Queen Victoria　一八一九～一九〇一年）から爵位を与えられた。そしてプロシアではオットー・フォン・ビスマルク（Otto von Bismarck　一八一五～一八九八年）から軍事戦略に関する助言を受けた。[43] しかし、こうした海外訪問は李鴻章のキャリアにとっては余りにも遅すぎた。この時、中国国内における李鴻章の地位と影響力は大きく低下していた。

中国では、省レベルの役人たちを中心とした次世代の改革志向者たちは、張之洞《ちょうしどう》（Zhang Zhidong　一八三七～一九〇九年）と袁世凱《えんせいがい》（Yuan Shikai　一八五九～一九一六年）に率いられていた。そして、張之洞と袁世凱が李鴻章に代わって変法自強運動を主導するようになった。張之洞はかつてタカ派の清流党に属していた。清流党は儒教を強く信奉していた。しかし、ヴェトナムにおける中国とフランスとの間で行われた戦争での完敗を受けて、張之洞は「西洋問題」研究派に属するようになった。そして、一八九六年、西太后が支配した宮廷は張之洞が提案した自強軍の新設、そして南京に自強学院の設立を承認した。張之洞は変法自強運動に関する最も有名なモットーを生み出した。それは、「中学為体、西学為用（Zhongxue weiti, xinxue weiyong）」であった。これは「中国の学問を中核に据え、西洋の学問を実践的に用いる」という意味である。[44]

張之洞が唱えた人々の耳目を引くモットーは、馮桂芬が主張した「中国の倫理観と儒教の教え」を「外国から持ち込んだ富強のための技術」で補強するという考えを言い直したものだ。一九世紀末、馮桂芬と張之洞の考えは時代遅れだと見られるようになった。広東出身の哲学者・康有為《こうゆうい》をはじめとする、伝統に囚われない、そして非正統的な中国の知識人たちのどのように富強を達成するかについて、より過激な考えを持つようになっていた。彼らと比べれば、馮桂芬と張之洞は古臭く見えた。下関条約締結直後、康有為は、政府の無能に反対する型破りな大衆デモを主導した。そして、殿試を受験するために北京に集まった受験生を代表して、より広範な改革を皇帝に求める一万字からなる上奏文を提出した。中国の公共空間は康有為のような知識人たちが切り拓いた。そして、一八九七年に康有為が再び書いた改革に関する上奏文は宮廷に無視された。この時、新しく創刊された上海のある新聞がその上奏文を全文掲載した。[45]
この新しいタイプの知識人としては厳復《げんふく》（Yan Fu　一八五四〜一九二一年）も挙げられる。彼は一八九五年にいくつかの文章を発表して全国的に注目を集めることになった。「強さについて」という文章の中で、政府に対してこれまでにない改革を行うように求めた。その中には議会を創設し、これまでの受け身の帝国「臣民（subjects《サブジェクツ》）」を、気概を持つ近代的な「市民（citizens《シティズンズ》）」に変身させようというものがあった。厳復と康有為のような世論に影響を与える知識人たちの著作は、梁啓超をはじめとする若い世代の学者たちを鼓舞した。梁啓超は二〇世紀初めに世論に大きな影響を与える知識人として登場することになる。[46]
一八九八年、政治思想家と活動家の新しいグループが根本的な改革を実行するために、より大胆な、そしてより過激な試みを行う準備が整った。彼らは、日本は台頭しているが、中国は衰退していると考えていた。この改革の試みの重要人物となったのは、西太后の病弱なそして神経質な甥、二七歳の光緒帝であった。光緒帝は少年時代から外国について学んでいた。そして、中国の将来について懸念を持つ若きエリートたちと共に中国の変革を行おうとした。一八九八年六月、野心的な若き皇帝は清朝のエリート層を恐慌に陥れた。光緒帝は突然、統治と教育に関して新しい布告を次々と発した。その中には、日本の帝国大学をモデルにした、近代的な北京帝国大学（現在の北京大学の前身）の創設が含まれていた。[47]
光緒帝が進めた改革にとって重要な思想的基礎になったのは、馮桂芬の考えであった。一八九八年の夏、光緒帝は馮桂芬の書いた『校邠廬抗議』を印刷し配布するように命じた。そして、清朝の高級官僚一〇〇〇人の役人に読んで、批評を提出するように求めた。光緒帝は、張之洞の書いた「学習の奨励について」という論文についても同じことを行わせた。張之洞はこの論文の中で、儒教の価値観と古典の「核心」を守るために、中国の教育システムの一部を西洋流に変えるように提案していた。[48]
光緒帝は、康有為と梁啓超のようなより若くて下層の人物たちの改革についてのより大胆な考えにも耳を傾けた。そして、光緒帝は、伯母である西太后と支配者層が許容できる範囲を逸脱してしまった。政治的な後押しを受けるための戦略など何もなしに、若い皇帝は劇的なそして人々の予想を超える変革を行うように官僚たちに命じた。光緒帝が側近たちから受けた助言の内容は根拠のないものばかりであった。一八九八年六月一六日、康有為は光緒帝に初めて謁見した。この時、康有為は過度に楽観的な意見を具申した。彼は次のように述べた。「皇帝陛下のご聡明をもってすれば、中国の自強など、手のひらを返すのと同じくらいに容易《たやす》いことでございます」[49]。政治初心者の若い皇帝が改革を求めたことは、強力な基盤を持つ保守的な官僚たちにとって頬をぶたれたのと同じくらい衝撃的なことであった。

西太后は、一八九八年の初夏、若い皇帝から「百日改革（One Hundred Day's Reform《ワン・ハンドレッド・デイズ・リフォーム》）」について説明を受けていた。この時、西太后は反対の意思を表明しなかった。しかし、九月になり、官僚たちの中の改革に反対する動きが大きくなり始めた。西太后もだんだん彼らに共感するようになっていった。そして、西太后が最終的に改革に反対するようになったのは、光緒帝が私的に北京を訪問していた伊藤博文と会談を持つだろうということを知った時であった[50]。中国よりも劣っているはずなのに、日清戦争で中国艦隊の艦船のほとんどを沈め、屈辱的な条約の締結を強要した日本の指導者を若い皇帝が紫禁城に迎え入れるというのである。中国の保守派にとってこれほど受け入れがたいことはなかった。

伊藤博文の北京滞在という話は西太后を恐怖に陥れるものであった。それは朝鮮半島で起きたいくつかの事件が原因であった。一八九〇年代、中国と同じく、朝鮮も一人の女性が政治の頂点に就こうとしていた。しかし、第二六代朝鮮王高宗の妃・閔妃《みんぴ》（Queen Min　一八五一～一八九五年）は、朝鮮の改革者たちの間で大きくなっていた日本の影響力を排除しようとしていた。そこで、一八九五年、日本のエージェントたちが王宮に押し入り、刺殺し、王宮の中で彼女の遺体を燃やした。それからまだ三年しか経っていなかった。西太后が閔妃暗殺と似た計画があるのではないかと恐れるのは理由があることであった。西太后暗殺計画を立てるのではないかと疑われたのは、康有為《こうゆうい》であった。康有為は西太后を「失敗した皇后（False Empress《フォールス・エンプレス》）」と呼んでいた。[51] 伊藤は北京滞在中、光緒帝の側近の改革者たちと緊密に連絡を取り合っていた。西太后が、「自分が日本の暗殺リストに載っているのではないか」と恐れるのは根拠のないことではなかった。[52]

伊藤の北京訪問が終わって三日後、西太后は光緒帝に対して、自分に共同統治者として復帰させるよう哀願する文書を差し出すように強制した。光緒帝の積極的な行動はたった一〇二日で終わり、文字通りの「百日改革」となってしまった。

保守派の反撃は苛烈を極めた。西太后は康有為の弟を含む七名の改革者を処刑した。康有為と彼の右腕だった梁啓超《りょうけいちょう》は命からがら脱出し、日本に向かった。彼らは、日本で亡命者による反体制運動を組織することで中国の近現代史における新しい章を開いた。優柔不断な光緒帝は紫禁城に隣接した塔に幽閉された。彼の健康状態は政治的影響力と共に衰えていった。ただ嘆くしかなかった。「私はこの国を発展させるための考えを数多く持っていた。しかし、それらを実現できなかった。それは私が私自身の主人ではなかったからである」[53]

百日改革を潰したことで、西太后に対する歴史的な評価は低い。そして、西太后に対するマイナスの評価の根拠となったのは亡命中の梁啓超の様々な文章である。[54] しかし、超保守的で、権力志向の強い年老いた西太后が啓蒙的で、進歩的な甥、光緒帝に攻撃を加え、実権を奪ったというイメージは、実際に起きたことを過度に単純化したものである。西太后は改革に絶対反対ではなく、その方法について確信が持てなかったために、光緒帝の改革に反対したのである。実際、実権を再び掌握した後、西太后は、変法自強運動の目的を達成するために自分も責任を負うということを改めて確認している。一八九八年一一月、西太后はある布告を発表した。その中で次のように述べている。「事態は切迫しており、自強の達成のための計画について考えないという選択肢は私にない。西洋諸国の習慣と統治システムは我が中国のものとは全く異なるが、彼らの方法と技術は、我が国が繁栄と強さを手にすることを可能とするものである。私たちがそれらの中から我が国にとって有益なものを選び出し、我が国に応用することができたら、一つ一つを実際に使うことができたら、私たちは自分たちが望む結果をすぐにそして確実に手にすることができるだろう」[55]

西太后は、国家統治システムの改革と自強を新たに始めることの決意を古い格言から引用した。それは次のようなものであった。「私たちは食べ物を喉に詰まらせることがあるが、だからと言ってそれが再び起きるかもしれないという恐怖心から、食べ物を食べることを止めるようなことはできない」[56]。面白いことに、それから一世紀後、『人民日報（*People's Daily*）』紙のある日の社説に同じ格言が引用されていた。その社説の内容は、一九八九年の民主化運動が挫折した直後、「改革開放を推し進めよう」と主張するものであった[57]。

女家長の黄昏

孔子は「七〇歳に達したら、君子（*junzi*　gentlemen《ジェントルメン》）は自分の欲望の赴くままに行動しても人間としての道から外れることはない」と書いた。西太后は六〇代に入り、少なくとも自分の欲望を満足させることに熟達した。しかし、欲望を抑えることはできなかった。また、性格においても温和さを欠くところがあった。そして、西太后は精神的な安定を得るために、道徳的な儒教ではなく、儀式を偏重する仏教に傾倒した。西太后は仏教に傾倒しながら、どんどん虚栄（vanity《ヴァニティ》）を追うようになっていった。西太后は、写真を撮られることを好んだ。宦官にかしずかれ、豪華な衣服を身に纏った彼女の姿は観音（Guanyin　Goddess of Mercy）を意識したものであった。西太后は、侍女で通訳も務めた徳齢《とくれい》（Der Ling　一八八五〜一九四四年）にある時、次のように語った。「私を怒らせたり、心配させたりするようなことが起きた時はいつも観音の衣装を着ることで、気分を落ち着かせるようにしている。そして、私は自分がやるべき役割を演じるようにしている。観音の衣装を着ることは私にとって大切なことなのだ。そして、臣下たちが私を慈悲を垂れてくれる存在として伏し拝んでいるということを思い出させてくれる。観音の格好をして写真を撮らせることで、私は自分のあるべき姿を再確認することができるのだ」[58]

清朝後期の中国の人々の多くにとって、西太后と「慈悲深い（all-merciful《オール・マーシフル》）」という特性は結びつかないものであった。西太后に仕え、彼女を肯定的に評価していた徳齢でさえも西太后にはサディスティックな傾向があったことを認めている。徳齢は次のように書いている。「西太后は、他人が苦境に陥っていることをお喜びになる性格であった」[59]。加えて、西太后は、憂鬱さに打ちのめされていた。西太后は徳齢に対して「全てに失望している」と述べた[60]。彼女は頻繁に怒りを爆発させた。西太后に仕えたある人物は、彼女が怒りを爆発させたときの様子を次のように描写している。「彼女の眼からは光線がまっすぐ出ているようになった。頬骨が尖ったようになり、額に血管が浮かんだ。そして、痙攣で口がきけなくなった」[61]

西太后の人生に影を落としていたのは、女性であるという事実であった。儒教では女性が政治に参加することは不適切なことであった。そのため、西太后は、義兄の恭親王たちや議政の大臣たちと政策について議論していたが、それはあくまで「非公式に、見えないところ」で行われていた。西太后は、「もし自分が男だったらどうであっただろうか」ということをいつも考えていたに違いない。西太后の伝記を書いたマリーナ・ワーナーは、西太后は曽国藩や李鴻章といった「学者でありながら兵士」のような人物を好んだと述べ、その理由を次のように書いている。「西太后が人生において関わった男性たちは、無能な父親、自堕落な夫、病弱な息子、無数の宦官たちであった。そのため、西太后は男らしい、勇敢な、強い男性に憧れていた」[62]。結局のところ、西太后にとって信頼に足る、第一級の男性は、「彼女自身」であった。徳齢は回想録の中で、西太后に仕えたことについて次のように書いている。「皇太后陛下は男性になりたがっておられた。そして周囲の人々全てに自分を男性として接するように強く要求された」[63]
西太后の自信は時に自己欺瞞にまで進むことになった。これは彼女を取り巻いた人々の奴隷根性によって増幅された。しかし、西太后の人生の最後の一〇年は、帝国全体の臣民の感情の先頭にいようと戦いながらその戦いに敗れていく時期であった。一八九八年から一九〇一年にかけて猛威を振るった義和団の乱（Boxer Rebellion）で中国の状況は取り返しがつかないところまで悪化してしまった。

光緒帝が主導しながら失敗に終わった百日改革と同じ時期、中国北部の貧しい地域に住む困窮した農民たちは集まって武術グループ（ここから義和団は英語でボクサーズ、Boxersと呼ばれるようになった）を結成し、キリスト教に改宗した中国人を標的として攻撃を加えた。中国人のキリスト教徒たちは外国からの宣教師グループの庇護の下、法的、経済的に特権を享受していた。外国人の宣教師たちは中国と西洋諸国との間で結ばれた不平等条約の下、治外法権（extraterritorial rights《エクストラテリトリアル・ライツ》）を認められていた。義和団の規模は大きくなっていき、武装化したグループはすぐに中国人のキリスト教徒たちだけでなく、地方に散らばっていた外国人宣教師たち、更には、北京中心部の東交民巷（Foreign Legation Quater《フォーリン・レゲイション・クォーター》）にあった西洋諸国の在外公館を攻撃対象にするようになった。西太后はジレンマに直面した。このジレンマについては、税関である海関（Chinese Maritime Customs Service《チャイニーズ・マリタイム・カスタムズ・サーヴィス》）を運営していたアイルランド人ロバート・ハートが次のように書いている。「義和団を抑圧しなければ、北京にある在外公館が危機に対して直接対処しなくてはならなくなる。しかし、もし義和団を抑圧すれば、数多く存在する愛国者組織が反清朝運動に転換することになる！」[64]

政治的な自己防衛本能と中国が被ってきた屈辱を晴らしたいという長年持ってきた希望に動かされ、西太后は義和団を支援するという決定を下した。中国全土が復讐心に燃え、外国人たちに報復できるという根拠のない興奮に包まれた。そうした中で、西太后は、紫禁城からほど近い場所にあった在外公館に対して義和団が攻撃を加えることを支持した。ロバート・ハートが予測したとおり、義和団による在外公館への攻撃は、清朝を破滅に導く反応を引き起こした。八カ国の連合軍は北京に進撃し、在外公館のある地域を包囲していた義和団に攻撃を加え、蹴散らした。外国の軍隊が北京に進軍してきたので、西太后は人生において二度目の避難を余儀なくされることになった。

専制権力者がコントロールを失った時ほどグロテスクな場面は存在しない。西太后の紫禁城からの二度目の避難は大騒動となった。宦官や召使たちが西太后を置いて逃げ出した。西太后はこの時のことを後に次のように愚痴を交えながら語っている。「私には三〇〇〇名の宦官が仕えていた。それなのに、避難にあたって点呼を取ろうとしたところ、ほぼ全員が逃げ出していた。彼らの中には私に無礼を働く者たちがいた。また、大切な花瓶を石畳の床に投げつけて、壊して回る者たちもいた。私たちは避難しなければならなかったので、罰せられることがないということを彼らは知っていたのだ」[65]。西太后は北京からの避難という不名誉を強いられることになったが、この逃避行は政治的影響力を最終的に失う過程を象徴するものであった。寄せ集めの哀れな行列は日に夜を継いで進み、ようやく西安に辿り着いた。西安は中国西部にある古都である。二〇〇〇年前に初めて中国を統一した秦の始皇帝が都に定め、厳格な法家思想を用いて中国全土を統治した。西安には、秦の始皇帝の遺体が無数の兵馬俑と共に埋葬された陵墓がある。三〇歳の光緒帝は、厚い布で覆われた輿を使っていたが、伯母である西太后は、一人用の小さな箱輿に押し込められていた。その中の温度は耐え難いほどであった。夏特有の大雨で、行列はずぶ濡れになり、皇帝と皇太后を見捨てて逃亡する召使たちの数は日に日に増えていった。地方の役人たちは一行を何とかもてなそうと懸命に努力した。しかし、このような厳しい状況下で、帝国の威厳を保つことは困難を極めた。

悲惨な旅で傷ついた皇帝と西太后は何とか西安に到着した。彼女は、後にこの時宿泊することになった宿舎について、「大変古く、汚れていて、不潔」であったと述べている[66]。西太后は西安で以前出した命令を撤回し、義和団を鎮圧するように命じた。西太后は臣民たちを裏切った。それに加えて、帝国の神聖な首都である北京を外国の軍隊が蹂躙することを許してしまった。

今回の敗北で、西太后はやっと根本的な改革が必要であることを悟ったようであった。そして、遅まきながら、一九〇一年一月二九日、「改革令（Reform Edict《リフォーム・エディクト》）」を布告した。この中で、彼女は次のように述べている。「現在、諸外国との和平交渉が行われている。統治に関わる全ては、真の富強を得るために徹底的に改革されねばならない」[67]西太后はまた布告の中で、西洋諸国から学ぶことに全面的な理解を示した。彼女は布告の中で次のように述べている。「もし中国が西洋の知識の真髄を無視し、ただその表面のみを学び、しかもそれすらも理解できないなら、一体どのようにして富強を得ることができるだろうか？」[68]

最後の力を傾注する改革を始める前に、北京の在外公館を包囲した義和団を追い払うために進軍してきた野蛮人たち（外国の軍隊）を北京から引き揚げさせるために、西洋諸国との間に和平合意を結ばねばならなかった。西太后が西安から北京に無事に帰還するためにはそれだけが必要であった。西太后は、忠誠心を失わなかった李鴻章を召し出し、状況を好転させるように命じ、一九〇一年九月に北京議定書（Boxer《ボクサー・》 Protocol《プロトコール》）に署名させた。北京議定書の締結によって闘争は集結したが、清朝には重い賠償金が再び科されることになった。清朝は三九年間で四億五〇〇〇万両を銀貨で八カ国に支払わねばならなくなった。賠償金を外国に支払うという屈辱には中国人にとって慣れっこになってしまっていった。今回の賠償金で中国人一人一両を支払うことになった。[69]

一九〇二年一月のある酷く寒い日、西太后は北京への帰還のために重い腰を上げた。西太后は今回の旅では蒸気機関車を使った。中国人は、蒸気機関車を「火車」と呼んだが、これが彼女にとって初めての体験であった。西太后は北京に帰還し、紫禁城に足を踏み入れた。彼女は久しぶりに帰還した紫禁城の惨状を目の当たりにして愕然とした。彼女は次のように語っている。「私は自分の宮殿を見て心を打ち砕かれた。あぁ！

何もかも変わり果ててしまっていた。貴重な装飾品の多くが壊されたり、盗まれたりしていた。私が毎日拝んでいた翡翠で出来た白い仏像の指が全て折り取られていた」[70]

西太后は、勝ち誇って傲慢になった外国人たちが自分の玉座に座り、ポーズを取りながら写真に納まっていたことを知らされた。彼女にとって極めつきの冒涜行為であった。西洋人で紫禁城に侵入した人たちの中に、宣教師アイザック・テイラー・ヘッドランドがいた。ヘッドランドは一八九〇年から北京で教育と伝道に従事していた。好奇心旺盛なヘッドランドは、西太后が西安に避難している間に、紫禁城に侵入し、自分の目で色々と見て回った。彼は次のように書いている。「私は西太后が寝起きしていたという寝殿に入ってみた。他にも入ってくる人たちがいた。彼らは西太后の使っていたソファに座り、友人同士で写真を撮り合っていた。私にはそのようなことをすることができなかった。私は静かに立ち尽くしていた。西太后のベッドを不思議な気持ちと称賛の気持ちを持って見ていた。ベッドには床まで届く刺繍がされたカーテンが掛けられていた。黄色いサテン地のマットレスは一〇フィート（約三メートル）の長さがあり、周りも美しく飾られていた。枕は硬そうであった。柔らかな絹の敷物が敷かれ、それはまるで西太后の帰還を待っているかのようであった。部屋の反対側には、召使が眠り、幽霊のように気配を消して静かに座るために煉瓦で作られたベッドが置かれていた。このような形のベッドは中国北部の家に備えられている形のものであった。この部屋で人類の三分の一を支配するただ一人の女性が休息を取っていた」[71]

西太后は、自分の国と私室に外国軍の侵入を受けた。それでも西太后はプライドを抑えて、再び紫禁城に戻り、少なくとも二、三人の影響力を持つ外国人たちの歓心を買うことに腐心した。彼女は魅力攻勢(charm offensive)《チャーム・オフェンシヴ》を開始した。彼女は外国の外交官の妻たちを紫禁城に招待し歓待した。アメリカの外交官の妻サラ・コンガーは西太后に魅了された一人だ。コンガーは、作家ヘンリー・ジェイムズ（Henry James　一八四三〜一九一六年）の作品に出てくる一場面のようなことを経験した。コンガーが初めて西太后に会見したのは一八九八年一二月であった。この時、コンガーは西太后について、「年老いてはいたが、血色が良く、明るく幸せそうであった」という印象を受けた[72]。一九〇二年に二度目の面会を果たした。この時もコンガーは西太后に対して良い感情を持った。ある人に宛てた手紙の中で、コンガーは次のように書いている。「西太后は私の両手を両手で包み込んだ。彼女の気持ちが伝わってきた。彼女は落ち着いた声で、『私はここ最近起きた出来事について後悔し、深く悲しんでいる。これは大きな間違いであった。中国はこれから諸外国に対して友好的になる。あのような出来事は二度と起きないであろう。中国は外国人に保護を与え、将来にわたり友人となりたいと思っている』と私に語った」[73]

宣教師のヘッドランドの妻もまた西太后に魅了された一人であった。彼女は次のように書き残している。「西太后は私たち招待客の手を自ら取り、宮殿に着くまでに疲れなかったどうかを気遣ってくれた。夏の暑さと冬の寒さのことまで心配してくれた。出された飲み物が私たちの舌に合うかどうかを気遣っていた。そして、私たちが邂逅できた運命について落ち着いた調子で喜ぶ言葉を述べた。西太后は招待客一人ひとりを楽しませていた。その中には彼女に対して偏見を持っている人たちもいた。彼女は細心の気遣いをし、お客様をもてなす女主人としての力を遺憾なく発揮していた」[74]。このような西太后の姿は、エドマンド・バックハウスの著作に出てくる姿とは全く異なるものであった。バックハウスは西太后について「西太后は、機会が与えられるたびに、外国の知識や制度を学ぶことを躊躇っていた」と書いている[75]。

サラ・コンガーは西太后に国際的な広報活動の大変革を起こすように勧めた。その方法は、一九〇四年にセントルイスで行われる国際博覧会に西太后の肖像画を展示することを許可することであった。コンガーの友人だった肖像画家キャサリン・カールは数カ月間北京に滞在し、西太后の肖像画を描いた。西太后はカールが彼女の美点を肖像画に描いていることを気に入り、困惑しているカールに対して、肖像画に描く彼女の顔から皺などを取って描くようにと命じた。自分に対して芸術を使って一種の整形手術を施すように命じたのである。[76] 西太后の肖像はスミソニアン博物館に保管されている。この肖像画は若い時の西太后がどのような姿であったかを推測するのに良い手がかりになるだろう。

長い人生と統治の最後の一〇年、西太后は最終的に統治構造を根本的に改革することを許可した。彼女は徳齢に次のように語っている。「私の人生はまだ終わっておらず、将来に何が起きるか誰にも分からない。私はこれまでやってきたこととは全く違う、そして正反対のことをやっていつの日か外国人たちを驚かせるつもりだ」[77]。西太后は張之洞《ちょうしどう》が日本の伊藤博文が行ったような改革を進めるのを支援した。張之洞は「新政（*xinzheng* New Policies《ニュー・ポリシーズ》）」と呼ばれる一連の改革の設計者となった。この改革には、軍隊と警察組織の近代化、法体系の見直し、憲法の起草、そして教育システムの開放が含まれていた。[78]

西太后が行った改革の中で最も劇的で、社会を一気に不安定なものとしたのは一九〇五年に実行された科挙の廃止であろう。科挙は約一〇〇〇年にわたり、官僚になることを希望する人々の儒教の古典に関する知識を試験し、優秀な人材を登用するシステムとして機能した。西太后は、政治システムに新鮮な血（人材）と外国の思想を入れるための近道として科挙の廃止を断行した。しかし、官僚になるために長年苦しい勉強を続けてきた人々とその家族にとっては、だしぬけに梯子を外された格好になった。保守的な郷紳階級の人々は、徹底的な伝統の放棄に対して恐慌をきたした。山西省の小さな町に住んでいたある儒学者は不満を込めて次のように書いている。「改革などと言ってはいるが、全ては富強に集約される。彼らは適切な関係や原理については何も語っていない。彼らの構築しようとしているシステムの目的は、国家の栄光を高め、国民を傷つけることである。野蛮人たちの知識を使って、中国を変化させようとしている。それは恐るべきことだ」[79]。西太后は遅ればせながら改革を断行したが、それによって中国のエリート階級と清朝との間に断絶をもたらしたのである。

西太后は科挙を廃止した時、新政運動に参加している改革者たちに政府の構造を根本的に変革し、法体系を見直し、伝統的な政府部門である六部（Six Boards《シックス・ボーズ》）を再編成し、外交部、郵便・通信・商業部といった近代的な名前に変更することを許可した。西太后は、遅ればせながら、明治天皇のやり方を真似ることにした。憲政視察団と呼ばれる公式の代表団を海外に派遣し、各国の憲法を研究させた。一九〇六年七月、委員会は帰国し、西太后に成果を報告し、報告書を公表した。報告書の中で委員会は次のような結論を出した。「外国が豊かで強力になった本当の理由は、彼らが憲法を持ち、重要な問題に関して公衆間の議論を通じて決定を下していることだ。そして、君主と臣民が一致団結していることだ」[80]。簡単に言えば、儒教に基づいた現在の政治システム全体の核心となる部分を、富強という目的達成のために変革せねばならないということである。

憲政使節団の提案を実行するための新たな委員会が設立された。この委員会は、中国人が自治を行うために「準備をする期間」が一〇年から一五年必要だと結論付けた[81]。権威主義的統治から立憲的な統治へと移行するための期間が必要だという魅力的な考えは、これ以降、二〇世紀を通じて繰り返し主張され続けた。それは自治を求める人々を地平線の向こうにまでずっと走らせ続けるようなものであった。

反満洲族感情が表立って公共の場面にも危険な形で表面化し始めた。清帝国は、簡単に言えば、満洲族は異民族であり少数派であるが、多数を占める漢民族を支配しているという形であった。漢民族の男性は満洲族の風習である頭を剃りあげ、辮髪を結うことを法的に強制された。そうした中で、一九〇三年、上海の租界に住む一〇代の少年が書いた『革命軍（*The Revolutionary Army*）』という反清朝をテーマとする政治性の強い小冊子が刊行した。この小冊子で展開された「西太后と側近の満洲人たちが中国の抱える諸問題の根本原因である」という主張は読者に大きな衝撃を与えた。この若き作者、鄒容《すうよう》（Zou Rong　一八八五〜一九〇五年）は次のように書いている。「現在の中国を強化する試みは、満洲族を強化する試みでしかない。私たち漢民族の強化には何らつながらないものだ」[82]。富と力は漢民族と中国国民全体で享受されねばならない、と鄒容は主張したのである。

西太后が支配していた宮廷はどんどん外の現実世界から孤立し、軽蔑されていった。一九〇七年、満洲族の安徽省総督が漢民族の愛国者を名乗る人物によって暗殺されるという事件が起きた。この事件は宮廷を震撼させた。西太后は激化しつつあった民族間対立を和らげようと腐心した。そのために満洲族と漢民族との間の結婚禁止令を廃止した。[83] しかし、清朝が衰退を防ぐためにより過激な方策を取ることで、民族間の敵意はどんどん悪化していった。漢民族は、人々を苦しめる満洲族の王朝である清朝を非難するようになった。

西太后の側近グループ以外の人々にとって、西太后は徐々に中国がうまくいかないことの象徴となっていった。人々は、西太后が彼女の愛した夏宮の再建に拘泥したことに嫌気が差していた。夏宮は一九〇〇年の義和団の乱の鎮圧の際に諸外国の軍隊によって破壊された。西太后は変化に富んだ時代に生きていることを認識し、一九〇三年に、紫禁城の北西部の郊外にあった夏宮と紫禁城との間をつなぐ電話線を引いた。これは中国初の試みであった。また同年、電球を紫禁城に導入した。彼女はまたカメラを好み、私的、そして政治的な目的で撮影会を頻繁に開いた。しかし、近代的な物質文明に耽溺はしても、中国全土での近代化を全面的に進めることまでには至らなかった。その結果、中国は世界から取り残されることになった。

西太后は一九〇八年秋に亡くなった。その一日前には彼女の甥である光緒帝が亡くなった。西太后が光緒帝の死に関わったのかという問題に、一世紀後の二〇〇八年になってまた注目が集まった。法医学者が光緒帝の遺品を調べた結果、彼が急性のヒ素中毒で亡くなったことが明らかになったのだ。しかし、西太后が光緒帝暗殺に関わったということはいまだに仮説の域を出ない。西太后の葬列と埋葬の計画は華麗を極めた。

一九〇九年一一月、清朝の重臣、ラマ教の僧侶、満洲族の兵士、ラクダに乗ったモンゴル族、そして西太后に献身的に仕えた宦官が従った葬列は紫禁城を出発し、四日間かけて北京西部にある清朝の人々の陵墓がある場所に到着した。八四名の男性が西太后の亡骸を納めた棺を運んだ。中国史上初の独裁者である秦の始皇帝のように、西太后は一〇年以上の歳月をかけて、自分の葬儀と埋葬に関して洗練された計画を立てた。西太后の葬儀と埋葬には推定で八〇〇〇万両という巨額の資金が必要となったが、西太后は資金に関して全くと言って良いほど関心を払わなかった。西太后はヒスイで出来た棺、金銀で出来た香炉、その他豪華な装飾が施された儀式用の道具を作らせた。これは、来世でも幸せな生活が送れるようにという彼女の願いからなされたものであった[84]。

膨大な資金を投入して葬儀を挙行したが、清朝には既に彼女の陵墓を守るだけの力は残っていなかった。中国は西太后の死後、混乱期に入った。そして一九二八年、西太后の陵墓は墓荒らしに遭った。彼女の棺は開けられ、持ち出せるものは全て盗まれ、彼女の遺体も損傷を受けた。満洲委員会は最終的に西太后の陵墓の安全を回復し、埋葬品を取り戻すことができた。満洲委員会はその時のことを報告書にまとめている。その中に次のような一節がある。「私たちは慎重に遺骸をあおむけの状態に戻した。遺骸の顔色は真っ白であった。目は落ちくぼんでおり、二つの洞窟のようになっていた。顔は下唇にかけて損傷していた」[85]。李鴻章は日本との下関講和条約を結ぶ際に襲撃を受け、銃弾が鼻の後ろに残ったままの状態で条約に署名をした。その李鴻章と同様、西太后は亡くなった後、「自分の体面（と顔）を保つ」ことができなかったということになる。

西太后は一八六一年以降、変法自強運動の人々、文化的保守派、そして、タカ派の清流党といった各グループを次々と代わる代わる登用しながら政権を維持し続けた。しかし、西太后が政権を維持している間、清朝政府が近代化の努力を主導することはなかった。明治期の日本は政府が中心となって近代化の努力を行い、大きな成功を収めた。西太后が近代化に熱心ではなかったために、中国における近代化は成功しなかった。そこで思想家の多くは「中国にはより深く、より広範な治療が必要だ」と考えるようになった。中国には革命的な改革が必要だという考えが人々の間に広まり始めた時、翻訳家で社会哲学者の厳復《げんふく》は自分の同世代の人々が絶望し、進むべき道を見いだせずにいることを認識していた。厳復は次のように率直に書いている。「変法自強運動によって進められた改革の大部分は、ヨーロッパを豊かにそして強固にした基盤を中国に出現させようとして進められたものだ。しかし、ヨーロッパを豊かにそして強固にした基盤を中国に導入しようとした時、私たちは困ってしまった。基盤は淮河のほとりに立つ美味しい実をつける蜜柑の木のようなものだった。この木を移植すると、その木は皮が薄くて不味い実をつけるようになってしまった。蜜柑の木自体は健康そうに見えたが、私たちが欲しいと思う実をつけることはなかった。その理由は何か？　私が思うに、中国と西洋との間にある最大の違いは、中国人は古い歴史を好み現在のことに興味関心を持たないが、西洋人は過去を乗り越えるために奮闘するという点であると私は考えている。そして、この違いは埋めようがないものである」。[86]　厳復の用いた比喩は西太后が治めた時代をよく表している。木（清帝国）自体は健康そうに見えたが、次の世代には、「この木の枝を払いながら何とか生き残らせるか、思い切って切り倒して、新しい木を植えるか」という難問が残ったのである。

第5章

新民　New Citizen

梁啓超《りょうけいちょう》　Liang Qichao

ある知識人の墓

梁啓超《りょうけいちょう》（Liang Qichao　一八七三～一九二九年）の墓には草が生い茂っている。この様子は、彼の中国史における立場の曖昧さを端的に表している。この墓は二〇世紀初頭における最も影響力を持った思想家の墓である。そして中国のナショナリズムと自由主義の父とも言うべき人の墓である。墓は北京植物園の一角にひっそりと建っている。北京植物園は香山に置かれている。一九二〇年代に流行したボザール様式の壮麗で、サーモンレッドに彩られた墓の周囲には低木が植えられ、ツタが絡まっている。梁啓超の墓は中国にとっての歴史的記念碑のようだ。栄光に包まれているはずの梁啓超と彼の妻の名前は墓の表面にアールデコ調の近代的な雰囲気をまとった字体で彫り込まれている。墓の近くには七角形の灰色の仏塔が建てられている。仏塔は御影石で作られているが、御影石は巧妙にカットされていて、まるで木でできているかのように見える。仏塔の緑がかった青色の瓦屋根は、蓮の花の飾りで装飾されている。蓮の花は汚れた池に咲く美しい花であり、仏教では対立するものの間の調和を象徴するものとなっている。

梁啓超の安息の地は雑草に覆われている。そして不自然なほどに静寂に包まれている。梁啓超の墓は、彼の息子で高名な建築家であった梁思成《りょうしせい》（Liang Sicheng　一九〇一～一九七二年）によって設計された。梁思成は一九二〇年代にペンシルヴァニア大学で学んだ経験を持ち、毛沢東時代に古い北京が破壊されるのを阻止しようと努力した人物である。梁啓超の孫で最近亡くなった梁从诫《りょうじゅうかい》（Liang Congjie　一九三二～二〇一〇年）は、本書の著者の一人と祖父の墓を訪ねた時、「私たちは改革者の家族なのです、それも失敗した改革者のね」と語った。梁啓超の墓に絡まっているツタは、梁啓超が黙殺されていることを示している。そして、中国共産党の中国史担当の人々が、梁啓超のような移行期に活躍した人々をどのように扱うかで苦労していることを示している。梁啓超のように移行期に活躍した人々は、中国共産党が定めた厳格な、しかし今でも変化し続けている中国の近現代の進歩に関する正史にそぐわない存在なのである。

この墓に葬られている人物、梁啓超は、「中国の復興には中国の進歩を阻害している伝統的な文化の徹底的な破壊が必要だ。そして、全く新しい国家像を創造しなければならない」と中国で初めて唱えた。二〇世紀になったばかりの頃、梁啓超は自身が創刊し、大きな影響力を持った雑誌『新民（*New Citizen*）』誌に次のように書いている。「私たちが我が国の安全を確保し、経済を豊かにし、各国からの尊敬を集めたいと望むならば、私たちは〝新民（xinmin）、新しい市民（new citizens《ニュー・シティズンズ》）〟をいかにして生み出すかについて議論しなければならない」[1]

梁啓超は「新民、新しい市民」の創造を訴えた。これは、魏源と馮桂芬のような改革志向者たちが主張した内容からすれば過激な内容ということになる。この際、改革志向者としての西太后については言及しない。魏源と馮桂芬のような改革者は、必要な改革はそれまで受け継いできた儒教の価値観と帝国という政治システムの枠組みの中で達成されるという希望を最後まで捨てなかった人物だからである。梁啓超もまた「富強」の達成という目標は彼らと共有していたが、彼は儒教の価値観と帝国という枠組みから外れる先鞭をつけて新時代の扉を開いた人物である。梁啓超は新しい意識と新しい中国人らしさを持つように主張した。梁啓超は後に続く改革を進めた偉大な人物たちのために道を切り拓いたのである。陳独秀《ちんどくしゅう》は彼が創刊した雑誌『新青年（*New Youth*）』誌で儒教を攻撃した。新文化運動（New Culture Movement）が盛んな時代、魯迅《ろじん》は暗い内容の短編小説を次々と発表した。蒋介石《しょうかいせき》は脱儒教的な新生活運動を展開した。そして、毛沢東は、新中国のための革命的な青写真を描いた。これら全ては梁啓超からインスピレーションを受けたものである。

実際のところ、何もかも刷新して出発したいという中国人の熱意は梁啓超から始まったものだ。梁啓超は彼の登場以降の一世紀の間に活躍した知識人と政治家たちの先駆けとなった。彼らは、水で一杯になった透明な箱の中に自分を閉じ込め、それから脱出しようとする手品師のような存在であった。彼らは「古い思考」

の中で溺れている中国を助け出そうとしていた。皮肉なことに、過去からの解放を求める動きは、中国の伝統から完全に脱することができなかった人物から始まった。彼以降の改革志向者たちと同様、若い時には中国の伝統の破壊者を自任した梁啓超は、自身がひとたびは攻撃した伝統的な中国への回帰を求めながら人生を終えた。

「中国はアジアの病人」という診断を下す

梁啓超は一八七三年、中国南部の港町・広東の南にある新郡のある村で誕生した。この村には約五〇〇〇人の農民と漁師がいた。一八七三年という年は、馮桂芬が死の床にあり、西太后が自分の息子である同治帝に親政を行うことを許した年であった。中国の「内憂外患」状態は第二次アヘン戦争の終結によって更に厳しさを増し、太平天国の乱も鎮圧に近づいていたが、まだ予断を許さなかった。梁啓超の育った村は南シナ海に面した河口に位置していた。そこで梁啓超は古典教育を施され、儒教の教義に沿って育てられた。それは中国の子供たちが数世紀にわたって受けてきたものであった。梁啓超の家は中流の郷紳の家であった。祖父は郷試に合格した人物で、父親は教師であった。しかし、親族のほとんどは農民であった。年若い梁啓超は古代中国の膨大な歴史を暗記していた。それは、家族が所有していた数少ない書物の一部が中国の古代史に関するものであったからだ。[2]

彼の家は裕福ではなかったが、梁一族は梁啓超に大きな期待を寄せていた。そして梁啓超は非凡な才能を示した。彼は一一歳にして祖父が合格した郷試に合格した。翌年の一八八五年、梁啓超は広東に移った。広東省レベルの科挙の試験の準備をするためであった。そして、中国南部で最も有名な学校である学海堂《シー・オブ・ラーニング・アカデミー》(Sea of Learning Academy)に入学した。そこで彼は更に厳格な儒教教育を受け、古典文献学に没頭した。[3]

そして、一八八九年、まだまだあどけなさが残る一六歳で、省レベルの試験（会試）に合格し、北京での全国レベルの試験を受ける資格を得た。

梁啓超は取り立ててハンサムではなかったが、清帝国の全ての臣民が強制された、満洲スタイルで髪の毛を剃った彼の大きな頭は彼の持つ深い学識を示しているようであった。実際のところ、梁啓超の省レベルの試験の成績は余りにも飛び抜けていたために、試験の責任者であった人物は自分の妹である李蕙仙《りけいせん》（Li Huixian）を結婚させたほどだった。李蕙仙は梁啓超と人生を共にしたが、梁啓超は彼女だけを愛した訳ではなかった。[4]

魏源や馮桂芬と同じく、梁啓超の順調な人生に初めての挫折がやって来る。一八九〇年に北京で行われた殿試に不合格となったのだ。不合格という結果に落胆しながら、北京からの帰路、上海に寄った梁啓超はそこで西洋に関する書物を手にする機会を得た。その本は、徐継畬《じょけいよ》（Xu Jiyu　一七九五～一八七三年）が書いた『瀛環《えいかん》志略《しりゃく》（*Record of the Ocean Circuit*）』という本で、初めて中国語で書かれた西洋に関する書物であった。上海の租界で外国の生活を初めて目にし、一〇代の梁啓超は、徐継畬が主張した、イギリスの富強はイギリスの帝国主義的外交方針と不可分の関係にあるという考えを受け入れるようになった。一八四〇年代、徐継畬は次のように書いている。「イギリスはたった三つの島で構成された国だ。西側の海に浮かぶ数個の石ころのようなものだ。いくらそれらの島々が肥沃だったとしても、それらの島々だけでどれほどのものを生産できるだろうか？　イギリスが急激に豊かで強力になったのは、そしてイギリス本国から遠く何千里も離れた中国や世界各地で大きな政治的影響力を持つようになったのは、イギリスが西ではアメリカを領有し、東ではインドの大部分を領有したからなのである」[5]。早くから「野蛮人」研究に接したことで、梁啓超は中国の弱さと不確実な運命を嘆き、憂うるようになった。梁啓超は次のように書いている。「私は一七歳の時から外国の強さと中国の弱さに関して懸念を持つようになった」[6]

梁啓超は北京で行われた殿試には失敗したが、そこで得たものもあった。梁啓超は、康有為《こうゆうい》（Kang Youwei　一八五八～一九二七年）という師を得た。康有為は梁啓超と同じ広東出身で、殿試の受験者であった。そして、革新的な考えを持つ儒教の哲学者でもあった。一八二〇年代に魏源を魅了した儒教の奥義に触発され、康有為は孔子を過激な政治改革者として大胆に捉えなおすことで、中国の思想の幅を広げた。そして、これまでは王朝の交代の繰り返しと考えられていた中国史を、最終的にユートピアが出現するという単線的な過程として捉えた。康有為は中国が生き残っていくためには憲法に基づいた政治体制の構築が緊急に必要だと主張した。梁啓超は広東に戻り、康有為が創設した万木草堂（Cottage in the Woods Academy《コテージ・イン・ザ・ウッズ・アカデミー》）に入学し、たちまち中心的な学生となった。[7]

万木草堂の学生たちは科挙の準備をしなければならなかったが、積極的に西洋の知識を吸収しようと努力した。ティモシー・リチャードのような宣教師たちの努力もあって、西洋の書物が多数中国語に翻訳されていたのも役立った。梁啓超は後にティモシー・リチャードと北京で会うことになる。[8] 馮桂芬の提案で一八六〇年代に創設された外国研究機関から新たに出された新たな翻訳もまた彼らは貪欲に読み込んだ。梁啓超は晩年になってこの当時のことについて、自己批判を交えながら次のように振り返った。「中国式でもなく、でも西洋式でもない、両方を混合させた教育をする学校を目指したのだが、結局のところ中国式と西洋式の並立になってしまった。新たな教育を行うという試みは不幸な失敗に終わった。中国の思想は論理的ではなかったが、歴史に深く根ざしたものですぐになくなるようなものではなかった。そして外国の思想は余りにも底が浅いものであった」。[9] 梁啓超が考えたように、彼と同世代の学生や学者たちは、古い諺に出てくる蛙のようなものであった。彼らは井戸の底にいて井戸から見える範囲の空しか見ることができなかった。

一八九五年、梁啓超は再び殿試を受験するために北京に向かった。一八九五年はいつもとは違う年であった。帝国の古い秩序は綻びかけていた。そして、儒教に関する最も神聖な、学者を官僚にするための儀式もまたその影響から逃れられなかった。梁啓超は後に次のように書いている。「一八九五年に日本との戦争に敗れ、台湾を失い、二〇〇万両の賠償金を支払わされた。これらの出来事は私たちの国を四〇〇〇年の眠りから目覚めさせた」[10]。梁啓超はその後、アジアの病人を意味する「東方病夫（*dongfang bingfu* Sick Man of《シック・マン・オブ・》Asia《エイジア》）」という言葉を使うようになった。梁啓超は、この「東方病夫」という言葉を使うことで、中国の衰退を正確に表現しようとした。そして、この危険な状況を改善させるための唯一の方法は根本的な改革しかないと主張するようになった[11]。

李鴻章は屈辱的な内容の下関条約に署名をした。その直後、梁啓超は中国の行く末を懸念するあまり、広東在住の科挙受験者たちを組織し、下関条約締結を非難し、速やかな「変法（*bianfa*）」、つまり、「構造改革（institutional reform《インスティテューショナル・リフォーム》）」を行うように要求した。康有為は怒りに打ち震える科挙受験者たちを代表して歴史的な覚書を起草した。この覚書は皇帝に対して、「〝大衆政治運動（mass political movement《マス・ポリティカル・ムーヴメント》）〟が始まった」ことを示すためのものだったと梁啓超は後に述懐している[12]。しかし、梁啓超と康有為のこうした動きは無視された。また、梁啓超は再び殿試に不合格となってしまった。梁啓超は後に、この時の試験では、試験官たちが梁啓超の解答用紙を誤って康有為の解答用紙として扱ってしまったこと、そして皮肉なことに康有為は試験に合格したことを聞かされた。康有為は不満を抱えた科挙受験者たちのリーダーとして目を付けられていたが、手違いから殿試に合格することができた[13]。

梁啓超は、一八九五年からの三年間、政治活動の洗礼を受け改革運動に献身した。北京に留まり、康有為が主導した変法自強研究協会（Self-Strengthening Study Society）に参加した。変法自強研究協会は、袁世《えんせい》凱《がい》（Yuan Shikai　一八五九〜一九一六年）と張之洞《ちょうしどう》（Zhang Zhidong　一八三七〜一九〇九年）を含む改革志向の清の高官たちによって創設された。宮廷内の保守勢力は、改革派の政策が過激すぎると考え、変法自強研究協会を創設から一年で解散させた。しかし、梁啓超はすぐに後継の協会を創設し、恥辱研究協会

（Sense of Shame Study Society）と名付けた。

その後、梁啓超は北京から上海に向かった。上海では中国語のマスコミと政治ジャーナリズムが勃興しつつあり、またエリート主義の儒学者にとっては未知の新しい思想が次々と紹介されていた。梁啓超はそうした新しい世界に飛び込んだ。改革志向のある清の高官から上海で新たに創刊される雑誌『時務報（*Chinese Progress*）』誌の主筆に招聘され、梁啓超はそれを受け入れた。そして、梁啓超は新しいジャーナリズムの旗手として能力を発揮した。梁啓超は後に次のように書いている。「これは何の誇張もしていないが、私が確立した新しい文体は読者にとって魔術的な力を与えることになった」[14]。梁啓超は、エネルギーに溢れた大衆メディアが国家の強さにとって重要な要素になるとすぐに認識した[15]。梁啓超は就任早々、『時務報』の主筆の座を離れた。これは、官僚たちが度々編集方針に介入してくることへの抗議のためであった。それでも改革派の考えを人々に知らせて支持を得ようとする努力は続けられた。梁啓超の卓越した編集能力によって、多くの雑誌や新聞が二〇世紀初頭の中国世論に大きな影響を与えた。これは、現在のインターネットメディアがここ二〇年ほどの間に影響力を増したことによく似ている[16]。

梁啓超は次に上海から中国内陸部の湖南省に移動した。ある改革志向の官僚が時務学堂（Academy of《アカデミー・オブ・》 Current Affairs《カレント・アフェアーズ》）という名前の実験的な教育を行う学校に梁啓超を教師として招聘した。梁啓超には、「中国国内でも最も保守的な省の一つである湖南省」において教育改革を進めるためのフリーハンドが与えられた[17]。そして、時務学堂は革新の中心となった。梁啓超は一八九七年末に湖南省に到着した。彼の湖南省到着直前には、ドイツが山東半島の膠州湾を獲得した。この時のことを梁啓超は「国土の分割の恐怖が中国全土を揺るがした」と書いた[18]。梁啓超は西洋の諸学問と儒教の哲学を融合させたカリキュラムを作り上げた。彼は四〇名の学生を教えた。この時、魏源と馮桂芬がかつて直面した大きな問題に答えを出そうと決心した。その問題とは「どうして西洋諸国は、地球上の他の国々よりも〝富強〟の面で優越しているのか？」というものだ。[19]そして、「西洋の優越と中国の後進性の理由は何か？ 中国が西洋に追いつくためには何が必要か？」という問題にも梁啓超は取り組んだ。そして、中国が日本に敗北したことで明らかになったのは、近代的な強国になるためには近代的な武器を導入するだけでは駄目だということであった。梁啓超は、中国は思考法の基礎的な部分を変化させねばならないと結論付けた。[20]簡単に言えば、中国の文化的中核に変化をもたらさねばならないと梁啓超は考えたのだ。

西洋について学べば学ぶほど、梁啓超は西洋の優越にはシステム上の、そして哲学的な基礎が存在すると考えるようになった。西洋は、これらの基礎の上に産業革命のような物質的な発展を遂げたと彼は考えた。梁啓超は、魏源の『皇朝経世文編』の新版に寄せた序文の中で、フランシス・ベーコン（Francis Bacon 一五六一～一六二六年）の『ニュー・アトランティス（*New Atlantis*）』を西洋の優越が新しい法律、新しい原理、新しい科学、新しい技術、新しい哲学、新しい政治から生まれたことを示す証拠として褒め称えた。[21]梁啓超は次のように書いている。「新しい物事に自分を晒す人は繁栄し、より強くなる。しかし、古い物事に拘泥する人は衰え弱くなる」[22]

梁啓超はこのような考えを抱くようになった。そして、次のように書いた。「学校の雰囲気は日を追って過激になっていった。そして、私の教えた、エネルギーに溢れた学生たちが地元に戻った時、〝大きな摩擦〟を起こした。このような動きは湖南省全体に広がった」。湖南省はコスモポリタン的な雰囲気の溢れた条約港から遠く離れた場所であったため、梁啓超が導入した「新しい教育」スタイルに対する保守勢力からの抵抗は大変に強かった。[23]

厳復が西洋についての書籍を翻訳する

梁啓超は今や「西洋研究」に従事する少数の中国人専門家たちの間で急成長しているスター学者の一人となった。一八九七年の時点で、その当時の変法自強運動の最長であった厳復《げんふく》（Yan Fu 一八五四〜一九二一年）と書簡を交換していた。厳復は梁啓超より二〇歳も年上の政治評論家・翻訳家で、イギリス留学を経験した人物であった。厳復は馮桂芬が始めた変法自強運動による教育改革の恩恵を受けた人物であった。厳復は一八六〇年代末に福州造船所附属学校で航海術と英語を学んだ後、一八七九年に中国を発ち、厳しい競争を勝ち抜いて奨学金を得て、イギリスのグリニッジ海軍大学で勉学を続けた。厳復は産業革命真っ只中のイギリスの人々の生活を目の当たりにした。その結果として、ヴィクトリア朝のイギリスの世界支配の知的な源泉について研究するようになった。歴史家のベンジャミン・シュワルツは次のように述べている。「厳復は野蛮人たちの間で生活をした経験を活かして、西洋の富強の秘密を西洋の思想家たちの著作から見つけ出すという革命的な考えを実行しようとした」[24]

厳復は中国に帰国するまでに、中国が救われる唯一の道は、世界規模での力の競争という新しい事態に如何に対応するかを学ぶことしかないという考えに到達していた。李鴻章は厳復を天津にあった北洋水師学堂（Beijang Naval Academy《ベイヤン・ネイヴァル・アカデミィー》）の総教習（責任者）に任命した。厳復は中国の変化のペースが上がらないことに意気消沈するようになった。そして、「日本はやがて私たちを老いた牛のように扱い、鼻先を引きずり回すようになるだろう」と予言的なことを言うようになった。[25] 日清戦争勃発時、厳復は北洋水師学堂の教官を務めていたが、国民世論を形成する知識人として活き活きと発言するようになった。厳復は「胸に詰まっているものを外に出す」ために文章を発表した。[26]

一八九五年に中国が日本に大敗北を喫したことで、厳福には新しい道が開かれた。厳復は次のように書いている。「西洋の原理と東洋の原理との間にある最大の違いは、中国人は過去を愛し現在を無視するが、西洋人は過去を乗り越えるために新しいものを大事にするという点にある」[27]。厳復と梁啓超は、近代的になりながら中国的であり続けるための解決法を探し続けた。厳復は「中国人は富強を増進させるために、強さ、知性、気概を鍛えねばならない」と主張した。彼は中国的な文化と伝統の神聖性を乗り越えようとしていた。しかし、厳復は、知識が中国のものであっても西洋であっても、そして新しかろうが古かろうが、役立つものであれば何でも良いと考えていた。彼はある種の焦りを感じながら次のように書いている。「あるコースを辿れば無知と貧困と弱体に至るということになるなら、私たちはそのコースを辿らないようにしなければならない。もしもう一つのコースを辿れば無知を乗り越え、貧困を癒し、弱体から脱出することができるなら、そのコースを辿らなければならない。たとえ野蛮人たちが作ったコースだとしてもそれを辿らねばならない」[28]

厳復は、中国の後進性を社会ダーウィニズムの教義から理解した。イギリス滞在中、厳復はハーバート・スペンサー（Herbert Spencer　一八二〇～一九〇三年）に傾倒した。ハーバート・スペンサーはチャールズ・ダーウィン（Charles Darwin　一八〇九～一八八二年）の動物と植物の世界の「適者生存（survival of《サヴァイヴァル・オブ・》 the fittest《ザ・フィッテイスト》）」に関する科学理論を人間社会の進化に応用して社会ダーウィニズムを生み出した。厳復は、スペンサーの社会ダーウィニズムを使って中国の状況を理解しようとしたのだ。「進化について」という論文の中で厳復は、中国が先進諸国との間で「やるかやられるか」という生存競争の中にあると書いた[29]。種は種同士で生存競争を行う。人類の場合は、進歩の過程で、ある社会グループと別の社会グループとの間で生存競争が起きる。弱い人間は強い人間の餌食となる。愚かな人間は賢い人間に従属することになる[30]。厳復と梁啓超は同じようなことを考えていた。厳復はスペンサーと自由主義の思想家ジョン・スチュアート・ミル（John Stuart Mill　一八〇六～一八七三年）の著作を数多く翻訳した。厳復の行った翻訳は若い世代の改革志向者たちに大きな影響を与えた。

世界の新しい市民

梁啓超は中国の「古い物事」に疑問を持っていた時でも、古い帝国の秩序の中で出世の階段を昇っていくのだと決心していた。一八九八年、梁啓超は再び北京に戻った。そして、科挙を受験した。そして再び不合格となった。しかし、試験会場の外で、梁啓超は人生を大きく変えることになる出来事に遭遇した。梁啓超の師である康有為が、年若き光緒帝に召し出され、自強のためには西洋から技術だけを借りるだけでなく、憲法を基礎にした政治体制への変革を進めることも必要な理由を説明した。康有為は次のように述べている。「日本と西洋諸国の強さの秘密は憲法に基づいた統治と議会開設にございます。そうすることで統治者と臣民が一つの政体として融合することができるのです。そのような国が強くならないはずがありません」[31]。康有為は若い皇帝と対面した。この時、康有為は、改革を進めれば僅か三年で中国は自分の力で立つことができるようになり、「経済力と軍事力の面で他国を追い抜くようになる」と光緒帝に請け合った[32]。康有為は光緒帝を煽り、結果として、光緒帝は本格的な改革を実行しようとするようになった。光緒帝は、教育、行政、国防の面で近代化を進め、日本の明治天皇以上の存在になろうとした。

梁啓超は年が若く経験不足の面はあったが、西洋の事物や事情の専門家として知られるようになった。そのため一八九八年七月上旬、梁啓超は光緒帝から召し出された。これはこの上もない栄誉であった。光緒帝は康有為の大胆過ぎる提案を受け入れるのに躊躇していた。康有為の提案とは、中国の政治構造の基礎を根本的に改革するために「憲法局（Constitutional Bureau）《コンスティテューショナル・ビューロー》」を創設するというものであった。しかし、光緒帝は大胆な改革を断行しようとした。それは、私たちが既に述べたように、光緒帝は明治憲法の設計者、伊藤博文を北京に招き、自分の側近の改革者たちに助言を行うように求めた。この行動が百日改革を終わらせるきっかけになってしまった。光緒帝は宮殿内で拘束された。梁啓超は、康有為との深い関係があったことから、北京を追われることになった。大胆ではあるが根拠が薄弱であった改革は突然終了してしまった。[33]

一八九八年九月二一日、西太后は再び統治者の地位に就き、光緒帝の実権を奪うことを発表し、梁啓超を逮捕するように命じた。この時、梁啓超は北京にいた。しかし、日本の外交官たちが梁啓超を保護し、清朝の追手の手から辛くも逃れることができた。伝えられるところでは、伊藤博文は日本政府から梁啓超と康有為を保護するようにという命令を受けたと言われている。[34] 梁啓超は天安門のすぐそばにあった日本領事館に逃げ込んだ。[35] その後、天津に逃れた。梁啓超を脱出させるために天津の大沽砲台の沖には日本の軍艦「大島」が停泊していた。日本の領事が自ら梁啓超を大島まで連れて行った。

梁啓超が東京に到着した時、総理大臣であった大隈重信は彼を歓迎し、資金援助を行った。[36] 梁啓超は、日本で海外に逃れた反体制活動家と世界市民的なナショナリストとしての新しい生活を始めた。梁啓超が海外で反体制活動を行うことは、国内で改革者として活動していた時よりも、清朝にとっては危険なものとなった。梁啓超が亡命生活を余儀なくされたことで、中国の近現代史の中に新しいアクターが登場し、大きな役割を果たすことになった。そのアクターとは、海外で活動する実業家、学生、そして反体制運動家であった。日清戦争後、日本は、中国からやって来る改革志向の作家や革命運動の指導者たちの培養地となった。一八九五年、日本にいた中国人留学生の数はまだ少なかった。それから一〇年後、一万人の学生が日本で学び、あとからあとからやって来るという状態になった。[37] 孫文（梁啓超が到着した時には既に日本に住んでいた）、陳独秀、魯迅、蔣介石といった中国の国家的な英雄たちは、急速に工業化を進めていた帝国主義下の日本で最初に知性の翼を広げた。

政治亡命者たちの間ではよく起きることであるが、この時代の中国の政治亡命者たちの間にも内部闘争が起き、それは激しいものとなった。梁啓超は、康有為が率いる立憲君主制改革を求めるグループと孫文が率いる共和制の実現を求める革命グループを同盟させようと試みた。この同盟は短期間だけ続いたが、その後、両グループ相互の敵意が大きくなっていった。様々な徒党、クラブ、後に政党となるグループが二〇世紀の初めの一〇年間に交わされた様々な論争や争いの中から誕生した。孔子は弟子たちを連れて一四年間、古代の諸王国を回り、自分の助言を受け入れてくれる王を探した。梁啓超は孔子と同じく、日本という異郷の地に一四年間住むことになった。梁啓超は日本語を流ちょうに操るようになり、「吉田晋」という日本名を名乗った。日本人の友人や後援者に囲まれ、明治日本の近代化モデルを吸収していった。梁啓超は、「私は日本に亡命したことで、暗い部屋の中で太陽の光を見つけたような、もしくは空腹の時に温かい酒を振る舞われたような気持ちになった」と肯定的に書いている。[38]日本に亡命してから約一年後、梁啓超は「私は日本を第二のふるさとのように感じている」と書いている。[39]そして、梁啓超は政治活動のための資金集めでハワイに向かった。この時、梁啓超は、自分自身が変わっていくことを感じて驚いた。そして次のように書いている。「私の思考や発言は、以前の私とはまるで別人がやっているかと思うくらいに変わってきている」[40]

清朝政府で官僚として活動する機会を奪われたために、梁啓超は自分のエネルギーを彼の才能を開花させるために使った。その才能とは、文章を書くことであった。梁啓超は、横浜（日本最大のチャイナタウンがある）で新しい雑誌『清議報（*Remonstrance*）』誌を創刊し、中国の変化を促進しようとした。梁啓超は、『清議報』の中で「自由について」というコラムで文章を定期的に発表していた。梁啓超は、「『清議報』が世界の中で中国がどのくらいの位置にいるかを中国人の読者たちに分からせることで、中国人に恥辱を感じさせることができるような存在になって欲しい」と述べた。[41]一九〇一年冬、『清議報』を印刷していた印刷所が火事で焼け落ちた。それでも梁啓超は前進を止めなかった。梁啓超は、後に有名になった、『新民叢報（*New Citizen*）』誌を新たに創刊した。

梁啓超は遠い外国から祖国を観察することで、中国がどうして弱いのかという疑問に新しい答えを出すことができた。梁啓超は、中国の後進性は、中国国民に「国家思想（*guojia siziang* national consciousness《ナショナル・コンシャスネス》）」が欠けている、そして、中国人は統治過程に活発に参加するような近代的な国民国家の「国民（*guomin* citizens）」であることを想像する能力に欠けていると主張するようになった。[42] 梁啓超は自身の役割を、自分が率いるグループから中国の新しい社会と国民を生み出すこと、そして、帝国主義的で工業化が進んだ列強と同じような発展の道筋を進むために必要な変化を遂げるために基盤を整備することと規定した。梁啓超は、当時の日本で流行していた社会ダーウィニズムから大きな影響を受け、中国が速やかに近代国家に進化しなければ、政治的な滅亡、「亡国（*wangguo* lost country《ロスト・カウントリー》）」の危険に直面することになるという警告を発していた。[43] 梁啓超は中国人のアイデンティティの根本的な変化を求めた。中国人であることの核となる部分の変化を求めた。それが中国人と中国がこれからも存在し続けるために必要だと梁啓超は考えたのだ。

日本に亡命して最初の数年間、梁啓超は西洋の政治思想の用語である「自由（liberty《リバティー》）」と「民主政治体制（democracy《デモクラシー》）」を、中国の改革者たちが使う「富強」と「変法自強」に付け加える作業を行った。その結果、中国の自由主義には力強さが必要な要素として入るようになった。梁啓超は、「強さは自由にとっての必要な前提条件である」と主張した。梁啓超は次のように書いている。「世界を動かしているのは力(power)だ。それ以外の要素はない。強者は常に弱者を支配する。これは普遍的な、自然の第一法則である。従って、私たちが自由を手にしたいと望むなら、これ以外に道はない。まず強くなることだ」。[44] 梁啓超はまた、民主政治体制こそが国を強くするための最も確実な道であるとも主張した。彼は次のように書いている。「これまでの数百年間、西洋諸国の間では民主的な精神が拡散していった。もし中国が民主的な精神を国民の間に拡散出来たら、これからの数十年間で、中国は西洋諸国と同じくらい強力になれる」[45]

梁啓超のナショナリスティックな、しかし自由主義的な思想は、祖国中国の読者たちを熱狂させた。中国では教育を受けた人々が梁啓超の文章を貪るようにして読んだ。張之洞や袁世凱といった変法自強運動に参加した官僚の最後の世代から、中国の共産主義の若き創設者として後に登場する陳独秀や毛沢東に至るまで、政治に関心を持つ人は誰もが横浜に住む若き政治亡命者の最新のコラムに注目していた。その数はおよそ二〇万であった。[46]当時天津に住んでいた厳復は梁啓超に手紙を送り、その中で次のように書いている。「私は『新民叢報』を繰り返し隅から隅まで読んでおります。その度に強い風が私に吹き付け、大きな波が私に襲い掛かって来るかのように感じます。『新民叢報』は間違いなく、まだ始まったばかりの二〇世紀で繁栄するであろうアジア文明の魁となるものです」[47]

同時期、梁啓超は「破壊主義（destructivism《デストラクティヴィズム》）」と彼が呼んだ思想も身に付けた。この「破壊主義」という用語は恐らく伊藤博文から教えられたものであろう。[48]この破壊主義とは、「新しい市民」が出現するためには、中国の伝統的な価値システムの完全な破壊が必要だ、という思想であった。古いシステムが完全に破壊されねば、それに代わる新しいシステムが出て来られない。この考えを梁啓超は「破壊注意（*pohuai zhuyi*）」と名付けた。梁啓超は「真の革命とは、物事を根本から覆し、新しい世界を作り出すことを意味する」と説明した。[49]梁啓超は『新民叢報』に掲載した文章の中で次のように書いている。[50]「既に存在するものを破壊することなしに新しいものを建設することはできない」。梁啓超は、このような破壊を道徳的にも必要なことであるとして、次のように述べた。「『破壊してはいけない、破壊してはいけない』と叫ぶ人々を私は人間らしい感情がない人々と呼ぶ」[51]

梁啓超は破壊主義からすぐに離脱した。しかし、梁啓超が主張した創造的破壊（creative destruction《クリエイティヴ・デストラクション》）はそれ以降も命脈を保つことになった。梁啓超はこのことに死ぬ前に気付いた。梁啓超は自分の来し方を振り返り、評価して次のように書いている。「破壊的な力は無視できないほど大きかったが、建設的な貢献は明確ではなかった」[52]。梁啓超の死後数十年経って、毛沢東は、文化大革命（Cultural Revolution《カルチュラル・レヴォリューション》）の時期、復讐心をたぎらせながら、「建設の前に破壊せよ」というモットーを採用した。梁啓超が否定し封じ込めたはずの、暴力的な破壊衝動が毛沢東によって解放され、中国を大混乱に陥れた。梁啓超は自分が一度は主張した思想がそのような結果をもたらすようになることを想像すらできなかったであろう。

チャイナタウン

梁啓超は日本に新しい拠点を持ち、そして世界中を旅するようになった。梁啓超はホノルルに六カ月間滞在し、華僑の実業家たちから一九〇〇年に起きた反乱に対する資金を集めた。一九〇一年春にはアジア・太平洋地域にある植民地である香港、シンガポール、セイロン（現在のスリランカ）、オーストラリア、フィリピンを巡る旅を行った。しかし、梁啓超にとって最も重要な旅となったのは一九〇三年のアメリカ訪問であった。

アメリカを訪問したフランス人思想家アレクシス・ド・トクヴィル（Alexis de Tocueville　一八〇五〜一八五九年）と同じく、梁啓超は北米大陸を横断し、彼と同世代の中国知識人たちが共有した政治に関する問題に対する答えを探そうとした。梁啓超がアメリカに到着した時、トクヴィルが一八三一年にアメリカを訪問した時と同じ年齢であった。トクヴィルはこの時のアメリカ訪問の経験を基にして『アメリカの民主政治（*Democracy in America*）』という名作を著した。梁啓超はトクヴィルと同様、アメリカ政治に魅了された。梁啓超はワシントンでセオドア・ルーズヴェルト（Theodore Roosevelt　一八五八〜一九一九年）大統領に面会した。しかし、梁啓超はルーズヴェルト大統領の帝国主義的な演説に失望した。マンハッタンでは銀行家J・P・モルガン（J.P. Morgan　一八三七〜一九一三年）と短時間だが会見した。ボストン港では一七七三年の茶会事件と一八三九年の林則徐《りんそくじょ》のイギリスのアヘン押収を比較した。そして、セントルイスで開催された国際博覧会で展示されていた西太后の肖像画を鑑賞した。[53]
梁啓超は新世界を旅しながら、中国国内の状況について常に考えていた。そして、サンフランシスコのチャイナタウンでトクヴィルが得たような衝撃を受けた。サンフランシスコのチャイナタウンは隔離され、中国人は差別されていた。チャイナタウンはアングロ・アメリカ社会の中に存在しながら、そこから切り離されていた。このことに梁啓超は痛みを覚えた。梁啓超は、「アメリカ白人は自由と平等を信条とする個人主義を基にして生きている。一方、アメリカで暮らしている中国人は、カリフォルニア州という新天地でも、中国本土の伝統的な習慣をそのまま持ち込んで暮らしている。中国の伝統は個人に献身を求める階層的なものである」と述べている。アメリカ国内にある中国人社会が自由で民主的な社会に存在するという利点を利用しないことに梁啓超は失望した。しかし、このことは、長年梁啓超が考え続けていた「中国はどうして弱いのか？」という問題に対する答えを与えることになった。

梁啓超は、中国の後進性の原因が、時代遅れの軍隊と科学技術、憲法がないこと、満洲族の皇帝が支配する古い帝国システム、西太后の存在自体にはないと結論付けた。そして問題の根本にあるのは、中国人であることの核（core）となる体（*ti*）」である、市民の権利と義務という意識に欠けていることにあると梁啓超は喝破した。梁啓超は「国家思想」の完全な欠如が問題であると考えた。彼が考える「国家思想」とは、市民が中国という国家について考えるという意味である。[54] 梁啓超は、中国人が氏族、村落、省と古代から続く文化といったものに囚われ、中国人という意識を持つことができず、より巨大な近代国家の国民として行動することができないと主張した。そして、梁啓超は、中国人の特性には、奴隷根性、愚鈍、自己本位、嘘つき、臆病、受け身といったものがあると結論付けた。[55]
それらの特性が何をもたらしているか？　梁啓超は残念に思いながら、中国人は現時点では民主政体を実現できないと結論付けた。彼は旅行中に日記をつけていて、その内容を日本に戻って発表した。彼は落胆を込めながら次のように書いている。「私たち中国人は専制政治しか受け入れられず、自由を享受できないようだ。私は世界の様々な国の社会を見た。そうした経験から言えることは、サンフランシスコの中国人コミュニティほど無秩序な社会は見たことがないということだ。それは何故だろうか？　その答えは自由にある。自由の意識を持たない中国人が選挙を行うことができるだろうか？　現時点で、私たち中国人が民主的な統治システムを採用したとする。その結果は悲惨なものとなり、国家規模の自殺のようなものとなってしまうだろう。自由、立憲主義、そして共和主義は、麻で出来た衣服を冬に着て、毛皮を夏に着るようなものだ。それは美しくないというだけではなく、私たちに適していないということとなるのだ」[56]

　梁啓超は同世代の立憲主義を目指す改革者を代表する人物であったが、大きく方向転換をしたのである。馮桂芬は一八六〇年代にリンカーン大統領時代のアメリカについて文章を発表した。それと同じく中国に自由主義をいち早く紹介した先駆者である梁啓超は、アメリカが理論的には世界で最も理想的な政治システムを採用していると考えていたが、民主政体自体が中国に適したものかどうかについて疑問を持つようになった。「英雄主義的な若い活動家たちは、自強の方法について、西洋諸国ではこういうことが行われているなどと聞くと、彼らは叫びながら走り回るようになる」と梁啓超は嘲笑している。梁啓超も一八九〇年代に「英雄主義的な若い活動家」をやっていた訳だが、自分自身に対して辛口の皮肉を述べたことになる。[57]

　中国人の特性について梁啓超は悲観的であった。その結果、新たなそして過激な「反」民主的な立場を取るようになった。彼は落胆しながら「私はアメリカではなく、ロシアを理想とすることにした」と書いている。中国人が自治ができるようになるまで数十年もかかるのなら、中国人にとって必要なのは、その数十年の間に啓蒙専制君主の下で、国民としての厳しい訓練を受けるべきだと彼は考えた。梁啓超は中国の法家思想にも言及しつつ、西洋諸国のいくつかで採用されていた権威主義について次のように書いている。「管子、商鞅、リュクルゴス（スパルタ王）、オリバー・クロムウェルが生き返って中国で厳格な統治をして欲しいと私は思っている。二〇年、三〇年、五〇年にわたって私たち中国人の性根を叩き直して欲しい。そうした厳しい統治の後、中国人にルソーの書物を与え、ジョージ・ワシントンの業績を語ってやればうまくいくのではないか」[58]。梁啓超は、専制政治だけが中国に民主政治を受け入れる準備をさせることができると結論づけた。こうした考えに、中国の未来の政治指導者たちの多くが魅かれていくことになった。

梁啓超が啓蒙専制君主制という考えを弄んでいた時、皮肉なことに西太后は、中国の政治構造を改革するために「新政策」を遅まきながら始めることに決めた。一九〇六年初頭、梁啓超は論争を巻き起こした論文「啓蒙専制君主制について」を発表した。その直前、西太后は議会を創設し、清朝に適した政治改革モデルを探すために憲法調査委員会を海外に派遣することを決めた。梁啓超は専制君主が持つ人々の利益のために行動する能力を賞賛してきたが、その情熱が少しずつ薄れ始めていた。彼の政治に関する考えはどんどん不明瞭になり、一貫性を欠くようになった。梁啓超自身も認めたように、「ある日考えたことは、その前の日の考えとは全く矛盾するもの」となった[59]。

西太后が死去して一年後の一九〇九年までに、梁啓超は、自分の文章で中国人たちの間に新しい政治意識をもたらそうとしてきたが、その効果に苛立つようになっていた。一九〇二年にユートピア小説『新中国の未来（*The Future of New China*）』で夢を描いた。しかし、一九〇九年の時点で、そうした夢を見る能力を失ってしまったようだった。それでも、自分自身の能力については自信を持っており、政治に関する論争に参加したくてうずうずしていたようである。梁啓超は兄弟に送った手紙に次のように書いている。「ここ一年、私は政治問題について研究してきました。そして研究すればするほど、政府による強力な統制がなければ中国には希望はないと確信するに至りました」[60]

失敗した政治家

梁啓超はともかくも政治的野心と夢を膨らませていった。一九一一年一一月、偉大な清朝は突然にそして無様な形で崩壊したのだが、この時梁啓超はその大きな変化に誰よりもうまく対応する周到な準備ができていることを見せつけられるはずであった。武漢で起きた軍隊による小さな反乱がきっかとなり、それから僅か数カ月後に清朝は崩壊してしまった。清朝に反乱に対処する力は残っておらず、戦闘はほとんどなかった。梁啓超はこの時、「この革命は紙の上に絵が描かれたような革命であって、流血を伴う実質的な革命ではない」と書いている。[61] 一九一一年一二月、梁啓超は満洲の古都である瀋陽を訪れ、中国の政治状況を直接調査し、そのまま日本に戻ってしまった。中華民国（Republic of China《リパブリック・オブ・チャイナ》）は一九一二年一月に建国を宣言し、続く二月に清朝最後の皇帝である宣統帝《せんとうてい》が退位した。四〇歳になった政治亡命者、六人の子供の父親、二人の妻の夫であった梁啓超はその年の秋まで、一八九八年に脱出した中国に帰還することはなかった。ちなみに、一九〇四年、梁啓超の両親は自分たちが使っていた召使を梁啓超の許に送り、愛人とさせた。

梁啓超は、天津まで船で行き、その後陸路で首都北京に向かった。北京は、建国されたばかりの共和国の新鮮さに包まれていた。梁啓超は全ての派閥から自派に参加するように求められた。彼らは梁啓超の名声を必要としていたのである。[62] 梁啓超は自身が率いる中道派「進歩党（Progress Party《プログレッシブ・パーティー》）」を形成しようとしていた。そして、孫文率いる国民党（National Party《ナショナル・パーティー》）とは競争関係にあったために、袁世凱と同盟を組んだ。袁世凱は変法自強運動に参加した省レベルの官僚群の最後の大物で、新たに建国された共和国の臨時大総統（大統領）になった。

一九一三年に国政選挙が実施された（これが中国本土で行われた最初のそして最後の国政選挙）直後、国民党の若き指導者、宋教仁《そうきょうじん》（Song Jiaoren　一八八二～一九一三年）は上海の鉄道の駅頭で暗殺された。容疑者の最右翼は袁世凱であったが、梁啓超にも暗殺に関与したのではないかという疑いがかけられた。これは、偉大な知識人が現実政治の薄汚い権力闘争のぬかるみに早くも嵌ってしまったことを示していた。暗殺事件の直後、梁啓超は娘に宛てた手紙の中で次のように沈鬱な心情を綴っている。「政治の世界で理想を実現しようとすることは空気を殴り倒そうとするようなものなのだ」[63]。梁啓超は、宋教仁の暗殺に関与したという疑いが晴れないまま、袁世凱の求めに応じて、司法総長（法務大臣 Minister《ミニスター》 of《・オブ・》 Justice《ジャスティス》）として入閣した。袁世凱はこの内閣を「才能にあふれた人々で構成した内閣」と呼んだ。しかし、梁啓超はすぐにこの内閣が袁世凱の意のままに動かされていることに気付いた。袁世凱は国民党を破壊しようとしていた。そして、自身の独裁権力を確かなものとするために国民党を非合法化した。

梁啓超は袁世凱が独裁権力を恣《ほしいまま》にすることに抗議するために大臣の職を辞した。しかし、政府の役職である貨幣制度改革局局長に就任した。この時までに梁啓超は経済の面でナショナリストになっていた。彼は中国が強国となり、国を滅亡から救うためには豊かになることが重要だと確信していた。梁啓超は次のように書いている。「中国を亡国から救い、強国となるためには、通貨制度に秩序を与え、お金の流れをスムーズにすることである」[64]。通貨政策を合理化し、通貨制度を安定させようとした彼の努力は報われなかった。彼は就任してまもなく失意のうちに辞任した[65]。

梁啓超はまたも政府から離れた。そして、梁啓超は再び知識人としての影響力を再び回復した。一九一五年、梁啓超は日本が中華民国に対して提示した悪名高い「対華二一箇条の要求（Twenty-One Demands）」を非難する大衆運動を主導した。対華二一箇条の要求とは、哀れなそして力の弱い中国政府に対して、日本が実行を求めた帝国主義的な要求の長々としたリストのことである。梁啓超は多くの文章を発表し、それらの中で袁世凱率いる政府は日本の攻撃的な要求を拒絶するように求めた。日本の論客たちは、梁啓超が亡命中に日本が与えた支援に対して「恩を仇で返した」として非難した[66]。

その後、袁世凱は皇帝として即位しようとした。この袁世凱の専制君主になろうとする馬鹿げた試みに対して梁啓超は反対の論陣を張った。梁啓超は袁世凱の不正を激しく糾弾する公開文書を発表した。その後、袁世凱に対する軍事蜂起を起こそうとする組織に支援を行った。それでも、一九一六年一月一日、袁世凱は皇帝として即位したことを発表した。この茶番は数カ月後に袁世凱が死亡したことで終わった。[67]

袁世凱が失脚した後の一九一七年、梁啓超は、北京で成立した軍閥を率いていた段祺瑞《だんきずい》（Duan Qirui 一八六五〜一九三六年）の内閣で財務総長（財務大臣 minister of finance《ミニスター・オブ・ファイナンス》）に就任した。しかし、彼は何もできないまま退任した。これは梁啓超が行った最後の政府の役職の投げ出しであった。梁啓超は、政府の役職について「自分のエネルギーを浪費する馬鹿げた行為を繰り返しただけのことだった」と書いている。[68]梁啓超は政治に対する情熱を失い途方に暮れた。梁啓超は建国されたばかりの共和国における自分の政治キャリアを、一つのシーンが一分も続かないスピード感溢れる映画に例えた。梁啓超は、一九一二年から一九一七年にかけてアメリカの無声映画で活躍したコメディアン集団キーストーン・コップスの最盛期の映画を念頭に置いていた。梁啓超は、中国において共和国を建国するという実験が失敗に終わったと考えた。そして、この失敗を一八九八年にこちらも失敗した百日改革はほぼ同じだと断定した。梁啓超は、二つの試みは、中国の抱える問題に接近することができなかったと考えた。梁啓超は次のように書いている。「よく冷えたビールのビンの蓋を開けると、泡が一気にあふれ出る。しかしちょっと経って落ち着いたら泡は消える。それでもビールはよく冷えているままである。中国の状況はこれによく似ている」。[69]一八九八年の時と同じく、梁啓超は再び中国を離れた。この時の目的地はヨーロッパで、追手に追われることもなかった。

パリ

一九一九年から一九二〇年にかけて梁啓超はヨーロッパ各国を訪問した。この時、梁啓超は、第一次世界大戦を終結させるためのパリ講和会議の中国代表団の非公式団員として活動した。ヴェルサイユ条約はヨーロッパ諸国に対するのと同様、中国と近隣諸国に深刻な影響を与えた。ヴェルサイユ条約は、勝利を収めた連合国側（Allies《アライズ》）が敗戦国側に過酷な罰を与える内容であった。ヴェルサイユ条約は、ファシズムの台頭、そして第二次世界大戦開戦の原因となった。中国の近現代史における重要な転換点において、梁啓超は再び重要な役割を果たすことになった。

戦後に大きな利益を得られると考え、中国と日本は連合国側に与し、ドイツに宣戦布告した。梁啓超は中国の参戦を支持した。彼は連合国側が勝利すると考え、中国が連合国側に与すれば、戦後の国際システムにおいて中国が新しい位置を占めることができると主張した。しかし、そこには一つの問題が存在した。それは、活動的な日本が中国に先行したことだ[70]。

一九一七年、中国は連合国側に立って参戦した。中国人労働者約三〇万人がフランスとイギリスで就労した。中国人労働者は仏英両国で軍隊に大量動員されたせいで起きた労働力不足を埋めるのに役立った。一方、日本は一九一四年に参戦しただけでなく、工業力と有力な海軍力で連合国側に対して物理的な貢献を行った。日本は中華民国よりも貢献度が高かった。その結果、ヨーロッパの戦勝国と敗戦国が一九一九年一月にパリ講和会議に集まった時、梁啓超は中国が既に外交上の戦いに敗北したことを認識することになった。戦争が終結するずっと前に既に中国が敗北していたことに気付いたのだ。戦時中、連合国側は日本政府と密約を結び、ドイツに宣戦布告をすることと引き換えに、ドイツが中国と結んでいた遼東半島と山東半島にある戦略的に重要な港湾の植民地租借契約を日本が引き継ぐということになっていた。パリ講和会議に参加した梁啓超と同僚たちがもっと打ちのめされたのは、このような「密約（secret pacts）《シークレット・パクツ》」の内容を中華民国総統の袁世凱も知っていて、それに対して何の抗議も反対もしなかったという事実であった。中華民国は日本から多額の借款を受けていたために何もできなかったのだ。[71]

梁啓超はパリでこのような衝撃的な事実をいくつも発見した。そして、梁啓超は、北京の大衆運動の指導者たちに向けて電報でそれらのことを伝えた。梁啓超は、政府が帝国主義的な「泥棒である隣人」と共謀していたことを暴露した。[72] 梁啓超から報告がもたらされた後、五四運動（May Fourth Movement）《メイ・フォース・ムーヴメント》へとつながる学生たちによるデモが発生した。[73] 梁啓超は再び、中国における世論とナショナリズムの発生を手助けする触媒の役割を果たした。しかし、奇妙なことに、梁啓超は五四運動に直接参加せず、ただ電報を送っただけに留まった。梁啓超のヨーロッパ訪問の最初の訪問地がパリであった。梁啓超は、それ以前のアメリカ旅行の時と同じく、ヨーロッパを訪問したことで、持ち続けた強い信念が揺らぐことになった。梁啓超は中国を再生するための突飛な考えを訂正することになった。

パリ講和会議の後、梁啓超は少数の弟子を伴ってヨーロッパ各国を訪問した。彼は西洋文化の素晴らしさに触れられることを楽しみにしていたが、実際には第一次世界大戦の戦跡や残骸が示す黙示録の世界のような破壊の凄まじさに恐怖することになった。梁啓超は、一九二〇年代のヨーロッパにおける貧富の差の大きさにも驚いた。梁啓超はマルクス主義者になったようだった。梁啓超は、労働者階級と資本家階級との間の闘争である「社会革命（social revolution）《ソーシャル・レヴォリューション》」がヨーロッパで起きると予言した。[74] ヴェルサイユで行われた偽善もさることながら、梁啓超にとって衝撃だったのは、西洋の抱える闇の象徴である戦争が生み出した残骸と悲惨な状況であった。中国を豊かで強く、尊敬を集める国にしたいと考えていた梁啓超と彼の同志である中国人の改革者たちは、若い時から西洋をそのモデルとして希望に満ちた目で見上げていた。しかし、自分の同胞たちの目を西洋思想と文明に向けさせるために多大の努力を払ってきた梁啓超は、オスヴァルト・シュペングラー（Oswald Spengler　一八八〇〜一九三六年）が時代精神（Zeitgeist《ザイトガイスト》）を捉えた名著『西洋の没落（*Decline of the West*）』の中で、自滅的な精神と呼んだものが実際に存在することを発見した。これは『『ファウスト』に出てくる悪魔との契約」であった。

梁啓超は戦争で傷ついたヨーロッパを回りながら、悲しげに次のように書いている。「結局、新しい権威を確立することは難しい。そして古い権威は回復されることなく、消え去ってしまっている。結果として社会全体は懐疑、失望、恐怖に包まれている。それはまるで羅針盤を持たない船が嵐に巻き込まれ、深い霧の中に迷い込んだようなものだ。誰も将来のことが全く分からない状況にいる」[75]

原点回帰

中国に目を向けてみると、五四運動と新文化運動に参加した知識人たちは、「ミスター・デモクラシー兼ミスター・サイエンス」梁啓超が紹介した西洋の理想を信奉した。中国から遠く離れて、梁啓超は西洋を観察し、西洋が曖昧なモデルでしかないということを発見した。実際、梁啓超は、西洋は科学信仰の故にヨーロッパが泥沼に嵌っていることを発見した。梁啓超は中国に送った手紙の中で次のように書いている。「ヨーロッパ人は、行く先を見失った砂漠の旅人のようだ。彼らは遠くに大きな黒い影を見ている。そしてそれを掴まえようと奮闘している。それを指針であるかのように考えている。その影を掴まえた後、その影が消えた場合に彼らはどこに向かうつもりでいるのだろうか？　ヨーロッパの人々はこれまで万能の科学という大きな夢を見てきた。しかし、彼らは現在その破綻について話すようになっている」[76]

厳復もまた一度は理想とした西洋文明に関しての失望を文章にして発表した。彼は気落ちしながら次のように書いている。「私は年を取り、中国で成立した共和政府を七年間観察してきた。そして、これまでの戦争とは全く種類が異なる四年間の血塗られた戦争を眺めていた。私は、西洋がこの三〇〇〇年間に達成した進歩がもたらしたものは、自己本位、大量虐殺、腐敗、そして厚顔無恥であったのだと思うようになった」[77]

梁啓超はマルセイユから上海に向かう船に乗った。その船上で梁啓超は、偶然に発見した西洋文明の核である「懐疑主義と絶望」の重要性について考え続けた。[78] 梁啓超は進むべき道を見失っていたが、進むべき道を再び見つけようとしていた。自己懐疑と意気消沈といった負の感情を取り去っていた。梁啓超は、息子である梁思成に手紙を送った。この当時、梁思成は建築専攻の学生として悪戦苦闘していた。「もしお前が今うまくいっていないとしても、失望しても良いが、意気消沈してはいけない。失望は私たちの人生において最も恐るべき敵となる。この敵に私たちを完全に支配させてはいけない」[79]

梁啓超は進むべき道を見つけた。彼が挑戦しようとしていたのは、西洋から学び、西洋を模倣し、西洋に追いつくという単純なことではなく、いかにして西洋の犯した誤りを避けるかということを考え、その方法を見つけるということであった。中国は近代化の競争に遅れて参加することになった。そして、戦争で傷ついた西洋という負のモデルを目にすることができた。このような条件の下であれば、中国はより賢く工業化できるはずだと梁啓超は考えた。「私たちの持つ有利な点は、私たちの国中国が今でも後れていることである。私たちは、西洋諸国が歩んだ間違った道のりについて目の当たりにすることができた。私たちはまた、西洋諸国が病気にかかった時に用いた治療法を全て学ぶことができる。私たちが間違った道に進まないようにし、病気にならないように予防することができたら、私たちはスタートから工業化を合理的にそして健全に進めることができるのである」[80]

儒教の調和を重視する倫理観と精神の規律を重視する仏教のような中国の偉大な伝統は近代文明に貢献できるという考えは梁啓超と中国人にとって希望となった。若き偶像破壊者として自信満々だった梁啓超は、年を取ってそれまでとは全く違う主張を行うようになった。彼はプライドを取り戻して、次のように書いている。「私の愛する若者たちよ！　括目せよ！　前進せよ！　この大海の向こうに住む膨大な数の人々は物質文明の破綻に直面し、嘆き苦しんでいる。助けを求めている。彼らは君たちが救済に来てくれることを待ち望んでいるのだ」[81]。この時、梁啓超は、啓蒙された若い中国人が中国の伝統を拒絶し、西洋から学ぶことで、中国を救うべきだなどと書かなくなった。そして、西洋諸国は、中国の伝統的な価値観を再発見し、取り込むことで暴力の支配する近代世界を修復するべきだと書くようになった。梁啓超は、一方通行の関係はもはや存在せず、全ての人は全ての物事から学ぶことができる、と主張するようになった。

この時期が梁啓超の長い思想遍歴の最高点であった。彼の思想を巡る旅は、ナショナリストで変法自強運動への支持から始まり、微妙で複雑なコスモポリタン的自己覚醒を主張するところまで続いた。梁啓超はこの時期でも、中国人には「法の支配の精神（spirit of the rule of law）」の実行の仕方を二〇年から三〇年の期間を使って学ぶ必要があると考えていた。しかし、西洋の優越を真似ることで中国を繁栄させ、強化しようという主張には固執しなくなった[82]。梁啓超は、思想の自由と言論の自由の実現を最終目的として文章を書くようになった。そして、考え出した用語である「世界注意的国家（*shijiezhuyi de guojia*　cosmopolitan《コスモポリタン・》 nation《ネイション》）」という価値観を主張するようになった。梁啓超は、彼自身が考える「新民」は、国民国家としての中国の実現を目指す、西洋を政治的な理想とする、「救国（*jiuguo*　save the nation《セーヴ・ザ・ネイション》）」のために中国らしさを破壊するといったことを行うべきではないと主張した。そして、梁啓超は、中国文化の持つ治癒能力を含んだ近代性の一つの形を想像した。彼は思想遍歴を静かに終えようとしていた。この新しい近代性を実現するという彼の夢は、彼の人生の最後の一〇年のテーマとなった。

梁啓超は一九二〇年代に中国に帰ってきた。そして、それまでとは全くの別人となった。梁啓超は政党政治から距離を取った。梁啓超は儒教に戻っていった。ひとたびは同胞たちに対して拒絶するように求めた伝統的な歴史、文化、言語、そして価値観に浸るようになった。マルクス主義者と無政府主義者たちといった左派とそしてナショナリストと権威主義者たちといった右派という党派が論争をしていた。その中で梁啓超は中道的な儒教に基づいた自由主義という立場を取った。梁啓超は中国人に対して、「中庸（doctrine of《ドクトリン・オブ・》 the mean《ザ・ミーン》)」に関する古代の聖賢たちの教えを学ぶように求めた。この中庸の教えは穏健さと調和を強調するものであった。梁啓超は世界中の偉大な思想家の中で自分の考えに近い人物たちを中国に招いた。招かれた人物には、ジョン・デューイー（John Dewey　一八五九～一九五二年）、バートランド・ラッセル（Bertrand Russell　一八七二～一九七〇年）、ラビーンドラナート・タゴール（Rabindranath Tagore　一八六一～一九四一年）がいた。梁啓超は彼らを招いて、啓蒙的で、人文主義的、自由主義的な教えを中国に広めようとした。そして、梁啓超は北京の『商務報（*Commercial Press*）』誌に膨大な翻訳を発表した。梁啓超は、新たに創刊した『解放与改造（*Emancipation and Construction*）』誌に、ケインズ主義経済学、デューイー流の民主政治体制論、世界に通じる儒教の人道主義を融合した論稿を発表した[83]。梁啓超は天津のイタリア租界にあった二階建てのヴィクトリア調の邸宅と北京にあった中国の田舎風の邸宅を行き来しながら、中国の一流大学、英語教育を行っていた南海大学（天津）、清華大学（北京）で「国学（guoxue　national《ナショナル・》 studies《スタディーズ》)」、中国古典に関する新たな学問分野を教えていた。清華大学は義和団の乱の際にアメリカが受け取った賠償金一〇〇〇万ドルを基にして創設された。

梁啓超は若い時から大量の著作を発表してきたが、彼の著作は、現代中国を変革することを求めた読者たちをまだ発見されていない「新しい市民」たちの国に連れて行ってくれる船のようなものであった。読者たちは近代的な中国人になりたいと望んでいた。しかし、梁啓超は、彼自身が精通していた、豊かな中国の古典的な文化に戻っていった。それは彼にとっては快適なことであった。しかし、梁啓超は、そのような中国の古典文化など拒絶してしまえと、ひとたびは主張していたのである。梁啓超は晩年、中国仏教と精神世界の歴史に戻っていった。梁啓超は自分の葬式は仏式で行うように要望した。梁啓超の墓の隣に蓮の花が飾られた仏塔が建てられているのはこのためだ。[84] 梁啓超は中国の伝統的な家父長の役割を果たした。一九二四年、正妻であった李蕙仙が亡くなる三週間前、一三番目の子供が生まれた。

一九二八年、梁啓超の健康状態は悪化した。腎臓に癌が発見されたのだ。そして、運命のいたずらとしか言いようのない出来事が起きた。北京協和医学院の附属病院で癌に侵された腎臓の摘出手術が行われた。北京協和医学院はアメリカのキリスト宣教団体が創設し、ロックフェラーからの資金援助を受けていた。手術中に事件が起きた。執刀医が誤って健康な方の腎臓を摘出してしまったのだ。そして、一九二九年一月一九日、梁啓超は亡くなった。[85] その直後、彼の九番目の息子が誕生した。彼は九番目の息子の顔を見ることはできなかった。

梁啓超は、自分自身の知識人としての生活と政治家としての活動について厳しい評価を下すことがあった。梁啓超は自分自身について第三者的に次のように書いている。「梁啓超には確信がなかった。梁啓超は現実の出来事に引きずられ、地位を放擲してばかりいた。[86] しかし、梁啓超は、〝新しい分野を切り開き〟、そして新しい知的世界を生み出すことに貢献する新しい思想を生み出すための〝不完全ではあるが幅広いアプローチ〟を持っていた。それに関しては大いなる自信を持っていた」[87]

梁啓超の熱心な読者の一人で、五四運動を主導した陳独秀《ちんどくしゅう》（Chen Duxiu　一八七九～一九四二年）は次のように書いている。「私たちが世界についていくらかでも知識を持つことができたのは、康有為氏と梁啓超氏のお蔭なのである」[88] 梁啓超の若い読者の中で歴史的に最重要な人物は、彼のエネルギーを全て注いで古い中国を完全に破壊し、「鉄と火」をもって新しい中国を生み出した。その読者とは毛沢東《もうたくとう》（Mao Zedong　一八九三～一九七六年）である。毛沢東は一九三五年に延安の洞窟の中でジャーナリストのエドガー・スノー（Edgar Snow　一九〇五～一九七二年）に次のよう語った。「私は、梁啓超と康有為を〝崇拝〟していた。そして、彼らの本を完全に暗記するまで何度も何度も読み返したものだ」[89]

脚注はビジネス社ホームページを参照
http://www.business-sha.co.jp/wp-content/uploads/china.pdf

第6章

一盆散沙　A Sheet of Loose Sand

孫《そん》中《ちゅう》山《ざん》　Sun Yat-sen

ある学校の古ぼけた講堂

ハワイにある高校プナホスクールの敷地内に建っている古ぼけた講堂は、背の高いモンキーポッドツリーの下に静かに建っている。プナホスクールはバラク・オバマ大統領の出身校として有名になった。おしゃれで様々な人種の生徒がキャンパスを闊歩している。ある学生はきれいに刈り込まれた芝生の上でゴルフのスイングをしている。このようなまぶしい光景からは、一三歳の孫文《そんぶん》（孫中山《そんちゅうざん》 Sun Yat-sen 一八六六～一九二五年）がホノルルで商売をやっていた兄と暮らすためにやって来た時のことを想像するのは難しい。この時、孫文はまだ儒学者が着るローブを身に纏い、満洲族の習慣である辮髪姿であった。[1] 一八八二年、孫文は当時オアフカレッジという校名であった現在のプナホスクールへの入学が許可された。オアフカレッジはアメリカのキリスト教組合派の宣教団体によって創設され、ハワイに住む白人エリートの子弟たちの教育に当たった。オアフカレッジでの学校生活を通じて、孫文はアメリカに対して大きな関心を持つようになり、流ちょうな英語を話せるようになった。

ホノルルにある公園は孫文を顕彰するためのもので、その公園には孫文の言葉がプラカードとして飾られている。その言葉は次のようなものだ。「私はこの地で育ち、教育を受けた。そして、私はこの地で近代的で文明的な統治とその意義を理解するようになった」。孫文はアメリカと中国の事物に精通していた。孫文はハワイで生活したことで、東洋と西洋との間にある断絶を乗り越えることができた。彼のような人物は当時珍しかった。そして、彼以降の中国の指導者でも孫文のように中国以外の世界を動き回ることができた人物は出てきていない。

しかし、孫文の人生には全く別の面もあった。それは中国の伝統文化であった。彼の安息の地は純中国式のものだ。孫文は「南の帝都」を意味する南京に眠っている。南京の紫金山にある孫文の墓・中山陵は、孫

第6章扉写真　提供：近現代フォトライブラリー

文の中で共存していた西洋と中国をつなぐ存在である。孫文はハワイで形式ばらないことを学び、同時に中国の伝統である仰々しさも身に付けていた。それは中国の指導者たちも身に付けようとしてきたものである。

孫文の墓は明朝の歴代皇帝の墓を真似たものである。これは、孫文の支持者たちが孫文の英雄としての神秘性を死後の孫文に持たせようとしたためだ。無数の記念門と石碑は四九〇メートルにも及ぶ「魂の道」と呼ばれる階段で結ばれている。この階段を昇り切った山の頂上に大理石で出来た孫文の墓がある。孫文の墓は、隣にある明朝の初代皇帝・朱元璋《しゅげんしょう》（Zhu Yuanzhang　洪武帝《こうぶてい》　一三二八～一三九八年）の墓よりも大きい。[2]朱元璋は異民族のモンゴル族の王朝であった元朝を滅ぼし、孫文は異民族の満洲族の王朝であった清朝を滅ぼした。そして、孫文は自分自身を、漢民族を異民族による奴隷化から解放した英雄だと考えた。孫文の大きな墓は彼の肥大した自我（ego）と中国の偉大さの再興において自分が中心的な役割を果たしたいという永続的な熱望を象徴している。孫文とその他の中国人たちが望んでいるのは、孫文が亡くなった時にある地方紙が描写したように、「偉大な中国の復活のシンボル」になることであった。[3]二〇世紀の最初の二〇年、中国の復活というのは実現しなかった。孫文の努力は実を結ぶことはなかった。そして、彼は中華人民共和国の建国には関わらなかったが、それでも孫文は「国父（*guofu*）」として現在も人々の尊敬を集めている。

端っこで育つ

孫文（孫中山）は一八六六年、広東省南部の翠亨村という寒村で生まれた。この村から遠くないところで梁啓超が生まれた。彼の家は大変貧しく、子供たちに科挙を受験しエリート官僚にさせるために必要な教育を与えることができなかった。孫文は兄がいたホノルルに向かった。ホノルルで孫文は外国の文化と英語を学び、熱心なキリスト教の信者となった。彼は組合派教会主義を信奉するようになった。彼は後に自身のメシア信仰について次のように語った。「私は教会に属しているのではなく、革命家であったイエスに属しているのだ」。[4]孫文はそのままキリスト教徒として異教徒たちの魂を救うのではなく、祖国である中国を救う道を進むことを望むようになった。

一八八三年、孫文は帰国し、故郷に戻った。しかし、故郷の伝統偏重主義に嫌気が差し、その当時、イギリス帝国の植民地として最も発展していた香港に移った。そこで引き続き、西洋流の教育を受け、キリスト教の洗礼も受けた。そして、私たち外国人によく知られる名前である孫逸仙《そんいっせん》(Sun Yat-sen)と名乗るようになった。孫逸仙は彼の洗礼名で、読み方はその広東語の発音(Sun Yixian)から来ている。彼が西洋の影響だけを受けなかったのは、この時期に儒教の古典を学んだからである。一八九二年、孫文は、香港医科大学の第一回の卒業生となった。そして、香港の近くにあるポルトガルの植民地であったマカオで、西洋流の教育を受けた外科医として仕事を始めた。

それから間もなく、孫文は政治に関心を寄せるようになった。孫文は、列強が中国を侵略し、それに抵抗することができないのは清朝の腐敗に原因があると考えた。そして、医者を廃業し、政治活動の道に進む決心をした。この時期、孫文の中にナショナリズムと革命志向が育まれていった。そして、一八九四年、孫文はハワイに戻り、海外を拠点とする中国愛国者団体の一つである興中会(Revive China Society《リヴァイヴ・チャイナ・ソサイエティー》)を創設した。興中会は広東で起きた武装蜂起を煽動した。反清朝活動を理由に、孫文は中国だけでなく、香港からも追放された。

日本人ではない悔しさ

一八九五年、孫文は日本に移った。それから一六年間、孫文は中国に帰らず、海外を転々とした。この時、孫文は清朝との最後のつながりを断った。彼は辮髪を切り、口髭を蓄え、洋服を身に着けることで、清朝との決別と反抗の姿勢を示した。明治時代に日本人は西洋からの挑戦にうまく対応した。孫文はこの日本人のやり方を学んで、自分のものとした。そして、孫文は東京からハワイ、サンフランシスコ、ロンドン、シドニー、ヴァンクーヴァーを訪問した。中国から遠く離れることで、孫文は文化的な孤立に陥りそうになった。それまでの梁啓超のような亡命知識人たちは、亡命するまでに儒教教育を受けていたが、孫文は教育を受ける期間のほとんどを外国で過ごしていた。

一九一一年、中国と西洋との狭間にいた孫文は、より西洋寄りに進むことになった。中国で最も西洋化された家族の女性と結婚したのだ。その家族とは、アメリカに長年住む莫大な財産を持つ実業家で敬虔なキリスト教徒であった宋嘉樹、チャーリー宋（Charlie Song　一八六三〜一九一八年）の家族であった。彼の娘、宋慶齢《そうけいれい》（Song Qingling　一八九三年〜一九八一年）が孫文の妻となった。宋慶齢の弟には、高名な銀行家となり、後に国民党政府の幹部となった宋子文（T.V. Song　一八九四〜一九七一年）がいた。また彼女の妹、宋美齢《そうびれい》（Song Meiling　一八九七〜二〇〇三年）はアメリカの名門女子大ウェルズリー大学を卒業し、孫文の右腕であった蒋介石《しょうかいせき》（Chiang Kai-shek　一八八七〜一九七五年）の妻となった。

孫文は海外の組織の多くを創設し、もしくはそれらと関係し、外国が占領していた条約港で教育を受け、華僑たちの支援を受けていた。その結果、中国国内の改革志向者たちからは孤立していた。彼らは、孫文が中国の現実に無関心である、もしくは中国人としての意識を持っていないと感じていた。しかし、孫文が長い期間海外で生活したことで、彼は他の人々には負けない一つの有利な点を持つことができた。それは、日本と西洋諸国に比べて、中国がいかに遅れているかをしっかり把握することができたという点だ。孫文は中国の後進性に絶望し、彼の仲間である政治亡命者の一人が考え出したスローガン「日本人ではないことを悔しく思え」に共感を示した。[6]

中国と日本、西洋諸国を比較するのは苦しいことであっただろう。しかし、孫文はそこから、外国による占領は中国を領土の面で脅かすだけでなく、民族としての中国人の文化的アイデンティティ、誇り、心理的健康を傷つけることになるとの結論を導き出した。孫文の伝記を書いたマーティン・ウィルバーは次のように書いている。「孫文は、中国人としての誇りと西洋に対する賞賛との間で分裂していた。それでも祖国中国が、西洋諸国の基準に照らしてみて、余りに貧しく、遅れ、人々が余りにも無知であることに、中国が外国から保護されたり、搾取されたりすることに、更には〝弟の国〟であると考えていた日本に追い越されたことに、心理的に耐えられなかった。孫文は中国の政治改革と経済発展に対する執念を持っていた。この執念は孫文が心理的に追い詰められていたことを表していたのである」[7]

若い時の孫文の写真を見ると、ポマードで髪型を整えた中肉中背の姿が写っている。日に焼けた浅黒い顔色をしていて、最も特徴的なのは、常にきれいに整えられていた、コンティネンタルスタイルの口髭であった。孫文はおしゃれであった。やや潔癖すぎるほどにおしゃれであった。日本の学校で採用されていた制服とイギリスの狩猟用の洋服からヒントを得て、「孫文スーツ」として知られる洋服をデザインしたほどだ。孫文は、この孫文スーツが、清朝崩壊後の近代化された中国の市民たちの象徴となって欲しいと願った。この東洋と西洋の衣服の面での融合は、孫文内部の東西融合を象徴していた。しかし、孫文の死後、長い間、孫文スーツは近代中国を象徴することはなかった。しかし、共産主義革命期、中国共産党の指導者たちと人々が孫文スーツを着るようになり、「毛沢東スーツ」と呼ばれるようになった。[8]

伝記を読むと、孫文は、特にカリスマ性がある訳ではなかったが、愛想の良い、そして誠実な指導者であったということが分かる。孫文の伝記を書いた英語圏の作家たちは「若い時の孫文は、率直で、自信に溢れ、疑うことを知らない人間であった」と書いている。彼らはまた、孫文が「間違った自己分析をするような人間」ではなかったが、「中国に関する彼自身の考えの価値を過大評価する」こともあったとも書いている。[9]

孫文にはもちろんいくつか短所があった。しかし、孫文の個人的な決断力や強さという長所は見逃すことができない。孫文は、中国の内外で長年にわたり革命運動に邁進した。そして、「革命の大義を声高に語る」ことからぶれず、喜びを感じるという姿勢を保つことで、中国内外で名前を上げていった。実際、孫文は、話題が中国の将来ということになると、多弁で、誰とでも会って話すことを好んだので、「速射大砲の孫文(Sun the Cannon)」というあだ名をつけられるほどであった。[10] 孫文の政治スタイルには、中国人らしからぬ特徴があった。それは徹底した非エリート的な態度であった。彼は出会う人全てに直接話しかけ、そして中国の指導者としては史上初めて、自分が普通の人々の代表であるという態度を取る人物であった。孫文はある時、誇らしげに、ただいささか誇張して次のように語っている。「私は苦力（クーリー）であり、親も苦力であった。私は貧しい家に生まれた」[11]

孫文は普通の人々と交流を持つことを好んだ。この点で中国の指導者の中では際立った存在となった。孫文は次のように語っている。「もし農民に出会ったら、彼の悲惨な状況を改善することについて話せばよい。そうすれば、農民は君が話さねばならないことに耳を傾けてくれる。労働者、商人、学者、誰に会っても同じようなことをすればよい」[12]。孫文は儒教流のエリート意識を持っていなかった。孫文のこのような態度は支持者をますます惹きつけた。孫文の伝記を書いたフィリピンのある作家は次のように書いている。「孫文は激情にかられることはなかった。彼は感情を爆発させることはなかった。激しい言葉遣いをすることはなく、言葉を選んで話していた」[13]。孫文が学生の時の香港医科大学学長で、後に友人となり、孫文の伝記を書いたジェイムズ・キャンタイル博士は次のように述べている。「彼の態度は人々を惹きつけた。そして、人々は孫文に人間的に魅了され、手術台や戦場で彼のために献身的に働いた。孫文は、説明がうまく影響力を持ち、彼の側に人々を惹きつける魅力を持っていた」[14]

孫文は、二〇世紀初めの改革志向者たちに埋没せず、目立つ存在となった。それは、清朝を打倒するということを終始一貫、頑固なまでに主張したからだ。一八九四年、孫文は、変法自強運動に献身した偉大な人物であった李鴻章に自分を用いるように求める書簡を送った。この書簡の中で、孫文は、富、力、そして中国の国防力との間には関係があることを力説した。彼は次のように書いている。「諸外国の富強が集結した結果は堅固な艦船と破壊力のある銃として表れたが、それだけではない。西洋諸国では、国家の利益と商業の利益は一致しており、国家と商業は共に繁栄している。国防は資金がなければ実行できない。防衛のための資金は商業がなければ生み出されない。西洋諸国が虎のように世界に襲い掛かる準備ができており、中国を苛めている理由は、商業の力の優越にある」[15]

李鴻章は孫文に返事を出さなかった。そのことで孫文は反清朝運動に進むことになったと考えられる。[16] 孫文はそれ以降、清朝に「中国の世界における強さと名誉を取り戻す」能力は持っていないと考えるようになった。清朝への信頼を完全に失ってしまったのだ。[17] そして、満洲族は中国の大多数を占める漢族を代表していないし、無能さと腐敗にまみれていると考えるようになった。

孫文は歯に衣着せぬ発言を繰り返したため、逮捕される危険性が高まった。中国国外にいてもその危険はいつも付きまとった。一八九六年、孫文は、大英博物館の読書室で研究をするためにロンドンを訪問中であった。清朝のエージェントたちは孫文を拉致し、中国の公使館に拘留した。この時のことを孫文は次のように書いている。「私はどんな運命が待ち受けているかを知っていた。私は、拘束された後、拷問を受け、足首をまず万力とハンマーで破壊された後に、瞼を切られ、その後は体をバラバラに切断され、遺体は残らないであろうと考えていた」[18]

ジェイムズ・キャンタイルは、マスコミに対して孫文救出キャンペーンを働きかけ、孫文は最終的に解放された。メロドラマのような「ロンドンでの拉致」という事件によって、孫文は革命家としてのオーラを身につけた。そして、清朝を打倒し、新しい共和制政府を樹立することができる救国の英雄という孫文のイメージが人々の間でどんどん大きくなっていった。

キャンタイルは次のように語っている。「孫文は完全な暗闇から清朝の打倒と中国の復興をスタートさせねばならなかった。それは、その当時の中国の国内が混乱状態にあったからだ」[19]

中国を政治的に復活させるという試みは困難であったが、孫文は頑固であった。孫文は、中国に鉄道を導入しようとして努力していた変法自強運動の人々が使っていた、現実的で技術的な言葉を使って次のように語っている。「中国の未来は鉄道建設のようなものである。今、鉄道を建設するとして、私たちは開発されてだいぶ経過したモデルの蒸気機関車と最新の改良された、最も効率性の高い蒸気機関ではどちらを使うだろうか？」[20]。孫文は、これまでの中国政治が出してきた汚れを一掃し、最新の、そして既にテスト運転に成功している統治モデルを採用したいと考えていた。そのモデルとは、共和制（republic《リパブリック》）であった。

デンヴァーで見た新聞の見出し

一九一一年一〇月に清朝を崩壊に導くことになった反乱が起きた時、孫文はアメリカとカナダで資金集め活動を行っていた。孫文はこの時で既に一五年間を亡命生活に費やしていた。カナダのブリティッシュ・コロンビア州のヴィクトリアで孫文に面会した作家のJ・エリス・ベイカーはその時のことを次のように語っている。「私は孫文と最下等のホテルで会った。そのホテルは労働者たちのための木賃宿であった。孫文の部屋は殺風景な、薄汚れた、小さな部屋であった。彼の身なりは質素で、荷物も少なかった。私は彼に〝清朝政府は貴方の首に一〇万英ポンドの懸賞金をかけていますから、人けのない路地や土地勘のない街に一人で行かない方が良いですよ〟と言った。孫文は、半分悲しげにそして半分は楽しげに微笑を浮かべた」[21]

それから数日経って、孫文はアメリカのコロラド州デンヴァーにいた。その日の朝、朝食を摂ろうと街を歩いていたところ、地元紙の見出しが偶然目に入った。そこには、「革命軍によって武漢が占領される」とあった。[22] 孫文はそれまでにも不成功に終わったいくつかの軍事蜂起に関与していた。孫文はこの見出しを見て動転した。しかし、記事自体は大変短かったために詳細が分からなかった。彼が武漢蜂起についての詳細を知ったのは、セントルイスに到着した後であった。地方レベルでいくつかの軍事蜂起が立て続けに発生し、清朝が倒れ、共和国が建国されつつあるということは分かっていた。そして状況の詳細がより鮮明になってくると、清朝は激しい抵抗をすることもなく、静かに崩壊していったということが分かった。清朝は反清朝勢力の攻撃で崩壊したと言うよりも、清朝に対する地方の支持が亡くなったために崩壊したのだ。北京駐在のアメリカ公使ウィリアム・カルフーンは米国務長官フィランダー・ノックス（Philander Knox　一八五三〜一九二一年）宛てに書簡を送り、その中で次のように書いている。「革命は比較的あっけなく成功した。それは革命に反対し、対抗勢力が存在しなかったからだ。しかし、現在は大きな緊張感に包まれている。共和国建国運動に対するテストが始まろうとしている」[23]

孫文はロンドン経由で中国に向かった。それは、イギリスによる共和国承認と資金援助を得たいと考えたからだ。彼は帰国の途中、彼自身を最も仰天させる内容の電報を受け取った。その電報は、新しく建国される中華民国の初代臨時総統（大統領）に就任するように孫文に要請する内容であった。彼は香港に到着した。一六年ぶりの懸賞金をかけられない状態での帰国となった。そして、一九一二年一月一日、中華民国臨時総統に就任した。広東駐在のアメリカ領事は孫文を「中国における最も正直なそして最も愛国的な行政担当者」と呼び、アメリカ政府に対して孫文を丁重に扱うように求めた。[24]

残念なことに、孫文の総統就任期間は、米国務省が対応する前に驚くほどの短期間で終わってしまったのだ。中華民国初代総統となった孫文は、就任して四五日にして自身には何の実権もないことに気付いた。自身の権力基盤が絶望的に弱いことにすぐに思い知らされた孫文は、実権のない名目上の長であり続けることを拒否し、実権を握った袁世凱の統治を打倒することを選んだ。一地方長官に過ぎなかった袁世凱は中国の軍隊をほぼ掌握し、清朝が崩壊前に導入していた新しい国会（National Assenbly《ナショナル・アセンブリー》）で内閣総理大臣に選ばれた。

孫文の支持者たちは、孫文が勝利を収めたのにどうして総統の地位から退いたのかを理解できなかった。しかし、孫文の行動は、彼が自身の強さと弱さを冷静に評価できるリアリストであったことを示している。袁世凱は中国北部に強力な権力基盤を持っていた。一方、孫文は中国南部に支持基盤を持っていたが袁世凱のそれに比べて弱く、北京での中央権力を巡る闘争に敗れ、孫文の支持者たちは排除されていった。首都北京の内外で孫文の力と存在感はどんどん小さくなっていった。[25] 加えて、孫文は、疲れ知らずの外交官、卓越した資金調達者、共和主義の伝道者として、世界中で活発な活動を続けたために、祖国中国を一五年余りも離れ、巨大な政治組織を運営した経験もなかった。スタートしたばかりの政府を統括しながら、国家の分裂を防ぐために努力するということは孫文には不可能であった。孫文は惨めな失敗を犯すリスクを避けるために総統の地位から退いた。この時期、孫文は国民党（*Guomindang* Nationalist Party《ナショナリスト・パーティー》）を組織した。国民党は正式には一九一二年八月二五日に結党された。国民党は、孫文にとって、彼が死を迎えるまで政治的キャリアを過ごす上で重要な手段となった。

反帝国主義者

孫文は総統を辞任にして三日後、南京の紫金山にある明朝の創設者の墓の前で儀式を執り行った。孫文は墓に礼拝し、中国が「タタール人（満洲族）」から解放されたことを祝った。孫文は、演説の中で、洪武帝から「神聖な霊感」を得たと話した。そして、民族的観点から異民族の侵入者たちを激しく非難した。孫文は、異民族である満洲族が中国を支配していたことに「漢民族は慟哭の涙を流していた」と述べた。しかし、続けて楽観的に次のように述べた。「私たちの悲しみは喜びに変わった。今日皆さんがここに集まったのは、地下に眠る皇帝陛下（洪武帝）に最終的な勝利を得たことを報告するためだ」と述べた。[26]

しかし、清朝の崩壊以外に祝うべきものは何もなかった。袁世凱の支配した中国は、ますます混乱を深めた。孫文は再び日本への亡命と反体制運動に戻ることになった。孫文は中国と日本が汎アジアの視点から見て兄弟として西洋に対抗するために団結できるという希望を持っていた。しかし、その希望は長く続かなかった。日本が一九一五年に対華二一箇条の要求を出した時点で、孫文の夢は全く根拠のない、幻想であることが明らかになった。日本は対華二一箇条の要求の中で、山東省のドイツ租借地の占領と満洲をはじめとする中国各地における利権を要求した。一九一九年、パリ講和会議で勝者の連合国は、山東省にあったドイツの租借地を日本に与えることに同意した。孫文の夢は悲しい笑い話で終わった。孫文のようなナショナリストたちは、一八九五年から事態は何も改善されていないことに怒りを覚えた。広東駐在のイギリスの副領事は次のように書いている。「中国政府は、外国からの大規模な侵略に対して実質的に何も武装しておらず、何の抵抗もできない状況にあるのは明らかだ。しかし、中国の武力は国内の治安を維持するには十分なものだ。これはつまり、巨大な中国という牛を静かにさせることはできるが、その牛から外国人が牛乳を搾り取っていると例えることができる」[27]

孫文は次のように書いている。「革命の叫びは満洲族の王朝を打倒することにつながった」。そして、孫文は新しい叫び声を上げることにした。彼は続けて次のように書いている。「これからは、革命の叫び声は中国に対する外国の帝国主義的介入を覆すために使われるべきだ」[28]。孫文が考えたように、中国の後進性と貧困は諸外国の帝国主義によってもたらされていた。中国は貧しく、そのために軍隊は弱く、外国からの更なる搾取から自国を防衛することができなかった。そして、更に中国は弱体化し、貧しくなるという悪循環に陥った。この悪循環は帝国主義から始まっているので、悪循環を終わらせるには帝国主義を排除しなければならないということに中国人は気付いた。

政治では革新的、文化では保守的

孫文は西洋と日本を尊敬し、中国を西洋流の共和国に変えたいと願っていた。しかし、政治体制以外で西洋の文化と価値観をそのまま導入しようなどとは考えていなかった。孫文は若い時、中国の伝統的な家族構造と氏族関係は、統一された新生中国を生み出すために必要なナショナリズムの醸成の邪魔になると考えていた。しかし、年を取ってからは、西洋化は、その当時の中国に必要であった社会の結合を阻害するものだと考えるようになった。多くの改革者が晩年そうであったように、孫文も中国の伝統文化と民族としての中国人を防衛することを主張するようになった。孫文は異民族である満洲族の王朝であった清朝の崩壊によって、中国は新たにもたらされた均衡が保たれる状態になるという希望を持っていた。しかし、清朝崩壊後の状況は混沌としたままであったために、孫文は中国の伝統文化とそれまでの社会構造を支持する方向に舵を切った。この時、彼の同志たちは、中国の伝統文化と社会が近代化の過程における障害物になるとして攻撃をしていた。孫文は次のように語った。「私が考えるに、中国の市民と国家の構造的な関係は、家族がその出発点となっている。そこから氏族に拡大し、最後に国家に至るのである」[29]。孫文は次のように考えたと思われる。清朝は、漢民族に対して民族という面で恥辱を与えたと言えるかもしれない。言い換えると、民族的に少数派の満洲族に対して従属を余儀なくされたことを漢民族は恥辱だと思ったかもしれない。しかし、その清朝を打倒したことと儒教が漢民族にとって文化的に重要な要素ではないということは同義ではない。漢民族が中国を復興させようという時こそ、儒教が文化的に必要不可欠な要素となるのだ。

孫文は保守主義を唱えるようになるとすぐに、新文化運動に参加していた人々と仲違いした。新文化運動に参加していた、中国の反逆的な知識人たちは、一九一九年五月四日にデモを行い、日本の帝国主義と中国の伝統文化の束縛に対して抗議を行った。孫文自身は知識人という訳ではなかった。彼は、中国を再統一し、強化するためには組織と規律が必要不可欠だと考えていたが、知識人の多くがそのことに関心を払っていないことを軽蔑していた。孫文は死の直前、清華大学の学生たちと会見し、知識人たちが国家の規律の必要性を評価しないことを批判した。孫文は次のように語ったと言われている。「知識人たちは、革命の目的を平等と自由を得ることだと考えている。彼らは自分自身の自由を望む。しかし、彼らは党からの命令に従わず、党が決めた行動範囲を逸脱してばかりだ」[30]

三民主義

一九二五年に孫文は五八歳で死去した。孫文は約二六〇〇ページに及ぶ文章、自伝、演説原稿、手紙、電報を遺した。彼が遺したもので最も価値のあるものは、「人民に関する三つの主義、三民主義（*sanmin zhuyi*　the three isms of the people《ザ・スリー・イズムス・オブ・ザ・ピープル》）」である。これは公式には三民原理（Three People's Principles《スリー・ピープルズ・プリンシプルズ》）として知られている。孫文は一九〇五年から自分の思想をまとめ上げる作業を進めていた。一九〇五年、孫文は東京で、後に中国国民党に発展した中国同盟会（anti-Manchu Revolutionary Alliance）《アンタイ・マンチュー・レヴォリューショナリー・アライアンス》の設立総会で演説を行った。この演説が三民主義の始まりであった。孫文は、三民主義を提示して、中国の政治的な発展に関する彼自身のヴィジョンを具体的に示そうとした。一九二二年、孫文がかつて暮らしていた広東で軍事蜂起が起き、反乱軍の兵士が孫文が愛した図書館を破壊し、そこにしか保管されていなかった孫文の原稿を消失させる事件が起きた。彼はこの時のことを次のように書いている。「私のノートや原稿は、長年の私の精神的な労働と私が読んだ数百冊の外国の文献からの知識によって生み出されたものであった。そして、私はこの図書館に私が読んだ外国の文献を寄贈していた。これらが全て燃やし尽くされてしまった。これは取り返しのつかない損失だ」[31]

　三民主義が現在に伝えられている形で発表されたのは、一九二四年に広東高等師範学校で数千人の学生や職員を前にして孫文が行った複数回の講義の内容を筆記したノートから抽出されたものである。孫文は、ナショナリズムの重要性、人々に諸権利を与えること、そして継続中の革命において人々の福祉を向上させることといった諸点をまとめようとしていた。そして、まとめたものを「一世紀にわたって外国に政治的に支配される状態で」暮らしてきた、道徳心をなくした中国人に向けての呼びかけの言葉にしたいと考えていた。[32]

　孫文が一連の講義を終えた直後、彼は病に倒れ亡くなった。そして、孫文の支持者たちによって寄せ集められた三民主義は取り留めもなく、くどく、洗練さに欠ける表現となった。それでも三民主義は、国民党の「革命」にとっての文字にはなっていない教科書となった。また、後に蒋介石が中国本土、そして後に台湾で果たした役割の基礎となる考えとなった。

第一原理：ナショナリズム（民族主義）

孫文は、三民主義を「救国」のための指針となるものだと考えていた。新たにナショナリズムを人々が把握することで、「救国」は達成されると孫文は考えた。この考えはそれ以降、多くの人々によって、様々な形で表明されることになった。一九二四年に広東で行われた講義は一六回を数えたが、その最初の六回で孫文はナショナリズムによって純粋な精神を生み出す必要性について話した。彼は次のように語った。「人々がナショナリズムを理解し、自分のものとすることで、国家を進歩させ、その生存を永続させることができる。私たちが中国を救いたいと望むなら、私たちはまずナショナリズムを復興させる方法を見つけねばならない」[33]

ナショナリズムについて議論する過程で、孫文は、より政治的な意味が含まれる「国家主義（*guojia zhuyi* the ism of the nation-state《ジ・イズム・オブ・ザ・ネイションステイト》）」ではなく、民族という言葉が含まれる「民族主義（*minzu zhuyi* the《ジ・》 ism of race《イズム・オブ・レイス》）」という言葉を使った。彼が「民族主義」という言葉を選択したのは中国の人々と文化を守るのと同様に、主権の及ぶ領土を保つために中国という国家にはやらねばならないことが山積しているということを示そうとしたからだ。実際、孫文は、中国の帝国主義との戦いは、一つの人種の絶滅を示す「滅種（*miezhong* racial extinction《レイシャル・エクスティンクション》）」の脅威に対する抵抗の一種であると考えていた。孫文は、「〝白色人種〟が〝黄色人種〟に勝利し、地上から抹殺しようとしている」と考えた。[34]

孫文は最初の六回の講義で、人々にナショナリズムで武装せよと主張したが、これは孫文の嘆きの言葉でもあった。孫文は、講義の中で、中国の皇帝が自信たっぷりにイギリスの使節に対して西洋から学ぶべきものは何もないと言い放った日々のことを人々に思い出させようとした。そして、彼は次のように語った。「中国が列強に従属する前、中国には文化的に進んだ人々が住み、国家も強力であった。中国は自国を〝荘厳な国（majestic nation）〃と呼び、自国が世界の中心にあると考え、〃中央の王国（central kingdom）〃と名付けた。[35] しかし、現在、古くからの偉大な国家精神は眠りこけたままだ。私たちはそれを目覚めさせねばならない！ つまり、私たちはナショナリズムを復興させねばならないのだ。私たちのナショナリズムが復興した時にこそ、私たちは前進し、中国の国際的な地位を回復させる方法を学ぶことができるのだ」[36]

孫文は続けて、後に有名になった例えを使って次のように語った。「中国には四億人が集まって暮らしている。しかし、私たちはバラバラの砂が握られているだけの状態〃一盆散沙（yipan sansha a sheet of《ア・シート・オブ・》 loose sand《ルース・サンド》）〃なのである。中国は世界で最も貧しく、最も弱い国である。国際関係においては最も低い地位に甘んじている。私たち以外の人類は、食事で使うナイフと皿であり、私たちは食事に供される魚や肉なのだ。私たちの立場は大変危険なものである。私たちがナショナリズムを高揚させ、強い国家の下で四億人を団結させなければ、私たちに待っているのは悲劇である。国家を失い、民族が消滅してしまうという悲劇である」[37]

孫文は自分の専門である医学の表現を使って、「中国の弱さを理解する過程と〃病人の診察〃はよく似ている」と語った。[38] 孫文は次のように警告した。「もし中国人が自身の病を治す方法を真剣に探さねば、中国人は茫然自失とした状態のままで生き続け、夢の中で死んでいくことになる」[39]。列強は正当性を認められた植民地を世界各地で数多く構築しているが、中国では沿岸部の条約港にある租界のみが植民地であるに過ぎないとして、中国の苦境を合理化する人々がいた。その人々に対して、孫文は、「このような半帝国主義は、完全な植民地化よりも国を蝕《むしば》むものだ」と訴えた。実際、第一次世界大戦勃発までに、四八の条約港が存在し、そこでは外国人たちがそれぞれの国の法律による保護の下、生活し働くことができた。これは、中国国内に、外国の小さな帝国がいくつも作り出されるということであった。[40] 孫文は次のように軽蔑を込めて語っている。「私たちの国中国はまだ完全に植民地化されていないと考え、それに安住している人たちがいる。

彼らは現実から目を背けている。中国は列強の圧倒的な経済力によって破壊され続けている。破壊の度合いは、中国が完全に植民地化されていた場合よりも酷いものとなっている。私たちはただ一国の奴隷になっているのではなく、数多くの国々の奴隷になっているのが現状だ」[41]

孫文は、「不平等条約」が中国の奴隷化の元凶であると考えていた。この「不平等条約」という言葉は孫文が紹介したことで、一般に使われるようになった言葉だ。[42] そして、不平等条約による奴隷化で二つの大きな「厄災」が中国の人々に降りかかっていると孫文は見ていた。彼は次のように語っている。「外国による政治的な抑圧によって、中国人は自分たちの生活と将来に不安を覚えるという状況に陥っている。また、外国による経済支配によって、私たちの生活は圧迫されている」[43]。続けて次のように語っている。「経済支配は数百万の兵士を抱えた軍隊よりも私たちにとって脅威となる存在だ」[44]

孫文は亡くなる一年前に、各国と結んだ不平等条約について次のように語った。「不平等条約は中国の主権を損なっている。これらの条約は廃棄されるべきだ。そして、二国間の平等と相互の主権尊重の精神に基づいて新しい条約が締結されねばならない」[45]

第二原理：人々の諸権利（民権主義）

一九二四年三月の講義で、孫文は、三民主義の第二原理である「民権（*minquan* the rights of the people《ザ・ライツ・オブ・ザ・ピープル》）」という考えについて述べた。孫文は少なくとも理論的には、民主政治体制の支持者であると自任した。孫文は次のように述べた。「今日、この講義に出席している皆さんは私の革命を支持している方々である。そして、皆さんは民主政治体制の存在を信じているはずだ」[46]。そして次のように続けた。「もし私たちが中国を強大な国にし、私たちの革命を成功させたいと望むならば、民主政治体制の大義を支持しなければならない」[47]。しかし、孫文にとっては、民主政治体制が目標ではなく、目標を達成するための手段であると考えた。その目標は、変法自強運動に参加した人々も目指した伝統的なものである。それが富強（富と力）であった。彼は民権主義に関して六回の講義を行った。しかし、孫文は、この時、将来中国で導入されるであろう民主政治体制の負の側面を主張するようになっていた。人権と自由を今のままの中国人に与えるのはかえって危険であると孫文は考えるようになっていた。彼は次のように述べ警告を発している。「諸外国で起きた革命の目的と、中国の革命の目的は異なる。従って、私たちが用いる方法もまた異なるものとなる」[48]

それでも、彼の民主政治体制に関する否定的な見解について、「中国人には民主政治体制を運営することはできない」という解釈をする人々が出ることを恐れて、孫文は次のように自分の見解の真意を説明した。「諸外国においても、過度の自由は多くの悪い結果をもたらしている。西洋の学者たちの中には、自由はある制限の中で享受されねばならないと主張する人たちもいる」[49]

実際のところ、孫文は第一原理であるナショナリズム（民族主義）に傾けたほどの情熱を第二原理である民権主義には注いでいなかった。彼は公民権については少なくとも理論的には支持していた。それは、彼は自分自身を近代人（modern man《モダーン・マン》）だと見なしていたからだ。また、梁啓超と同じく、民主的な諸権利を中国に導入することで、中国人が持つエネルギーを解放でき、それが近代化が進む世界で中国も参加しなければならない競争における原動力になると考えたからだ。啓蒙思想家たちは人権を全ての人類が生まれながらにして持っている生得の権利である考えたが、孫文の考えた人権とは、こうした自然権でも、神が人間に与えた諸権利でもなかった。[50] 孫文は人権と民主政治体制についてやや混乱した主張を行った。彼は、ひとたびは理論上のこととは言え、人権と民主政治体制を崇拝していた。しかし、清朝崩壊後の権力の空白状態の中で、それらに懸念を持つようになり、崇拝することを止めたのだ。孫文は、権力の空白状態で人権と民主政治体制を中国に導入してしまうと、不安定、弱さ、外国からの介入をもたらすことになると考えた。

最終的に、孫文は、「西洋の人々が人権と自由を尊重するのは、彼らが何世紀にもわたって王からの抑圧を受けながら、人権と自由を手にするために苦闘してきたからだ」という考えに行き着いた。孫文は中国の歴史はこれとは全く異なると考えた。自強という考えに基づいて伝統的な秩序を廃絶できたとしても、中国人は「統一性を欠きながら、有り余る自由」を得るだけのことだと彼は考えた。中国の国家はそもそも社会に対する介入が極端に少なかったためにそのようなことが起きると孫文は考えたのだ。[51] 孫文は、中国人にとっていま必要なのは自由ではなく、「規律（desciplne）」であると主張した。[52] 彼以外の改革志向者や革命家たちと同じく、実際にどちらかを選ばねばならないということになったら、人々の諸権利ではなく、秩序を優先したのである。孫文は、中国がなさねばならないのは、「西洋をただ単に模倣する」ことではなく、国家としての自由と独立を確かなものにすることであると主張した。[53] そうしなければ、中国は孫文が述べた通りの「一盆散沙」のままであると強く主張した。強力な国家とは国民を一つにまとめ上げる機関だと彼は考えた。そして、次のように語った。「砂にセメントを加えると、固い岩になる。砂はひとたび岩になったら、その要素である砂は硬く結びついた一つの存在となり、砂の一粒一粒に自由など存在しなくなる」[54]

孫文は更に次のように述べている。「個人はあまり多くの自由を持つべきではないが、国家は完全な自由を持つべきだ。中国が自由に行動できる時、中国は強大になったと言える。国家を自由に行動させるために、私たちは個人の自由を犠牲にしなければならない」[55]。孫文は続けて次のように語っている。「私たちが中国の自由を回復したいと望むなら、私たちは、小揺るぎもしないほどに一つに団結しなければならない。そして、国家を一つにまとめ上げるために革命的な方法を採らねばならない。その際に、革命的な原理がなければ、私たちは成功しない。革命的な原理は私たちをまとめ上げるセメントになる」[56]

孫文は中国史上最も早く西洋化された指導者であった。しかし、民主政治体制の信奉者という訳ではなかった。[57] 孫文は、中国を豊かで、強く、尊敬を集める国にするための新しく、そして強力な統治モデルの必要性を強調した。彼の主張は、それ以降、一世紀にわたり、中国において、政治的に正統性を持つ考えとなった。

第三原理：人々の生活（民生主義）

一連の講義の最後の四回は一九二四年の八月に行われた。この中で、孫文は第三原理である民生主義（*minsheng zhuyi*　the people's livelihood《ザ・ピープルズ・ライヴリィフッド》）について概略を話した。彼は講義の最初で「民生などという言葉は、これまでにも散々使われてきた言葉であって、私たちにとって大した意味を持つ言葉でない」と述べた。[58]そして、ここで本当のことを言わねばならないが、彼の講義は「大衆の生活」に関する問題を明らかにすることなく、彼らの後進性や貧困の問題を解決することにも言及しなかった。[59]土地所有と財政資源の「平等化」について、ある程度の関心を示したが、孫文は講義の大部分の時間を使って、自分が社会主義にもマルクス主義にも与しないことを明らかにしようとした。孫文は幾分かの傲慢さを示しながら次のように語った。「マルクスが登場してから約七〇年経った。その間の西洋史の諸事実を見ると、マルクスの唱えた諸理論が矛盾していることが分かる」[60]

孫文は漸進主義者であり、社会的動乱、更には階級闘争を避けたいと考えていた。孫文は次のように高らかに述べた。「社会は、個人の利益の衝突ではなく、大きな経済的利益を調整することを通じて進歩する。階級闘争は社会の進歩の原動力にはならない。階級闘争は、社会の進歩に伴って出てきてしまう病気なのである」[61]

孫文が民生主義という言葉で示したのは、中国の普通の人々の苦しみに対する同情であった。孫文は共和革命を通じて、国民党が徴税制度と政府による土地の買い上げ制度を通じて、国民間の「平等化」を進めるということを人々に示そうとした。これらの制度を通じて、普通の人々、特に農民たちが国家の発展の恩恵をより平等な形で受けられるようにしたいと考えていた。[62] これはとても素晴らしい考えではあったが、現実的にそれが実行される見込みはほとんどなかった。

政治的保護

孫文は民主政治体制を理論的に肯定していた。しかし、孫文は、三段階に分かれた革命的変革を採用することで、民主政治体制の実現を遅らせることが、当時の中国にとって最良であると確信していた。[63] 変革の第一段階は、古い政治構造を破壊することであった。梁啓超が唱えた「破壊がなければ建設もない」というスローガンを孫文も繰り返した。孫文は、戒厳令の下、過去の「腐敗の残滓を振り払う」ため、清朝崩壊後の政府が統治を進める、「破壊の時期」が必要だと考えた。孫文の考えた第二段階は、「政治的保護（political tutelage）」の時期であった。この時期、暫定憲法を公布し、強力な「移行期の」政府が統治を行うというものであった。孫文は、この二つの段階は、それぞれが補完し合う関係にあると考えた。孫文は、「人間の両足や鳥の羽のようなものだ」と描写した。孫文の考えた第三段階は、「立憲的な統治（constitutional《コンスティテューショナル・》 government《ガヴァメント》）」が完全に実行される時期であった。孫文は、この第三段階は、「国全体に政治的安定がもたらされた後」でのみ進むことができると主張した。[64]

孫文は、「個人の自由と人権が完備されたヨーロッパ・スタイルの政治体制の完全な導入のための準備が中国人にはまだできていない」と考えた。一九二〇年に行ったある演説の中で、孫文は率直に次のように語った。「中国人の奴隷化はこの数千年間にわたり遂行されてきた。中国に共和国が建国されて九年経った。この短い期間では、中国の一般国民が、国民が自身の主人になる方法を学ぶことはできない。今日、私たちには他に選択肢は存在しない。私たちは、自分たちが自分たちの主人となるために、強制的な手法を使わねばならないのだ」[65]

孫文は思慮深い思想家でなかったとしても、彼は決心の固い、行動力のある人物ではあった。そして、孫文が唱えた三民主義とは、後進性、分裂、外国の搾取といった苦しみから中国を救うために必要な新しい指導者像や政府像を描いたものと言える。孫文は表面的には大変に西洋化された人物であったが、彼が提示した中国の救済策は、強力な、職業意識の高い指導者と国家をきちんと統治していける組織化された政党の出現というものであった。孫文の主張には普通選挙の実施は含まれていなかった。そして、孫文は、デモを組織していた理想主義的な学生、個人の自由を第一とする思想家、市民運動の組織者たちとは相容れなかった。孫文は次のように語っている。「多くの点で、私たちは専門家を信頼し、彼らの行動に対して制限を設けるようなことをしてはならない」[66]

孫文はある講演で、聴衆に対して国家を「大きな自動車」で、政治指導者を「自動車を使う時に必要不可欠」な「運転手と整備士」だと考えてみて欲しいと語りかけた。[67] 孫文の論理に従うと、市民たちは、大統領や首相から各部長クラスまでの政府の全役人を尊敬するような体制が望ましいことになる。役人たちは特に訓練された「運転手」であり、彼らは「国家の主権を委ねられることを回避すべきではなく、進んで担うべきだ」と孫文は考えた。更に、孫文は、「私たちは役人たちの活動に制限を加えてはいけない。そうではなく、行動の自由を与えねばならない。それが国家の急速な進歩を実現させる唯一の道なのだ」とも述べた。[68]

孫文は、「人々は自身の主人であり、国家主権者でなければならない」と主張した。しかし、彼が使った自動車の例えから分かるように、孫文は、お金持ちが運転手に対してどこに向かえと命令するように、国家というものはしばらくの間、専門家によって運営されるべきであり、国民にすぐ主権など与えるべきではないとも主張していた。結局のところ、孫文は人々に訴えかける力を持ってはいたが、エリート主義者であった。孫文は、物事を処理する能力を持った、強力な行政執行者が協力して国家を指導する効果的な体制の確立を望んだ。自動車の運転に精通している運転手は運転に専念させるべきだと孫文は考えた。

同志レーニンが求婚にやって来た

ウラジミール・イリイッチ・レーニン（Vladimir Ilyich Lenin　一八七〇～一九二四年）はロシア革命に成功した。孫文は、レーニンが提唱した党建設の新しい理論に注目した。一九二〇年代、孫文はソ連共産党が強固な政治組織と赤軍を作り上げる過程で発揮した規律を賞賛するようになった[69]。同時期、孫文は、日本で結成した同盟会から発展した国民党の組織化が進まず、弱体のままであることに悩んでいた。これは同盟会が設立された直後から、孫文を悩ませた問題であった。孫文はその解決策として、レーニン流の「民主集中的（democratic centralist《デモクラティック・セントラリスト》）」な組織形態を国民党に正式に採用することにした。民主集中制によって、政党は、強い指導部と党の規律を持ち、そして正しいメッセージを発することができるというのがレーニンの主張であった。そして、孫文はこのレーニンの主張を採用した。そして、国民党が中国共産党との間で激しく争った時期においても、レーニン流の党組織理論は国民党内部で堅持された[70]。孫文はロシアで起きたことを観察し、次のように書いている。「ロシア革命が成功したのは、軍に支援された党が全体として闘争に参加したからだ。私たちは、ロシアからその方法、組織、そして、党員の訓練について学ばねばならない。ロシアから学ぶこと、これこそ私たちが勝利を得るための唯一の希望なのである」[71]

党組織以外にも、孫文はレーニンの唱えた新しい考えに注目した[72]。一九一六年、レーニンは、『帝国主義論（資本主義の最高段階としての帝国主義）』という小冊子を出した。この中で、レーニンは、アジアでの反植民地、反帝国主義闘争は、カール・マルクスとレーニン自身が唱えた資本主義に対するより大規模な世界革命において重要になると主張した。[73] レーニンは、ヨーロッパ各国の労働者階級の利益と、アジアの「抑圧された」人々の利益とを結びつけた。これによって、アジアの人々が世界革命に向けた新しい運動の一部であるという感覚が持てるようになった。アジアの人々はそれぞれが住む未開の地域において、世界規模の反帝国主義闘争を遂行することで、革命運動の前衛となれると考えるようになった。レーニンが生み出した帝国主義に関する理論は、「アジアの病人」である中国も世界を変えるために重要な役割を果たすことができるという壮大な、そして感情を一気に高揚させる夢を中国の人々に持たせたのだ。

レーニンの主張を知り、中国のナショナリストたちは自信を持つことができた。「半植民地化された」国の市民として、世界規模の闘争において自分たちが重要な役割を果たすことができるのだと感じた。レーニンによって、中国のナショナリストたちは、自分たちに新しい役割が与えられたのだと考え、気分が盛り上がっていった。孫文もその昂揚感に煽られて、中国革命が「ヨーロッパの帝国主義に対する死刑宣告になる」と夢想するほどであった。[74] 更に言えば、この時期、孫文は列強の指導者たちの支持を得ようと努力を続けていたが、ことごとく無視された。このような状況の一九一九年、ロシアに新たに作られたソ連政府は、中国の数多くに使節を送り、孫文と会見させた。その中の一人に、外務人民委員代理のレフ・カラハン（Lev Karakhan　一八八九～一九三七年）がいた。カラハンは、何の見返りも求めずに、自発的にロシア帝国が清朝から奪った特権や権益を全て解消すると申し出た。カラハンの申し出は孫文の注意を引いた。孫文は周囲の人々に次のように語っている。「私たちを助けようというサインを送ってくれた唯一の国がロシアのソヴィエト政府だ」[75]

この時期、ソ連は中国に大きな関心を持っていた。そして、ソ連は国民党と中国共産党との間の「統一戦線（United Front）《ユナイテッド・フロント》」、国共合作」の成立を仲介しようとしていた。これは孫文の利益になることであった。中国共産党は、コミンテルン（共産主義インターナショナル）から送られた資金によって、一九二一年に上海で結党された。国民党の指導者たちと中国共産党の指導者たちは激しく争っていたが、中国にとって直近で対処せねばならない敵は、帝国主義的な列強と中国各地の軍閥（warlords《ウォーローズ》）であるという点では意見が一致していた。各地に割拠する軍閥は、中国を分割し、封建領主のように各地を支配していた。孫文は、ソ連が仲介した反帝国主義同盟を成立させるべきだという結論に達した。[76]

孫文は機会主義者ではあったが、共産主義に対して反感を持っていたために、ソ連と中国共産党に対しては厳しい態度で臨み、話し合いは進まなかった。孫文は、外国による搾取と国家の分裂を図る勢力との戦いにおいていかなる勢力との同盟も辞さない考えであった。それでも急激な社会改革プログラムや共産主義者による指導を受け入れることはできなかった。もし国共合作が成立すれば、その指導者となるのは孫文であった。中国共産党の創設者であった陳独秀は次のように書いている。「孫文の国民党に共産党が受け入れる唯一の条件は、共産党が国民党に従属し、国民党以外の政党を認めないということであろう」[77]。彼は続けて次のように書いている。「現状は、共産主義や労農主義（Sovietism《ソヴィエティズム》）を確立する条件は整っていない。孫文が軽蔑している〝共産主義的な秩序〟を中国に導入することは今のところ出来ない」[78]

国民党と共産党との間の第一次合作は最終的に成立し、一九二三年一月二六日に上海において、孫文とソ連から派遣されていた外交官アドリフ・ヨッフェ（Adolph Joffe　一八八三〜一九二七年）が署名した共同宣言が発表された。この国民党と共産党との間の「打算的な結婚（marriage of convenience《マリッジ・オブ・コンヴィニエンス》）」によって、毛沢東や陳独秀といった人々が国民党の熱心な活動家になるという奇妙なことが起きた。[79]毛沢東は次のように書いている。「革命の偉大な大義は単純なものではない。革命の大義を遂行する唯一の方法は、抑圧に苦しむ全ての人々を糾合し、きめの細かい統一戦線を構築することだ。革命を成功に導くにはこの方法しかない」[80]。国共合作が成立したことで、孫文の始めたばかりの運動に対してソ連から莫大な経済援助と軍事援助が与えられた。一九二三年三月には「中国の国家統一と独立のために」二〇〇万ルーブルが金《きん》で供給された。[81]

国共合作の成果の一つとして、孫文は自身の右腕である蒋介石をモスクワに派遣し、軍事訓練を受けさせた。これは、蒋介石に士官学校を創設させるためであった。蒋介石は帰国後、広州に黄埔軍官学校（Whampoa Military Academy）を創立した。黄埔軍官学校は、国民党、共産党両党の党員を受け入れた。[82]

孫文自身は共産主義に対して個人的に、またイデオロギー的に魅力を感じていなかった。しかし、中国の弱体ぶりを目の前にして、レーニンがロシアで達成した業績に対して、公の場で賞賛するようになった。レーニンが死亡して、それから間もなく孫文も死亡することになるのだが、レーニンの死後、孫文はレーニンを悼む演説を行い、次のように語った。「ああ、レーニンよ。貴方は傑出した人であった。貴方はただ語ったり、教えたりするだけの人ではなかった。貴方は自身の言葉を現実のものに変化させるという偉大なことを成し遂げた」[83]

中国の救世主の遺産

孫文は、二〇世紀の最初の二五年の混乱した時期に、身を起こし、中国の発展のために貢献した。孫文は広東にいた頃から清朝打倒の運動に参加して評判を上げていった。そして、世界中に散らばった華僑たちの共同体を巡回して共和国建国のための資金を集める才能を示した。これらによって、中国国内、そして海外での活動を進めるために必要なオーラを身に付けることができた。孫文は、列強が中国に対して傲慢な取り扱いをしていたことに怒っていた。この怒りに加えて、キリスト教徒としての正義の感覚、そして自身が政治における救世主であるという感覚を持っていたことで、孫文は、中国の救い主であると自任するようになった。孫文は死の床で次のように語ったと言われている。「キリストが神によって世界に遣わされたように、私は神によってこの世に遣わされたのだ」[84]。孫文は自身の歴史における重要性について気宇壮大さを持っていた。もちろん、それが時に空回りすることもあった。しかし、孫文は、中国の偉大さを回復するための戦いを最後まで諦めることなく戦い抜いたのは間違いない。

しかし、孫文についてもっと分析してみると、彼はより深く考える思想家、偉大な政治家、素晴らしい作家ではなかったという結論に達する。彼が行った最も重要な貢献は、短命に終わった国民党と共産党との間の国共合作であった。この時の第一次国共合作は、両者の相互不信を深めて崩壊した。中華人民共和国建国後、学者たちは孫文を改革志向の指導者であったが、改革に失敗した人物であり、孫文の唱えた三民主義は、中国の近代化の過程で数多く出現した、最後には失敗に終わった政治実験の一つだと評価した。孫文の伝記作家の一人は次のように書いている。「孫文が終始一貫持っていた才能は、失敗する才能であった」[85]

この評価は恐らく正しいだろう。しかし、同時に孫文は、彼以降の世代に重要な遺産を遺した。古代からの帝国システムがない中国など存在できないと人々が考えていた時、孫文は大胆にも帝国の打倒を主張した。そして、古い秩序をどのように維持するかに悩んでいた時、孫文は既にナショナリズムを理解し、ナショナリズムを志向した初期の組織を中国の将来にとって重要な要素となる国民党へと発展させた。孫文は中国人たちが絶望に打ちひしがれていた時でも、祖国中国が再び統一され、豊かになり、力をつけ、尊敬を集める国となることを夢見て、努力を続けた。孫文の影響もあって、人々は政治に関して議論をする場合に、孫文が夢見た中国の実現について語り合うようになった。

孫文は一九二五年に亡くなった。孫文は中国の共和革命の象徴であったので、中国各地で彼の追悼式が行われた。孫文は、中国にとって、堅固なそして権威主義的な政治的保護を国民に与える期間をある程度取らねばならないと主張した。孫文は、民主政治体制を不安定なままに導入して崩壊するくらいなら、権威主義体制を続けるべきだと考えた。この孫文の主張はこれ以降の改革にとっての決まり文句となった。鄧小平は一九七〇年代末から「改革開放（reform and opening up）《リフォーム・アンド・オープニング・アップ》」路線を開始した。この一九七〇年末から、孫文は、中国国内の新しい「統一戦線」の形成と中国本土と香港、マカオ、そして台湾を再統一する試みの両方にとっての象徴となった。孫文は中国の統一、統合の象徴として祀り上げられることになった。この時期から中国共産党は、主要な祝日になると天安門広場に「革命の先駆者」として孫文の肖像画を数多く飾るようになった。[86] 現在、中国は「権威主義的資本主義」の状態にある。それでも、中国共産党は、「国家がより豊かにそして強力になっていく時期には、民主政治体制ではなく、権威主義による政治的保護を一定期間国民に与える必要がある」とする孫文の主張をそのまま採用している。

孫文の三民主義が持つ最も逆説的な利点は、その曖昧さと実現性の低さであった。多くの人々は、孫文の三民主義の曖昧さと実現性の低さを批判した。一方、政治的指導者たち、派閥、政党にとって、三民主義はバラバラになりがちな勢力をまとめる効果があり、達成すべき目標として採用しやすいスローガンであった。三民主義が持つ曖昧さのお蔭で、この三民主義の下で、様々な考えや主張を持つ人々はまとまることができた。

孫文の唱えた三民主義は、中国にとってもう一つの点で重要な価値を持っている。中国の近現代は、非民主的な時代が続いてきた。現在もそうである。しかし、中国において民主政治体制がいつの日にか構築されるという希望を人々に持たせるのに孫文の三民主義が役立っている。民主政体導入前の権威主義による保護期間は、孫文が元々想定していた数年間よりもかなり長い一〇〇年ということになりそうだ。しかし、孫文が立憲主義、自治、民主政治体制、共和主義を最終的に確立すべきだと主張した事実は、全ての中国人にとって希望となっているのだ。

第7章

新青年　New Youth

陳独秀《ちんどくしゅう》　Chen Duxiu

一九四二年五月二七日、中国国民党軍は中国の領土を占領していた日本軍と激しい血みどろの戦いを続けていた。この日、陳独秀《ちんどくしゅう》（Chen Duxiu　一八七九〜一九四二年）という六三歳の学者が、山々に囲まれた四川省にある江津という小さな村で亡くなった。江津は国民党政府の戦時臨時首都であった重慶から約五〇マイル（約八〇キロ）ほど離れた場所にあった。陳独秀は学問好きではあるが、すぐに激昂しやすい人物であった。陳独秀は、中国の古代言語に関する研究に粘り強く取り組み、中国の古代文字の語源研究と現代の話し言葉をローマ字で表現するためのシステムを完成させようと努力した。[1] しかし、孤独な生活の中、慢性の心臓病に襲われ、陳独秀はそうした研究に全身全霊を傾けることができなかった。

陳独秀が亡くなった時、古くからの友人や親せきのほんの数人が、葬式を開くためにお金を出し合った。この時、国民党の最高指導者であった蔣介石《しょうかいせき》（Chiang Kai-shek　一八八七〜一九七五年）もお金を出した。[2] 国家指導者の蔣介石までお金を出したというのに、陳独秀の葬式は簡素なもので、墓も江津の西門の外にある鼎山の麓に簡単なものが作られただけであった。彼は漂泊の身であったためにそれも仕方がなかった。そして墓には短く「陳独秀氏の墓」とだけ書かれた。[3]

若い時、陳独秀は中国で最も期待をかけられた作家、編集者、教師、革命家であった。彼が行った中で最も大きな貢献は一九二一年に中国共産党を結党したことである。しかし、陳独秀が亡くなった時、中国共産党は彼の死去について声明など何も発表しなかった。[4] 陳独秀は長い間、中国の運命を好転させるために苦闘し、一定の貢献をした。そして、人々の間で人気のある知識人として大きな名声を得た。しかし、彼は人生を誰にも知られることなく静かに終えた。

現在までに残っている陳独秀の写真のほとんどは彼が若い時のものだ。悲しそうな表情を浮かべた丸顔、綺麗に分けられた髪型、鉄のフレームの眼鏡は、この当時の知識人たちによく見られた姿形であった。陳独秀は西洋のスーツとネクタイを着用することもあったが、伝統的な学者の衣装を身に纏うことも多かった。

これは彼が儒教の伝統をもきちんと受け継いでいたことを示すものだ。彼が中国の伝統的な衣服も洋服も着ていたことを文化の融合を示すものだとすれば、これは同時に陳独秀と中国が埋めようと苦闘した、中国と西洋の間の歴史的分裂の大きさをも明示するものでもあった。梁啓超は陳独秀を反逆者として褒め称えた。それでも中国の歴史は陳独秀に対して彼の晩年まで大きな影響を与え続けた。陳独秀が戦い続けた長年の政治的闘争の中で際立っていたのは、彼の前に進み続けようとする不屈の精神であり、その姿勢であった。陳独秀は足元が崩れ去り、自分の立場や進むべき道が大きく変化することを数多く経験しながら、歩みを止めることはなかった。陳独秀は、自分よりも前に活躍した改革者たちと同じく、次に挙げる根本的な疑問の解答を見つけることで中国は前に進めると考えていた。彼が格闘した疑問は、「なぜ中国は西洋列強の攻撃を受けて急激に力を落としてしまうことになったのか？　中国はどうして弱小国のままでいるのだろうか？　中国が国際社会において大国としての地位を回復するにはどうしたら良いのだろうか？」というものであった。

大義を伴った反逆

陳独秀は一八七九年、安徽省安慶で、学者や官吏を多く輩出した家族に生まれた。父親は科挙の最も低いレベルの試験に合格した人物であったが、陳独秀が誕生して数カ月で死去した。[5] 陳独秀は、厳格で伝統主義的、そしてアヘン常用者の祖父に育てられた。祖父は陳独秀が六歳になると中国の古典を教育し始めた。[6] 陳独秀は大変に出来の良い生徒であった。しかし、幼い子供たちから「白髭爺」と陰口をたたかれていた無口な祖父は陳独秀の英才には満足しなかった。[7] 祖父は陳独秀をいつも怒り、殴り付けていた。その結果、陳独秀は「短気」な性質となった。[8] この時期に彼の中に芽生えた権威主義的な扱いに対する反抗心や敵意は彼の人生を貫くものとなった。[9]

一八八九年、祖父が死去し、母親と兄が陳独秀の面倒を見ることになった。彼らは陳独秀に古典の勉強を続けさせた。一八九六年、陳独秀は、地方で行われる科挙の試験である郷試にその地方の最高点を取って合格した。それから一年後、陳独秀は親の決めた相手と結婚した。しかし、これによって陳独秀は中国の伝統的な結婚制度に対する反感を持ち続けることになった。この時までに康有為と梁啓超の著作を読み、陳独秀は偶像破壊、伝統破壊の考えを大きく育てていった。陳独秀は次のように書いている。「現在、私たちのような若い世代は世界のことについて少しずつだが学び始めている。康有為と梁啓超の著作は私たちに新しい知識を与えてくれる」[10]。陳独秀が康有為と梁啓超の著作から学んだのは、西洋の学問や知識を学ぶことは「外国の悪魔たちの奴隷になること」を意味しないというリベラルな考えであった。[11]

一八九七年、陳独秀は蒸気船とロバに乗って南京にやって来た。これは会試を受験するためであった。会試は九日間、不潔な建物の中に閉じ込められ、廊下で試験問題を解き、料理を作り、眠り、排泄をしなければならないというものだった。そして、陳独秀は会試に失敗してしまったのである。[12]この経験は陳独秀を傷つけた。そして、陳独秀はシステム全体を変えることに献身しようと決心した。陳独秀は科挙について次のように書いている。「科挙は猿やクマを使ったサーカスのようなものだ。このサーカスが長年にわたり繰返されてきただけに過ぎない」[13]。陳独秀は会試の会場にいた一人の受験生を見て不快感を覚えた。この受験生は精神を病み、試験会場を裸で歩き回っていた。足にはぼろぼろの靴を履き、髪の毛は辮髪に結っていた。彼は試験問題を握り締めていた。陳独秀は次のように書いていた。「彼は歩き回っていた。彼は大きな頭をしていた。彼が歩き回っていても、ほとんど誰も関心を払わなかった。彼はお気に入りの『八股文《はっこうぶん》(Eight-Legged Essay)』を奇妙な節回しで、大声で暗唱していた。彼はお気に入りの部分になると、特に大きな声を出し、親指を高々と掲げ、〝よし、良いぞ！　今度こそ合格できる！〟と叫んだ」[14]。

陳独秀にとってこのような光景は、彼が格闘し始めていた中国の伝統主義に対する無条件の尊崇が持つグロテスクとも言うべき不条理さを象徴していた。陳独秀は結局未完に終わった自伝の中で次のように書いている。彼は自伝の原稿を林語堂《りんごどう》（Lin Yutang　一八九五〜一九七六年）が編集長を務めていた雑誌に送っていた。[15]「私は彼から目を離すことができなかった。私は彼を見つめながら、科挙システムの奇妙な姿について考えた。そして、私は、ひとたび権力の座に就いた残酷な人間たちによってどれほど中国と人々が苦しめられているかを考え始めた。最終的に、試験で才能を選抜するというシステム全体に対して懐疑的になった」[16]

西太后はそれからすぐに科挙システムを廃止した。しかし、陳独秀が南京の試験会場でした経験は、陳独秀の転換点となった。「私は自分の情熱的な忠誠心を科挙システムから康有為と梁啓超の率いる改革党に向け直した。そして、それ以降数十年の私の進むべき道を決めた」[17]

陳独秀の人生を大きく変えた出来事がもう一つあった。それは一八九五年に中国が日本に対して不名誉な敗北を喫したことだ。陳独秀は日本との戦争前、繭の中に住んでいるかのように、自国が直面する危機に無関心であったし、中国が国家であるという概念そのものにも何の関心も持たなかったと気づいた。陳独秀は次のように書いている。「私は家にいて、毎日毎日勉強をしていた。そして私が知っていることと言えば眠ることと食べることでしかなかった。そうした状況で、国家とはどういうものか、国家と自分はどうかかわるべきなのか、などということを知ることができるだろうか？」。しかし、陳独秀は「〝日本という国家〟があって、それが我が中国を打ち破った」ということを耳にした。それ以降の恥辱に満ちた時代、陳独秀は彼自身の中に愛国主義的な情熱を持つようになった。[18]

一九〇二年、西太后は、義和団を支援した罰として、義和団を鎮圧した八カ国の軍隊によって押し付けられた不平等条約に署名をさせられた。この直後、陳独秀は日本に留学した。一九〇〇年代、中国の知識人たちや過激な政治主張をしていた人々は、隣の島国に関心を向け、明治の近代化モデルを研究した。彼らは、中国の外にある急速に変化しつつある世界について最初に知識を得た人々であった。陳独秀は海外に留学していた中国人学生たちを集め、革命志向の団体を創設した。しかし、陳独秀の試みは、日本の受け入れ側から批判され、長くは続かなかった。陳独秀は清国政府から日本に派遣されていた役人の辮髪を無理やり切り落とし、それを学生たちの集会で晒したために中国へ強制送還された。[19]

陳独秀の自己が確立した日々は、中国最後の王朝の衰退する日々と重なっていた。孫文と同じく、陳独秀も満洲人たちが帝国を無能状態に陥れたと非難し、やがて反清を目指す暗殺集団に入った。しかし、陳独秀は、中国の抱える諸問題の原因は無能な満洲人エリートたちのせいだけではなく、もっと根深いものだと気付いた。問題は中国の人々自身だった。陳独秀は次のように書いて不満を漏らしている。「我が国民の精神には、積極的な、そしてエネルギーに満ち溢れた思考が存在しない。従って、抵抗する力も出てこないのだ」[20]

愛国者

日本から帰ると、陳独秀はそれから一〇年間、故郷の安徽省に帰り、学校で教え、青年組織を構築し、『安徽俗話報（*Anhui Common Speech Journal*）』誌を創刊した。『安徽俗話報』は口語体で編纂された新しいスタイルの雑誌の一つであった。中国語の近代化を目指していた改革者たちの間で、安徽俗話報は注目を集めた。陳独秀も属した変化の大きい世代の人々の多くがそうであったように、陳独秀も、厳復と梁啓超による紹介で人々の間に知られるようになった社会ダーウィニズムに大きな影響を受けた。陳独秀は、社会ダーウィニズムの影響を受け、「中国は、競争的な世界において侵略的な諸外国と生きるか死ぬかの闘争を行っている」と考えるようになった。彼以外の中国人の中にもそのように認識する人々がいたが、認識すること自体を望まない人々もいた。もし中国が新しい技術を習得するなど、こうした厳しい環境に適応できなければ、生存出来ない。陳独秀は中国の抱える弱さをそのように分析した。そして、中国を改革する第一歩として、伝統的な儒教に依拠した家族の構造について激しい批判を加えた。陳独秀は「中国人は自分たちの家族に対しては気をかけるくせに、国家については全く無関心だ」と書き、儒教の家族中心主義によって、中国人は愛国主義（patriotism《ペイトリオティズム》）の源泉を自分自身の中に持てないでいると主張した。陳独秀は、愛国主義こそが国家建設にとっての最も基礎的な要素であり、国家防衛に不可欠だと考えた[21]。

こうした愛国主義の欠如を改善するために、一九〇三年五月、陳独秀は安徽愛国会（Anhui Patriotic Society）の創設に参加した。陳独秀が起草を手伝った会の憲章には次のような文言があった。「中国は外国から無理難題を次々と押し付けられている。そして状況は日々悪化している。私たちは、大衆を団結させ、組織化を進めなければならない。人々を組織化し、愛国的な思考を発達させ、戦う精神を涵養しなければならない。そして、人々が武器を手に取り、自国を守り、基本的な国家主権を回復するために行動するように導びかなければならない」[22]。安徽愛国会の創立大会が行われていた時、ツァー（皇帝）率いるロシアが満洲の獲得を目指し、清王朝もロシアに対して譲歩しようとしていた。創立大会における感動的な演説の中で、陳独秀は次のような警告を発した。「私たちの政府がこのような条約を締結するならば、全ての国が舌なめずりをしながら、中国の領土を奪おうとするだろう。その結果、私たちがよって立つ国土は何も残らなくなるだろう」[23]

変法自強運動を指導した人々とは異なり、陳独秀は、中国に必要なのは技術的、物質的な改善ではなく、「精神的な」改善であると主張した。陳独秀は安徽愛国会の会合で次のように発言した。「私たちは自己中心的な意見を言うことを止めねばならない。そして愛国主義の涵養と大衆の団結を目指さねばならない」[24]。陳独秀は新しい精神が醸成されることで、中国人たちは「自分たちの土地を守るために死ぬまで戦うという責任」を受け入れることができるようになると考えた。[25] しかし、陳独秀は次のようにも書いている。「外国人たちは名誉のために、そして不名誉を被らないように闘うという性質を持っており、そのためには生死の問題を越えることができる。ところが、中国人たちは名誉のための、そして不名誉を被らないための戦い方を知らず、いざとなれば不名誉な状態で生きていくことを選ぶ。中国人は国家が滅亡することと自分たちが奴隷化されることを受け入れてしまうのだ」[26]

一九〇四年に書かれた「諸国家について」という論文の中で、陳独秀は世界が二種類の国家によって分けられている様子を描いている。陳独秀は次のように書いている。「国民全てが〝国家を守る〟ということを理解している国々は強い。そして、国民全てが〝国家を守る〟ということを理解していない国々は弱い」[27]。そして、彼は中国について次のように書いている。「中国は後者のグループに属している。中国の伝統文化は人間に皇帝と自分の父親に対して卑屈に従属し、その状態の再検討を行うことを許さなかった。また、中国人は運命主義に囚われ、天の声を聞くことは知っているが、人々の強さを抽出する術は全く知らないままだ」[28]。陳独秀は、危険な告発者となった。彼は自分の国と中国文化に対して忠誠心を持たないということをアピールした。これは危険なことであったし、実際に彼の身に危険が及ぶようになった。

新青年

一九一一年に辛亥革命が起きるまでの一〇年間、陳独秀は安徽省と日本との間を行ったり来たりしていた。孫文（孫中山）と同じく、清王朝が滅亡した暁には、中国の状況は改善されるだろうと陳独秀を含む誰もが期待した。しかし、清王朝が滅亡した後、出現したのは軍閥による群雄割拠（warlordism《ウォーローディズム》）と独裁政治

(dictatorship《ディクテイターシップ》)であった。陳独秀が最も心配したことが現実のものとなった。陳独秀は一九一四年に書いたある文章の中で絶望を込めて次のように書いている。「衰退している国家は奴隷のような行動を取る。全ての物事を恐れるのだ。新しく共和国政府が樹立されても、中国は奴隷社会のままであろう。次のように言う人たちもいるだろう。国家が生存できないくらいなら、胸糞の悪くなるような状態でも国家があった方がずっと良いではないか、と。私はこれに対して次のように答える。国民を抑圧し、苦しみを与えるのなら、胸糞の悪くなるような国家なんかなくなった方がどれだけよいか、と」。[29]

陳独秀の二、三歳下で、辛辣な文章家であった魯迅《ろじん》(Lu Xun 一八八一~一九三六年)は中国の不幸な共和国体験について、陳独秀よりも絶望していた。魯迅は彼特有の辛辣さで次のように書いている。「ジョン・スチュアート・ミル(John Stuart Mill 一八〇六~一八七三年)は、暴政によって人々は冷笑的になると述べている。ジョン・スチュアート・ミルが気付かなかったのは、共和制によって人々は沈黙してしまうということだ」。[30] 陳独秀は、「中国はヨーロッパとアメリカの文明に追いつくことはできない」と絶望した時、彼自身の上昇志向と政治的な行動主義についてもう一度深く考えるようになった。[31]

しかし、一九一五年頃、知識人たちの間で新しい動きが起き始め、青年運動が文化的、知的な活動を行う諸グループを再び活気づかせた。この時期は陳独秀の人生にとって、最も活動的で、最も建設的な時期であった。また、中国の近現代史において、最も流動的な時期でもあった。この沸き立つような雰囲気に溢れた時期、陳独秀は中国の「自動(*zidong* action《アクション》)」を刺激するためのプロジェクトに献身していた。しかし、同時に、梁啓超が「新民」を生み出す際に必要だとした、中国人の新しい自意識を探し求めることも続けていた。陳独秀も梁啓超も中国の人々の精神には手には触れられないが、不可欠な要素が欠けていると感じていた。二人ともその要素をどのように叙述すべきか分からなかったし、それどころか、確実に気づいている訳でもなかった。しかし、梁啓超も陳独秀も「目覚め(awakening《アウェイクニング》)」の過程は中国の儒教文化の伝統の核心にまで到達しなければならないということを信じるようになっていた。二人は、儒教文化が中国の近代化の過程を止めてしまう要素だと考えていた。

陳独秀は新しい教育を受けた青年たちにこそ希望があるということに気付いた。青年たちが啓蒙的な教育者によって刺激を受け、正しいナショナリストとしての誇りを身に付ければ、中国を目覚めさせるために、その脅威となるものに挑んでいくと陳独秀は考えた。陳独秀の友人の革命家であった李大釗《りたいしょう》（Li Dazhao 一八八八〜一九二七年）は次のように書いている。「私たちが世界に対して示さなければならないことは、古い中国は死んでいないということではなく、新しい、若さに溢れた中国が誕生しつつあるということだ」[32]。このような状況下で、『新青年（*New Youth*）』誌という新しい雑誌が作られつつあった。一九一五年当時、陳独秀は上海にいて『新青年』創刊において中心的な役割を果たした。そして、編集部が北京に移動する一九一七年まで編集に携わった。この先駆的な雑誌の創刊によって、「新中国」創造に関わることになる優秀で活動的な若い世代が育った。

変法自強運動の活動家たちは、「中国の〝富強〟は足りていない状況にある。この状況は、伝統的な文化的要素を、中国に適用できる実践的な外国の知識や技術によって強化することで改善される」と主張していた。陳独秀と彼の同世代の人々は、この主張に反対した。彼らの主張は次の通りである。「中国の抱える諸問題の根本原因は、伝統的な文化的要素そのものにある」。陳独秀は彼が初めて編集した『新青年』の論説ページに「若者たちに訴える」という文章を掲載した。その中で、中国社会について「古臭い、そして腐った空気が充満している」と罵倒した。そして、「絶望の中で生きている私たちにとって心地よい、新鮮なそして活気を与えてくれる空気はどこにもない」と嘆いた[33]。「確かに外国は中国を侵略してきた。そして、今も占領を続けているが、私たちがまずやらねばならないのは、新しい愛国主義を生み出すために伝統文化を徹底的に破壊することだ」と陳独秀は主張した。孫文は、外国の視点から中国の諸問題を見つめ、ナショナリズムの醸成を主張した。陳独秀は『新青年』の中で、同世代の人々に対して、中国内部から近代化を阻害する第一の原因である中国の伝統文化を見つめ直すように主張した。陳独秀の主張と梁啓超の主張は似ている。

しかし、ある国の文化のような社会全体にからまり、深く浸透しているものに対して何か影響を与えるとしてもそれはどのようにしたら可能であろうか？　陳独秀の主要な武器は『新青年』であった。陳独秀は、『新青年』を通じて、昔ながらの「真っ白な顔をした本の虫たち」に代わる「頑健な新しい青年たち」を生み出したいと願っていた。本の虫たちは、「病弱な性質」であり、中国の保守主義とその衰退を象徴している、と陳独秀は考えた。[34] そして、彼は、『新青年』の中で次のように書いている。「若者たちは、義務（中国の復興）を果たさねばならない。この雑誌を刊行する目的は、自己修練や国家の統治の方法を議論する場を提供することである」[35]

文化、政治、国際関係、哲学などを取り上げることで当時の中国人の中で最も鋭敏でかつ進歩的な言説で魅了し、また、因習打破、議論、多様な視点を強調することで、陳独秀は『新青年』を使って、知識や政治に関心を持つ人々を読者として集めることができた。雑誌『新青年』は、次世代の政治活動家たちに多大な影響を与えたという点で並ぶものがない存在であった。同時に、『新青年』は、思想家の全国ネットワーク構築に貢献し、このネットワークはその当時だけでなく、二〇世紀を通じて中国に大きな影響を与えることになった。『新青年』の主要な寄稿者は蔡元培《さいげんばい》（Cai Yuanpei　一八六八〜一九四〇年）であった。北京大学学長になったばかりの蔡元培は、以前陳独秀の暗殺を企てたことのある人物であった。その他に、コロンビア大学で自由主義を信奉した政治哲学者ジョン・デューイの下で学んだ哲学者、歴史家で、外交官も務めたことがある胡適《こてき》（Hu Shi　一八九一〜一九六二年）、北京大学教授で共産主義者であった李大釗《りたいしょう》、そして、若き日の毛沢東《もうたくとう》（Mao Zhedong　一八九三〜一九七六年）であった。

陳独秀が『新青年』に招いた最も卓越した書き手は、魯迅《ろじん》（Lu Xun　一八八一～一九三六年）であった。魯迅は近代中国語の散文体と短編小説の創始者であり、優秀な作家として知られるようになった。一八八一年に浙江省にある、運河で有名な街である紹興で生まれた。陳独秀と同様、魯迅も日本に留学し、仙台医学専門学校に入学した。ある日、魯迅は、授業で日露戦争（一九〇四～一九〇五年）の際、中国人「スパイ」が日本軍の兵士に処刑される様子を写したプロパガンダ目的のスライドを見せられた。この時、魯迅は閃きに打たれ、医学の勉強を放棄した。彼は中国人の精神的な病を癒すことに献身する決心をした。魯迅がスライドの中で見た中国人は、覇気に欠けており、非人間的な状況に直面しているのに、自分自身や祖国を救うことができないでいると考えた。閃きを受けた時のことを魯迅は次のように書いている。「私は文化改革のための十字軍として再出発すると決めた」[36]

魯迅の作品はこれまでにないものであった。魯迅の作品は単純ではない。冷笑的な面があるかと思うと感傷的な面が顔をだし、若者の燃え立つような理想主義が込められた一節があるかと思うと、次の一節は冷たく、寒々とした絶望感が溢れるという具合である。しかし、魯迅の「聖戦」の遂行は、彼自身の奥深くに常に存在する不安によって邪魔をされた。魯迅は中国の伝統文化を、新しい、近代的な、そして人々が使いやすい文体を生み出すことで乗り越えようと努力していた。しかし、魯迅は自分自身の中に息づく中国の伝統文化が自分に影響を与えていることに恐怖を感じていた。魯迅は次のように書いている。「私は自分が古代からの亡霊を背負っていることをとても悲しく思っている。それにもかかわらず、私はこの亡霊を振り払うことができない。この亡霊の重さに抑圧され、潰されている、という気持ちになる」[37]

一九一八年に『新青年』の編集部が最初に魯迅に寄稿を求めた時、彼は難色を示した。魯迅は返事の中で様々な不安や恐怖を吐露した。これらは、陳独秀自身も感じていたものであったが、彼はそれらを乗り越えていた。魯迅は編集部に対して次のように問いかけた。「私のような作家がペンを執り、中国の庶民を数世紀の微睡から目覚めさせても、何ら具体的な解決策を示すことができなければ、それは無駄な、もっと言えば残酷な行為ではないのか?」と。続けて魯迅は次のように心情を吐露した。「窓やドアもない鉄でできた家を想像して欲しい。この鉄の家は頑丈で、その中で人々は窒息死寸前の状態ではあるが静かに眠っている。眠りながら死を迎えさせれば、彼らは苦しみや恐怖など何も感じることなく死ぬことができる。彼らの中の眠りが浅い人々に大声で呼びかけ、目覚めさせ、死ぬ前にどうしようもない恐怖を与えるのは正しいことであろうか?」[38]

魯迅は自分が使ったメタファーを許すことができず、最後の最後で身を翻した。彼は文字通り救いのない絶望に陥ることを望まなかった。彼は続けて次のように書いている。「しかし、もし私たちがほんの数人を目覚めさせることに成功することしかできなくても、そこには希望がある。その希望とは、この鉄の家がいつの日か破壊されるというものだ」[39]。魯迅は説得され、『新青年』プロジェクトに参加することになった。

一九一八年末、陳独秀は、魯迅の初めての小説『狂人日記(*Diary of a Madman*)』を『新青年』に掲載した。この小説は、中国の知的階級に衝撃を与え、すぐに古典として扱われることになった。この作品は日記形式で書かれたものだ。小説の主人公は、自分が生きている社会が食人習慣を許容しているということに最初に気付いた。主人公は他の人たちのようにこの野蛮な習慣を受け入れることができにために、周りから狂っていると見られてしまう。主人公の「狂人」は次のように叫んだ。「私は今、人肉を四〇〇〇年にわたり食べ続けてきた国に生きていることに気付いた!」[40]。人間を食べる社会という中国のイメージは消すことも、忘却することもできないものであった。日記の書き手は、そのような社会で、食人習慣を否定して狂人と呼ばれた男性が「完全に回復」し、社会と和解するためには、食人を行うことに同意するしかないということを理解していった。

魯迅は、伝統的な儒教文化に備わった人々を退化させようという強い力から人々を目覚めさせることなどできない、自分は無力だと感じていたように、『狂人日記』に出てくる狂人も食人習慣という野蛮から人々を目覚めさせることができないことに絶望を感じた。しかし、小説の最後、狂人は希望を見つけた。希望は、常に存在し、その追求は多くの場合徒労に終わり、何より魯迅がそれを追い求めたものである。狂人は希望とは、社会の中で声を上げることなのだということに気付いた。彼は次のように絶叫した。「人肉を食べたことがない子供たちがいるって？　それなら彼らを救わねば！」[41]。魯迅ほど中国の絶望的な状況を活き活きと、そして徹底的に痛烈に把握し、表現した人はいなかった。

陳独秀はすぐに魯迅の作品の素晴らしさと魯迅の天賦の才に気付いた。しかし、陳独秀は、魯迅が持っていた絶望感に同調して、悲観主義に陥らないようにすると決めていた。この時期、知識人たちは中国都市部を舞台にして活動を始めた。彼らの活動は「新文化運動（New Culture Movement《ニュー・カルチャー・ムーヴメント》）」と呼ばれた。彼らは、「新中国（New China《ニュー・チャイナ》）」を生み出す産婆役を演じることができると確信していた。

『新青年』では、陳独秀はほぼ毎号、巻頭のエッセイを書いていた。そして、数多くの若者が発売日を待ち焦がれていた[42]。当時の知識人の中で陳独秀が特に傑出していた点は、政治活動を行っていた若者たちに自信を持たせたことだ。陳独秀は、若者たちに対して、「新しい文化」を生み出すことで、若者たちは「海を埋め立て、山を動かし」、「いつの日か国を救う」ことができるのだと語りかけることで、自信を持たせた[43]。

『新青年』の創刊号で、陳独秀は恐ろしいほどの率直さで中国の過去が如何に現在の国民を縛っているかを分析し、中国の解放の前段階として自分たち自身を解放するように同世代の人々に求めた。陳独秀は将軍が兵士たちに訓示を与えるかのように次のように書いた。

1．自立せよ、奴隷となるな。

2．進歩的になれ、保守的になるな。

3. 積極的になれ、消極的になるな。
4. 国際的な市民となれ、孤立主義者となるな。
5. 功利的になれ、形式主義に陥るな。
6. 科学的になれ、妄想にふけるな。[44]

陳独秀は続けて次のように書いている。「中国の伝統的な倫理観、法律、学術、儀式、そして習慣全ては封建制度の残滓である。白人種が残した業績と比べてみると、数千年の違いがあるように思えるほどだが、私たちは同じ時代を生きている。過去に存在した二四の中国の王朝の歴史を後生大事にし、進歩や改良の計画など一切立てずに私たち中国人は二〇世紀を迎えてしまった。そして、奴隷、牛、馬にお似合いの汚れた溝《どぶ》で暮らしているのだ」[45]。陳独秀は彼の文章を通じて中国の奴隷化の様子を描き、それで同胞の中国人を目覚めさせようとしていた。彼が活躍した時期から一世紀後の南京にある静海寺の南京条約に関する展示のように、中国人に恥辱を思い出させて、行動に移させようとしたのである。

陳独秀の世代の人々は、中国が生き残り再び繁栄するために、新文化運動の参加者であった傅斯年《ふしねん》（Fu Sinian 一八九六〜一九五〇年）が「私たちの背中にくっついて離れない四〇〇〇年経った屑籠」と呼んだ中国の伝統文化を捨て去らねばならないと主張した[46]。陳独秀が嘆いたように、中国の各帝国の官僚たちは、儒学者でもあったが、彼らは「論文を書き、科挙に合格する」ことに関する事物だけしか知らなかった。科学、技術革新、工業、活気のある経済を発展させるには、官僚たちは無力であった。それだけでなく、官僚たちは「中国全体を麻痺状態に陥らせた」[47]

陳独秀は『新青年』を拠点にして、儒教に対して全面的な攻撃を加え、儒教は改革不可能だと主張した。陳独秀は一九一六年に発表したある論稿の中で次のように書いている。「現代の生活を動かしているのは経済であり、経済生活の根本原理は個人の自立である。そこで、孔子と現代の生活との関係について考えてみる。中国では、儒教の信奉者たちは儒教の倫理観を基礎にしている。しかし、孔子は封建時代に生きた人物であり、彼が主張した倫理観は封建時代の倫理観なのである」[48]

数千年間、中国の知識人たちは儒教的な権威に対する服従という考えを発達させてきた。陳独秀は、知識人たちが封建礼教（*fengjian lijiao* feudalistic code of conduct《フューダリスティック・コード・オブ・コンダクト》）に囚われていたと考えた。この時期、陳独秀は人生の中で活発に活動した時期であった。陳独秀は、若くて、賢く、生意気であった。そして、より進んだ、そして強力な国々によって中国が追い抜かれている現状にうんざりしていた。陳独秀は、中国の伝統文化を絶滅させようとしていたが、中国の伝統文化が本当に消失してしまっても何の悔いもないと決心していた。陳独秀は急進主義に傾倒し、その当時にも人気があり、厳復を魅了した社会ダーウィン主義の諸理論を支持するようになった。陳独秀は次のように書いている。「どんな生物も物事もうまく自身を変化させ、世界に合わせて進歩しなければ、環境に適応できなくなるために、自然淘汰の過程で消滅させられることになる。そういうことになれば、保守主義をどう擁護できるだろうか？」[49]

陳独秀は西洋文明の多くの面を理想化し、それらが中国文化に欠けていると考えた。彼は、「若者たちに訴える」の中で次のように書いている。「中国人は他人を褒める時に、〝あの人はまだ若いのに、老人のように行動する〟と言う。イギリス人やアメリカ人は人を鼓舞する場合に〝年齢を重ねても、若くあれ〟と言う。東洋と西洋との間の考え方の違いがこうした面に表れている」[50]

陳独秀は、ギアを入れ替えることで、若者たちは、中国のような伝統に縛られた社会を根本的に変える役割を果たせるのだと激励した。陳独秀は有頂天になったかのように次のように書いている。「若者は春の初め、朝日、芽吹き始めた木々や草、研いだばかりの刃のようなものだ。若い時というのは人生で最も価値がある時期だ。そして、社会における若者の役割とは人体における新鮮な、そして活発な細胞と同じだ。新陳代謝の過程で、古くて、不活発になった細胞は消滅し、新鮮で活発な細胞に取って代わられる。もし社会において新陳代謝がうまく機能するならば、社会は繁栄する。もし社会に古くて、腐った要素が充満したら、社会は消滅してしまう」[51]

陳独秀は、それ以降の人生で、一九一五年に出した『新青年』創刊号の論説ページで書いたことに何度も立ち戻ることになる。そこで彼が書いたのは、中国の文化は「陳腐朽敗（*chenfu xiubai*　rotten and decayed《ロットン・アンド・ディケイド》）」であるという考えであった。[52] 陳独秀は最初に破壊されることが重要だと考えていたので、「建設の前に破壊」という言葉は、陳独秀、そして新文化運動に参加した人々の合言葉となった。梁啓超も同じような内容のことを言っていたし、後に毛沢東もこの言葉をスローガンに採用した。[53] 陳独秀は一九一八年に「偶像破壊について」という論文を発表した。その中で陳独秀は次のように激しく書いている。「破壊せよ！　偶像を破壊せよ！　偽善の偶像を破壊せよ！」

陳独秀は続けて次のように書いている。「私の信条は真実と合理的な基準で作られている。古代から受け継がれてきた宗教的、政治的、そして道徳的信条など無意味で、人々を欺き、不合理なものだ。それらは全て偶像であり、破壊されねばならない！　それらを破壊しなければ、普遍的な真実と私自身の中にある信条が統合されることはない」[54]

陳の右腕だった王凡西《おうぼんせい》（Wang Fanxi　一九〇七〜二〇〇二年）は、師であった陳独秀が、中国のふらふらしながらもとにかく前進した近代化の歩みに対して行った貢献について次のように評価している。「陳独秀は破壊的なエネルギーによって近代化に貢献したが、建設的な面ではあまり貢献していない。彼は、伝統的なもの全てに対して一貫して疑い、批判し、破壊するように訴え続けた。全ての偶像破壊者や先駆者と同じく、陳独秀は手術用のメスではなく、ブルドーザーを用いているようなものだった。彼にとって重要だったのは、過去の荒廃した家を破壊することであった。彼には破壊的な力があった」[55]

陳独秀は、文化と政治の改革の議題を提出する合理的な人というよりも、時に罪に対する報いについて信者に説教している伝道者のようであった。陳独秀の文章に出ている言葉遣いと感情は、中国の不確実な未来に対する彼自身の焦り、そして時には絶望を表していた。一九一六年に発表した論文はその典型例である。陳独秀はその中で次のように書いている。「大事なそして愛すべき若者たちよ。君たちが自分のことを二〇世紀に生きる人間だと考えているなら、古い態度を捨て去らねばならない。役人に関して反動的なそして腐敗した古い考えを捨て去らねばならない。そして新しい信条を作り出さねばならない。その狭量な、自己中心的な心性を捨て去り、新しい青年としてふさわしい性格を涵養すべきだ。狭量な心で保守的になっていった古い青年の心性を葬り去らねばならない。大きく変われ！」[56]

一九一七年、北京大学学長の蔡元培《さいげんばい》は、陳独秀を文学部長として招聘した。陳独秀は北京大学の有名教授陣に加わることになった。陳は作家、そして編集者として大きな影響力を持ち、その名声は高かった。そしてそれらは日に日に大きくなっていった。そして、二年後の一九一九年五月四日のデモで陳独秀の影響力と名声は最高潮に達した。

陳独秀は、中国の伝統が中国の後進性と失敗の原因であると考えた。陳独秀のこのような考えは北京の学界と政界において大きな影響力を持っていた伝統文化を大切にしていた保守派には受け入れられないものであった。これは当然なことであった。一九一九年三月、著名な翻訳家であった林紓《りんじょ》（Lin Shu　一八五二～一九二四年）は陳独秀に対する長文の批判文を書き、北京大学学長の蔡元培に送りつけた。林は蔡学長を非難し、北京大学が「儒教と五つの倫理の破壊」を促進していると主張した。林は伝統的な価値観を擁護するために九つのポイントを挙げ、蔡に対して、「孔子はいつの時代にも通用する聖人である」ことを思い出すように求めた。[57]そして、林は蔡学長に対して次のように書いた。「古典が全て忘れ去られ、口語文の本が使われるようになった時のことを想像してみていただきたい。私はその時のことを思うと恐怖で震える思いである。それは、北京や天津の人力車夫や行商人を教授と見なさなくてはならなくなるからだ！」[58]陳独秀はすぐに、保守的な同僚たちの激しい批判は続いていくのだということを覚った。

ミスター・サイエンスでありミスター・デモクラシー

中国の伝統的な文化に取って代わるべきものを探す過程で、陳独秀は「ミスター・サイエンス兼ミスター・デモクラシー」というあだ名を奉られた。一九一八年のある文章で陳独秀は次のように書いている。「世界には新しい二つの道がある。一つの道は光の道であり、民主政治体制、科学、無神論に向かう道である。もう一つの道は暗闇の道であり、専制政治、迷信、神聖な権威に向かう道である」[59]

西洋から伝わった科学と民主政治体制を融合させたのは、サイエンスとデモクラシーが伝統に縛られた、病んだ中国に対する治療手段であると陳独秀が考えたからだ。『新青年』の編集方針について、陳独秀は次のように書いている。「批評家たちは、本誌に対して儒教を破壊する意図を持つものとして糾弾している。彼らの糾弾していることを認めざるを得ない。しかし、私たちは無罪を主張したい。私たちが批評家たちに糾弾された罪を犯したのは、二人の紳士、ミスター・デモクラシーとミスター・サイエンスを支持したからだ。ただそれだけだ。ミスター・デモクラシーを支持するとなると、私たちは、儒教、儀式の作法、女性の貞潔、伝統的な倫理観と古臭い政治に反対しなければならない。ミスター・サイエンスを支持するとなると、伝統的な芸術と宗教に反対しなければならない」[60]

民主政治体制と科学に傾倒した陳独秀は、自分の名前を英語名である「D・S・チェン（D.S. Chen）」と書くようになった。[61]陳独秀の情熱とエネルギーは周囲に波及していった。後年、高名な小説家であった巴金《ばきん》（Ba Jin　一九〇四〜二〇〇五年）は次のように書いている。「若者の一団が〝科学と民主政治体制〟という横断幕の後ろを歩いていた。彼らは堅い決心を持って未来に向かっていた。私は新文化運動に関わる人々の本全てを熱心に買い求めた。そして、一行一行貪り読んだ。私は古い世界を打ち壊し、新しい世界を創造することに貢献できるのならば、〝針の山を登り火の海を渡る〟ことも辞さないという気持ちだった。私たちはまさに、五四運動の申し子であった」[62]

陳独秀が信奉した民主政治体制の形は、古典的な自由主義的なものであった。その内容は、伝統文化の束縛を排除し、法の支配と人権の擁護、そして個人のエネルギーを解放するというものであった。[63]しかし、陳独秀は中国人に民主的な価値観を教え込み、その価値観を維持させることは容易なことでないと考えた。陳独秀は次のように書いている。「私たちが巻き込まれているのは、古い思想の潮流と新しい思想の潮流との間の戦いであると言われている。このような狭量な考え方をする人たちは、立憲政治を実現するのが如何に困難なことかを理解することなしに、最終的な覚醒ができると期待している」[64]

陳独秀は、中国人が古くから「良い統治者」の出現を待つという受け身の態度であることの危険性を指摘した。陳独秀は次のように書いている。「古代の人々は思慮深い賢い支配者とその下にいるこちらも賢い大臣たちが慈愛に満ちた統治を行ってくれることを期待して受け身の姿勢を取り続けた。これは恥ずべきことだった。そして、現代に生きる人々は、政府高官や影響力を持つ老人たちが立憲共和制を建設してくれるのを待っている状態だ。古代の人々と現代に生きる人々との間には何の相違もない。真の民主政治体制は、政府によって与えられるようなものではない。そして、一つの政党や一つのグループによって維持されるようなものでもない。そして、一握りの高官や影響力を持つ老人たちによって運営されるようなものでもない。意識の高い市民と多くの人々による自発的な行動から生み出されたものではない立憲共和制は、偽物の共和制であり、偽物の立憲主義である。見せかけの政治体制なのである」[65]

陳独秀は孫文のような指導者たちに対しても苛立ちを募らせていた。孫文は問題が起きるたびに、強い国家を建設することを第一とし、民主政治体制の導入を遅らせていた。陳独秀は、コーネル大学とコロンビア大学で教育を受けた同志の胡適《こてき》（Hu Shi　一八九一～一九六二年）の有名な発言を支持した。その発言とは次のようなものだ。「民主政治体制を導入するための唯一の方法は、民主政治体制を実際に持つことだ。統治は技術であり、技術を身に付けるには練習が必要だ。実際に英語を話さなければ、私が英語を話せるようにはならなかっただろう。民主政治体制を実際に運用しなければ、アングロ・サクソンの人々が民主政治体制を持つことはなかっただろう」[66]

陳独秀は西洋の民主思想に対して、長い間深い共感を持っていった。同時に陳独秀は愛国的であり、ナショナリスティックであった。従って、陳独秀は、自由主義民主政治体制は、他の主義と同じく、人間に固有の自然権であり、理想化された諸原理ではなく、中国の世界における地位を改善する道具であると考えた。陳独秀は、西洋でそうであったように、民主政治体制が中国でも人々の革新的なエネルギーを解放するということに関心を持った。もし別の方法でもっと効率的にエネルギーの解放ができるのなら、それはその方が良かった。だから、一九一九年末に歴史上の大事件が起きた結果、陳独秀はマルクス＝レーニン主義に関心を持つようになったのだ。

陳独秀の人権と社会における個人の自由の神聖さについての考えは、民主政治体制と同じく曖昧さを伴った。五四運動の重要なテーマの一つに、過度に個人主義的な、伝統に囚われない生活様式というものがあった。新文化運動の支持者たちは西洋流のロマンティックな恋愛（自由恋愛）を志向し、芸術を至上のものと考え、自己発見の重要性を主張した。その時代の若い政治面における偶像破壊者たちの多くは、ジョージ・ゴードン・バイロン（George Gordon Byron　一七八八年～一八二四年）の影響を受けた詩人、自分の芸術を一番に考える芸術家、性的に解放されたフェミニスト、反逆的な志向を持つ作家、西洋流の自由な精神を持つ人々であった。より伝統を重視する中国人たちは、彼らを、軽蔑を込めて「偽物の外国人、仮洋鬼子（*Jia yangguizi* fake foreign devils《フェイク・フォーリン・デヴィルズ》)」と呼んだ。こうした若者たちは、過度に西洋流の思想や主張を賞賛し、自分の中に取り入れていた。

陳独秀は新文化運動の主導者であった。そうではあったが、陳独秀は、新文化運動に参加した人々の自己中心的な、そして堕落した態度では、中国に富強をもたらすことはできないということを理解していた。誇張された、自己中心的な個人主義に対して陳独秀は懸念を持っていた。新文化運動の参加者たちのある者は西洋を神格化している人々も多くいた。陳独秀は儒教の持つ改革的な伝統を好ましいものと徐々に考えるようになっていた。儒教では個人の陶冶と改革が社会と国家に奉仕するための新しいエネルギーを生み出す最善の方法だと考えられていた。

それでも陳独秀は新文化運動がもたらした快楽に対して抑制的であったとは言えなかった。新文化運動は酒、女、歌、そして政治体制に対する反逆といったものへの自堕落な逃避主義をもたらした。陳独秀は結婚と離婚を繰り返し、長く愛人関係にあった女性もいた。そして、七人の子供をもうけた。伝説的な女たらしであった。[67] 陳独秀が頻繁に売春宿に通っていたのは中国だけでなく、日本でも有名な話であった。そして、陳独秀は北京大学在職中にそうした女性との間で恥ずべき事件を起こした。一九一九年三月、大学新聞は、北京の胡同《フートン》（*hutong*）で傲慢な文学部長氏と売春婦との間での口論についての記事を掲載した。記事ではその口論の内容を事細かに紹介しており、それが誰であるかが分かるように書いてあり、陳独秀が「女性の下半身をひっかいた」という記述があった。学長の蔡元培はアヘン吸引、飲酒、賭博、売春に公然と反対の姿勢を示していた道徳会の会長を務めていたために、陳独秀が「個人の道徳が余りにも汚れすぎている」として、彼の友人である陳独秀を文学部長から罷免するように保守派から圧力をかけられた。[68]

この時は陳独秀の人生においてきつい時期であったが、この出来事が起きたのは五四運動のわずか数週間前のことであった。五四運動は陳独秀のこれまでの活動や業績の集大成として、劇的な形で起きた事件であった。一九一九年春、中国の人々は、第一次世界大戦に勝利した連合国が山東省にあったドイツの権益と租界を日本に引き渡すことに密かに同意したということを知った。更に悪いことに、連合国はこの中国の主権侵害をパリ講和会議の席上で公式に認めてしまおうとしていた。これは、中国の人々にとって、アメリカ大統領ウッドロウ・ウィルソン（Woodrow Wilson　一八五六～一九二四年）が示した、反植民地主義的な公約である一四箇条の原則（Fourteen Points）に対する冷酷な裏切りであった。ウィルソンが示した自由主義に対して、理想主義的な中国人たちは肯定的に捉え、第一次世界大戦は民族自決（self-determination《セルフ・デタミネイション》）と国家間の平等な関係のために戦われたのだと信じた。そして、希望いっぱいの陳独秀は、ウィルソン大統領を「世界で一番素晴しい人物」と形容した。[69]しかし、ウィルソンの民主的な原則が手厳しく裏切られたことがはっきりしたことで中国の若者たちは激昂した。北京大学で陳独秀と同僚だった李大釗は、列強が講和会議を繰り返し開催しながら、「殺人と国家滅亡を行う古いパターンに固執している」ことを嘲笑した。[70]若き日の毛沢東は「憐れなウィルソン」と題した短い文章の中で批判を展開した。アメリカの偽善を隠すためのアメリカ大統領ウィルソンの説明のぎこちなさは「熱鍋上的蝗蚊（いらいらして落ち着かない様子）」のようだと毛沢東は形容した。[71]

中国全土の改革志向者たちは、梁啓超がパリから送った電報を読んで、パリ講和会議に対して懸念を持った。そして、パリ講和会議に出席している中国代表団に対して条約に署名しないように圧力をかけるためにデモ行進を始めた。中国の愛国者たちにとって、日本の要求は中国にとって最終的な屈辱であり、中国に対する列強からの侵略が止まらないことを意味した。李大釗は次のように書いている。「私たちの国が独立国家の特質を失った恥辱は領土を失う恥辱よりも数千倍深いものだ」[72]

北京での大衆デモは元々一九一九年五月七日に予定されていた。それが四日に早められた。五月七日は、一九一五年に日本政府が突き付けた帝国主義的な二一箇条の要求を中華民国政府が受け入れた日が五月七日であり、この日は「国恥記念日」と呼ばれた。[73] 一九一九年五月四日、北京にある三〇大学から集まった数千人の学生たちが現在よりも狭い天安門広場に集い、デモを開始した。一八九五年には同じ場所に梁啓超を含む清朝に仕えていた儒学者たちが集まり、日清戦争後の講和条約に対して抗議した。[74] 一九一九年の場合は二度目の大規模な抗議運動であった。この時も中国のエリートたちが天安門広場という公の場所に集い、政府の弱腰に抗議した。

「北京全学生宣言（Manifesto of All Students of Beijing《マニフェスト・オブ・オール・ステューデンツ・オブ・ベイジン》）」という文章がデモ参加者たちに回覧された。その中には次のような文言があった。「私たちの国の領土がたとえひとたび侵されても、中国はそれらをすぐに取り戻すだろう。私たち学生は本日、連合国の在外公館までデモを行い、連合国が正義を実行するように要求する。中国の生死を賭けた戦いの最後の機会となるであろう。本日、私たちは次の二つのスローガンを声高らかに唱えながらデモを行う」

「1. 中国の領土を侵略することはできても、それを完全に奪い取ることはできない！
2. 中国の人民を大量虐殺することはできても、中国の人民が降伏することはない！」[75]

デモ参加者たちの雰囲気は、諸外国の在外公館が集まる北京の東交民巷に近づくにつれて、厳しさを増していった。しかし、その日は日曜日であったので、連合国の大使たちは大使館にはいなかった。そこで、デモ参加者たちは「中国人の裏切り者たちの家へ！」と叫び、いら立ちを募らせたデモ参加者の一隊が交通総長で軍閥内閣の大臣の一人であった曹汝霖《そうじょりん》（Cao Rulin 一八七七〜一九六六年）の邸宅に行進を開始した。[76] それからほどなく、デモ隊は行く手を警察が遮っているのを発見し、投石を開始した。彼らは警察の警備を突破し、曹の邸宅に侵入し、略奪を行い、火を放った。ある学生はこの時のことを次のような詩にしている。

中国人の精神から恥辱を一掃するため
私たちは今日囚われ人となる
三二名の逮捕者の中に
死を恐れる者など一人もいない
私たちは裏切り者たちに対して徹底的に天誅を加え
曹汝霖の邸宅に火を放ち、邸宅は焼け落ちた
裏切り者たちに天誅を加えるために、私は全てを犠牲にする
死をも恐れない
中国を救うためならばどんなことでもやる覚悟だ！[77]

それから数日でデモは中国の全ての都市に波及していった。それまでの一〇年の陳独秀の仕事はデモに結実したのだが、それで終焉を迎えたとも言えた。西洋に対する幻滅とヴェルサイユ条約の失敗から、中国の新たなナショナリズムは生まれた。陳独秀と梁啓超を含む多くの中国人にとって、ヨーロッパ人たちを結局は大虐殺にまで導いた西洋政治の理想は魅力的ではなくなっていった。

ヴェルサイユ条約の衝撃を受けて、陳独秀はナショナリズムの価値に疑問を持つようになった。陳独秀は「結局のところ、私たちは愛国主義的であるべきか？」と題したエッセイでヨーロッパ人たちについて次のように書いている。「ヨーロッパ人にとって、愛国主義は他の人々を傷つけるもう一つの言葉である。従って、ヨーロッパ人は愛国主義から起きた殺人は狂信と狂気から出たものであると考える。人々は愛国主義的な叫びに熱狂し、隷従し、全く疑問を持たない。それでも私は論理的な議論を行いたい。結局のところ、私たち

は愛国主義的であるべきか？」[78]

一九一五年の時点でも、陳独秀の持つナショナリスティックな感情はどんどん先鋭化していった。それでも陳独秀は自国に対して過度に感情移入をしてしまうと時に理性を乗り越えてしまう危険があるのではないかという懸念を持っていた。陳独秀は次のように書いている。「国家の最も重要な責務は個人の諸権利を守り、個人の幸福を増大させることだ。市民を国家崇拝に狂奔させることではない」[79]。陳独秀はナショナリスティックな熱情が持つ危険性に留意していたが、更に恐怖を持っていたのは、国家や指導者たちが彼らの破壊的な目的のために個々の市民たちの国に対する愛を利用することであった。一九一九年に発表した論稿の最後で陳独秀は次のように書いている。「結局のところ、私たちは国家を愛するべきなのか？　私たちが愛すべき国家は人々が抑圧に抵抗するために愛国主義を使う国であって、国家が人々を抑圧するために愛国主義を使うような国ではない。私たちが愛すべき国家は人々の幸福を追求する国であって、国家のために人々が犠牲になる国ではない」[80]

五四運動の直後、北京大学の学長・蔡元培は失意のうちに学長を辞した。蔡は惜別の辞の中で「私は疲れ果てた」と書いている[81]。陳独秀はこの知らせを聞いて嘆くだけであった。「私の頭は痛みが続いている。私は政府に逮捕されて、そのまますぐに処刑されたい気持ちだ。私はこのような汚れた世界にこれ以上生きていたくない！」[82]

それからすぐに、北京を支配していた軍閥政府は人々を弾圧する方針を取り、陳独秀の願いの一部が叶えられてしまった。一九一九年六月一一日、陳独秀は逮捕された。容疑は、新世界商品交易市場にあった劇場のバルコニーから「北京市民に対する宣言書」と書かれたビラを撒いたことであった。このビラには、五四運動の参加者たちに対して弾圧を加えていた軍閥政府に対する要求がリストにして書かれてあった[83]。

政治の現場においてこのような直接的な行動を行った時の陳独秀の心情を正確に知ることは難しい。しかし、中国で最も権威のある大学の文学部長だった人物が劇場のバルコニーからビラを撒くという姿は無政府主義を信奉する学生を熱狂とさせ、人々を驚かせた。陳独秀の投獄に対して抗議が殺到した。その中には孫文や毛沢東からの抗議もあった。この当時、毛沢東は北京大学図書館での仕事を辞め、湖南省に帰っていた。毛沢東は数多くの電報を送り、陳独秀を支援した。[84] 毛沢東は電報の中で次のように書いている。「私たちは、陳独秀氏を思想の世界における輝ける星だと考えている。合理的な精神を持つ人であれば、彼の意見に賛成するのが当然だ」[85]

陳独秀は八三日間拘留された後釈放された。これは陳独秀にとって衝撃的な体験となった。陳独秀は拘留中にじっくりと考える時間を得ることができた。陳独秀は逮捕の三日前に新しいリアリズムについて次のように書いている。「世界文明には二つの源泉がある。一つは研究機関であり、もう一つは刑務所だ。我が国の若者たちは決心しなければならない。研究機関から出てしまえば、刑務所に入ることになる。刑務所から出たら、研究機関に入ることになる。これが最高の、そしてもっとも高貴な生き方だ。研究機関と刑務所という二つの場所から出てきた文明だけが真の文明であり、生命と価値を持った文明なのである」[86]

政府が北京大学のキャンパスを占拠した時、学生たちは陳独秀とよく似た表現を取った。まず、紫禁城のすぐ傍にあった法学部の建物には「第一学生刑務所」という看板が出された。続いて理学部の建物には「第二学生刑務所」という看板が出された。[87] 五四運動の参加者たちは北京の中で追い詰められていったが、運動は中国全土に拡大していった。学生、労働者、商人といった人々を含む一つの世代が覚醒したのである。労働者や商人たちはストライキや工場でのストライキを通じて運動への支持を表明した。結果として、五四運動は中国の現代史における記念碑的な出来事となった。幅広い人々が抵抗運動に参加したことで、これ以降の中国の政治運動のほぼ全てに影響を与えたのである。

雑誌『新青年』で陳独秀が紹介してきた様々な考えが中国全土で広まっていった。しかし、陳独秀自身は

「中国における啓蒙《チャイニーズ・エンライトメント》（Chinese Enlightenment）」から離れていった。この中国における啓蒙には自由主義、個人主義、そして民主政治体制の促進が含まれ、陳独秀はこれを支持してきた。一九二〇年四月、陳独秀は上海に戻った。彼はこの時点で現実に変化をもたらす思想の力というものを信じなくなっていた。彼は私有財産《プライヴェイト・プロパティ》（private property）の廃止と富の平等化を求めるようになった。陳独秀は中国初の共産主義者のグループ（細胞）の組織化に没頭していった。[88]

党を創設

陳独秀は五四運動の後に鮮やかに方向転換を行った。陳独秀は社会の変革を目指す新しい主義を信奉するようになった。それがマルクス＝レーニン主義（Marxism-Leninism）であった。マルクス主義は、社会のほんの一部を構成するブルジョア（bourgeoisie）ではなく「幅広い大衆《ブロード・マシズ》（broad masses）」を代表すると主張しており、中国にとっては、より公平な形の「民主政体」であると言えた。そして、マルクス主義的革命理論は「科学的」であると言われていたので、ミスター・サイエンスである陳独秀はマルクス主義が中国にとっての新しい目標になると考えたようだ。新文化運動が失敗した後、陳独秀は西洋から新たな公式を輸入しなければならなくなり、今回はロシアから輸入することにした。ロシアは中国の経験してきたような艱難辛苦を多少なりとも経験していたのでお手本にしやすかった。

「中国人は、救世主の登場などなくても自分たちを救う能力を持っている」という信念を陳独秀は少しずつ失っていっていた。こうしたこともあって陳独秀はマルクス主義に傾倒するようになった。陳独秀は次のように述べている。「もし中国が再び強国として立ち上がることができるとすれば、中国人は何かに率いられていなければならない。中国人はバラバラで、愚かで、狭量な個人主義を持ち、公に奉仕するという精神を持ち合わせていない。こうした何の能力も、目的も、知識も持たない非合理的な人々に、責任を与えてしまえば、国家は破綻し、国家ぐるみの自殺という結果になってしまうだろう」[89]

陳独秀の分析は明るいものではなかった。陳独秀は次のように書いている。「現在の中国の状況から考えて、全国民が参加する政府の実現を現在の段階で話すのは全くもって無意味であるだけでなく、ただの夢想に過ぎない」[90]。このような現状認識は一部にレーニン主義の影響を受けたものであった。レーニン主義を適用すると、新中国が建設される時は、革命家組織内部のエリート集団が指導しなければならないということになった。陳独秀は彼自身の長きにわたる思想遍歴の末に、孫文が行きついたところに彼も到達したというのは皮肉なものであった。陳独秀と孫文はそれまで思想を共有したことはほとんどなかった。

清朝崩壊後、中国は混乱の極みに達した。そうした状況の中で、ロシアにおけるボルシェヴィキ革命においてレーニンが「職業革命家たち（professional revolutionaries《プロフェッショナル・レヴォリューショナリーズ》）」と呼んだ人々が示した能力の高さは、中国にとって天啓と言えるものであった。レーニンが職業革命家たちと呼んだ人たちの中でも、特に「人民委員（commissars《コッミッサールズ》）」は「人民」を組織化する前衛で指導者としての役割を果たした。潜在意識のレベルで、レーニンの革命における指導部についての考えと、古くから儒教にある「安定した社会には、普通の人々を率いるエリートで、啓蒙された、学識を備えた官僚クラスが必要だ」という概念は一致していたのかもしれない。孔子はこの概念に出てくるエリート官僚クラスを「稲穂を押さえる風」と形容した。陳独秀は儒教と共産主義を融合させた。彼は次のように語っている。「政治革命は知識を持つ人々から始まる」[91]

レーニンの帝国主義に関する新理論は、中国人をまとめるための新理論になった。レーニンの帝国主義理論によれば、中国人を含む、全ての植民地化された人々は、自国の後進性を列強の帝国主義的搾取にその理由を求めることができるだけでなく、彼らは、その「抑圧」「後進性」のために来るべき世界革命では重要な役割を果たすことになるということであった[92]。この新しい理論は孫文を魅了したが、陳独秀にとっても魅力的なものとなった。孫文と陳独秀にとってこの新理論は中国の悲惨な現状を列強のせいにするという世界観を提示してくれたという点で魅力的なものであった[93]。

一九一九年七月、本書の中で既にふれたが、新たに創設されたソ連の外交人民委員代理レフ・カラハンは孫文と陳独秀を含む中国人を驚愕させる声明を発表した。その声明の内容は、ソ連は、ロシア帝国が中国国内に持っていた領土や特権を含む全ての権益を放棄すると決定した、というものであった。この寛大な申し出は、レーニンの反帝国主義理論を劇的な形で現実のものにするという意図と自由主義を標榜する西洋諸国が実際には世界中で搾取を行っているという偽善を明らかにし、新しくできたボルシェヴィキ政府はそうした偽善には与しないということを表明するという意図があった。一九二一年、陳独秀は彼の右腕である李大釗と一緒に中国共産党細胞の組織化に奔走していた。若き毛沢東もそれに参加した[94]。彼らの共産主義への傾倒は中国の知識人たちの間にあった思想潮流が変化したことを示している。それ以降の数十年、自由主義的政治体制を信奉する考えは中国では力を失っていったと言えば聞こえは良いが、実際にはもはや存在しなくなっていった。自由主義や民主政体は、確かに中国を動かす思想的な力とはならなかった。組織化された、強力な一党による国家という考えの支持者たちの番になった。この政党国家はよく訓練された人民委員たちによって指導される。そして、この強力な一党支配国家によって、出来たばかりの中華民国に偉大さをもたらすことができるというのが彼らの考えであった。一九二一年七月、中国共産党の結党のための第一回党大会が上海で開催された。陳独秀は党大会で次のように警告している。「数年以内に起きるであろう中国の政治体制に関する革命では、西洋型の民主政治体制が実現されるということはないであろう。中国に偉大さをもたらすには、ロシア型の共産主義による階級独裁が最も適しているのだ」[95]。

中国を復興させるための新しい、そしてより直接的な方途として、陳独秀はボルシェヴィズムに魅力を感じるようになった。一九二一年、彼は次のように書いている。「国家を救うためには、知識を広め、工業を発展させ、資本主義の残滓によって汚染されないことが重要だ。それらを実現するには、ロシアで採られている方法を私たちも採用するのが唯一の道だ」[96]

四川省に引っ込んだ老学者

陳独秀はマルクス主義者を自称した。しかし、中国共産党を創設してすぐ、中国革命に関するスターリンの融通の利かない考え方に嫌気が差し、「修正主義的（revisionist）《リヴィジョニスト》」な考えに魅了されるようになった。その結果、陳独秀は中国の共産主義発展の過程において、最初のそして最も有名な犠牲者となってしまった。陳独秀は中国共産党の創設者として人生における二回目のピークを迎えた。しかし、すぐに政治活動における陥穽に再び落ち込んでしまった。陳独秀は五四運動後には復活できたが、今回は復活できなかった。一九二〇年代半ば、ロシアで台頭しつつあった新しい指導者ヨシフ・スターリン（Joseph Stalin 一八七八〜一九五三年）と中国共産党内部にいたスターリンの同盟者たちは陳独秀を中国共産党初代総書記の地位から追い落とそうと狙っていた。一九二七年、陳独秀は「右派機会主義（rightist opportunism）《ライテスト・オポチュニティズム》」の嫌疑をかけられ、中国の各都市でプロレタリアート革命を起こすことに失敗したと糾弾され、共産党の指導的立場から追い落とされた。陳独秀の失脚はスターリンが強硬に命じたことであった。[97] 一九二九年、陳独秀に究極の不名誉がもたらされた。それは、中国共産党自体からの追放であった。

一九三〇年代は陳独秀にとって不遇の時代となった。一九三〇年に三番目となる妻と結婚したが、この時代、彼は変名での生活を余儀なくされた。また、蔣介石率いる国民党によって息子二人を処刑されるという悲劇にも見舞われた。そして、一九三二年、陳独秀はトロツキー主義者として逮捕され、党に対する反逆をでっち上げられ、懲役三〇年を言い渡された。しかし、一九三七年に健康を害したことを理由に釈放された。

結局、陳独秀は政治亡命者として四川省の山間部に逃れた。陳独秀は国民党からもそして共産党からも裏切り者として糾弾された。ひとたびは人々の関心を集めた歴史上の人物は世の中から忘れ去られた。陳独秀の熱狂的な支持者であった王凡西は失意の陳独秀について「傷ついた体を癒すために巣穴に戻った獅子」と形容した。[98]

その当時、中国の政治は混乱の極みにあった。[99] 陳独秀は「民主政治体制が最も文明的な統治形態である」という信念に立ち返ることになった。スターリンの暴政は酷くなり、ヒトラーと不可侵条約を結ぶという裏切り的な行為が行われたことで、「社会主義的民主政体」が幻想であることが明らかとなり、陳独秀の共産主義に対する信念は消え去ってしまった。一九四〇年、陳独秀は王凡西に対して民主政体を称揚する次のような言葉を残した。「民主政体では、裁判所からの許可がなければ逮捕されない。議会に代表がいなければ課税されることはない。政府は議会の承認がなければ徴税をすることができない。与党に反対する野党を組織する自由が保障され、言論や出版の自由もまた保障される。労働者たちはストライキをする権利を持つ。農民たちは土地を耕す権利が保障され、思想や宗教も自由も保障される」。[100] それまでに陳独秀は、気まぐれな一党独裁によって十分に苦しめられていた。一党独裁体制では、統治に対する規則化されたチェック機能は存在できない。しかし、その当時、陳独秀が何を考えていてもそれは少しも重要なことではなかった。それは誰も彼の言うことに耳を傾けなくなっていたからだ。

陳独秀以前の改革志向者の多くと同じく、陳独秀も晩年になると陳独秀の知性に埋め込まれていた儒教の遺伝子が再び表に出てき始めた。少年時代に学んだ中国の古典の素養は、陳独秀の中では息づいていた。陳独秀は長年儒教に反旗を翻してきたのだが、完全に忘れ去ることはできなかった。陳独秀は革命家であったが、物事を中国の古典の知識を通して見ることを止めることができなかった。彼の師だった梁啓超や文学上の同志であった魯迅と同じく、陳独秀は、現実世界における革命的な因習打破の真実と重荷、孤独と孤立に耐えきれなくなり、自分がひとたびは覆そうと苦闘してきた伝統文化の心地良さに戻っていった。彼らの辿った道は、形状を変化させることができる合金のようであった。彼らは「記憶の形状を変え」たのだ。金属が熱せられている時、形を変えることができる。そして、冷えていく過程で金属の形は元に戻る。この移行期の人々は、子供の頃に叩きこまれた知識と素養から逃れることができなかったのだ。陳独秀に当てはめてみれば、彼は古典的な詩、古代文献学に没頭し、長年にわたり逃れようとした孝心に返っていった。ある中国の格言には次のようにある。「寺院から僧侶を取り出すことはできるが、僧侶から寺院を取り出すことはできない」

陳独秀と新文化運動に集まった反逆的な人々は、自分たちが背負った「屑籠」を何とか捨て去ろうともがいた。しかし、彼らはグループ内部で争うようになり、グループに参加していた多くの若者たちが過去と決別することができなくなってしまった。中国の伝統に囚われたままになってしまった。中国という国家と同様、伝統文化は、改革志向の人々が反逆していた時に想像していた以上のきつさで彼らを固く縛りつけていた。彼らは伝統からの束縛を破壊しようとして、自分の能力を超えて、徹底的にそして暴力的な反抗を行った。結局のところ、陳独秀は中国の伝統に親しみ安心感を得ることができたので、それに反抗することを止めてしまったのだ。陳独秀は人生を通じて危険や失望に直面してきたが、それらは二〇世紀という時代が彼に与えたものだった。しかし、陳独秀は伝統に対しての反抗を止めたことで、危険や失望に直面することなく、中国の過去について考え、文章を書き続けることができるようになったのだ。

陳独秀は晩年、自分の人生を振り返って後悔し、運命論（fatalism《フェイタリズム》）を主張するようになった。若い時の輝きとは逆に、年齢を重ねるごとにくすんでいった。陳独秀は若い時に持っていた、「中国は自力で改革を成し遂げることができ、再び偉大な国として復活する」という信念を失ってしまった。一九四二年、陳独秀は亡くなる直前に次のように書いている。「現在は李鴻章が活躍した時代とは全く違うのだ」。李鴻章が活躍した時代は陳独秀にとって、古き良き時代であり、懐旧の念を起こさせるものとなっていた。そして、続けて次のように書いている。「中国が一足飛びに豊かで強い国になれるなんて馬鹿げた夢を見るのは止めるべきだ」[101]

脚注はビジネス社ホームページを参照
http://www.business-sha.co.jp/wp-content/uploads/china.pdf

第8章

統一　Unification

蒋介石　Chiang Kai-shek

大元帥とのお茶会

公の場での蒋介石《しょうかいせき》（Chiang Kai-shek　一八八七〜一九七五年）は背筋がピンと伸びていて、見るからに「大元帥（G-Mo　Generalissimo《ジェネラリズモ》）」という風格を保っていた。彼は中華民国の誇り高き総統であり、国民党総裁であった。しかし、私的な場面では、彼はそうした人目を引く堂々とした態度は取らなかった。彼の世代の中国の指導者たちの多くと同じで、蒋介石は普通語を話さず、生まれ故郷の浙江省の訛りを早口で、中国のオペラである京劇の台詞廻しのように話した。彼の話し方は、武人としての見た目、厳格な表情、剃りあげた頭、抑制されたマナーとは相反するものだった。

一九六〇年代初頭、蒋介石の台湾への逃避生活も既に十数年を超えていた。蒋介石は時々、台北で研究や勉強をしていた数少ない外国からの研究者や留学生を招いて特別な「お茶会」を催した。お茶会は総統府で開催された。総統府は赤レンガ造りの薄暗い雰囲気の建物で、一九〇〇年代に台湾を植民地化した日本によって建設されたものだった。お茶会のような社交に関する行事は国民党の中国青年救国団（Save-the-Nation Youth Corps）によって執り行われた。中国青年救国団は「反攻大陸（*fangong dalu*　counterattacking the mainland《カンターアタッキング・ザ・メインランド》）」という国民党の神聖な使命に貢献する若者たちの公的な組織だった。彼らの目的は、毛沢東が支配していた中国本土に反転攻勢（「反攻大陸」）をかけ、共産主義の圧政から同胞を救う「拯救同胞《じょうきゅうどうほう》（*zhengjiu tongbao*　save Chinese compatriots《セイヴ・ザ・チャイニーズ・コンパトリオッツ》）」を行うということであった。大元帥・蒋介石が総統府の大広間の一つに姿を現すのを待つのは、一九〇〇年代初め、紫禁城で西太后が開催した茶会で招待された諸外国の外交官の妻たちが西太后を待っているイメージと重ね合わせるのは難しいことではない。

蒋介石が姿を現すと、人々は惹きつけられた。蒋介石は長い間、世界でもっとも人口の多い国の指導者であったし、一時期は、ウィンストン・チャーチル（Winston Churchill　一八七四〜一九六五年）、フランクリン・デラノ・ルーズヴェルト（Franklin Delano Roosevelt　一八八二～一九四五年）、ヨシフ・スターリン（Joseph Stalin　一八七八～一九五三年）と並んで「世界四大指導者」の一人に数えられ、一九四三年一一月に開催されたカイロ会議に招待された。スターリンは最終的にカイロ会議への出席を拒否した。[1]二〇年後、蒋介石は王座を追われた亡命者として、孤立した亜熱帯の島にいた。一九四九年に自分が統治していた国と国民を引き渡さねばならなくなり、蒋介石は敵であった毛沢東によって不名誉な形で国を追われ、逃避行をせねばならなかった。蒋介石は、台湾という小さな島に逃れ、彼自身が一度は中国本土で支配した国家の幻影をそこに投影し、君臨することになった。台北に中国本土のほぼ全てが収まっているかのようであった。

ぎこちない雰囲気の中で進められたお茶会の中で明らかになっていたことだが、大元帥・蒋介石は矛盾に満ちた人物であった。蒋介石は彼自身の中にある情熱を軍隊式の規律で和らげること、そして儒教的自己管理法で自分を取り巻く屈辱的な現状を受け入れることを学んでいた。人々の目、特に外国人の目から見て、蒋介石は不快そうに見えたが、それを強い人物であるという印象付けを行うために横柄さを装うことで緩和しているようであった。遠くから見ている分には、蒋介石には力があるように見えた。しかし、より近くで見てみると、彼の厳格さがかえって不安定さと脆弱性を示しているように見えた。蒋介石は仕立ての良い孫文スーツに身を包み、薄い唇にティーカップを運んでいた。私は、蒋介石がきちんと自分自身を律し、落ち着いて威厳を保っているポーズを取ろうと努力しているように感じた。しかし、彼自身は自分には中国の支配権がないこともよく分かっているようであった。寄せ集めの外国人の学者たち（彼らの中には自転車で宮殿にやってきた者もいた！）の前に姿を現すことは、蒋介石が中国の支配権を失って凋落したことを示していると私は考えざるを得なかった。

彼の住む宮殿には悲劇の人が住む場所というイメージが付きまとっていたが、誇り高い蒋介石は凋落したという恥辱にうまく対処していた。他の中国の指導者の多くと同様、蔣介石は生涯をかけて中国人の偉大さを復活させようと努力した。彼は、「中国を救い、中国を強大な、そして独立した国家にする。そして、世界の国々と対等の地位を得るようにする」と人々に語り、アピールすることで中国人の偉大さを取り戻そうとした。[2] しかし、実際には蔣介石は、南海に浮かぶ島に閉じこもったままで、中国の富強を回復させようと試みて失敗した人物伝の一人になってしまったのである。

一九六〇年代初めに台湾で生活するということは、歴史上の行き止まりの土地で生活するようなものであった。留学生たち、特にアメリカからの留学生たちは、台湾海峡を挟んで一〇〇マイル離れていた「本物の中国」に渡ることを厳しく禁止されていた。中国本土に最接近するにはバスに乗って台湾西部の沿岸部に行き、漁村の近くでキャンプをし、北京からの放送を、小さな電池式のトランジスタラジオで聞くことしかなかった。中国本土からの放送を聞くことは違法であった。星が輝く夜空の下、浜辺で寝転がりながら、魅惑的な北京語でのプロパガンダ目的のニュースを雑音交じりの放送で聞いていた。刺激的な、歴史上のドラマが、蔣介石と彼の亡命「政府」がある台湾の向かい側で起きていた。台湾にいて巨大な革命を巡る闘争が起きている雰囲気だけは感じることができた。

一〇年にわたる黄金の日々

蔣介石は毛沢東よりも六歳年上であった。一八八七年、浙江省渓口の塩商人の家に生まれた。渓口は浙江省の沿岸部にあり、商業が盛んであった。そして、儒教の伝統が重視される地域であった。若い時の蔣介石は儒教の古典を勉強した。蔣介石は儒教教育を通じて、自己陶冶と礼儀作法の習得に必要な責任感を刷り込まれ、年上を敬い、上位者に服従せねばならないという社会の自然なヒエラルキーについて理解していった。[3]

しかし、一九〇五年、蔣介石は伝統的な見合い結婚をした後、反抗の証として辮髪を切り落とし、日本に留学した。[4] 当時の日本に留学した孫文、陳独秀、魯迅、そして梁啓超のような当時の中国の若者たちは文化と政治に関する新しい思想や知識を思い求めていた。しかし、蔣介石が関心を持ったのは、軍事的な戦略、戦術、技術であった。中国の留学生たちの多くが新しい思想の導入を通じて、中国の文化と中国人の意識を変革したいと望んでいたが、蔣介石は国家の防衛のために戦争術を習得しようと日本の士官学校で学んだ。

蔣介石は保定陸軍軍官学校（Central Army School in Baoding）に入学するために中国に帰国した。しかし、それから一年もしないうちに日本に戻った。今回は、東京振武学校で学ぶためであった。東京振武学校は、中国からの留学生に軍事教育を行う学校であった。[5] 蔣介石は日本で軍事に関わる生涯のスタートを切った。蔣介石は日本において、同じく浙江省出身であった陳其美《ちんきび》（Chen Qimei　一八七八〜一九一六年）を通じて孫文の率いていた中国同盟会や共和運動を紹介された。一九一一年に清朝が崩壊しつつあった時、蔣介石は陳其美から電報を受け取った。その内容は、彼に上海に戻り、新しく結成された反清朝民兵組織に参加してくれるように依頼するものであった。蔣介石は後に「これが私の革命に捧げた人生の本当の出発点になった」と回顧している。[6] 中国の無秩序と混乱は一〇年ほど続いた。この時期、一九一三年に蔣介石は日本に戻り、孫文と初めて個人的に対面した。そして孫文と共に行動し始めた。その究極的な目的は、陳其美と共に袁世凱政府の地方高官たちを暗殺する「決死隊」を創設することであった。[7]

袁世凱政府が放った工作員が逆襲に出て、陳其美が暗殺されたのが一九一六年五月であった。蔣介石は衝撃の余り、意気消沈し、酒に溺れるようになった。[8] しかし、蔣介石は孫文との連絡を絶やすことはなかった。陳其美の暗殺という悲惨な事件は、中国が無秩序の混乱の中にあることを示す事件であった。蔣介石はこの時期、孫文の率いる広東軍（Guangdong Army）の中で順調に昇進していった。そして、一九二二年、孫文を救出するために緊急的に呼び出された。この時、孫文は争っていた広東の軍閥によって珠江に停泊していた戦艦に囚われていた。[9]

一九二三年八月、孫文は蒋介石をモスクワに派遣し、軍事組織と党組織の研究をさせた。そして、一九二四年六月、孫文が広東にソ連の援助で黄埔軍官学校（Whampoa Military Academy）を開学した時、蒋介石は校長に任命された。そして、この時に周恩来《しゅうおんらい》（Zhou Enlai　一八九八〜一九七六年）は同校の政治委員となった。それ以降、蒋介石の人生は孫文と彼の遺産と別の面で絡み合うようになった。孫文は宋慶齢《そうけいれい》と結婚した。宋慶齢はアメリカで教育を受けた、敬虔なキリスト教であったチャーリー宋の三人の美しい娘の一人であった。チャーリー宋は中国に帰国し、乾麺の販売で大成功を収め、巨万の富を築いた。[10] 一九二一年のクリスマスにチャーリー宋の上海にあった邸宅で開かれたパーティーで、蒋介石は、宋慶齢の妹で、アメリカの名門女子大学ウェルズリー大学の卒業生・宋美齢《そうびれい》（Song Meiling　一八九八〜二〇〇三年）と出会った。蒋介石はたちまち恋に落ちた。[11] しかし、蒋介石はそれまでに何度も結婚し、その時はまだ正式な離婚手続きが終了していなかった。そこで蒋介石は宋美齢を婚約者とするというアイディアを出したが、厳格なキリスト教徒の家族である宋家は難色を示した。そこから蒋介石は長い間求婚を続けた。蒋介石は恥ずかしがり屋で厳格な人間であったが、この時は日記に、洞察力があり、活発で、煙草を燻らせる美人の宋美齢への想いを書き留めている。

「ここ最近、昼も夜も、私の頭に浮かぶのは宋美齢のことだけだ」[12]

彼の離婚が正式に認められ、定期的に聖書の学習を行うことなどを条件として、蒋介石はようやく宋家から結婚の許しを得ることができた。蒋介石と宋美齢は一九二七年一二月一日、結婚した。結婚式は上海でキリスト教式と中国式で行われた。そして、マジェスティックホテルの巨大なダンスホールで華麗な披露宴が行われた。宋美齢と結婚した時期はちょうど蒋介石が中国を軍事的に統一するという試みに成功した時期であり、宋美齢との結婚によって、蒋介石は中国の新興の資本家階級と西洋との間の関係を深めることになった。

一九二五年に孫文が亡くなるまでに、野心を内に秘めた蒋介石は、自分の人生は中国の運命と密接不可分の関係にあると考えるようになっていた。そして、孫文が亡くなった時、蒋介石は国民党の実権を掌握し、訓練が行き届いた軍隊を新たに作り上げ、中国を再統一するための北伐（Northern Expedition《ノーザン・エクスペディション》）を開始した。この時、蒋介石は三八歳であった。国民党軍が軍閥から武漢を奪取した後、蒋介石は鉄塔を山の上に建設させて「廃黜《はいちゅう》不平等条約（*Feichu bupingdeng tiaoyue* Abolish the unequal treaties《アボリッシュ・ジ・アンイークォール・トリーティーズ》）」と巨大な文字で彫らせた。[13] 蒋介石は中国の統一者として絶頂を迎えたのは一九二八年一月四日であった。この時、蒋介石は国民政府政治協議会議長に選出された。国民政府は首都を南京に移した。[14]

一九二五年に蒋介石が国民党の指導部を掌握した当時、誰にも中国の転落を如何に止めるか分からない状況にあった。しかし、一九二六年に蒋介石はソ連によって訓練された陸軍を使って北伐を開始し、軍事的な勝利と密室での談合、そして僥倖によって、封建的な軍閥の割拠によってパッチワークのような状態になっていた中国に一応の統一をもたらすことができた。これは偉大なそして全く予想できなかった大勝利であった。

蒋介石の権力の座からの転落から考えると、蒋介石のその時期の台頭と成功が如何に鮮やかだったかということを思い出すのは難しい。蒋介石が台頭するまで、中国の将来に自信を持っている人などほとんどいなかった。魯迅のような懐疑主義者たちは、中国が不幸のどん底から這い上がることなど不可能だと絶望していた。アメリカのジャーナリストで研究者でもあったナサニエル・ペッファー（Nathaniel Peffer　一八九〇～一九六四年）は、この当時の状況を一九三〇年に出版した『中国：一つの文明の崩壊（*China: The Collapse of a Civilization*）』という適切なタイトルの著書の中で次のようにまとめている。「現在の中国が呈している状況は衝撃的なものである。最近の中国は混乱を収拾することができず、指導者たちは無能で、悲劇をもっと酷くして滅亡したいという本能のままに動いているようであった。この一世紀もの間、中国に国民政治家としての気概を持つ人物は出現せず、統一を促進し、建設を進めるということもできなかった。歴史家ロイド・イーストマンの言葉を借りれば、蔣介石が直面した難題は、「大変なものであった」[15]。中国全土を一世紀以上にわたって覆い尽くした分裂の流れを逆行させることであった。この期間、中国には中央政府というものが存在しなかったのだ」[16]。

蔣介石は成功を収めた。しかし、統一され、強化された中国に対する深刻な脅威となると蔣介石が考えたグループが存在した。その勢力は小さいものであったが、蔣介石は危険を感じていた。それは、数年前に孫文の決断によって成立した国共合作で同盟者となった共産主義者たちであった。蔣介石は一九二六年のある日の日記でソ連からの顧問団について次のように書いている。「私は誠意をもって彼らを処遇している。しかし、彼らはペテンでもって報いてくる」[17]

一九二七年四月、蔣介石は「白色テロ（white terror《ホウイト・テラー》）」を開始し中国全土に衝撃を与えた。彼の師である孫文と提携した共産党の指導者たちの多くを虐殺した。特に激しかったのが上海であり、マフィアによく似た犯罪組織である青幇《ちんぱん》（Green Gang《グリーン・ギャング》）によって虐殺が行われ、共産主義者たちの粛清は凄惨で血塗られたものとなった。この白色テロは、蔣介石自身と国民党とが共産主義者たちの助けを借りずに中国を再統一できるという自信を持ったことを示すものであった。国民党はレーニンの党建設理論に従って再構築されていた。

共産主義者の武装勢力は地下に潜り、あるいは地方に逃れた。そして蔣介石に不満を持った軍閥たちも国民党に参加するようになった。一九三〇年、蔣介石率いる国民政府は南京に新しく首都を移すことを計画した。南京では孫文の陵墓が建設中であった。蔣介石は首都を荘厳で壮大な街にし、「中国全土のエネルギーの源泉」「全世界の模範」としたいと望んでいた。[18] 英雄を讃える記念碑、荘厳な公園、新しいビル、大通り、パリとワシントンを真似たデザインを取り入れつつ、新しい南京は「中国文化の栄光を示す」ような都市にするようにと計画に参加した人々に蒋介石は語った。[19] 豪華な装いを南京に施すことは、多くの中国人が求め続けた繁栄と強大さの象徴や幻想を現実の世界に出現させることであった。

次に蒋介石は、財政改革に取り組んだ。蒋介石は、ハーヴァード大学で教育を受けた実業家である、義弟の宋子文を責任者に任命し、財政改革にあたらせた。そして、港湾、高速道路、鉄道、空港、新しい法体系に資金を投入していった。蒋介石がこのような野心的な試みに取り組んでいる時、世界は恐慌の真っただ中にあり、日本軍は満洲を占領していた。そして、毛沢東は中国の広大な農業地域において蒋介石に反抗する農民運動を組織していた。国共合作が崩壊したことを受けて、蒋介石は「盗賊鎮圧」のための実力行使を始めた。これは毛沢東率いるゲリラを掃討することを目的としたものだった。一九三三年に行ったある演説の中で、蒋介石は「現在、私たちは外国からの脅威と国内の脅威の両方と戦っている」と述べた。これは馮桂芬が使った「内憂外患」という言葉を繰り返したものだ。蒋介石は続けて次のように語った。「国内で言えば、暴虐な盗賊たち（共産主義者たち）が家や田畑を燃やし尽くし、人々を殺害している状況だ。そして国外からは日本の帝国主義者たちが海を渡って中国を侵略してきている。彼らは中国の国土を少しずつではあるが奪い取っている。彼ら帝国主義者たちは中国という国を滅ぼすまで満足することはない」[20]。共産主義者と日本の帝国主義者という二つの敵を比べた場合、蒋介石にとってどちらが危険かは明白であった。「日本の侵略は国外からのものでいわば皮膚病のようなものだ。一方、盗賊による反乱は国内で発生したもので、これは深刻な心臓病のようなものだ。私たちは皮膚病に対処する前にまず心臓病から治療しなければならない。心臓病を治療せずに放置すれば、患者を殺してしまうことになる。一方、皮膚病は治療が遅れても命にかかわることはない」[21]。蒋介石のこうした考えは、恭親王・愛新覚羅奕訢が、円明園が英仏軍によって破壊された後に、咸豊帝の述べた言葉を繰り返したものだ。恭親王は次のように述べた。「太平天国の叛徒どもは私たちの心に大きな不安を与えました。イギリス軍は私たちの手足に不安を与えた程度のことです。私たちはまず太平天国を鎮圧しなければなりません」[22]。中国の独立系新聞社の一つであった大公網は一九三六年、蒋介石の指導の下にある中国について次のように書いている。「ここ数カ月、人々の政府に寄せる信頼感は戻りつつある。まるで死体が生き返ったようなものだ」[23]

一九三六年一二月、劇的な変化が起きた。満洲出身の愛国心溢れる軍閥指導者であった張学良《ちょうがくりょう》（Zhang Xueliang　一九〇一～二〇〇一年）は中国の古都である西安郊外で蒋介石を人質にとり、蒋介石に対して共産主義者たちとのあいだで統一戦線を再び組み、日本との戦いに集中するように求めた。西安事件は蒋介石にとって屈辱的な事件であったことだろう。しかし、蒋介石は張学良の要求を受け入れ、釈放された。そして、蒋介石は南京に帰還したが、この時人々は凱旋将軍を迎えるような熱烈な歓迎を示した。多くの人々が街頭に溢れ、大元帥への支持を示したのだ[24]。

世界の指導者たちも蒋介石の建国事業への取り組みを見て、中国への印象を変えた。彼らの多くが中国はついに国家を自力で運営する能力を回復させたと考えた。問題は山積していたが、一九三〇年代の初めの中国では、これから「一〇年にわたる黄金の日々（golden decade《ゴールデン・ディケイド》）」が始まると誰もが話していた[25]。左翼志向のジャーナリストであったアメリカ人のエドガー・スノー（Edgar Snow　一九〇五～一九七二年）はこの時あまり楽天的な見方をしていなかった。彼は冷笑を込めて次のように書いている。「おそらく、一九三〇年代は、一握りの外国人実業家と買弁（compradors）にとって光り輝く時代となるであろう。しかし、この時期、膨大な数の民衆が飢餓、洪水、伝染病やその他予防可能な災害に苦しまないという年は一年もないであろう。そして、数百万の農民が土地を失ってしまうだろう。蒋介石率いる南京政府は、こうした状況を改善するための計画を常に発表しているが、常に延期している」[26]

日本と「一〇年にわたる黄金の日々」の終焉

国家の再生と希望に溢れた期間は、日本の帝国主義者たちが中国本土に野心を向けてきたために、すぐに終焉した。蔣介石の前の世代の梁啓超と孫文と同様に、蔣介石も最初は中国と日本が汎アジア的な協力関係構築に合意できるという希望を持っていた。しかし、彼の目を覚ます事件が一九二八年に起きた。山東省の沿岸部にある済南市はドイツの租借地であったが、ヴェルサイユ条約で中国側に返還されることになっていた。しかし、日本が実質的に占領して条約の内容を履行しなかった。それどころか、日本政府は密かに済南市に駐留する日本軍を増強した。そして、一九二八年五月三日、蔣介石が済南市を実力で奪還しようとしたところ、日本軍は抵抗し、済南市に立て籠もった。戦闘中に多くの兵士と市民が犠牲となった。[27]

日本軍の暴虐と中国軍の敗北に怒りを募らせた蔣介石は、日本人を「倭寇（dwarf pirates）《ドワーフ・パイレーツ》」と侮蔑を込めて呼んだ。[28]しかし、中国軍の抵抗が弱かったために、満洲は蔣介石のコントロールから離れ始めた。そして、一九三一年、日本は傀儡国家（puppet state）《パペット・ステイト》である満洲国（Manchukuo）《マンチュークォー》を作り上げた。一九三一年九月一八日の日記の中で、蔣介石は次のように書いている。「私たちは完敗だ。満洲国を建国されてしまった！しかし、私たちに残された最後の道は、最後まで私たちの責務を全うすることだ」[29]

蔣介石は中国中部で共産党と戦うために軍事力を温存し、中国北部で日本軍と戦うことを避けると決心した。これは、日本軍がほぼ何の抵抗も受けることなく進軍することを意味した。しかし、蔣介石はこのような苦渋の決断をすることに屈辱感を覚えた。そして、彼は日記に繰り返し、その無念な気持ちを書きつづった。一九三四年四月一八日の日記の中で、蔣介石は絶望感に耐えながら次のように書いている。「我が国がこのような恥辱を完全に払拭するためにどのようにしたら人々や資源を有効に動員できるだろうか？」[30]

日本は中国に対する領土的野心を募らせ、ほぼ無力な隣国である中国の中心部を制圧しようと進軍を続けた。日本の駐中公使を務めた男爵林権助《はやしごんすけ》（一八六〇～一九三九年）は冷酷に次のように語った。「歴史上の出来事が示しているように、列強が団結する時、中国に対してどのような条件をも呑ませることができる。列強が中国と交渉する時には、自分たちが望むものを主張し、それを主張し続ける。望むものを手に入れるまでずっと主張し続けるのだ」[31]

中国の人々は、中国が屈辱を受けているという思いを募らせ、その怒りが蒋介石の日本軍とは戦わないという戦略に向かった。西安事件と一九三七年に北京郊外で起きた盧溝橋事件の後になって、ようやく蒋介石は日本軍と戦う以外に選択肢はないと決心した。彼は日記に次のように書いている。「日本は私たちに挑戦してきている。私たちはその挑戦に敢然と立ち向かわねばならない。時は来たのだ！」[32]

日中間の戦争は一九三七年一一月の上海事変を始まりとして拡大していった。各地で悲惨な戦いが続いた。そして、一九三七年一二月には南京大虐殺が起きた。蒋介石と妻の宋美齢は彼らが誇りにしていた新首都南京を全力で守備し、日本軍に抵抗する決心を固めた。日本軍が攻撃を初めて数週間、中国軍は実力に勝る日本軍に対して英雄的な抵抗を示し、何とか南京を守備しようと試みた。大総統宮殿を囲んでいた砲台に火が回り始めて、中国軍は最終的に抵抗を止めた。

日本軍が南京を占領した時、数多くの中国人市民が傷つき、暴行を受け、拷問され、虐殺された。これは、第二次世界大戦中で最悪の残虐な事件の一つであった。ナチス党員でドイツ人実業家であったジョン・ラーべ（John Rabe　一八八二～一九五〇年）は当時、仕事で南京に駐在し、日本軍から数多くの南京市民を救おうと奔走した人物であった。彼は「中国のシンドラー」として知られている。ラーベは次のように証言している。「南京のあらゆる場所で目にしたのは、日本軍兵士の残虐で野蛮な行いであった」[33]

蒋介石にとって、新首都南京を失ったことは耐え難い屈辱であった。そして、ある程度の発展では、凶暴な諸外国の軍隊から国を守ることはできないのだという苦い教訓を得た。一八六〇年のアロー戦争、そして一九〇〇年の義和団の乱の時の西太后と同じく、大元帥である蔣介石も拠点を中国の南西部の奥深くにある重慶に移した。蔣介石は次のように断固とした決意を語った。「戦争は南京では終わらないし、その他の都市でも終わらない。戦争は我が国が持つ広大な地方において決まるだろう。そして、人々の固い信念によって決まるだろう。私たちは長い戦いを最後の最後まで戦い抜く」[34]。それから日本が最終的に敗北する一九四五年までの七年半の間、日本軍は国民党軍と共産党軍（人民解放軍）の両方の抵抗を受けながらも、比較的軽い損害で中国を蹂躙し、中国の人々に対して残虐な「殺し尽くす、焼き尽くす、盗み尽くす」という行為を行った。

日本は中国のかなりの地域を占領した。しかし、蔣介石の試練はそれだけでは終わらなかった。戦時インフレは年々悪化の一途をたどり、地方、都市関係なく、人々の生活は苦しくなり、経済的な悲劇は酷くなっていった。戦時インフレに加えて、蔣介石にとって悩みの種となったのは、自身が率いる国民党内部で腐敗が蔓延したことであった。一九四〇年代に入ると、蔣介石の救国の英雄としての正統性に対して深刻な攻撃がなされるようになった。蔣介石は清廉であるという評判は聞かれなくなり、ジャーナリストのエドガー・スノーは揚子江の上流部にある国民党の臨時首都である重慶を「中国にあるアウゲイアス王の牛舎（訳者註：三〇〇〇頭の牛を飼いながら三〇年間掃除をしなかったという、ギリシア神話に出てくる伝説）」と呼び、そして国民党政府については「少数の国民党員による独裁体制となっていて、その頂点に蔣介石がいる」と書いた[35]。

一九四三年、アメリカ人ジャーナリストでスノーと同じく高名であったが、批判精神旺盛であったセオドア・H・ホワイト（Theodore H. White　一九一五～一九八六年）は蔣介石にインタビューをし、蔣介石について「彼は外国にとって役立つ人物ではないばかりでなく、中国人にとっても役立つ人物ではないことが分かった」と書き残している[36]。一九四〇年代の末、日本が最終的に敗北を迎えた後、蔣介石は最後の恥辱に苦しむことになった。蔣介石は毛沢東に内戦で敗れ、中国本土から台湾に追われたのである。

蔣介石の光と影（陰陽）

蔣介石の中国の「最高指導者」の地位はジェットコースターのように上がったり下がったりが激しいものであった。しかし、蔣介石を指導者に押し上げ、彼の思考を具体化し、彼の意思決定を導いたものは何であろうか？　蔣介石は中国復活のための改革の努力の積み重ねの歴史にどのように位置づけられるのだろうか？

蔣介石は中国が動乱を迎えた時期に生まれ成長した。そうした時代の影響を受けて、過去と現在、東洋と西洋、儒教とキリスト教、権威を求める本能と民主政体を尊重する姿勢といった対立するものを内部に共存させる矛盾を抱えた存在であった。蔣介石は伝統主義者であり、儒教の「君子（junzi gentleman《ジェントルメン》）」の概念を重視していた。君子とは、自己涵養を通じて高い意識と指導能力を獲得する存在とされた。蔣介石は中国の古典を愛し、中国の政府と社会に伝統的な価値観を回復するための勤勉な努力を行うことを指導者としての責務の第一に置いていた。「彼は時に勤勉ではなかった」と言う人々もいた。しかし、彼はそうであろうと努力した。蔣介石は唐時代の詩を愛読し、書道の達人であり、儒教スタイルの自己反省を綴った日記を書き続けた。[37]　蔣介石は西洋の言語を話すことはなかった。日本への留学とソ連での短期滞在以外に外国というものを見たことがなかった。蔣介石は武人的な規律、抑制、秩序を好み、世界における中国の地位と将来を自分のこととして考える熱心な愛国者であり、ナショナリストであった。蔣介石が政治に関わって多忙を極めるようになった後も、ある古い学者のやり方に影響を受けて、浙江省にあった山荘を修理して、そこに滞在することで政治から時々離れた。彼は山荘で儒教的な反省と自己研鑽に励んだ。

他方、アメリカで教育を受け、英語を話し、熱心なキリスト教徒であった宋美齢を妻に迎えて以降、蔣介石は福音書を読み、毎日礼拝を行い、日記の中でキリストの長い苦難について言及するようになった。しかし、蔣介石が東西の間にある分裂を埋めようとすればするほど、彼は自分自身の中に解決できない大きな矛盾を抱えるようになった。師である孫文と同じく、西洋と日本について中国を苦しめる存在であると考える時でも、蔣介石は自分自身を西洋と日本から完全に分離することができなかった。蔣介石の抱える矛盾の根本にあったのは、中国に対する処遇についての怒りを声高に表現することに対する躊躇であった。蔣介石は西洋化された中国人を妻に迎えたので、象徴的に西洋と結婚した人物として見られた。そして、戦時中はイギリス、アメリカと同盟を組んだために、中国に不平等条約を強制した国々に依存した人物と考えられるようになった。蔣介石は自分自身が痛みを伴う矛盾の中にいることに気付いた。その一例として、彼の衣装に関する習慣が挙げられる。蔣介石はプロシアの将軍のような仕立ての良い軍服に肩章、勲章、ピカピカに磨かれた革製の軍靴、それに帯剣というスタイルの盛装をする時があった。また、西洋流の肩マントと黒い帽子という時もあった。そして、伝統的な儒学者のスタイルであるローブと絹製の靴を履くこともあった。更には襟の高い孫文スーツを身に纏うこともあった。蔣介石は衣装に関して、西洋と東洋両方の影響を受けていた。蔣介石は儒教を信奉していたが、時にはステッキを持って歩くこともあった。彼は、西安事件の時に誘拐者たちから逃れようとして背中を痛めたのでステッキを使うことを自分に許した。しかし、彼がふんぞり返ってステッキを振り回して歩く姿は、植民地の人間がイギリス人に憧れてその真似をしているような雰囲気を纏っていた。

蔣介石は華やかな衣装を着る習慣を持っていた。しかし、蔣介石は大変に保守的な男性で、伝統的なものに囲まれている時に快適さを感じる人物であった。蔣介石はまた一種の排外主義者であった。彼の愛国心は国家の自尊心が傷つけられているという考えから生まれたものであった。蔣介石が考えていたように、各国との不平等条約は「中国人の自尊心を破壊し、恥の概念を完全に消し去ってしまった」[38]。蒋介石は日本軍による中国各地の占領という事態を目の当たりにし、屈辱感をどんどん募らせていった。

セオドア・ホワイトは蒋介石について次のように書いている。「蒋介石について考える時に、まず思い浮かぶ彼の特徴は、傲慢な中国人の誰もが典型的に持つ過剰な自尊心だ。一世紀に及ぶ恥辱を彼は他の中国人と共有していた。そして、彼の性格のあらゆる面にその影響が深く刻まれていた」[39]

蒋介石は中国の弱さという問題を解決できない事実に直面し、怒りを抑制することに努めながら、それでもどうしようもなく怒りを表に出すことがあった。ホワイトは蒋介石が「いつもは冷たいほどに自己抑制をしているが、癇癪を起こし、叫び、ティーカップやお盆を投げ、書類を引き裂き、手が付けられないほど怒りを露わにすることがあった」と述懐している[40]。ホワイトは次のように述べている。「蒋介石は怒りのあまりに痙攣を起こすこともあったし、人を殴ることもあった。そして、その怒りが酷い時には、人を殺してしまうこともあった」[41]

外国からの侮蔑と中国が自衛すらままならないという事実に蒋介石の自尊心は傷つけられた。彼はその傷を癒すことができなかったと思われる。そして、中国の国家としての自尊心は、自分自身の自尊心と同じく、長年傷つけられてきたと考えた。蒋介石のこうした考えは、五四運動の参加者たちも持っていたナショナリズムと共通するところがあった、五四運動の参加者たちは、ナショナリズムに基づいて中国の古い思考様式や行動様式に対する容赦のない攻撃を生み出すことになった。しかし、蒋介石の持ったナショナリズムは過去に対する攻撃には向かわず、中国の「基本精神（*jiben jingshen* fundamental spirit《ファンダメンタル・スピリット》）」を復活させるための伝統に戻る方向へ向かった。「基本精神」は蒋介石が好んで語った概念であり、孫文がその復活を夢見た「国家精神（national spirit《ナショナル・スピリット》）」に類似したものであった。

蒋介石の文章や演説には、孫文の三民主義を遵守するだけでなく、中国の復興に向けての確実な道である儒教の核心的な価値観へ回帰することへの情熱が溢れていた。蒋介石は陳独秀のような人物の主張にはほとんど親近感を持たなかった。陳独秀の主張を支持した学生たちは、北京や各都市の街頭に出て「孔子とその息子たち」を攻撃した。蒋介石は、このようなデモを「中国人の敢闘精神と愛国心」を示すものだと認識した。[42] しかし、デモ参加者の中国の文化的な遺産を廃絶しようという意図は虚無的なものであると考えた。

蒋介石は新文化運動について次のように懐疑的な姿勢を示した。「新文化運動なるものは、古い倫理観を覆し、中国の歴史を否定することを意図しているものなのだろうか？　そして、諸外国に対する宗教に近い盲信と中国以外の文明の無批判な導入と受容を意図しているのだろうか？　もしそうならば、私たちが追い求める新文化なるものは、あまりに単純で、安っぽく、そして危険なものだ」[43]

蒋介石は政治的には革命志向であったが、文化的には伝統重視であった。一九三三年、彼は次のように述べている。「革命を目指す政党の党員として、私たちは伝統的な価値観と精神の維持のために真摯に献身しなければならない。そうすることでのみ、私たちは我が国の最も重要な文化を復興させ、世界における高い地位を回復させることができるのだ」[44]

不平等条約と排外主義

蒋介石の不満の根本には「血も涙もない、そして強制力を伴った諸外国との間の不平等条約」があった。[45] そして、蒋介石はこれらの不平等条約は中国を身動きできない状態に置く「拘束具」だと考えた。[46] もちろん、各国との間の不平等条約は中国の主権を侵害していた。蒋介石を更に苛立たせたのは、これら不平等条約が「抵抗する気概がないまま降服したという雰囲気」を伴っていることであった。[47] この無気力な雰囲気は中国の人々の間に充満していた。

蒋介石の文章や発言には至る所で排外主義（anti-foreignism《アンタイ・フォーリニズム》）が見受けられた。一九二五年初頭、黄埔軍官学校の生徒を含む五〇名の中国人のデモ参加者が広東でイギリス軍によって殺害されるという事件が起きた。この直後、蒋介石は日記に次のように怒りをぶちまけている。「愚かなイギリス人たちは中国人の生命をゴミとしか見ていない。イギリス人を絶滅させる以外に人類全体を解放することなどできようか？」[48]

中国が不平等条約によって苦しめられている状況に対して蒋介石は不満と怒りを募らせていった。そして、蒋介石は不平等条約の破棄を勝ち取ることを決心した。彼は次のように書いている。「数百年間にわたって続いた中国の国際的地位の低下と人々の士気の低下の原因は不平等条約にある。そして不平等条約とそれに基づいた行為は中国の国家規模の恥辱の記録なのである」[49]

中華民国の大総統として南京に落ち着いた後、蒋介石は一九三〇年以前に結ばれた治外法権の全てについて再交渉を行う意志があることを表明した。しかし国民政府はあまりに無力で、西洋諸国は非協力で、日本に至っては言わずもがなであったために、蒋介石は彼の希望をまるで実現することができなかった[50]。一九四三年になってやっとイギリスとアメリカは最終的に全ての不平等条約を廃棄することに同意した。中国の人々に「領土を割譲し、賠償金を支払う」ことを強いてきた憎悪のサイクルはやっとのことで消え去った[51]。

不平等条約によって中国は屈辱を受けた。蒋介石はそのことを彼自身の面目が失わされたことと同じだと考えた。そして、そのことを中国全体に伝えたいと考えた。蒋介石は著作全てに、怒りに打ち震える姿が分かるような筆致でそのことを書き記した。「今、私たちに出来ることは恥辱に耐え、復讐の準備をすることだけだ」。蒋介石は北伐によって中国の再統一に成功したが、外国による占領という苦い記憶を消し去ることはできなかった。彼は次のように書いている。「喪失した領土は回復できるし、またそうしなければならず、そして国家が蒙った恥辱は晴らされるという固い信念を私たちの先祖は持っていた。私たちもその信念を国民に持ってもらうようにしたい。そのためには国民を一〇年にわたって教育し、訓練しなければならない」[52]

蒋介石は復讐が成功するまで耐え忍ぶことを人々に求めた。そして、彼は春秋戦国時代に存在した王国の一つである越の王であった勾践《こうせん》（Goujian）の故事を使った。勾践については歴史家のポール・コーエンが素晴らしい研究を行っている。勾践の故事は大変古い話であるが、中国では現在でもよく知られている。中国の人々は、このモンテ・クリスト伯の話によく似た故事について詳しく知っている。故事の内容は、越王の勾践が競争相手の王によって王国を滅亡させられ捕虜となったが、いつの日か再起し、競争相手を打倒するという意志を曲げることなく苦しみに耐え、ついに王国を再建し、屈辱を晴らしたというものである。勾践は屈辱と復讐をするという自分に課した義務を忘れないようにするため、薪を積み重ねたごつごつとした寝床で眠り、寝床の上に苦い肝を吊るしてそれを毎日嘗めた。そうすることで自分と自分の王国に起きた屈辱を忘れず、それを晴らすという信念を保ち続けた。勾践の物語は「臥薪嘗胆（*woxin changdan*　to lie on《トゥー・ライ・オン・》 brushwood and taste gall《ブラッシュウッド・アンド・テイスト・ゴール》）」という故事成語として人々によく知られている。[53]

蒋介石は、勾践の示した忍耐力、不屈の精神力、固い決意を高く称揚した。一九二八年に日本軍が山東省の済南を不当に占領した時、蒋介石はその抵抗を排除できない中国の無力さを実感した。そして、軍の将官たちに対して勾践の故事を肝に銘じるようにという命令書を出した。蒋介石は敗北に打ちひしがれた。そして、この敗北を勾践の喫した敗北と重ね合わせた。そして、一九二八年以降、毎日の日記の最初に「雪恥（*xuechi* wipe away humiliation《ワイプ・アウェイ・ヒューミリエイション》）」と記すようになった。[54] このようにすることで、彼は自分自身との約束を忘れないようにした。彼は次のように書いている。「今日から私は毎朝六時に起床する。この屈辱を忘れずに心にとどめておく。そして国恥が完全に雪がれる日までそれを続ける」[55]

一九三一年九月に満洲事変が勃発した。この時、日本軍は奉天（現在の瀋陽）を制圧し、中国本土を南進する第一歩とした。満洲事変が起きた後、蒋介石は日記に次のように記している。「勾践は囚われの身となっている間、薪で作った寝床に寝て、苦い肝を嘗めていた。それだけでなく、彼は小便を飲み、糞便を食べていた。現在の私と比べてみて、勾践の苦境と屈辱に耐える力は数倍優れていると言える」[56]一九四九年に台湾に落ち延びて以降、蒋介石はますます自分自身と古代の英雄である勾践を重ね合わせた。[57]

中国の運命

蒋介石は生涯でいくつかの著作を著している。その中で最も価値のある著作で、蒋介石の政治的な感受性を理解できるものが『中国の運命（*China's Destiny*）』だ。この著作は帝国主義者から中国を守るために武器を取ることを人々に訴える内容だ。編集者の陶希聖《とうきせい》（Tao Xisheng 一八九九〜一九八八年）が原稿の段階から手伝い、一九四三年に出版された。出版された時期は、日本との戦争が最も厳しい局面にあった。蒋介石政権はイギリス、アメリカと同盟関係にあったが、この『中国の運命』の中で、蒋介石は、「外国からの経済的抑圧の牢獄」[58]や「危険で、悪意に満ちた策謀と帝国主義者の策動」[59]といった外国に対する侮蔑の言葉を書き連ねた。『中国の運命』という著作を出版することで、蒋介石は、孫文が種を蒔いたナショナリズムと中国人の被害者意識を高め、爆発させようとしたのである。

蒋介石は『中国の運命』の一ページ目で、「外国からの侵略によって防衛線が突破され、国家の存立に必要な領土を占領された場合はいつでも、中国人は屈辱を雪ぎ、生き残るために、立ち上がり、領土を奪還するまで戦い続ける」と書いている。[60]彼は続けて次のように書いている。「喪失した領土を完全に回復するまで、私たちは雪辱し、破壊から自分たちを救う努力を止めることはない」。[61]清朝末期の変法自強運動に参加した人々の考えを要約しつつ、蒋介石は次のように書いている。「アヘン戦争から一九一一年の辛亥革命まで、中国人の一致した要求は国恥を雪ぎ、国家を強くすることであった」。[62]一九二七年に国恥記念日を制定したのは蒋介石であった。この「国恥」という言葉は、一九一五年に日本から中国に対華二一箇条の要求が出された際に、人々が繰り返し叫んだスローガンである「勿忘国恥（*wuwang guochi*　Never forget national《ネヴァー・フォーゲット・ナショナル・》 humiliation《ヒューミリエイション》）」から来ている。[63]

蒋介石のように誇り高く、中国の弱さに恥辱を感じていた人々にとって、戦時中に、アメリカとイギリスに対して依存し、恩義を受けるということは忍耐が必要なことであった。蒋介石は、自分の参謀本部議長にアメリカ軍の将軍であったジョセフ・〝ヴィネガー・ジョー〟・スティルウェル（Josepf 〝Vinegar Joe〟 Stilwell　一八八三～一九四六年）を迎えていた。スティルウェルは戦争が進む中で、蒋介石が日本軍との戦いに国民党軍を投入するのを躊躇っていることを侮蔑する態度を見せるようになった。蒋介石は連合国側が勝利すると予期し、日本軍の降伏後に必ず起こるであろう紅軍との間の内戦のために兵力を温存していた。[64] スティルウェルは蒋介石を「ピーナッツ」と侮蔑を込めて呼び、「イエスマンばかりに囲まれた頑固で、先入観が強く、自惚れがひどい独裁者である」[65]と公然と批判した。[66]

スティルウェルは蒋介石を激怒させた。そして、蒋介石は『中国の運命』の中で使った排外主義的な言葉を口にするようになった。それでも米英との間の外交関係を考慮して自制していた。蒋介石の代表作『中国の運命』を中国語で読める数少ない外国人たちは、激しい、そして排外的なトーンに困惑させられた。アメリカ国務省からスティルウェル付きのスタッフとして派遣された中国担当ジョン・S・サーヴィス（John S. Service　一九〇九～一九九九年）は、『中国の運命』を蒋介石が書いた『我が闘争（*Mein Kampf*）』だと指摘した。そして、次のように語った。「蒋介石は、中国の抱える問題や犯した失敗を全て外国からの侵略のせいにしている。彼の著書は、頑迷、狭量、ナショナリスティックな考えを広めようとする試みの一環であった」[67]

蒋介石の側近たちは、第二次世界大戦中に『中国の運命』の英訳を進めようとした。しかし、実際には中国語版の発売すらも禁止した。[68]『中国の運命』を今読んでみると、列強による中国に対する不当な取り扱いが正義に反すると蔣介石が考えていたこと、そして彼よりも前の世代の人々と同様、中国を再統一し、実力と影響力を回復し、世界においてふさわしい地位を得たいと熱望していたことがよく分かる。蔣介石は、自分の立てた目標を達成するためには、中国人のナショナリズムを喚起することが必要不可欠だと考えた。蔣介石は飽きることなく次の言葉を繰り返した。「人間の持つ感情の中で最も賞賛に値するのは、ナショナリズムである。国家は様々な自然の力で成立するが、国家が成熟するためには人間の本能に基づいた感情であるナショナリズムが必要となる」[69]

保護への回帰

孫文もそうしたように、蔣介石は演説や文章を通じて、「立憲民主政体」「自由」といったことに言及していた。ただ彼の場合は肩肘張らない表現を使っていた。蔣介石にとって、民主政治体制や自由といった概念は抽象的であった。そしてその実現には長い時間がかかると考えていた。それよりも中国の生存のための戦いと国家の復興の方が緊急の課題であった。そのためには統制が必要であった。民主政治体制は正しくて、良いものであることは間違いないところであったが、その実現には時期というものがあり、国家の統一、経済発展、国力の増強、国際的な地位の向上に資するものでなければならなかった。蔣介石は冷徹な現実主義者であり、規律正しい国民党と強力な中央集権的政府を実現するためならどんなものでも利用する人物であった。蔣介石はこれらが中国の独立にとっての前提条件になると考えた。

蔣介石は『中国の運命』の中で次のように書いている。「私たちが独立を保つためには、自分の力で立つということをしなければならない。そして、私たちが自由であるためには強くあらねばならない」[70]。中国国内のリベラルな人々は民主政治体制を理想化していることを蔣介石は承知していたが、「新文化」運動の参加者たちが求めたように民主政治体制のために民主政体を実現するつもりなどなかった。蒋介石は「全面的な西洋化（wholesale westernization《ホールセール・ウェスタナイゼイション》）」には繰り返し警告を発した。

蒋介石は中国には長期にわたる「政治的な保護」を人々に与える時期が必要だと確信していたが、彼のことを「独裁者」だとする意見に対しては気色ばんでそれを否定した。蒋介石はイデオロギーの点で複雑な状況を内部に抱え込むことになってしまった。ナショナリズム、民主政治体制、儒教、レーニン主義、キリスト教、そしてファシズムを内部に抱え込んでいた。

孔子がレーニンとムッソリーニに出会う

蒋介石は、近代化が進行する中で、中国国内の秩序と安定を維持したいと考え、そのためには儒教に戻ることが必要だと確信していた。儒教がこれからの中国の強さの源泉になると蒋介石は考えた。儒教における理想的な家族像とは、あらかじめできている階層の中で、家族の成員がそれぞれ与えられた地位を受け入れて、秩序が保たれているというものだ。そして、両親や年長者の権威を尊敬し、誠実にそして規律正しくそれぞれの役割を果たすというものであった。孔子は『論語（*Analects*）』の中で次のように書いている。「両親と年長者を尊敬している人は上位者に反抗することはない。上位者に反抗することがない人は国家に対して反逆を起こすことはない」[71]。儒教における典型的な家族モデルでは息子は親孝行をしなければならない。それと同じく、秩序が備わった国の良い国民は指導者を尊敬し、忠誠心を持ち、そして服従するものとされる。そして、このような国家の指導者は、国家の権威を独占する家父長的な独裁者となる。蒋介石はこのような儒教に基づいた道徳観を好んだ。蒋介石は、このような家父長的な支配者として国家を運営したいと望み、人々に対しては献身と服従を求めた。このような指導者についての伝統的な考えは、歴代の王朝の皇帝たちとほぼ同じであった。

蒋介石と妻の宋美齢は儒教道徳の回復に情熱を燃やし、新生活運動（New Life Movement《ニュー・ライフ・ムーヴメント》）という精神・政治運動を開始した。宋美齢はこの運動の根底にあるイデオロギーを「共産主義者たちによる騒乱と自然災害、そしてこれまでに蓄積されてきた貧困、無知、迷信、最後に外国からの侵略といった悲劇から人々を救う」と表現した。[72]儒教の重要な価値観、その一つとして恥の概念があるが、それらに基づいて新生活運動はスタートした。宋美齢はそれらの価値観にキリスト教の道徳観を加えた。宋美齢が掲げたキリスト教の道徳観は、個人の衛生、献身、温和さ、質素な暮らし、禁欲、愛国心、反共産主義を強調するものであった。この新生活運動は、マスコミの格好の揶揄の対象となった。『タイム』誌は新生活運動について「狂気の中に几帳面さ（Methodism《メソディズム》）を強調するなんて」と皮肉った。[73]教育のある中国人の多くが新生活運動を時代遅れで狭量なものとして批判した。そして、生きていくだけで精一杯の庶民は新生活運動に何の関心も持たなかった。[74]

蒋介石は儒教を復活させ、自分の支配を強化しようとした。しかし、彼の指導力の確立には儒教だけでは足りなかった。もう一つのより強力な要素を必要とした。彼の師であった孫文と同じく、蒋介石もレーニン流の厳しく統制された党組織に感銘を受けていた。レーニン流の党組織では、厳しく統制された、少数の「職業革命家」からなる指導部が全体を指揮し、職業革命家たちは、一つの絶対的なイデオロギーを信奉するとされた。[75]

一九二三年八月、蒋介石は孫文の「最も信頼する副官」として登場した。そして、代表団の最高責任者としてモスクワを訪問した。訪問の目的は、赤軍の将官たちから政治教育の技術を学ぶことと、ソ連共産党からレーニン流の党組織の諸原理について学ぶことであった。一九二七年、蒋介石が上海で共産主義者たちに対して「白色テロ」を仕掛けた時、国民党は皮肉なことに、レーニン流の組織理論と実践を吸収していた。[76]

蒋介石は一九三二年に行った非公式の演説で次のように語っている。「私たちが革命を成功させたいと望むなら、国民党による独裁を行わねばならない」[77]

二〇世紀の初めの二、三〇年を中国史的に見てみると、蒋介石を含む多くの革命家たちは、様々に異なった世界の政治や文化のシステムを導入しようとした。それぞれが「これは中国でも機能するだろう」と考えるものを導入しようとした。一九二〇年代、蒋介石が導入したものにはレーニン主義があった。蒋介石は「民主集中制」という党建設理論を用いて国民党を再編した。一九三〇年代に蒋介石が一時的に傾倒したのがドイツとイタリアで隆盛を極めたファシズム（Fascism）であった。彼は、統制、服従、党の規律と同じくらい、ドイツ文化（kultur《クルトゥール》）にある偉大な指導者という考えに関心を持った。そして、彼はまずレーニン主義に、続いてファシズムに傾倒していった。蒋介石はレーニン主義とファシズムの全てを導入した訳ではなかった。彼は、ヒトラー、スターリン、ムッソリーニ（Benito Mussolini　一八八三～一九四五年）の国民の動員と組織化について真似をした。蒋介石にとって魅力的なものとして映ったのは、伝統的な儒教の古い考えと一致する、全体主義のいくつかの側面であった。ドイツとイタリアのファシストたちは、それぞれの国が持つ家父長的な文化の要素を新しいイデオロギーであるファシズムに取り入れ、人々を惹きつけた。蒋介石は、ファシズムと中国文化、秩序、階層、正統主義の促進という彼の希望との間に一致点を見出した。蒋介石は更に、「中国はナチス化（納粋化　*nacuihua*　Nazify《ナチファイ》）する必要がある」とさえ発言したと言われている。[78]

蒋介石は国民党内部にファシズムの特徴を取り入れた組織である藍衣社（Blue Shirts）を創設した。この藍衣社は、三民主義力行社が正式名称で、ヒトラーの褐色シャツ隊（Broun Shirts）やムッソリーニの黒シャツ隊（Black Shirts）を真似た、準軍事組織であった。[79] しかし、蒋介石のファシズムへの傾倒はヨーロッパ各国の親ファシズムの指導者たちに比べれば軽いものであった。蒋介石とヨーロッパ各国の親ファシズムの指導者たちとの間の決定的な違いは、蒋介石の権威は、大衆を基盤とした政治組織ではなく、中国の伝統的な秘密結社（secret societies《シークレット・ソサイエティーズ》）に基盤を置くものであったという点にある。[80] 蔣介石は大衆に基盤を置く政治組織を作り上げることはできなかった。彼のライヴァルであり、仇敵でもあった毛沢東はこの点で蔣介石を圧倒していた。

蔣介石は民主政治体制以外のものから党組織や国家運営の方法を学ぶべきだと主張した。一九三四年、ヒトラーは顧問としてドイツ軍のハンス・フォン・ゼークト（Hans von Seekt　一八六六〜一九三六年）とアレクサンダー・フォン・ファルケンハウゼン（Alexander von Falkenhausen　一八七八〜一九六六年）の両将軍を中国に派遣した。蔣介石は両将軍を歓迎した。孫文が使った「一盆散沙（sheet of loose sand）」という言葉を思い起こしながら、蔣介石はファシズムに基づいた組織は中国をまとめ上げることができるものだと感じていたようだ。ファシズムは蔣介石にとってそれだけで受け入れるべきものとなった。蔣介石にとって、分裂や不統一は受け入れられないものであった。蔣介石は次のように述べている。「散り散りになる砂を許容することなどできない」[81]

「蔣介石は絶対的な権力を欲した」とエドガー・スノーは書いている。スノーは続けて次のように書いている。「蔣介石は、偉大な独裁者にはなれず、ただの小さな独裁者になってしまった。彼はシーザーのようではなかったために失敗したのだ。彼は殺すべき人物をほとんど殺さなかった。彼は、自分の陣営内に最悪の敵がいるということを常に理解できなかった。彼は決然とした意志の人ではなかった。頑固な人であった。しかし、賢い人ではなかった。時代遅れの人であった。規律のある人ではなかった。ただ抑圧的な人であった。独創的な人ではなかった。過去の遺産を漁るだけの人だった。無慈悲な人ではなかった。ただ虚栄心の人であった」[82]

黄昏

第二次世界大戦終結までに蒋介石率いる国民党政府の正統性は失われていた。一九三〇年代の「黄金の日々」は遠い過去の記憶と成り果ててしまった。一九四五年に日本が降伏したことで、第二次国共合作は崩壊し、毛沢東率いる人民解放軍（People's Liberation Army　ＰＬＡ）との内戦が始まった。一九四八年の段階で、後にコロンビア大学教授を務めたＡ・ドーク・バーネット（A. Doak Barnett　一九二一〜一九九九年）のような中国に滞在していた外国人たちは、「国民党率いる中央政府に対する信頼は完全に消え失せた」と結論付けた。[83]

一九四九年、蒋介石は、「中国を失った男」となり、最終的に台湾に逃れた。中国と台湾両方の歴史家たちは、中華民国が中国本土にあった時代について、失敗続きであった中国復興の試みに加えられるべき、失敗した実験の時代であったと評価している。蒋介石が台湾に逃れた年である一九四九年の一〇月に毛沢東が中華人民共和国を建国した。この時、混乱続きであった共和国時代は終焉を迎えた。そして、中国の歴史で希望に満ちた、新しい「大事（*dashi*　great enterprise《グレート・エンタープライゼズ》）」が始まることになった。「大事」とは王朝時代の歴史家たちが作った言葉で、新しい王朝が始まることを意味するものであった。そして、蒋介石が中国本土を統治した時代は、失敗と見当はずれの試みが行われた時代という非難を浴びることになった。蒋介石は台湾に逃れて以降、常に失望、更には悲劇の雰囲気を身に纏っていた。しかし常にしっかりとした態度でいようと努力していた。蒋介石が長年率いた国民党政府は歴史的に脇役に追いやられ、歴史の中で朽ち果てていくもののように見えた。それはまるで共和国全体の経験と同じく、歴史の中に消えていく運命にあるように見えた。

蒋介石が台北に逃れた後からしばらくの間、国民党の幹部たちは台湾を「自由中国（Free China《フリー・チャイナ》）」と呼ぶことを好んだ。要塞と化した台湾は共産主義の恐怖から「自由」であり、繁栄への道を突き進んだ。しかし、台湾には、貴族趣味の大元帥が率いるレーニン型の政党しか存在できなかった。これは孫文が求めた「政治的保護」が実現したものであった。しかし一九七五年に蒋介石が死去した後、彼の息子で後継者であった蒋経国《しょうけいこく》（Chiang Ching-kuo　一九一〇～一九八八年）は全く予想できなかった新しい時代の扉を開き、人々を驚かせた。蒋経国は孫文が三民主義の中で唱えた立憲主義という長期目標の実現に断固とした意志を示した。立憲主義は孫文と蒋介石が生きているうちに中国で実現できなかったものだ。一九八〇年代、蒋経国は戒厳令（martial law）を解除し、野党が公然と活動することを認め、一九一三年に行われて以来の自由選挙を実施した。台湾では民主政治体制が実際に機能するようになった。これによって、中国人が民主的な統治を行う能力を有することが証明された。そして、中国の国内、そして海外の中国人たちは、政治的な成熟が進めば、中国本土に住む人々もより開かれた政治システムの下で生活することができるようになるということを想像できるようになった。

　未来のことは誰にも分からない。将来、私たちは、蒋介石が台北で外国からの留学生を集めてお茶会をどこか悲しげな様子で開いたことを思い出すこともあるだろう。そして、そのお茶会が行き詰まりを示すものではなかったのだと気付くこともあるだろう。あの時期、蒋介石は強固な統治を行ったが、その裏では民主政体の実現に向けて種が蒔かれており、それはただ台湾の人々のためだけではなく、中国本土の人々のためでもあったのだと分かる日が来るかもしれない。

第9章

革命は晩餐会ではない

Not a Dinner Party

毛沢東　Mao Zedong　I

革命の聖地

毛沢東は瓦葺きの屋根を持つ漆喰づくりの大きな家で生まれた。その家の側には池がある。少年時代の毛沢東は暴力をふるう父親に対して、それ以上暴力を振るうなら、この池に飛び込んで死んでやると言って抵抗したこともあったそうだ。[1]毛沢東の生家は一九六一年に中華人民共和国における史跡指定第一号になった。一九六六年に文化大革命が始まった時、中国全土の数百万の怒れる紅衛兵（Red Guards《レッド・ガーズ》）にとって、中国の偉大な舵取りである毛沢東の聖地は、中国各地にある革命の聖地の中でも最も重要な場所となった。そして、連日膨大な数の紅衛兵たちがこの場所を訪れた。それ以降、中国共産党は、湖南省南部の田舎の寒村にすぎなかった韶山《しょうざん》を現代中国の聖地に作り変えた。毛沢東が存命中でも韶山を訪れた人々の行動は、礼拝の場所に着いた敬虔な巡礼者たちのようであった。毛沢東の母親は巡礼者たちにとっては聖母マリアのような存在であった。毛沢東の生家には彼の母親が毎日家族のために料理を作った台所があり、そこは一般に公開されていた。また、毛沢東という中国の救い主の基礎を築いた勉強部屋、蚊帳がつられた毛沢東の木製の寝床、そして長袖の衣服などが展示されていた。見学ツアーの間、聞こえてくるのは、政府公認のガイドが暗記した毛沢東の伝記の内容を話す声と見学者たちの息遣いだけであった。

毛沢東は一九七六年に死去した。それからしばらくして鄧小平が中国においてレーニン型の党が主導する形で資本主義を推し進めることを決心した時期、毛沢東の生家を訪れる人々の態度は変わった。訪問者たちは毛沢東の神聖な無誤謬性といったものをあまり感じなくなっているようであった。人々の態度の変化に合わせて、韶山と毛沢東の生家は、その性格を革命の聖地から歴史テーマパークに変えていった。毛家の名前を冠したレストランが作られ、点滅する派手なネオンサインの看板が掲げられるようになった。新しく作られた土産物屋では、毛沢東の陶製の胸像、「人民に奉仕する」と書かれたTシャツ、「東方紅（The East Is Red《ジ・イースト・イズ・レッド》）」

とプリントされたライター、毛沢東の有名な言葉が彫られたお箸が売られるようになった。韶山は、毛沢東ブランドによってお金を稼ぐようになり、訪問者たちも崇拝の気持ちではなく、好奇心から訪れるようになった。今でも数多くの訪問者が韶山を訪問しているが、彼らの動機は敬虔な崇拝から観光へと変化し、商業主義的になっている。毛沢東の生家を訪れる人たちはお喋りをし、スナック菓子を頬張り、携帯電話やデジタルカメラで記念撮影をしている。

中国は改革を推進し、国を開いていった。そうした状況の中で、毛沢東が「中国人民」にとってどのような存在であるのかということの定義付けはどんどん難しくなっていった。韶山という革命の聖地の存在意義もまた定義付けが難しくなっていった。それでも、毛沢東が今でも人々の尊敬を集めているのは、彼が恐れ知らずと強靭さという特性を持っていたからである。毛沢東は、良くも悪くも、権威を行使することを恐れない指導者であった。毛沢東の死後、中国は確かに豊かになり、強国になった。しかし、毛沢東が支配した時期、中国は世界において確固たる地位を築き、無視できない存在となった。更に、それまでのように馬鹿にされ、搾取されることはなくなった。中国人は、苛められ、誹謗中傷を受けることに慣れ切っていた。そうした中で、毛沢東が持っていた自信と若干の強がり（傲慢とも受け取られる態度）は中国人を惹きつけ、彼ら自身の中に自信を回復させていった。中国人にとって傲慢な列強の慈悲にすがるよりも新しい「皇帝」の苛めに苦しむ方がましな選択であった。そして、力の強い上位者による苛めに苦しむのは、毛沢東にとっては子供の頃から慣れ親しんできたものであった。

父たちと息子たち

毛沢東は一八九三年、湖南省で生まれた。一八九三年という年はイギリスのマカートニー使節団が中国を訪問して一〇〇年後、中国の惨敗で終わった日清戦争勃発の一年前であった。日清戦争は清朝崩壊の最終段階の入り口にあたる事件であった。毛沢東の幼少期、彼の人生に大きな影響を与えた二つの重要な経験があった。第一の経験は、苦しい闘いの中で成長したというものだ。時には実際に暴力を受けたこともあった。彼の父親は過酷な要求ばかりする、頭の固い、家長の権威を振り回す人物であった。もう一つの経験は、一九世紀末から二〇世紀初頭にかけて活躍した思想家たちの文章に触れたことだ。毛沢東は、梁啓超、厳復、陳独秀といった思想家たちの文章を耽読し、生涯にわたり続いた政治思想探求と革命的ナショナリズムへの情熱を身に付けた。

　毛沢東自身の回顧によると、彼は幼少期、いつも父親の我儘と抑圧、具体的には身体的暴力から身を守っていたと述べている。毛沢東は父親について、「厳しい親方のように振る舞う、短気な人であった」と述懐している。[2]若い毛沢東にとって家とは、敵意、威嚇、暴力が渦巻く場所であった。そこで生き抜くために、毛沢東は少年時代から戦うことを準備し、その意思を強固に保たねばならなかった。毛沢東は頑固で、肉体的に自分よりも強かった父親と適切な関係が結べなかったために、権威に反抗する性格となっていった。これは彼の育った環境を考えると、自然なことであった。毛沢東の父親は零細農家に生まれ、読み書きができなかった。それでも田舎の小さな町で米商人として成功した。中国共産党は、毛沢東の父親について「中規模農民」と規定した。これは、豊かな出自だとしてしまうと、階級的な憎悪が毛沢東に向く危険があったために取られた措置であった。若い毛沢東は読み書きができたために、儒教の古典を勉強させられた。彼はひたすら暗記と暗唱を繰り返すことを強制された。若き日の毛沢東が熱中したのは、「中国の古い小説」を読むことであった。特に反逆的な英雄と盗賊たちの話を好んだ。毛沢東が生まれ育った湖南省では、歴史的にそのような人物たちが数多く出た。毛沢東は、『水滸伝』『三国志演義』、そして『西遊記』といった大衆小説を好んだ。『西遊記』は反逆的な大猿の大王である孫悟空の冒険譚だ。孫悟空は「風や雷」と同じく、大地から生まれ、超能力を得た。そして、その超能力を使って、「仏に対して怒りを募らせて反逆（大鬧天宮 *danao tiangong*　rage against heaven《レイジ・アゲインスト・ヘヴン》）」した。[3] 中国人たちは伝統的に、猿という動物を自立した、そして予想のつかない動きをする存在として考え、トリックスターとして擬人化してきた。毛沢東は、この孫悟空の反逆精神を、生涯を通じて賞賛した。一九六一年、毛沢東は詩を発表し、その詩を次に挙げる数行で締め括った。

「黄金の猿は怒りを込めて巨大な棒を振り廻した
翡翠のように輝く天空のごみを打ち払った
今日、毒を含んだ霧が出てきている
私たちは奇跡を起こす存在である孫悟空を賞賛する」[4]

毛沢東は死の直前、三番目の妻、江青《こうせい》（Jiang Qing　一九一四〜一九九一年）に宛てた手紙の中で、自分自身を力の象徴である虎だと形容していたが、同じ文面の中で、「ただの猿」だとも書いている。彼は次のように書いている。「私は自分自身の主要な性格を虎のような面があると考えている。そして、副次的な性格では猿のような面があると考えている」[5]

毛沢東は、自分の性格を虎と猿に譬える少年らしさを持っていた。毛沢東は、そうした冒険譚の小説を読み続けるために創造的な方法を発見した。毛沢東は、一九三六年に保安で行ったエドガー・スノー（Edgar Snow　一九〇五〜一九七二年）とのインタビューの中で「私は儒教の古典以外の全ての小説を貪り読んだ」と語った。[6] この時、毛沢東は延安に逃れていて、共産主義革命の行方もまだ定かではなかった。[7] エドガー・スノーは毛沢東へのインタビューを基にして、一九三八年に『中国の赤い星（*Red Star over China*）』を発表した。これは、毛沢東が自分のそれまでの人生について語った唯一の著作となった。

毛沢東はエドガー・スノーに機嫌良く次のように話した。「教師たちは、このような無法者たちの活躍を描いた小説を憎み、邪悪なものだと呼んでいた。私は学校の授業中でもそうした小説を読んでいた。教師が見回りに来た時は、古典の教科書で小説を隠した」[8]。毛沢東のこのような反抗的な態度に、教師たちと父親は激怒した。毛沢東は教師たちや父親と口論を繰り返した。毛沢東が一三歳の時に父親が家にお客を招待した。その時に事件が起きた。毛沢東は次のように述懐している。「客が姿を現した時、私と客の一人の間で口論が起きた。父は客の前で私を怠惰で役立たずだと非難した。私は激怒した。私は父を呪い、家を飛び出した。私はこの時、父を憎むという感情を発見した」[9]

毛沢東は後に父権的な権威に対する反抗を人々に奨励した。しかし、保守的な風土の湖南省では、父親に対してそのような親不孝な態度を取ることは社会的な非難の対象となった。「服従しないなどということはあり得ない！」というのが孔子から息子たちへの助言であった[10]。孔子は弟子たちに次のようなことを教えた。「父母に仕える時に、彼らに対して柔らかく諫言をするということはある。しかし、それで父母が意見を変えなくても、彼らに対する敬意を失ってそれを態度に示すようなことがあってはならないし、彼らのやりたいことの邪魔をしてはいけない」[11]

毛沢東は共産党用語を使って面白おかしく家族内の争いについて語った。毛沢東は次のように語った。「私の家族内部では弁証法的な（dialectical《ダイアレクティカル》）闘争がいつも起きた」。毛沢東は弟二人、そして敬虔な仏教徒で毛沢東を盲目的に愛した母親と「統一戦線」を組んで、暴力的な父親に対抗した。母親の惜しみない愛情によって、毛沢東は自信に満ち溢れる人物となった。しかし、父親とのこのような争いがトラウマとなったことは疑いないものであった。

父親との確執に加え、毛沢東はその他の権威主義的な存在に対しても反抗的な態度を取った。古典の教師がその対象であった。毛沢東はその古典の教師について、「学校では生徒たちに厳しい対応をした。厳し過ぎ、暴力的であった。彼は私たちをよく殴った」と述懐している。[12] 陳独秀の祖父も幼い独秀をよく殴り付けたことは前の章で書いたが、そのような教育は当時の中国では普通のことであった。毛沢東が一〇歳の時、その古典の教師に殴られた。逆上した毛沢東は学校を飛び出し、数日間家にも帰らずに辺りをうろついた。彼は「今度は父親から殴られることが怖くて、家に帰れなかった」と述懐している。[13] しかし、驚いたことに、家に帰ってみると、父母は彼を罰するどころか、優しくしてくれた。それは恐らく、父親が毛沢東の大胆さに驚かされ、「少し考えてこの反抗的な息子には対応しよう」と考えたからだと思われる。また、古典の教師も「暴力をふるうのを少し控えようと努力する」ようになった。毛沢東は、この経験から反抗することの重要性を学んだ。毛沢東は次のように述べている。「私は父親と横暴な教師に抵抗した。そして、大きな成果を得た。私はこの時のことを心に刻んだ。これはまさに〝ストライキ〟が成功したようなものであった。[14] 私は自分の権利を守るために公然と反抗した。そうしたら、父親は穏やかになった。私がずっと我慢し、受け身であったなら、父親は私に対して悪口雑言を投げつけ、益々暴力をふるったことだろう」[15]

それから間もなく、毛沢東はより大きな抑圧について意識するようになった。それは列強諸国による中国の取り扱いであった。「この時期、私はある種の政治意識を持ち始めていた。特に、中国に対する領土的な侵略行為に対して注意を喚起するパンフレットを読んだ後、私は政治を意識するようになった」。毛沢東は、パンフレットの最初の文を鮮明に覚えていた。それは、「ああ！　中国は外国に膝を屈することになるのだ」というものであった。この一文を読んだ後、毛沢東は「中国の将来を悲観して暗い気持ちになったが、中国を救うことが全ての中国人の責務だ」と感じたと述懐している。[16] 彼が初めて「救国（*jiuguo* save the nation《セーヴ・ザ・ネイション》）」意識を持った瞬間であった。これは、ほぼ全ての中国の近代化に尽力した人々が共通して持った経験であった。

毛沢東は後年、階級と帝国主義による抑圧を強調するようになったが、この抑圧に対する敏感さは父親との確執から生まれたものであった。父親との確執の経験は、毛沢東に大きな試練を与えた。彼は生き残るために自分自身を強くしなければならなかった。彼は抑圧とそれに対する反抗を通じて、生存のためのメカニズムを自ら学び、身に付けていったのだ。毛沢東が強くなったのは、ダーウィンの進化論にある適者生存のようなものであった。毛沢東は家族内部で適者生存の論理の中で生活した。これが後年、彼にとって役立つことになった。毛沢東はマルクス主義の基礎である階級闘争理論をよく理解した。それは彼に競争、忍耐、勝利といったことの感覚が本能的に備わっていたからだ。毛沢東は、闘争には価値があるのだという結論を導き出した。この時、彼は儒教の考え方を越えることに成功したのだ。儒教では闘争は望ましくない無秩序と反乱を生み出すものと考えられた。そのため中国の政治哲学者たちにほとんどは伝統的に、闘争を「乱（*luan* chaos《ケイオス》）」という範疇に入れ軽蔑した。毛沢東は闘争を肯定し、積極性と変化を生み出すものとして賞賛した。

毛沢東が一七歳の時（清朝崩壊のわずか一年前）、生まれ育った村から遠くない場所にあった湘郷県立東山高等小学校に入学した[17]。そこでは伝統的な古典教育が行われていたが、西洋からの「新しい知識」も教えられていた。こうした知識は、西洋の知識は康有為と梁啓超のような進歩的な知識人たちの著作を通じて教えられた。「私は彼らの本を暗記するまで何度も何度も読んだ。私は康有為と梁啓超を崇拝した」[18]。梁啓超は次のように辛辣なことを考えていた。「中国は地上で初めて文化を生み出した。中国の古いシステムは中国の進歩を停滞させ、非文明的な国家にまで堕落させた」[19]。毛沢東は、梁啓超のような、ぶれずに嫌なことを言う人物を賞賛し、これら清朝内部の改革者を崇拝するようになった。清朝が崩壊した後、毛沢東は学校の壁に新政府の大総統には孫文、首相には康有為、外相には梁啓超が就任すべきだと主張する檄文を貼り付けた。彼の文章は稚拙で、内容も幼いものであった。孫文が康有為、梁啓超に反対していることすら彼は分からずにこの文章を書いたのだ。[20]

一九一二年、毛沢東は湖南省の省都である長沙に移った。長沙に移る前、彼は湖南省の共和革命軍に志願し活動した。清朝の崩壊後、毛沢東は除隊し、長沙の公立図書館で自習を続けた。そして、湖南省立第一師範学校に入学した。[21]一九一八年冬に卒業するまでに、毛沢東は地理学、歴史学、哲学を勉強し、外国からの新しい知識を貪欲に吸収した。[22]師範学校在学中、毛沢東は自分の考えを文章にし始めた。

意志の力、体の鍛錬、そして英雄崇拝

毛沢東の初期の文章の中で、一九一二年、彼が僅か一八歳の時に書いたエッセイは秀逸な出来であった。このエッセイは、法家思想の創始者となった商鞅について書かれたものであった。儒教とは異なり、法家思想は強力な指導者の必要性、権威に基づいた統制、厳格な中央集権、妥協なき法運用と処罰の適用を強調した。その目的は、「人々を豊かにし、国家を強くする」ことであった。この基本的な目的を達成するために行われたことは全て正当化されると考えられた。この現実主義的な、そして目的のためならどんな手段も正当化されるとする考えに共鳴したのが魏源であった。魏源は毛沢東と同じく、保守的な風土の湖南省に生まれ儒教を信奉したが、毛沢東が活躍する一世紀前に、法家思想が中国の衰退を止める万能薬（panacea《パナセア》）になると主張していた。

毛沢東はエッセイの中で商鞅の厳格な法運用を賞賛した。一〇代の毛沢東は次のように書いている。「商鞅が定めた様々な法は素晴らしいものばかりだった。我が国が誇る四〇〇〇年を超える歴史の中で、多くの偉大な政治指導者が登場してきた。彼らは中国の福利と人々の幸せを追い求めた人々であった。そのリストの第一位に来るのは商鞅ではないだろうか？」[23]

法家思想は国家が、官僚を含む国民全体を統制する手段としての法の重要性を強調した。そのために厳格な罰則が必要だと考えた。こうした罰則を通じて、秩序を保ち、集団的な福祉と福利を向上させるとした。言い換えるなら、法家思想に基づいた世界では、法の支配とは、国家から人々の諸権利を守るということではないのだ。清朝末期から中華民国初期にかけての混乱の中で毛沢東は成長した。孫文や蒋介石もそうであった。そして、彼らは強い政府と秩序ということに魅かれた。毛沢東は次のように書いている。「私は中国人の愚かさに我慢できない。我が国の人々は愚かなために、国家が彼らを統治できない状況を作り出している」[24]。商鞅が用いた統治のための厳しい手段が、現在と同じく混乱の中にあった、遠い昔の帝政時代の中国に秩序と強さをもたらした。それならば、清朝が崩壊しつつある現在の中国に商鞅が用いた手段を導入すればよい。どうしてそれをしないのか？　毛沢東はこの問いに対して、中国を破壊にまで導く「無知と暗闇」を乗り越える唯一の方法は、強力で、英雄的で、強固な意志を持ち、時には冷酷で暴力的な指導者が登場することだという答えを出した[25]。

　若き日の毛沢東は法家思想の持つ厳格さに魅かれていった。そしてより具体的な行動をとるようになった。湖南省立第一師範学校在学中、毛沢東は陳独秀が創刊した雑誌『新青年』の熱心な読者となった。そして、それから間もなく寄稿を始めた[26]。彼が初めて寄稿したのは一九一七年であった。この時の論稿は体育(physical education)《フィジカル・エデュケイション》についてであった。この論稿の中で毛沢東は、中国を強くする前提条件として、中国人は自分の体を強くするようにすべきだと主張した。そして、肉体の鍛錬を通じて個人の人格を鍛え、より強い国家を作るように、自分で肉体を鍛えることができるプログラムを提案した[27]。毛沢東より前に活躍した改革者たちは「自強（self-strengthening）《セルフ・ストレングスニング》」を唱え、近代的な学校や武器工場を建設し、外国の技術教育の方法を導入するように求めた。一方、毛沢東は、国家の復興を、個人の肉体の鍛錬から始めることを主張し、鍛錬のための一二段階に及ぶプログラムを考え出した。毛沢東は次のように書いてその当時の現状を嘆いた。

「我が国は強さを必要としているが、軍人精神を人々が持つことは奨励されてこなかった。我が国の人々の体格や体力は落ちる一方である。これはゆゆしき現象である」[28]

毛沢東は、個々人の体の強さと国家としての集団的な強さとの間の相互関係を突き詰めていった。そして、「知識偏重」の、[29]「白くて形の良い手」をし、[30]「締まりのない」肌を持ち、「小さくて弱い」体の人々を軽蔑するようになった。[31]毛沢東は次のように主張した。「体が強い時のみ、人間は知識と道徳を素早く吸収し、大きく成長することができる」[32]

行動力を持った人間となるため、毛沢東は、長い距離の山岳縦走、冬季の冷たい川での水泳、霧が立ち込める夜の野宿などを敢行した。[33]彼は後に自分が肉体的に辛いことをすることになるということを予感していたかのように、自分の体を鍛えた。毛沢東は元々身長が高かったが、この時の鍛錬のお蔭で、胸板は厚くなり、筋骨たくましい体になった。毛沢東の恩師（後にこの恩師の娘と結婚することになる）は発行していた雑誌の中で次のように書いている。「毛沢東のように知性に溢れ、同時にたくましくハンサムな人間がいるということは想像しがたいものだ」[34]

毛沢東は、中国という国家が持つ「強さの希求」と格闘し続けた。そして、「個々人の強さと国家の強さは肉体的な努力だけでなく、〝意志〟の力にも依存する」[35]という結論を導き出した。毛沢東は次のように書いている。「真の強さは、規律と終わりなき〝訓練〟を通じて育まれる。[36]そして、これらを行うには、意志の力が必要であって、その意志は〝野蛮で無礼な〟ものであって、〝繊細さとは無縁〟なものである」。[37]毛沢東は、「体育は重要だ。それは、様々な感情を調和させる効果があるだけでなく、意志を強くするからである。意志の強さによって、私が賞賛する人間の特質である軍事面での英雄主義、勇気、精悍さ、豪胆さ、忍耐強さが生み出される。これらは全て〝意志の問題〟なのである」[38]

毛沢東は、ある友人に宛てた手紙の中で次のように書いている。「世界を動かしたいと望む人間は、世界の心と頭を動かさなければならない。そのためには肉体的な強さと意志の力だけではなく、〝究極的な諸原理〟と〝宇宙の様々な真理〟を手にしなければならない」。この抽象的な考えに基づいて、若き日の毛沢東は、中国に変化をもたらすアクターになるにはどうしたら良いかを理解するために手探りで進み始めた。若き日の毛沢東は無邪気さを伴いながら次のように自問している。「中国の全ての人々が感動することができれば、達成できないものなどあるだろうか？　中国が現在抱えている諸問題に対処できれば、国家が豊かに、力強く、そして幸せになれないなんてことがあるだろうか？」[39]

最終的に、毛沢東は、肉体的な頑健さと強力な指導者の存在は、意志の強さと英雄的な行動ができる能力にかかっているのだ、という結論に達した。毛沢東は冒険譚に溢れた歴史小説から大きな影響を受け、彼の中には少年のように、命よりも大切なもののために戦う英雄たちの話がぎっしりと詰まっていた。毛沢東はマルクス主義者になった後も、個人の意志の力を強調し続けた。この点で他のマルクス主義者とは大きく違った。そして、毛沢東は、正統派マルクス主義の経済決定主義に疑問を持った。カール・マルクスは、「科学的思考（scientific thinking《サイエンティフィック・シンキング》）」という偉大な概念を発見した。この概念に基づいて、マルクスは、階級闘争のダイナミズムには必然的に科学的な基礎があること、そして、歴史の止められない進歩を通じてプロレタリアートによる革命という勝利が必然的にもたらされることを発見した。しかし、若き毛沢東にとって、その歴史的な過程をただ座視するのは受け身的すぎることであり、歴史が転換していくのを待つことには耐えられなかった。

首都北京へ

毛沢東は、一九一八年に湖南省立第一師範学校を卒業した。そして、北京大学に新たに設置された大学図書館に採用された。この時の北京は実質的に軍閥の支配下にあった。[40] 毛沢東は下級職員として採用された。毛沢東は、中国最高峰の政治と学問・知識の中心部に入ることができたのである。そして、この北京大学図書館で李大釗《りたいしょう》という図書館員と親しくなった。李大釗は中国国内で最も早い時期に共産主義に関心を持った知識人の一人だった。毛沢東と同じく、李大釗もまた「自覚的な団体活動」が政治的な行動において必要不可欠な要素であり、「経済現象の傾向を変化させる」こともできると考えていた。[41] 階級闘争だけで革命が起きないようであれば、自分たちの意志の力を用いて革命を起こすという使命を全うするという決意を李大釗も毛沢東も持っていた。

李大釗は、この当時陳独秀と共に『新青年』の編集にも携わっていた。毛沢東は北京に出てきて、自分がその当時の中国において最も最先端の知的、政治的動きの中に入ることができたと認識した。しかし、毛沢東は湖南省訛りの上に、都会風の所作ができなかったために、この中国最先端の動きの中で大きな役割を果たすことはできないだろうと考えた。毛沢東は次のように述懐している。「私の職位はとても低かったので、知識階級や政治運動をしている人々は私を無視した。図書館での私の仕事の一つは、新聞を読みに来る人々の名前を登録することであった。しかし、そうした人々の大多数は、私を人間として存在しているとは見なさなかった。新聞を読みに来る人々の中には、私が名前を知っている〝ルネサンス（新文化）〟運動の高名な指導者たちがいた。私は彼らに興味を持ち、彼らと政治や文化について会話をしようとした。しかし、彼らはとても忙しかった。彼らは、南部訛りを話す図書館司書見習いの言葉を聞く時間などなかった」[42]。毛沢東はそのような有名なそして傲慢な知識人たちから無視され、北京の知識人社会の周辺に留め置かれることになった。その結果、毛沢東がある種の怒りを持つようになったのだろう。それは自然なことだ。そして、それから数十年後、その怒りに基づいて、「悪臭を放つ第九カテゴリー」に激しい攻撃を加えた。このカテゴリーに分類されたのは、インテリ階級であった。毛沢東は、彼らを傲慢で本から多くを学び、現実とのかかわりからほとんど学ばない人々だと考えた。

一九一九年に五四運動が発生する少し前に毛沢東は北京大学図書館から去った。それでも、毛沢東は五四運動で展開されたデモ行進から多くの示唆を受けた。毛沢東は、デモ行進から、「思想は人々を行動に駆り立て、歴史を動かすことができるのだ」ということを学んだ。毛沢東は湖南省に戻り、知識人たちとは全く別の社会勢力について考えるようになった。それは田舎に住む無一文の農民たちであった。都市部の知識人たちは農民たちの存在を無視していた。農民たちは無知であり、社会において不活発な階層であり、マルクスの理論に基づいたプロレタリアート革命や個人主義に基づく自由主義的改革にとっては役に立たない存在だと知識人たちは考えていた。毛沢東は一九一九年に「中国における〝一般大衆の団結〟の現状について」という論稿を書いた。[43] その中で、毛沢東は、一般的な農民たちが「土地を耕す仲間たちと団結」し、中国革命において重要な役割を果たすことができるという可能性について言及した。このように農民たちに可能性を見出した人物はその時代には毛沢東ほぼ一人だけであった。[44] 彼は次のように書いている。「洞庭湖（訳者註：湖南省北部にある湖）から岷江（訳者註：四川省を流れる川）に至るまで、波はこれまでになく高まっている。天地はその高まりのためにひっくり返り、邪悪なものは消え去っている！」[45]。更に次のように続けて書いている。「私たちは全力を尽くさねばならない！　私たちはこれまでに出してこなかった強さを発揮しなければならない！　黄金時代、栄光の時代、光輝の時代は目の前まで来ている！」[46]

現代の私たちから見て、毛沢東の情熱は幼く感じられるし、当時も恐らくそうであっただろう。しかし、彼の若き日の叫びは中国全土に響き渡った。陳独秀は北京で投獄されていた。彼は投獄中に毛沢東の文章を読んで奮起した。彼は毛沢東の文章を、湖南省で新世代がまさに活動し始めようとしていることを感じた。そして、毛沢東の文章は「闘争を戦う上での断固たる決意」を奮起させるものだと感じた。[47] 陳独秀は、「私は毛沢東の論稿を読んで、喜びのあまり涙を流しそうになった！」と述懐している。[48]

一九一七年から一九一九年にかけて毛沢東は、フリードリッヒ・ポールセンの書いた『倫理学体系（*A System of Ethics*）』の中国語版にいくつかの書き込みをしている。残された書き込みから、彼がその当時、後に「真の意志の力（motive power《モティーヴ・パワー》）」と呼ぶことになる、意志の力を通じて、歴史上の「英雄たち」が達成してきたことに関する考えを醸成していった様子が分かる。毛沢東は次のように書いている。「英雄たちの偉大な行動は自ら進んで行うものであり、彼の真の意志の力を表現しているものだ。高尚で高潔で先例にとらわれないものだ」「英雄の力は強力な風のようなものだ。深い峡谷から吹き上げる風のようなものだ。もしくは愛し合う者同士の衝動のようなものだ。意志は止められないし、誰にも止められないのだ！」[49]

外国の学者の本の僅かな空白に書かれたものであるが、毛沢東の主張は止まらない。「死を恐れない一人の人間は一〇〇人の人間に打ち勝つと言われている。それは、彼がなにも恐れないからだ。そして、彼の真の意志の力が彼を一直線に動かすからだ。彼を止めることも消し去ることもできない。従って、彼は最強のそして最も力のある存在となる」[50]。彼が書き残した書き込みは、毛沢東が見つけた彼自身の役割についての明確な描写となっている。彼は生まれながらの活動家（activist《アクティヴィスト》）であり、中国の現実を彼の意志の力で変えたいと夢見ていた。

毛沢東は湖南省で雑誌の編集もやっていた。その雑誌に寄稿したある論稿には彼の若き日の情熱が溢れている。その論稿は次の一節を含む段落で始まっている。「私たちは古い態度を改めねばならない。これまで私たちは疑問に思うべき諸問題を無視してきた。私たちは採用すべき方法を採用してこなかった。私たちは叫ぶべき多くの言葉を胸にしまいこんできた。疑問をそのままにしておいてはいけない！　考えるべきことを考えないようにして目を背けてはいけない！　叫ぶべき言葉を胸にしまっておいたままにしてはいけない！　いかなる力もこのような高まりを止めることはできない。誰もこうした高まりを抑圧することはできない」[51]

共産党創設者の一人として

毛沢東は湖南省で共産党細胞の組織化に従事していた。そして、夏の暑さが最も厳しい時期にあたる一九二一年七月二三日、上海で非公然に開かれた中国共産党第一回党大会に召喚され出席した。[52] 実際のところ、毛沢東が共産主義に転向したのは、共産主義に対する信奉からと言うよりも、彼よりも前の世代の改革者や革命家たちが掲げた主張に対しての不満からであった。彼らの多くは西洋が中国のお手本であると考えていたが、実際にはそうはならなかった。一九四九年に発行されたパンフレット『人民による民主的独裁について』の中で、毛沢東は自身の共産主義への転向について次のように説明している。「中国は一八四〇年に起きたアヘン戦争に敗れた。その時から、中国の進歩主義者たちは、西洋諸国から進歩のための要素を追い求めるために苦難の道を進んだ。近代化することだけが中国を救う道であり、諸外国から学ぶことだけが中国を近代化する道であると彼らは信じた。しかし、西洋から学ぶという中国人が持った甘い幻想は帝国主義的侵略によって儚《もろ》くも打ち砕かれた。先生が生徒を常に苛めているという構図は大変に奇妙なものではないだろうか？　中国人は多くのことを西洋諸国から学んだ。しかし、学んだことを実践に活かすこと、そして理想を実現することはできなかった。一九一一年の辛亥革命のような中国全土を巻き込んだ動きを含む、数多くの闘争は結局のところ全て失敗に終わった」[53]

しかし、新しい勢力が世界に出現し、それは必然のことだと毛沢東は述べている。彼は次のように書いている。「ロシア人たちは一〇月革命を成功させ、世界で最初の社会主義国家を建設した。レーニンとスターリンの指導の下、ロシアの偉大なプロレタリアートと労働者たちの持つ革命的エネルギーは突然火山のように爆発した。外国人には労働者たちが持つエネルギーが全く見えなかった。中国人、そして世界の全ての人々がロシア人を再評価した。ロシアで革命が成功して初めて、中国人は自分たちの思考と生活に関して新時代を迎えたのである。中国人はマルクス＝レーニン主義を認識した。そして、普遍的に適用可能な真実があることにも気づいた。これによって中国の様相も変わり始めたのである」[54]。毛沢東は、強固な意志をもつ、そして、肉体的に強靭で、英雄的な指導者像は、レーニンが唱えた「職業革命家」という考えと一致するという確信を持っていた[55]。

中国共産党の創設が決定された上海での第一回党大会に陳独秀も李大釗も出席することができなかった。第一回党大会は警察に踏み込まれ、出席者のほとんどが逮捕された[56]。毛沢東は長沙から蒸気船に乗り、一週間もかかって上海にやって来ていた。そして、中国共産党の創設に立ち会った。そして警察に逮捕されたことで、党内において独自の立場を築くことができた[57]。それからほどなくして、毛沢東は、自分自身が創設されたばかりの中国共産党の指導部をコントロールしていたコミンテルンが求めていた都市革命とは別の路線にいることに気付いた。

革命は晩餐会ではない

創設されたばかりの中国共産党では、中国北部の指導者は李大釗、南部の指導者は陳独秀になった。中国共産党に対してスターリンは、沿岸部の諸都市で出現しつつあった中国の労働者階級を組織化することにエネルギーを集中させよという命令を出した。この時、毛沢東は湖南省の田舎に引っ込んでいた。毛沢東は彼自身が最もその内情をよく知っている、政治的に無力な零細農民たちと共にいた。しかし、驚くべきことに、こうした零細農民たちが湖南省で最も活発な政治勢力に変身した。毛沢東は、一九二七年に、湖南省でも最も遅れた地域について一カ月に及ぶ実態調査を行った。そして、零細農民たちは、知識人や都市労働者たちに比べて、苦しい生活の中で不満を募らせており、革命に参加する準備ができていることを毛沢東は発見した。その当時、新聞などではほとんど報道されていなかったが、地方では貧しい農民たちが、毛沢東の言葉を借りれば、「封建権力を打倒する」ために蹶起《けっき》していた。彼らは不当な土地代で土地を貸していた富裕な地主たちから土地を奪うために立ち上がっていた。[58] 農民たちのこうした動きを発見し、毛沢東は驚いた。この驚きが毛沢東を政治的に次のステージに導くことになった。そして、中国の共産革命を新しい局面に導くことになった。

圧倒的な農業社会においてマルクス主義を機能させるという問題について、毛沢東は至極単純な解決策を見つけた。それは、中国の大きな弱点である、地方の貧しい人々を、中国の強力な力に変身させることであった。毛沢東は一九四〇年、次のように書いている。「小学生でも知っていることだが、中国の人口の八〇%は零細農民が占めている。中国の革命とは零細農民たちの抱える問題を解決することであり、農民たちの持つ強靭さこそが中国の革命を進める上での重要な要素なのだ」。[59] 彼は続けて次のように書いている。「これが意味するところ、それは、中国革命は本質的に農民革命なのである」。[60] 毛沢東は、カール・マルクス（Karl Marx 一八一八〜一八八三年）が生み出した工場労働者を基礎とする革命理論を、農民や小作人を基礎とする理論に転換した。そして、これが中国における共産革命の基礎となる理論となった。

毛沢東は、自身が生み出した新しい考えを「湖南省における農民運動に関する調査報告」という四〇ページの報告書にまとめた。そして一九二七年二月に中国共産党に提出した。毛沢東はその長い生涯で多くの文章を残したが、この報告書はその中で最も単刀直入なそして情熱にあふれた内容の文章である。彼は自分が見聞きした内容から報告書を始めている。その内容は冒険小説のようなものであった。「私はこれまで全く気付かなかった多くの奇妙なことを見聞きした」。[61] 毛沢東は続けて一気呵成に次のように書いている。「もし貴方が革命に向けた固い決意を持っているのなら、地方の村落に行って周囲を見渡してみれば、これまでに味わったことのない喜びを味わうことができるのは間違いない」。毛沢東は、主体的な農民運動を「これまでにないほどの巨大な出来事」と呼んだ。そして、後々有名になる次の一節を続けて書いている。「大変短い期間で、数百万の農民たちが立ち上がるだろう。それは強風や大嵐のようなものだ。その力は迅速かつ強力なので、何物も抑圧することはできない。農民たちの力は彼らを拘束していた拘束具を打ち壊し、解放への道を突き進むだろう。最終的に、農民たちは帝国主義者、軍閥、汚職に手を染める役人、小役人、たちの悪い地主たちを全て地獄に叩き込むだろう。全ての革命党と全ての同志たちは彼らの前に立たされて試される。革命党と革命家たちを受け入れるか拒絶するかは農民たちが決めるのだ」[62]

毛沢東自身が農民であったために、毛沢東は地方で反乱を起こすという考えに到達した。しかし、彼の革命における同志たちは都市部の人々だったので、彼の考えを理解できなかった。毛沢東は田舎の生活についてよく理解していて、農民たちの抱える様々な不満もよく分かっていた。一九二七年に毛沢東は湖南省の農民たちを調査した。そして彼はこの調査を通じて、農民たちが持つ大きな、そして反権力的な反抗の萌芽を発見した。農民たちの持つエネルギーに毛沢東は触発された。伝統的な文化、社会、政治の蓄積に対する反抗の萌芽が見えたことに毛沢東は個人的に感銘を受けた。

一九二七年に党に提出した報告書は、毛沢東が「歴史上比肩できる出来事がないほどの革命」と呼んだものについての現場からの報告であり、証言であった。これは予言書のようなものでもあった。[63]毛沢東は、この中で、ひがみの感情を入れながら次のように書いている。「農民たちの先頭に立って進み、彼らを指揮する。農民たちの後ろに立つ。農民たちを批判するかもしくは彼らに反対する。中国の全人民はこれら三つの選択肢の中から一つを選ぶ自由がある。しかし、現在の環境は悠長にそれらを選んでいる時間を与えてはくれない」[64]

毛沢東は湖南省での経験から、将来の中国革命においては農民の反抗が重要であるということを心に刻んだ。これが毛沢東を革命の指導者に押し上げるために重要なポイントとなった。毛沢東は次のように書いている。「孫文が四〇年間にわたり追い求めながらついに手に入れられなかったものが国家規模の革命である。しかし、農民たちならそのような革命などほんの数カ月で成功させてしまうだろう」[65]。毛沢東はまた党に提出した報告書の中に次のような一節を書いている。これは後に有名になった。「革命は人を招く晩餐会のようなものではない。また論文を書いたり、絵を描いたりというようなものでもない。更には縫い物のようなものでもない。革命は洗練されたものではないし、楽しいものでも、穏やかなものでもない。更には、穏健、率直、丁重、節度、親切なものでもない。革命とは、反乱であり、暴力行為だ。ある階級が別の階級の力を転覆させるものだ。悪を正すために適切な限度を超える必要がある。そうしなければ悪を正すことはできない」[66]

中国の農民たちの過酷な状況、女性に対する束縛、若者に課せられた親孝行の義務といった古いシステムに対する弾劾は全く予期しないところから起きた。怒れる農民たちが、「強風や大嵐」のように立ち上がり、「数千年にわたって封建地主たちが享受してきた特権を打ち砕こう」としていた[67]。湖南省の怒れる農民たちは立ち上がり、激しく暴力をふるった。この様子を見て、毛沢東は中国の将来について次のような結論に達した。彼は次のように書いている。「地方は巨大な、そして激しい革命的蜂起を経験することになる。これによって農民たちは奮起し、数千、数万の組織を作り上げるだろう。率直に言えば、全ての地方で、短期間で良いが暴力が支配する時期が必要となる。これなしには、地方の反革命的動きを抑え込むことはできないし、地主たちの権威を打倒することもできない」[68]。儒教は、混乱と無秩序を衰退と崩壊をもたらすものとして非難してきた。しかし、毛沢東は混乱と無秩序に関して進歩を生み出すための創造的で改良的な力となると考えた。毛沢東は後に混乱と無秩序を「歴史を動かす原動力」と形容した[69]。

一九一七年、毛沢東は「身体文化についての研究」という論稿を書いた。この中で、毛沢東は、青年らしい情熱をこめて次のように書いている。「馬の背に乗り戦いの最前線に突撃する。そして勝利する。一人の人間の叫びで山を震わせる。一人の人間の怒りで空を染める。山を打ち砕くほどの強さを手に入れる。私はそれらを欲している」[70]。毛沢東は、反抗、暴力、無秩序の持つ創造的な力に魅了されていった。そして、彼の文章は、大嵐、地殻変動、竜巻、暴風雨、大波、津波といった言葉で埋め尽くされるようになった。これらの表現は、毛沢東が賞賛した生のそして自然なエネルギーの解放を目指したものであった。彼は中国の翻身（*fanshen* turn over《ターン・オーヴァー》）を目指したのだ。彼は農民運動が湖南省の田舎を変革したのを目撃した。そしてそれを中国全土に拡大しようとしたのだ[71]。毛沢東は生涯を通して、動乱に関する言辞に何度も立ち戻った。特に、彼にとって最後の大きな活動であり、国家を混乱させたプロレタリア文化大革命（Great Proletarian《グレイト・プロレタリアン・》Cultural Revolution《カルチュラル・レヴォリューション》）の時期、彼はこのような言辞を度々繰り返した。毛沢東は一九六六年に『人民日報』紙の社説欄に寄稿し、その中で次のように書いている。「波の高まりを恐れる必要はない。人類社会は波の高まりを通じて発展してきた」[72]

創造的破壊

中国の伝統文化と社会を暴力的に、そして包括的に廃絶する必要があると毛沢東は考え、それをより突き詰めていった。そんな毛沢東から見ると、梁啓超、陳独秀、そして前世代の西洋崇拝者たちは、「古い社会」を改革、もしくは消滅させるという点において、中途半端でしかなかった。毛沢東は年齢を重ねても、中国には伝統文化と社会の破壊が必要だという考えを変えることはなかった。経済学者のジョセフ・シュンペーター（Joseph Schumpeter 一八八三～一九五〇年）は、力強い経済を作るために資本主義では「創造的破壊（creative destruction《クリエイティヴ・デストラクション》）」が起こると主張した。毛沢東はこの創造的破壊が中国にも起こることを望んだ。「永続的に創造的破壊が起こることで経済構造はその内部から絶え間なく変革されてきた。絶え間なく古い構造が破壊され、新しい構造が生み出されてきたのだ」[73]。シュムペーターは彼自身のこのような考えを「創造的破壊」と呼んだ。

毛沢東はこの創造的破壊という、儒教的ではない考えを知り、傾倒したのは梁啓超の影響が大きかったようである。梁啓超は「百日改革」が失敗に終わった後、「破壊主義（destructionism）《デストラクショニズム》」という理論を生み出した[74]。梁啓超は「破壊せよ、そうすればそこに破壊が起こる。破壊するな、そうであっても破壊が起こる（Destroy and there will be destruction. Do not destroy and there will be also be destruction *pohuai yi pohuai, bupohuai yi pohuai* 破坏亦破坏，不破坏亦破坏）」と書いた。そして、イギリスとフランスが近代性を獲得したのは、革命と内戦を通じて古い封建システムを破壊し尽くしたからだと結論付けた[75]。そして、梁啓超は、「中国もイギリスとフランスがやったことをやらなければならない。そうしなければ、中国は再び立ち上がることはない」とも主張した。梁啓超は「破壊主義的」段階から移行していったが、毛沢東は生涯を通じて破壊主義を信奉し続けた。

毛沢東は一九四〇年に「新しい民主政治体制について」という論文を発表した。この中の一文は人々によく知られるものとなった。それは次のような一文だ。「破壊なくして建設なし、堰止めなくして流れなし、停止なくして行動なし（There is no construction without destruction, no flowing without damming and no motion without rest *Bupo buli, busai buliu, buzhi buxing* 不破不立，不塞不流，不止不行）」[76]。この警句は、元々は唐時代の哲学者、詩人、そして政治家であった韓愈《かんゆ》（Han Yu　七六八〜八二四年）の作品にあったもので、毛沢東が文章の中で使ったことで、共産党が主導する蜂起や暴動のスローガンとして使われた。

様々な矛盾

毛沢東の湖南省の農民に関する報告書は蒋介石が「白色テロ」を開始する数カ月前に共産党に提出された。白色テロによって都市部の共産党活動家の多くが殺害され、党細胞は地下に潜ることを余儀なくされた。しかし、共産党指導部は中国革命を地方から起こすべきだという毛沢東の要求を拒絶し続けた。都市部において中国共産党の活動家たちが蒋介石の国民党軍によって拘束され殺害されている間、毛沢東は、中国の辺境の地で農民たちを組織し、革命党に転換するという作業を継続していた。毛沢東は、一九二七年に湖南省で秋収起義（Autumn Harvest Uprising《オータム・ハーヴェスト・アップライジング》）と呼ばれる農民による蜂起を指導したが失敗に終わった。それでも毛沢東は農民の組織化を続けた。毛沢東は、江西省井崗山《せいこうざん》（Jinggangshan）付近を占領し「解放区(liberated area《リベレイテッド・エアリア》)」としたが、国民党による「盗賊鎮圧」キャンペーンの圧力を受けて、最終的に井崗山を放棄して、長征（Long March《ロング・マーチ》）を行うことを余儀なくされた。中国の辺境地域や険しい山岳地帯を約六〇〇〇マイル（約九六〇〇キロ）も踏破した長征は過酷極まりないものとなった。中国版のヒジュラ（hegira 訳者註：六二二年にイスラム教の創始者ムハンマドによるメッカからメディナへの移動のこと）によって、紅軍（Red Army《レッド・アーミー》）の兵士の数は約八万人から八〇〇〇人にまで減少した。[77] しかし、毛沢東にとって、長征は大勝利で終わった。一九三五年一月、中国南西部の辺境の町であった遵義《じゅんぎ》（Zunyi）で中国共産党中央政治局拡大会議（遵義会議と呼ばれる）が開催された。この会議で毛沢東は中国共産党等における指導者の地位を確固たるものとし、それ以降、死亡するまでの四〇年間、卓越した指導者として君臨することになった。[78]

一九二〇年代から一九三〇年代にかけての毛沢東の経験は、永続革命の全体的なプロセスを推し進める力となるのは、森羅万象あらゆるものが常に矛盾の中にあるという事実であった。特に社会と社会階級間の闘争は矛盾に満ちており、それが永続革命を進める力となった。カール・マルクスと彼が影響を受けた哲学者フリードリッヒ・ヘーゲル（Friedrich Hegel　一七七〇〜一八三一年）は次のように指摘している。「これらの矛盾が全てを永続的に弁証法的な緊張状態にする。そして無限の衝突を繰り返し、統合（synthesis《シンセシス》）を生み出す。それがまた新たなアンチテーゼを生み出し、衝突が繰り返される。そのようにして歴史は円を描くように前に進む」

毛沢東は一九三七年に書いた「矛盾について」という文章の中で次のように書いている。「様々な矛盾は普遍的で絶対的なものだ。矛盾は全ての物事の発展の過程に存在するもので、その過程の始まりから終わりまで全ての段階に存在するものだ」[79]。歴史の進歩の自然な過程は、ある矛盾において、対立するある方が、もう一方を打ち倒すことが終わりなく続くことで進んでいく。古いものが新しいものに破壊されていくのだ。毛沢東は、闘争と殲滅の終わりなき過程から新しいものが生み出されると確信していた。毛沢東は次のように書いている。「反対する存在を持つ古い存在は新しい存在を生み出す。その新しい存在にも反対する存在はある。そして、新しい過程が古い過程に取って代わる。古い過程は終了し、新しい過程が始まる。新しい過程は新しい諸矛盾を含み、矛盾による発展の歴史をまたスタートさせるのだ」[80]

中国思想で最も尊重されてきた格言は、「和を以て貴しと為す（和為貴　*heweigui*　There is nothing more precious than harmony）」であった。しかし、毛沢東はこの考えを完全に否定した。毛沢東は、矛盾における対立するものが闘うことで、歴史の発展や個人の成長が達成されると考えた。彼は「矛盾について」の中で次のように書いている。「私たちは常に〝新しいものが古いものに取って代わる〟ということについて語る。新しいものによる古いものに対する抑圧は宇宙における一般的な、永遠のそして不可侵の法則である」[81]

一九世紀から二〇世紀初期にかけての期間、中国の発展は停滞したが、これは不自然なことで不健全なことであったと毛沢東は考えた。毛沢東は中国人が争いを嫌ってきたために、対立する諸勢力が常に戦っている状態という歴史を動かす原動力の自然な状態を抑圧してきたために中国は停滞したのだと確信した。歴史の自然な状態は時に大混乱状態にあることが当然なのだと彼は考えた。伝統文化を信奉する人々は、調和を強調するあまり、中国自身が持つある種のエネルギー、活力、改革者たちが賞賛した西洋諸国と日本が達成した革新を否定してきた。毛沢東は歴史を愛し、彼の文章には古典からの引用がちりばめられていた。しかし、毛沢東は、「創造的破壊」という考えを持っていたので、確立された秩序を破壊することに倦むことはなかった。毛沢東は、彼にとっての最後の「無秩序」を作り出す試みとなったプロレタリア文化大革命をスタートさせる少し前、中国全土の党書記たちに対して次のような言葉を述べた。これは託宣のようなものであった。「もめ事を起こすことこそが解決策なのだ」[82]

延安

数百万年の間、モンゴル高原のステップから中国の北西部に風に乗って砂が大量に流入し続けてきた。それが少しずつたまり、不毛で荒れ果てた黄土高原（「黄色い大地（yellow earth《イエロー・アース》）」）となった。これが陝西省のありふれた風景となった。一九三五年、長く苦しい長征の後、毛沢東と疲弊しきった紅軍の敗残兵たちは崩れかかった丘を自分たちの最終的な避難場所に定めた。一九七〇年代半ば、まだ毛沢東も存命中で延安の町もまだ当時の佇まいを色濃く残している時に私は訪問したのだが、このような貧しくて、不毛な場所が毛沢東率いる共産党勢力を生き返らせた場所になったのが想像できないほどであった。しかし、延安が中国の革命のゆりかごになったのだ。延安は共産党を国民党軍からもまた侵略者の日本軍からも守った。そして、延安が遠隔地であることと不便な場所であることは紅軍を鍛えるのに有利に働いた。毛沢東は、延安という隔絶された地で共産主義勢力の軍事力強化と政治的勝利というほぼ忘れ去られていた目標を達成するための初心に戻ることができた。もちろんそれには彼の強固な決意も必要であった。

延安から歩いて数日かかる場所に保安の町があった。この町は城壁で囲まれた町であった。エドガー・スノーは一九三六年にこの町で毛沢東にインタビューした。この時、毛沢東は四三歳であった。そして、スノーはこのインタビューを基にして『中国の赤い星（*Red Star over China*）』という歴史に残る名作を書いた。スノーはその時三〇歳のフリーランスのジャーナリストであった。スノーは米国ミズーリ州の出身で、この当時、中国滞在歴七年を数えていた。『中国の赤い星』はベストセラーとなった。そして、この本は、毛沢東の神話を形成する上で重要な要素となった。

スノーは、毛沢東について次のように書いている。「彼（毛沢東）は痩せこけていた。アメリカで言えばリンカーンのような存在であった。一般の中国人に比べて背が高く、そのためか幾分か前屈みであった。豊かな黒髪を伸ばしていた。大きなよく動く目、高い鼻、そして高い頬骨が特徴的であった。彼の顔は知性の高さを示していた」[83]。スノーはまた、最初に毛沢東に会った時に、「彼の主張の内容が余りに大きくて荒唐無稽に思えてしまい笑ってしまった」とも書いている[84]。しかし、スノーはすぐに毛沢東の魅力に取り込まれてしまった。スノーは次のように書いている。「最初、私は彼のことをグロテスクだと思った。しかし、少しずつではあるが、彼の揺るがない自信に触れていく中で、好意を持つようになっていった。毛沢東は〝四枚のエースを持っている時に見せるキリスト教徒の穏やかな自信〟とマーク・トウェインが呼んだ、全く揺るがない自信をいつも見せていた。毛沢東は、自分が率いる延安の共産主義者たちの拠点とそこに暮らす人々の様子が、彼の敵たちの支配地域に比べて優れていることを知っていた」[85]。スノーは次のように続けている。「更に重要なのは、毛沢東には運命を支配する力があるということだ。スピード感溢れたものでも、派手なものでもないが、ある種の確かな活力を毛沢東は持っていた。それによって彼は運命を動かしてきた。毛沢東に神秘性を感じる人もいる。彼が身に纏う神秘性は、数百万の中国人、特に農民たちの切実な要求を背中に背負っていることで生まれている」[86]

毛沢東は一九三五年から一九四五年までを延安で過ごした。その一〇年間、日本軍が中国各地を占領し、蔣介石率いる国民政府は日本軍の攻撃を避けるために揚子江を遡り、重慶を臨時首都とした。中国共産党は、質素な生活様式、理想主義、そして規律を重んじた。対照的に、国民党側は権力を握っていたが、享楽的な生活、冷笑主義、そして腐敗が蔓延していた。デイヴィッド・バレット大佐は、一九四四年にアメリカ軍事視察団（ディキシー・ミッション）の一員（軍事顧問）として延安に派遣された。彼は中国語を話すことができた。アメリカ軍事視察団は、毛沢東率いる共産主義勢力とアメリカの対日軍事作戦との間の調整を行うためにアメリカ政府によって派遣された。彼らは蔣介石と毛沢東という二つの勢力の指導者の違いに驚かされた。[87]バレットは政府に対して次のように報告している。「毛沢東は、延安ではよく人々の前に姿を現し、徒歩で長い距離を移動していた。時には兵士たちと同じボロボロのトラックの運転席に乗った。私が知る限り、このトラックは共産主義勢力が持つ唯一の自動車であった。大元帥の蔣介石が街中を移動する時、高速で移動する黒い高級車の長い列が続いた。延安にはそのような車列は存在しない。蔣介石が人前に出る時には、衛兵たちやシークレットサーヴィスが周りを固めていたが、延安ではそのようなことはない」[88]

アメリカ人外交官ジョン・S・サーヴィスもまた中国語を話すことができた。彼は延安に派遣されたアメリカ軍事視察団に同行した。彼は共産党の指導者たちに好意を持っていた。彼は政府に対して、「共産党の指導者たちは、誠実さ、忠誠心、そして決意の点で卓越しており、私は彼らに強い共感を寄せている」と報告した。[89]サーヴィスは、共産党の指導者たちについて、忍耐強く、頑健で、現実主義的で、物事をよく知っていて、民主的で、まっすぐで正直だと評価していた。[90]彼は報告書の中で、「共産党の指導者たちは、精力的で、分別もあり、現実的な志向をする人々の一団で、団結している。彼らは高い理想の実現に献身している」と書いている。[91]サーヴィスは政府に対して、毛沢東はアメリカ政府と緊密な関係を築くことを熱望しているとも報告している。サーヴィスは、「毛沢東が自分に対して、中国にとってはソ連よりもアメリカとの友好関係並びにアメリカからの支援がより重要だ、と語った」と政府に報告している。[92] バレットとサーヴィスをはじめとするアメリカからの訪問団からの報告を通じて、延安では、規律正しく、質素で、平等な生活が営まれているという評判が外界に広まっていった。

一九三七年、日本軍と共同して対峙するために第二次国共合作が共産党と国民党との間で成立した。毛沢東とその他の共産党の指導者たちは階級闘争を強調しないことで合意した。更には、共産党が「愛国的なブルジョア（bourgeoisie）」と呼び警戒していた人々を受け入れた。[93] その当時、延安での生活は和気あいあいとした雰囲気であり、訪問者たちはそれに感銘を受けていた。しかし、毛沢東は長年目指してきた社会主義革命の達成を諦めてはいなかった。また、彼は人間を敵と味方に厳格に選別していた。また、知識人は根本的に信用できないという彼の偏見も全く改善してはいなかった。延安の柔らかい雰囲気は見せかけのことであった。毛沢東は自分が主導する革命は社会の全てのレベルを変化させることであり、インテリ階級だけ例外にするなどということは考えていなかった。インテリ階級を信用に足る革命の担い手とするには、彼らには痛みを伴う「矯正（rectification《レクティフィケイション》）」の過程を経験させねばならないと毛沢東は確信していた。

矯正

理想主義的な中国の知識人と芸術家たちの多くが一九三〇年代末から一九四〇年代初めにかけて、こぞって国を横断するような大旅行を敢行し、遠く延安までやって来た。彼らは、自由な思考と開かれた議論ができる「自由な空間」を見つけられるだろうと期待して延安にやって来た。そして、彼らは延安に着くとすぐに自分たちの期待通りではないということで考えを改める必要に迫られた。蒋介石率いる国民党が支配する地域にはない理想主義がそこにはあるように見えたが、延安の実態はより複雑であった。日本軍は満洲から南下し中国の中心部に向かって進撃を続けていた。新編成の国民党軍も共産党を攻撃していた。共産党内部では、スターリンが主導するコミンテルンを背景とする親ソ派との間での不協和音が大きくなっていた。毛沢東とその他の指導者たちは自分たちが攻撃に晒されており、より統一的な共通言語、イデオロギー、そして目的を必要としていると考えた。[94]毛沢東自身はナショナリストであり、彼が唱えた「大衆路線（mass line《マス・ライン》）」はロシア革命からの借り物ではなく、中国独自の経験から生み出されたものであった。毛沢東は一九三七年に次のように書いている。「もし梨がどんな味か知りたければ、その梨を食べてみなければならない。そして、その梨がうまくなければ、その形を変えなければならない」。この言葉はとても有名なものだ。毛沢東は支持者たちに対して、ロシアの梨ではなく、中国の梨を食べることを求めた。彼は続けて次のように書いている。「偉大な中国人民の一人である中国の共産主義者は、中国人民とは自身の血と肉で深く結びついている。そんな中国の共産主義者が、中国の特色から離れてマルクス主義を語ったところで、このマルクス主義は単なる空疎な抽象論に過ぎないものとなる」。毛沢東は支持者たちに忠告を与えたのだ。理論を構築する上で地方の特質を学ぶことが必要だという毛沢東の主張によって、中国の共産主義の教理はボルシェヴィキの束縛から自由になった。毛沢東は中国に関する優れた理論家であった。そして、一九四一年、毛沢東は次のように書いている。「マルクス＝レーニン主義の矢は中国革命の的に命中させるために使用されねばならない」[95]。これ以降、中国における共産主義は中国独自のものとなっただけでなく、「毛沢東主義」となった。そして、これ以降、中国は毛沢東が選ぶイデオロギーの方向性に付き従っていくことになった。[96]

　毛沢東の政治権力確立にとって重要な出来事となったのは、一九四二年の「矯正運動」であった。正式には「三つの悪習の矯正（整頓三風　*hengdun sanfeng*　rectification of the three bad work styles）」というものであった。これは、官僚主義（bureaucratism《ビューロクラティズム》）、主観主義（subjectivism《サブジェクティヴィズム》）、分派主義（sectarianism《セクレタリアニズム》）

を廃することを目的としていた。[97] 延安には中国共産党員たちと彼らに従ってきた人々、その中には中国の現実に絶望しつつも延安に行けば思想の自由があると思い、はるばるやって来た知識人たちがいた。彼らは、党が新たに正統な考えを賞賛し、「異端」や「正しくない」政治的な考えを規定するようになったことから、矯正に向かう動きが起きるということには気付いていた。[98] 毛沢東は、下からのより政治的に統制された運動をどんどんと強化していった。これによって延安にいる人々は毛沢東に対して持っていたイメージを変えることになった。最初の頃、毛沢東は、若い活動家の身体の健康状態について気を配っていたが、それがイデオロギーの面での健康にも及ぶようになった。従って、延安時代は、毛沢東が思想面での卓越した指導者として台頭してきた時期と規定されている。加えて、この時期は、毛沢東の文章が聖典化され、彼の思想が「毛沢東思想（Mao Zedong Thought《マオ・ゼドン・ソート》）」と呼ばれるようになった時期でもある。毛沢東思想の真髄は、「マルクス＝レーニン主義の普遍的な真理と中国における革命と建設の実践とを結びつける」というものであった。[99] 延安において、毛沢東は寸暇を惜しんで数多くの文章を発表した。更には党の研究者や理論家たちを自分に従わせた。毛沢東の文章は、彼が新たに始めた、知識人たちに対する「矯正」運動のイデオロギー的な基礎となり、中国共産党がそれ以降採用していくことになる手段や考えが正統かどうかを判断する材料となった。

毛沢東は、中国が独立し、繁栄し、強くなっていく過程で、人々には新しい信条が必要となる、それが毛沢東思想だと確信していた。毛沢東思想が時代遅れの様々な思想に取って代わると彼は考えていた。一九四二年の冬から春にかけて、毛沢東は、「矯正」と「正確な思考（correct thinking《コレクト・シンキング》）」という概念を、当時はまだ建設中であった広東省陽江市の大講堂で行った一連の演説の中で発表した。[100] 陽江市大講堂は白い壁で、ステージにはマルクス、レーニン、エンゲルス、そしてスターリンの肖像が飾られ、ベンチ式の座席が置かれ、無味乾燥な石と煉瓦で作られていた。大講堂は、陝西省に残っていたキリスト教の伝道団が建設した教会のようであった。一九四二年に大講堂はオープンした。大講堂は中国共産党の中央委員会の会議、行政機能の中心、ソシアルダンスの会場として使われた。毛沢東はイデオロギー的に先鋭化する前、大講堂でソシアルダンスを見ることを好んだ。

毛沢東は、一九四二年二月一日に「学習、党、文芸における異端的な傾向を正す」という論文を発表して、知識人たちに対する攻撃を開始した。今回の攻撃は、毛沢東が重視した実戦的な経験が欠如し、毛沢東が気にかけている革命的な現実から遊離している同志たちに向けて行われた[101]。毛沢東は次のように語っている。「本からの知識だけを持つ人が現実に直面して成長する。こうする以外にその人が本を乗り越えることはできない。そして、そうすること以外で彼らは教条主義（dogmatism《ドグマティズム》）を避けることはできない」[102]。毛沢東は、マルクス＝レーニン主義は中国にとって重要であるとし、マルクス＝レーニン主義が「客観的な現実から生まれ、客観的な現実によってテストされる」必要があると主張した[103]。こうした表現を使って、毛沢東は遠回しに、気まぐれで、知識はあるが腕力は持たない、都市知識人たちを嫌い、全く信用していないと述べたのである。

毛沢東は次のように攻撃的に語っている。「同志たちは、私たちがマルクス＝レーニン主義をただ学習しているのではないということを理解しなければならない。ただ学習することは目を喜ばせ、秘伝を学ぶことができるというだけに過ぎない。今に至るまで、ほんの数人の人々がマルクス＝レーニン主義が何にでも効く万能特効薬だと考えてきた。マルクス＝レーニン主義を会得すれば、努力することなく病気を全て治せると考えてきた。こうした考えは、小児的な盲目と言わねばならない。私たちはこうした人々を啓蒙する運動を始めなければならない。私たちはそうした人たちにはっきりと、〝あなたの教義は役に立たない！〟と言わねばならない。より下品な言い回しをするならば、〝お前の教義はクソなんかよりも役に立たない〟と言わねばならない。犬のクソは肥料として土地を肥沃にする。人間のクソは犬に餌として与えることができる。それではお前の教義はどうだ？　教義は肥料になって土地を肥沃にすることもできないし、犬に餌として与えることもできない！　教義が一体何の役に立つのか？　答えてみろ」[104]

毛沢東は続いて党の規律について語った。彼は、党員たちに対して、「分裂につながる全ての傾向を根絶する」ことを求めた。党には社会主義的民主政体が必要であったが、「集中制の方がより必要である」と毛沢東は述べた。毛沢東は、「少数が多数に従う、低いランクの人が上位のランクの人に従う、個別の事例が普遍的な法則に従う、全ての党が中国共産党に従うという民主集中制の原則を忘却」した人間を厳しく非難[105]。陳独秀のような五四運動に参加した知識人たちは、個人主義、自由な探究、開かれた議論、外部の考えや影響の受容を主張したが、毛沢東は統一性と正統性（orthodocy）《オーソドキシー》を重視した。彼は「思想改革（thought reform）」という毛沢東流の新しい、革新的な考えを通じて、統一性と正統性を強化しようとした。

ソ連では、共産党が異端思想の持ち主と認定した思想家たちはスターリンが創設した強制労働収容所（gulag）《グラグ》に入れられ、社会から姿を消した。毛沢東の支配下の中国では、「間違った思考」を持っていると告発された人物には、「批判と自己批判」の過程を経験して、自己「改革」を行う機会を党から与えられた。この中国の個人の思想についての「自然治癒」の形態は、レーニンの考えを基にしている。これを毛沢東は発展させた。その前提となるのは次のような考えである。党がある個人の政治傾向が「不健康」だという疑いを持つ。その個人は良き革命的市民であり、自分の病気を治療したいと望むのが自然だ。従って、党はその個人に自己救済の機会を与えるべきだ。

もちろん、党が与えた機会を利用して、自己治癒をして「正しい」反応を引き出すことに失敗した場合、党から更なる圧力が加えられた。その内容は、大衆からの批判、恥辱を与えられること、迫害、投獄、それよりも厳しいことという風にエスカレートしていくものであった。しかし、毛沢東が導入した野心的なプログラムの新しいところは、個人がイデオロギー的に間違った考えを持っていることが分かった場合、誤りを犯した人間の運命は、少なくとも最初のうちは、その個人に解決を委ねるというところにあった。

このように個人に機会を与えることを重視する考えは、それまであったレーニンの考えとは少し異なるものであった。共産主義世界ではどの国でも、党の規律は外部的な脅威と懲罰によって維持された。しかし、毛沢東の場合、各個人に自身の思想を純化する義務を課す方法を採用した。このような自己責任システムは、個々人が心理的に自己統制を行うメカニズムを生み出した。個々人は、恥辱、罪悪感、社会規範に従わねばならないという中国に伝統的にある義務感に動かされて、自分の思想を純化するように努めた。

個々人の政治思想の自己純化プログラムを始めるにあたり、毛沢東は、「二つの原理が維持されねばならない」と強調した。この二つの原理は古代の周王朝の時に生まれた警句を具体化したもので、「新しい失敗を避けるために過去の失敗から学ぶ」と「病気を治癒し患者を救う」というものであった。毛沢東は歴史に基づいた表現(その〝封建〟的な性質は無視して)を多用し、革命の論理を明確にして人々に伝えた。毛沢東は次のように述べている。「過去の失敗は個人の感情や体面などというものを考慮せずに明らかにされねばならない。私たちの目的は失敗を明らかにし、短所を批判することである。これは医者が病気を治すようなものなのだ」。「究極的な目的はその人を救うことであって、治療の過程で死に至らしめることではない」[106]

一週間後、毛沢東は矯正について二回目の演説を行った。この演説には「党の形式主義に反対する」という何の変哲もないタイトルが付けられた。彼はこの演説の中でも人間の健康に関する例え話を使った。「病気ということを分からせるには、患者に強い刺激を与え、〝お前は病気だ!〟と叫ぶことだ。その結果、患者は恐怖を覚え、冷や汗をかく。そして、患者たちは注意深く治療されることになる」[107]

毛沢東は希望を持たせる表現と脅しの表現を使い分けながら、「思想の病気に対して性急な態度を取ることは間違っている」と述べた。毛沢東は全てを知っている内科医のように、党の指導者たちに対して、「病気を治すことで人間を救う」という責務を担っているのだということを強調した。[108] 毛沢東は、延安の凍えるような寒さの中で座って彼の話を聞いていた理想主義的な若い革命家たちに向かって、「私の話した内容について注意深く考えてもらいたい。あなた方の恋人、親友、同志たちとも話し合ってもらいたい。そして、自分自身の病気について徹底的に治療してもらいたい」と語った。[109]

毛沢東の唱える治療法は「恐怖」と「冷や汗」を生み出すが、これは患者に大きな傷を残すこともある。特に間違っているとされた人が自分はイデオロギー的に病気なのだという認識を持てない場合はそうである。作家の王實味《おうじつみ》（Wang Shiwei　一九〇六～一九四七年）は、「知識人は自立性を放棄し、自分自身全てを党に捧げるべきだ」という毛沢東の主張に対して異議を唱えた「堕落者（reprobate《レプロベイト》）」であった。王實味は「矯正」に対して公然と反対した。彼は、「野ユリ」というタイトルの二部構成の論稿を『解放日報（*Liberation Daily*）』紙に掲載した。その手助けをしたのが、フェミニズム作家と知られ、編集者でもあった丁玲《ていれい》（Ding Ling　一九〇四～一九八六年）だった。[110]このような自立性は毛沢東が忌避するところであり、丁玲は有無を言わさず、地方の労働現場に送られた。王實味は「延安の暗部」について発見したことを文章にして発表しようとしただけでなく、党に対して若い批評家たちを攻撃するのではなく、「党の姿を映す鏡」として利用するように求めたために、トロツキー主義者として糾弾された。[111]王實味は頑固な性格で、毛沢東の唱える「治療」を拒否し続けたために、カフカの小説に出てきそうな奇妙な裁判を受けさせられ、投獄された。そして、今も真相は闇の中であるが、一九四七年に処刑された。彼は斬首された。彼の処刑は、不純な思想に対する最終的な解決方法の中でも最も奇妙で、最も恐ろしいものの一つとなった。[112]王實味のような「患者」から見れば、毛沢東の唱えたイデオロギー面における医療システムの唯一の問題は、患者ではなく、治療を行う人間が、病気がどうかを判断するところにあった。延安における最高の外科医であった毛沢東と彼の側近たちは、診断においてセカンドオピニオンを歓迎しなかった。一九四二年に起きた矯正運動によって、五四運動精神を持っていた作家や知識人たちは自主的に自分の考えを発言することを止めた。それ以降、知識人は「人々、国家、党に奉仕すること」を求められ、自分自身のために活動することはできなくなった。

人々に奉仕する

毛沢東は、共産党の党員たちの思考の「矯正」、そしてより強固な「党の規律」の確立に向けて努力を続けていた。一九四二年五月二日、毛沢東は、後に「延安文芸座談会での講話（Talks at the Yan'an Forum on Art and Literature）」として知られるようになった、重要な演説を複数回行った。[113] 陝西省にもようやく春が訪れ、毛沢東はいくつかの演説を大講堂の前の広場で行った。広場の隣は山が迫っており、その山肌に掘られた洞窟で毛沢東や党の指導者たちが寝起きをしていた。毛沢東は夜に強い人物で、最後の演説は、深夜になってやっと始まった。[114] 出席者の一人はその日のことを鮮明に覚えていて次のように語った。「空高く上がった月の光に照らされて、日中のように明るかった。明るく輝く月と星の下で、広場に接する丘の輪郭が暗い中ではっきりと見えた。近くの延川の流れは軽やかであった。川面に光が反射し、銀色に輝いていた」[115]

毛沢東は、数枚のメモを片手に、ほぼ即興で一連の演説を行った。演説の中で、毛沢東は、将来中国に出現する革命社会における知識人、芸術家、作家、ジャーナリストの果たすべき役割を規定した。[116] 演説の冒頭、毛沢東は、全ての文化とメディアはこれ以降、新国家と党の所有物として考えるべきだと宣言した。また、知識人階級（intelligentsia《インテリゲンツィア》）は「新生中国」創造の試みにおいて重要な要素となるとも述べた。毛沢東はまた聴衆に対して、全ての芸術には不可避的に階級的バイアスが内在していると述べた。彼は次のように語っている。「現在の世界において、全ての文化、全ての文芸は限定された階級の所有物であり、限定された政治路線と連動させられている。このような状況は、文化芸術にとって適正な状況ではない。文化芸術は特定の階級の所有物であってはならず、特定の政治路線から切り離されたものであるべきだ。プロレタリアートの文学と芸術はプロレタリアート革命の大義の一部となる。レーニンが述べたように、プロレタリアートの文化芸術は革命機械の歯車とハンドルなのである」[117]

毛沢東は聴衆の中にいた芸術家たちに対して、彼らの態度がプチ・ブルジョア的な個人主義になっていなかったかどうかを考えるように求めた。彼らは芸術を個人的な自己表現の道具だと考えていた。毛沢東は次のように語っている。「多くの同志諸君がインテリ階級について学び、彼らの心理を分析するように強調している。同志たちの懸念は、インテリ階級がどちら側にいるかということだ。そして、同志諸君たちが望んでいるのは、インテリ階級をプチ・ブルジョア的な背景から脱却させ、労働者、農民、兵士たちとより緊密な関係を持たせるようにするということだ」[118]。毛沢東は、芸術家たちの新たな挑戦は一般大衆にどのようにして奉仕するか、その方法を発見することだと宣言した。毛沢東は次のように語っている。「文学と芸術に従事する労働者たちは、軸足を労働者、農民、兵士といったプロレタリアート側に少しずつ移していかねばならない」[119]。毛沢東は、文学と芸術が「革命機械を構成するための重要な要素」となることを期待した。文学と芸術が革命機械の一部となることで、「人民を団結させ、教育し、敵を破壊し、殲滅するための有力な武器」になると毛沢東は考えた[120]。芸術家、知識人、そして政治家たちを敵を打ち倒すための革命機械のための信頼できる「スクリュー」に変えるためには、レーニンが明確に述べたように、「非正統的な傾向を矯正するための堅実な、そして真面目な運動」に彼らを従わせるしかないと毛沢東は考えた[121]。

一九四二年に行われた一連の演説から、長期にわたって続く「矯正」運動が始まった。矯正運動は勢いと残忍さを発揮しながら、それ以降三〇年間生き続けることになった。大衆のイデオロギー再教育を目指したこのような野心的な計画は、歴史上例がなく、壮大な狂気とも言うべきものだった。しかし、毛沢東のような指導者にとっては、冷酷な論理がそこにはあった。「新しい人間」「新しい文化」「新しい中国」を再建するための革命的な方法は、まず全ての中国人の中に頑固に残っている過去の残滓を消し去る、しかも全員が喜んで消し去る方向に向かわせることしかない、と毛沢東は若い時から考えていた。そうしてから、「美しい言葉」を白紙になった人々の内部に書きつけるようにすべきだと毛沢東は主張した。毛沢東の主張は、中国を作り直すということであった。清朝の無能さ、列強による帝国主義的侵略、そして五四運動世代の西洋崇拝の結果としての自己懐疑、弱さ、憤りを消し去ることを毛沢東は望んだ。延安の山奥の洞窟の中で、毛沢東は中国人民の意識を根本から変えることについての基礎的な文書を書き、その方法について考えた。その第一歩として、毛沢東は、ジョージ・オーウェル（George Orwell 一九〇三～一九五〇年）の小説に出てきそうなほど急進的な中国社会変革プロジェクトを進めることを決心した。毛沢東の一連の演説を聞いた『解放日報』のある記者は演説について記事の中で次のように書いている。「毛沢東の演説は、プロレタリアートに奉仕するべき作家や芸術家たちとプロレタリアートとの間の関係を巡る諸問題に、マルクス＝レーニン主義を用いて初めて解決策を提示したものとなった。彼の演説は私たちにとってこれからもずっと有効な指針となり続ける」[122]。革命社会における芸術家と作家の果たすべき役割について毛沢東は演説の中で語った。一九四二年に行った演説は、それ以降数十年間、中国を根底から揺るがしたいくつかの政治キャンペーンの原型となった。そして、中国では、芸術家とメディアは党と国家のための拡声器であるべきだという考えは、今日に至るまで何の修正も加えられることなく、堅持されている。

第10章

不破不立・創造的破壊

Creative Destruction

毛沢東　Mao Zedong　Ⅱ

広場にて

一九四九年九月二一日、毛沢東は北京で開かれた中国人民政治協商会議（Chinese People's Political《チャイニーズ・ピープルズ・ポリティカル・》 Consultative Congress《コンスレイティヴ・コングレス》）において次のように語った。「代表者諸君、私たちのやってきたことは人類史に残るものとなるでしょう。人類の四分の一を占める中国人民が敢然と立ちあがったのです。中国人民は常に偉大で、勇敢で、勤勉でした。近代になって列国に後れを取るようになってしまいました。外国の帝国主義と国内の反動的な政府による抑圧と搾取がその原因でした。私たち中国人民は、もはや嘲りと恥辱にまみれた国民ではありません」[1]

一九四九年一〇月一日、毛沢東は再び人々の前に姿を現した。この時は、喝采を送る無数の人々の前に立ち、早口の湖南省訛りで、中華人民共和国（People's Republic of China《ピープルズ・リパブリック・オブ・チャイナ》）の建国を高らかに宣言した。それは京劇の最終幕のようであった。そのような大団円にふさわしい舞台は天安門（Gate of Heavenly Peace《ゲイト・オブ・ヘブンリー・ピース》）の上しか考えられなかった。

王朝時代、天安門の前のT字型のスペースは「皇道（Imperial Way《インペリアル・ウェイ》）」と呼ばれていた。この皇道は、狭い回廊と碁盤路（Chessboard Street《チェスボード・ストリート》）をつなぐもので、皇帝が紫禁城から出る時に、従者たちがそこを通るためのものであった。天安門前の広場は、皇族が住む「神聖な場所」と生と死が存在する外界との間をつなぐ数少ないスペースであった。[2] 政府の役所も置かれ、勅令が箱に山積みになっていた。死刑を宣告された罪人が引き出される場所であり、科挙に合格した受験者の名前が貼り出される場所でもあった。[3]

国家権力の象徴としての天安門の重要性は五四運動のデモで変質した。学生や新文化運動に参加した知識人たちが抗議を行ったことで、天安門広場は人々が抗議の意思を表明する場所へと変わった。五四運動以降、天安門広場では、ポピュリスト的、愛国主義的、そして反政府的な人々の意思を示す宣言が幾度も出された。

一九二六年三月一八日、天安門広場は人々の抗議の場所としてではなく流血の場としても象徴的な存在に変質した。この日、上海で一三名のデモ参加者がイギリス軍によって殺害されたことへの抗議デモが行われた。この時、北京を支配していた軍閥の軍隊がデモ参加者に発砲した。魯迅はこの時のことを印象的な文章にして次のように書き残している。「この発砲は事件を締めくくるものではなく、始まりなのだ。インクで書かれた嘘でもって、血で書かれた真実を損なうことなどできない。流血の負債は必ず購《あがな》われねばならない。負債の返済が先延ばしされればされるほど、利息はどんどん膨らんでいく」[4]

人民共和国の誕生と共に、天安門広場は新しい性格を帯びることになった。毛沢東が率いる新中国の物理的な象徴になった。また、毛沢東は、新中国建国の父として永遠の存在となることを熱望し、天安門広場はその象徴ともなった。毛沢東は、天安門広場を革命によって誕生した新中国にとって最重要の象徴にしようとした。天安門は国家権力と人々の抵抗という相容れない両者の象徴という陰陽の性格を近代になって持った。そして、天安門は、毛沢東個人の性格の二面性をも象徴することになった。毛沢東は自発性、動乱、人々によるデモ、農民の土着性を愛した。一方で、統制、規律、正統性、権威、高官の虚飾というものも重視した。

一九四九年一〇月、毛沢東は天安門の上で中華人民共和国の建国を宣言した。毛沢東による建国宣言は分裂、無気力な政府、帝国主義的な搾取、後進性、耐え難い恥辱といったものに対する中国人民の一世紀にわたる闘争の歴史における記念碑的な出来事となった。そして、これが終着点とはならなかった。毛沢東は常にイデオロギー的に矛盾を抱え、闘争の中に身を置き、「永続革命（permanent revolution《パーマネント・レヴォリューション》）」の中にあった。毛沢東時代の中国は、最終到達点はなく、闘争と闘争の間に、短い穏やかな期間があるという状態にあった。蒋介石率いる国民政府との間の内戦を戦っている時、毛沢東は次のように書いている。「ドラマはいつも序幕から始まるが、序幕がドラマ最大の山場であることはない」[5]。一九四九年、中国史上における大きなドラマが始まったが、毛沢東はこのドラマの性格を決める大きな場面を必要とした。毛沢東は延安から北京への移動の途中、天安門前のスペースを、彼に権力を握らせてくれた革命にふさわしい人民の広場にするという計画を立てた。毛沢東は彼よりも前の世代の孫文や蒋介石と同様に、自分の革命的な成功を誇示するために、天安門の真ん中に自分の肖像画を掲げた。[6] 肖像画を掲げるという行為を真似たのは、中国と中国共産革命に自分自身を結びつけるための試みであった。こうすることで、毛沢東は、自身を新中国と中国革命の創始者とし、自分の貌を新中国の象徴にしようとした。毛沢東の肖像画はこれ以降、地球上でもっともよく知られる中国のトレードマークになっている。

毛沢東は反封建主義を掲げたが、革命を成功させた彼は王朝時代の政府組織の真似をし、新たに確立した自分の支配に正統性を与えるために、過去の要素を取り入れた。毛沢東は、中国共産党の指導者たちを中南《ちゅうなん》海《かい》（Zhongnanhai）に入れた。中南海は紫禁城のすぐ側にある池のある宮殿である。中南海は明朝と清朝の歴代の皇帝たちによって建設された。ここで皇帝たちは宴会と船遊びを楽しんだ。西太后は、中南海にあった塔に光緒帝を幽閉した。王朝時代と同様、中南海は、中国を支配することになった毛沢東と彼の同志たちが住むことになって、朱色の高い塀に囲まれたまま「人民」からは隔絶された場所になった。毛沢東は天安門の外装を一新し、中国の新しい象徴とした。

一九五〇年代初め、毛沢東とソ連から派遣された建築の専門家たちは、天安門の前にある皇道と碁盤路を拡張し、巨大なパレードができる広場にするという計画を遂行し、実現した。毛沢東は、興奮して「一〇億人が一度に集まれるほど」の広場にするようにと言った。[7] 毛沢東は中国人の建築家たちにモスクワの赤の広場を圧倒するように求めた。そして、中国人の建築家たちは、自分たちこそは「社会主義の面では弟」であるソ連から派遣された建築家たちを凌駕している存在だと認識するようになった。[8] モスクワの赤の広場の面積は二二エーカー（約九万平方メートル）しかなかった。一方、新たに作られた天安門広場は五〇エーカー

（約二〇万平方メートル）になり、その周囲を含めると一〇九エーカー（約四五万平方メートル）になった。[9]共産主義の「偉大な指導者」の地位を巡る争いにおいて、面積というのは重要な問題であった。

天安門広場建設計画についての中国人建築家たちの公式見解の中で、計画の特徴について次のように述べられている。「主席のお心は海のように広く、古い壁や回廊などを軽々と飛び越え、未来に向かっておられる」。[10]毛沢東は自身が確立した新しい統治に対して、多くの人々が集まる場所を作り、そこで賞賛を受けたいと望んだ。そのために、歴史遺産保護派の出した計画を却下した。歴史遺産保護派には梁啓超の息子で、アメリカで教育を受けた建築家で都市計画の専門家であった梁思成がいた。彼は、毛沢東に対して北京の中心部をそのまま残すように嘆願した。[11]梁思成の出した代替案は、北京西部の郊外に全く新しい政府施設を建設するというものであった。これは一九五〇年代末に建設されたフランスのラ・デファンス（La Défense）やブラジリア（Brasília）に匹敵する計画であった。[12]梁思成の計画について毛沢東は、「私は北京に入るために二〇年を費やしたのに、彼は北京から出て行けと言うのだ」と述べた。[13]毛沢東は、北京の歴史的な場所にブルドーザーを入れてそれらを破壊することで未来に向けての道を作ったのである。

これ以降、中国の現代史は破壊と建設の繰り返しをその特徴とすることになった。そして、保護や維持ということには関心が向けられることはなかった。[14]一九五八年、中国共産党中央委員会で、北京に古くからある巨大な壁とその他の歴史的な建造物について議論があった。議題となった壁は、明時代に建設されたもので、マンハッタンの五番街に匹敵する広さの地域を囲んでいた。毛沢東は次のように高らかに宣言した。「北京にある古い建物が全部新しい建物に建て替えられるならそれが最高だ」。私に対して巨大な計画に取り憑かれているという批判をする人々がいる。彼らは私が暴力的な気分に支配されていて、落ち着かない状態にあると言う。彼らの発言内容は正しい！　私は壮大な計画が大好きだ。落ち着いた気分になるためにも、壮大な計画を楽しんでいる。しかし、やり過ぎることはない。人間が古いものを愛するのは極めて正しい。しかし、私までそうなってしまうと、私たちはこの会議を周口店《しゅうこうてん》（Zhoukoudian）で開かねばならなくなる！」。周口店は北京原人の骨が発掘された、考古学にとって大変重要な前史時代の遺跡である。[15]

一九五〇年代末、天安門広場は完成した。一万六〇〇〇軒の古い田舎造りの家、古い宮殿、そして古い壁が完全に破壊された。[16]毛沢東はそれでも天安門広場の広さに十分に満足せず、広場の両側に巨大な建物を建設するように命令した。西側には、巨大な人民大会堂が建設され、東側には、中国革命記念館と中国史博物館（後に合併して国立博物館となった）が建設された。これらの建物の建設は中華人民共和国建国一〇周年の大パレードに間に合わせるために急がされた。

一九七六年、毛沢東は死去した。その後、中国共産党は天安門広場という人々が集まる政治的な場所に毛沢東記念館を建設した。記念館内部に毛沢東の遺体を安置し、この記念館によって、天安門広場は毛沢東の聖地となった。そして、彼の人生と革命の記念碑となった。毛沢東記念館は遺体を安置し、人々に公開している。この記念館は言ってみれば、蝋人形館と皇帝の陵墓の中間のような存在であり、観光名所となっている。

毛沢東が亡くなって既に数十年が経過し、彼の権威も薄れてきている。しかし、天安門広場に立つと、この広場が今でも毛沢東のものであるということを感じる。天安門広場の東側にはスズカケの木がたくさん植えてある。そこから天安門広場を歩いてみると、穏やかではあるが、すぐに荒れ模様になりそうな水の中を漂流している、そんな感じになるのだ。こちら側の海岸から出発してしばらく進んでも対岸はまだ遠くにある、そんな感じなのだ。このような巨大な空虚さの中にいると、人間の存在はちっぽけだと感じ、そして何もかもさらけ出されてしまうと感じてしまう。そして、天安門広場の意味とはそこにあるのではないかなどと考えてしまう。

毛沢東がこのような人々が集まる記念碑的な場所を建設したのは、紫禁城と二つの夏宮をしのぐ巨大建造物を作りたいと望んだからだ。中国の歴史家、侯仁之《こうじんし》（Hou Renzhi　一九一一年〜）と建築家、呉良鏞《ごりょうしょう》（Wu Liangyong　一九二二年〜）は、天安門広場が完成した後、「巨大な紫禁城は第二級の存在となり、天安門広場の〝裏庭《バックヤード》（backyard）〟のようになってしまった」と述べている。[17]

貧しさとまっさらな状態であること

毛沢東が「人民共和国」の成立を宣言し、天安門広場を刷新するための計画を立てていた時、彼は新しい国家と社会を建設するという義務を負っていた。毛沢東は新中国建設のためには古い社会を徹底的に破壊し尽くすことが必要だと確信していた。そして、一九五〇年代、毛沢東はこの人智を超えるほどの困難極まりない責務を遂行した。毛沢東が描写したとおり、中国の人民が「何も書いていない白紙」のような状態であったならば、新しい社会についての毛沢東の考えを中国人民に刷り込むことは容易に成功したであろうが、実際はそういう訳にはいかなかった。

一九五八年、毛沢東は、中国共産党初の理論誌『紅旗（*Red Flag*）』誌の創刊号で次のように書いている。「中国六億の人民は、様々な特徴を有しているが、その中でも特に二つの顕著な特質を持っている。中国の人民は第一に貧しく、第二にまっさらな状態であることだ。これらは悪いことのように思われるが、実際には良いことなのである。貧しい人々は現状を変えたいと望む。何かをやりたいと望む。そして革命を望む。きれいな白紙にはしみなどついていない。そのような白紙にこそ最新のそして最も美しい言葉を書くことができるし、最新のそして最も美しい絵を描くことができる」[18]

「貧しくてまっさらな状態であること（poor and blank《プアー・アンド・ブランク》）」という表現は、孫文の唱えた「一盆散沙」と同じくらいに魅惑的な響きを持っていた。しかし、偶像的な存在である毛沢東のような中国の指導者が長い歴史を誇る中国の人々をそのように形容し、伝統文化など存在しないかのように「まっさらな状態」と述べたことは奇妙なことである。毛沢東の若い時の憧れであり、英雄であった梁啓超、陳独秀、魯迅は、中国の人々はまっさらな状態などではないことに気付き、そのことで苦しんだ。中国の歴史と文化は中国の人々に深く浸透し、大きな影響を与えていた。そのために、中国の人々をまっさらな状態にするためには、誰かが政治的にシヴァ神（ヒンズー教の神で、〝破壊〟を司る）になって、中国の人々の古いアイデンティティを破壊しなければならなかった。中国の歴史と伝統文化を破壊するという重大な責務を果たすために、毛沢東は延安で始めた矯正運動の経験をそれ以降も何度も使った。毛沢東は、古い中国を破壊するために「思想改革」を個々人に要求した。個々人はそれぞれ封建時代からの伝統を墨守するような心性、「封建礼教（*fengjian lijiao* feudal mind-set《フューダル・マインドセット》）」を払拭するように求められた。毛沢東は「洗脳（*xinao* cleanse the mind《クレンズ・ザ・マインド》）」という概念を打ち出した。「洗脳（全体主義を嫌悪する欧米ではbrainwashingという言葉も使われる）」は、二〇世紀に開発された、個人の心理に侵入するための画期的な、そして野蛮な方法の一つであった。[19]

永続革命

毛沢東は、反政府ゲリラの頭目から中国の最高指導者となった。そして、蒋介石と同様に、中国の運命を自分自身の運命と重ね合わせて考えるようになった。そして、毛沢東は自分が発した革命に関する文言を現実化しなければならないと考えた。手強い伝統文化を持つ地方分権的な国家である中国において、革命を現実化することは困難な事業であった。後に毛沢東によって二五年間も投獄されることになった詩人の胡風《こふう》（Hu Feng　一九〇二〜一九八五年）は、一九五〇年に新しい国家主席である毛沢東の持つ大胆さと偉大さを次のように詩の一節にして賞賛した。[20]

「毛沢東は偶像のようにそびえ立つ
全世界に向けて語る
時間に対して命令を下す」[21]

国共内戦における劇的な勝利は、マルクス流の弁証法における、必然的なそして決して終わらない過程の一部なのだと毛沢東は考えた。そして、マルクス流の弁証法は、終わることなく、矛盾を抱えたまま歴史の中で続いていくとも彼は考えた。一九四九年、勝利を目前にし、北京に入る直前、普通の人間なら一時的な休息ではなくても、ある種の達成感で満足するようなとき、毛沢東とその他の党の指導者たちは次の闘争の準備をしていた。次に闘うべき闘争は「永続革命（permanent revolution《パーマネント・レヴォリューション》）」だと毛沢東は考えていた。

一九四九年、新政府樹立に向けての話し合いをするために開かれた、第七回中国共産党中央政治局会議第二回全体会議の席上、毛沢東は次のように発言し、警告を発している。「国民党との戦いに勝利したことで、党内部にある種の雰囲気が出てきている。傲慢さ、英雄を自称する浮ついた雰囲気、無気力と退嬰、華美を愛し質素な生活に対して嫌悪する態度が党内に見られる。ブルジョア階級からの甘言に意志の弱い党員たちが踊らされている可能性がある。敵に銃口を向けられても高い志を捨てることなどなかった共産主義者もまた党内にはたくさんいる。敵に敢然と立ち向かった彼らこそは英雄に値する。しかし、そんな彼らでも砂糖で作られた弾丸には屈してしまうこともある」[22]

毛沢東は、一度燃え上がった人民の政治的情熱を維持し、彼の政敵を押さえつけるための有効な手段として、「永続革命」の制度化が必要だと考えた。そして、毛沢東は中華人民共和国建国後すぐに一連の政治キャンペーンをスタートさせた。その目的は、「人民」を常に革命的行動主義に駆り立てることで、体制維持派ができることを阻止することであった。一九五七年二月、毛沢東は様々な矛盾について演説を行った。その中で彼は次のように語っている。「社会主義建設における最も偉大な成果とは、私たちの社会から様々な矛盾を一掃するということなどではない。矛盾が存在しなくなるということを想像するのは、単純で素朴な考えである。そして、このような考えを持つことは客観的な現実と矛盾するものなのである」[23]

毛沢東は続けて次のように語っている。「私たちの革命は次から次へと行われるのだ」[24]。そして、毛沢東は一九五〇年代、一連の大衆運動をスタートさせることで、中国社会を「ひっくり返し」続けた。一九五〇年、毛沢東は地主からの農地没収と農地改革を行った。そしてその過程で、少なくとも一〇〇万人の地主を処刑した。同年、中国の女性、家族、労働力の地位を根本的に変える「中華人民共和国婚姻法」を公布した。また、同年には、朝鮮戦争でアメリカと戦うために三〇万人の義勇兵を朝鮮半島に送る決断を行った。一九五一年から一九五二年にかけて、毛沢東は、「三反運動」と「五反運動」を展開した。これは、汚職に手を染める中国共産党員と自己改革が不十分なブルジョア階級を摘発することを目的としていた。一九五二年から一九五三年にかけて、毛沢東は、農業協同組合運動（Agricultural Cooperatives Movement《アグリカルチュラル・コーポレイティヴス・ムーヴメント》）をスタートさせ、農民たちを農業協同組合に強制的に参加させた。一九五六年から一九五七年にかけて、毛沢東は、知識人たちの積極的な批判を推奨する百花斉放百家争鳴運動（Hundred Flowers Movement《ハンドレット・フラワーズ・ムーヴメント》）を展開した。そして続いて、彼らを厳しく罰する反右派闘争（Anti-Rightist Campaign《アンタイ・ライティスト・キャンペーン》）を開始した。

革命的情熱の爆発は、一九五八年から一九六一年にかけて行われた大躍進運動（Great Leap Forward《グレイト・リープ・フォーワード》）という形で噴出した。大躍進運動によって、中国の農村の公社化、農村の全ての面の共有化と中国の農村社会の再編が行われた。そして、結果として三六〇〇万の農民が餓死することになった。この大惨事の後、毛沢東はしばらくの間、新しいキャンペーンや闘争を始めることができなかった。しかし、一九六三年、毛沢東は、社会主義教育闘争（Socialist Education Campaign《ソーシャリスト・エデュケイション・キャンペーン》）をスタートさせた。この闘争は全ての中国人民をよりプロレタリアート的にすることを目的としていた。そして、この闘争が発展して、一九六六年から一九七六年にかけて行われたプロレタリア文化大革命（Great Proletarian Cultural Revolution《グレイト・プロレタリアン・カルチュラル・レヴォリューション》）が展開されることになった。文化大革命時代は「失われた一〇年」と呼ばれている。毛沢東の生涯を見ていくと、彼は漸進的な改良にほとんど関心を持っていなかったことが分かる。薬物中毒者が次から次とより刺激の高い薬物を求めるように、毛沢東は次から次と闘争や運動を求めた。そして、それらの闘争や運動は前のものよりも、より冷酷で、残忍で、人々を熱狂させるものとなっていった。

大躍進運動

大躍進運動は毛沢東の単純極まりない、そして急進的な理論を実践した、顕著な具体例の一つであった。一九五八年半ば、毛沢東は、自分が主導した革命が停滞し始め、中国の五億の農民たちの「覚醒し続ける政治意識」が更なる革命の進展にとって必要不可欠であると考えていた。そして、毛沢東は、躊躇する党指導部を押さえつけて、新しいキャンペーン（闘争）をスタートさせた。その数年前に地主から土地を流血も含む暴力的なやり方で取り上げ、農民たちに再分配し、農民たちの私有とするプログラムが実行された。そして、毛沢東は、一九五八年に農民たちに分配された土地の私有を廃止し、中国全土に約七四万あった農業協同組合を二万六〇〇〇の大規模な「人民公社（people's communes《ピープルズ・コミューンズ》）」に再編させた。[25] 農村の集団化を推進し、「より高い段階」にまで引き上げることで農業生産をより効率的にすることが人民公社導入の目的であった。そして、人民公社では、土地が共有とされただけでなく、住居、家畜、器具、食事、浴場が共有化された。また人民公社計画では、農民たちが鉄鋼の重要な生産者とされ、住居の裏庭にそれぞれが小規模な溶鉱炉を設置するように強制された。人民公社は史上稀に見る大胆さが生み出した幻想であった。そしてその幻想とは、「農村生活の全ての面を根底から作り変える」ということであった。

毛沢東は彼特有の焦燥感を持っていた。そして、一九二七年に湖南省で調査をして以来、農民たちの持つエネルギーに魅了されていた。そして、今の中国がほんの一歩前進するだけで、後進的な農業社会から農業と工業が並立する大国になると確信していた。そして、毛沢東は、再度「全く抑制のない形で大衆を立ち上がらせ」たいと望んだ。[26] 都市部の労働者ではなく、人民公社に集められた農民たちが今回の革命の原動力となると毛沢東は考えた。そして、ポスターに次のような文言を掲載させた。「農民たちが立ち上がることで、中国は一五年以内に鉄鋼やその他の主要な工業生産でイギリスを追い越すことができる」[27]。このような大袈裟な楽観的台詞は、中国が長年抱えてきた鬱屈した夢を表現したものである。その夢とは、中国の改革者たちが追い求めた「西洋諸国に追いつく」ということであった。毛沢東は、紅軍を率いて苦しい長征を行いながら、装備の点で圧倒していた蔣介石率いる国民党軍と対峙し、最終的に勝利した。毛沢東は、今度は中国の全人民を率いて西洋の発展に関する諸理論との間で、栄光に満ちたしかしこれまでにない戦いを展開しようとしていた。彼は中国人民を使って中国独自の近代を達成しようとした。[28] 毛沢東はゲリラ時代の成功を再現しようとした。彼は次のように明確に述べている。「私たちは今、生産の最前線において一般の人民がこれまでに発揮したことのない、偉大な活動性と創造性を目撃している」[29]。毛沢東は過去の成功体験から、自分自身を中国のモーゼのように考えていた。毛沢東は誰の力も借りないで農民たちを農民が解放された社会主義国家という理想郷に連れて行くという作業を始めたのだ。

中国研究者フランツ・シャーマン（Franz Schurmann　一九二六〜二〇一〇年）は大躍進運動について、「中国の共産主義の短い歴史の中で実際に起きたイデオロギー上の最重要事件」であったと述べている。[30] 計画経済の専門家で政治局委員であった陳雲《ちんうん》（Chen Yun　一九〇五〜一九九五年）を含む経験豊富な専門家たちは、「より慎重なそして現実的な」発展のアプローチを採用し、「ゆっくりと実験結果を集約し」ながら、

「少しずつ進めていく」しかないと主張した。[31] しかし、毛沢東は、動乱の中でこそ「大衆」を社会主義的に救済できると考え、大躍進運動を大成功させるために、目的に向かって突撃するように主張した。

毛沢東は中国共産党指導部のほぼ全員を全く信用していなかった。そのため、毛沢東は「幅広い一般大衆」が毛沢東の革命についての考えを熱狂的に支持し、彼自身をも賞賛し続けているということの確認を執拗に求めた。毛沢東の専属医であった李志綏《りしすい》（Li Zhisui 一九一九〜一九九五年）は一九五八年九月一九日に起きた、ある出来事について記録している。この時は大躍進運動が始まったばかりであった。そして、毛沢東と彼が愛した「広大群衆（*guangda qunzhong* broad masses）」との間の関係が複雑な状態にあった。その日、安徽省合肥市には多くの人々が集まり、自分たちの偉大な指導者が通り過ぎる姿を一目見ようと列を作っていた。「毛沢東はオープンカーに乗ってゆっくりと市中を進んだ。群衆に対して笑顔も見せずに手を振っていた。人々が示す愛情表現を楽しんでいる風情だった。合肥市の群衆は北京の天安門の前の群衆と同じくらい熱狂していた。私はそのことが気になった。後で分かったことだが、この時毛沢東の前に集められた群衆は、安徽省の公安部によって注意深く選別された人々だったのだ。安徽省の公安部は、熱心にそして真面目に毛沢東を賞賛できる人を選抜したのだ。彼らは毛沢東を見て、喜びのあまり熱狂した」[32]。

毛沢東は政治運動、ひいては革命運動の結果として生み出される、権力行使の日常化に頑固に抵抗した。毛沢東は危険を冒すことを好んだ。そして、通常の国家建設に付き物の単調な日々に我慢できなかった。毛沢東は一九五〇年代、彼が主導した革命が段々と官僚化しつつあると感じていた。彼はこれに大きな苛立ちを覚えた。毛沢東は、農業生産が、熟練、技術、資本投下などよりも大胆な指導、熱心な督励、大規模な大衆動員によって増大するという考えに固執するようになってしまった。毛沢東の夢は、社会主義的情熱の「高潮《ハイ・タイド》（high tide）」に駆られた活気と気迫によって中国が工業化されることであった。農民たちが社会主義的情熱によって中国の工業化に必要な資金を進んで稼ぎ出してくれることを毛沢東は夢見たのだ。毛沢東はこの過程を「政治に統率させる」過程と呼んだ。そして、訓練されたテクノクラートや官僚が運営する大規模な工業施設ではなく、農民自身が運営を行う農業協同組合こそが中国を近代化させると考えた。毛沢東は、技術的な知識は疑わしい部分もあるとし、「技術の神格化（*jishu shenbihua* 技術神筆化 fetishization of technology《フェティシジェイション・オブ・テクノロジー》）」を非難した。[33]

毛沢東の考えは、古い「自強」型の近代化モデルを完全に否定するものであった。毛沢東は、「体（*ti* core《コア》）」の革命的変化なしに、「用（*yong* use《ユーズ》）」における技術的変化を求めるということはしなかった。毛沢東は中国を根本から作り変えたいと望んだ。毛沢東が新たに生み出したスローガンは、「より大きく、より速く、より良く、そしてより大きな経済的結果を」というものであった。[34]そして、毛沢東は次のように夢想した。「人民が自発的に自分たちを組織化し、共同食堂、幼稚園、託児所、裁縫チーム、理髪店、共同浴場、老人のための養老院を創設する。なぜなら彼らは組織化することで、より幸せな共同生活ができることを知っているからだ」[35]。毛沢東の夢想は大変に野心的なものであった。そして、近代の思想家や思想家たちが想像すらしないものであり、現実化しようと試してみることすらしてこなかったものであった。

毛沢東にとって、そこには少しも自己欺瞞はなかった。多くの指導者たちに共通する弱点として、他人を動かそうとして作ったプロパガンダの内容を自分自身が信じてしまうということがよく起きるものだ。各地から大豊作の報告がなされたが、そのほとんどは虚偽の報告であった。しかし、それは現場の党幹部たちが、毛沢東の大躍進政策について議論することすら許されない「正しさ」に反することを恐れた余りに起きたことであった。それぞれの人民公社が収穫した穀物のほぼ全ては、国家が運営する穀倉に送られた。地方の党幹部たちは、自身が公表した「目標収穫量」の達成競争を行い、中央政府の歓心を買おうとしたのだ。結果、実際に穀物を収穫した農民たちは飢えに苦しむことになった。[36]大躍進運動の見せ掛けだけの成功に毛沢東は酔った。毛沢東は、自分の卓越した指導によって、中国人民が備えていた大きなエネルギーを解放させることができたのだと考えた。彼は自分に超能力のような洞察力が備わっているという自信を持つようになった。農民の間に飢餓が拡大していっている時期でも、毛沢東は、彼が始めた人民公社運動は、「共産主義の萌芽」[37]であって、人民公社によって中国は「社会主義の完成」に進むことができるのだと考えていた。[38]

もちろん、毛沢東はソ連との間の「誰が最初に共産主義に到達するかレース」に勝利することを目的としていた。毛沢東は、当時のソ連の革命状況について、修正主義によって麻痺状態に陥っており、希望がないと考えていた。ロシア人たちはモスクワが共産主義の総本山であると考えていた。ソ連側は、ソ連の優位に対する毛沢東の傲慢な、そして教条主義的な挑戦に不快感を持っていた。毛沢東は、一九五三年にスターリンが亡くなった後、彼の跡を継いだニキータ・フルシチョフ（Nikita Khrushchev　一八九四～一九七一年）を見下していた。毛沢東は、フルシチョフの唱えた「平和共存（peaceful coexistence）《ピースフル・コエグジスタンス》」や資本主義の要素を取り入れたハンガリーの「混合共産主義（goulash communism）《ゴウラシュ・コミュニズム》」について、「確かにロシア人の食卓に並ぶ食物の量は多少増えたかもしれないが、私が行った実験にあった革命的大胆さと巨大さを欠いたもの」として馬鹿にしていた。フルシチョフが行った穏健な政策の目的は、毛沢東の革命的な熱情から行った政策に対するアンチテーゼであった。一九五八年八月、フルシチョフは北京を訪問した。この時、フルシチョフと毛沢東は一緒にプールに入った。この時、毛沢東はフルシチョフに次のように持ちかけたと伝えられている。「あなたがやらねばならないことはアメリカを挑発して軍事行動を取らせることだ。彼らを倒すために必要な数の師団を中国からそちらに向かわせる」。この時、哀れなフルシチョフは泳げなかったので浮き輪を二つ使ってなんとか浮いているそんな惨めな状況であった。[39]

毛沢東の横柄さに対応しなければならなかったのはソ連だけではなかった。中国共産革命の英雄で、朝鮮戦争の時に中国義勇軍の司令官であった彭徳懐《ほうとくかい》（Peng Dehuai　一八九八～一九七四年）元帥は人々からの人気が高かった。彭徳懐は大躍進政策で人民の間に大規模な飢餓が拡大していることに注意を喚起し、毛沢東を諫言し、一時的に指導部から外れてもらうようにしようとしたが無駄に終わった。一九五九年七月、廬山会議で毛沢東は支離滅裂な演説を行った。その中で毛沢東は、彭徳懐やその他の穏健派を攻撃した。彭徳懐や穏健派の人々もまた中国の富強を向上させようとしていたが、中国人民を塗炭の苦しみに突き落とすことを良しとはしなかった。毛沢東は彼に批判的な人々に激しい攻撃を加えた。毛沢東は次のように言って党指導部全体を脅し上げた。「中国共産党内部で私に対する反対が激しくなったら、私は地方に行き、農民たちを率いて政府を転覆してやる。もし人民解放軍が私に従わないならば、私はもう一つの人民解放軍を作ってやる」[40]。毛沢東は、実際に起きた人災における自分の果たした役割をほぼ認めず、他人に責任を転嫁しつつ、自己弁護を終止した。彼は次のように語った。「大混乱が広い範囲で起きている。私にはその責任がある。しかし、同志諸君、諸君らもまた自分たち自身の責任について分析しなければならない。もし諸君らがクソを垂れねばならないなら、クソをしろ！　もし諸君が屁をしなければならないなら、屁をしろ！　そうすれば君たちはより爽快な気分になることができるだろう」[41]。

毛沢東が行った全ての大衆動員や大衆運動の中で、大躍進運動は最も広範なそして悲劇的な結果をもたらした。数千万の農民をほんの一、二年で完全に組織化しようとした毛沢東の主導した巨大実験は、収穫量の大幅な減少と大規模な飢餓という結果に終わった。推定で三六〇〇万人が犠牲となって亡くなった。ジャーナリストの楊継縄《ようけいじょう》は中国政府の公式文書を資料にして大躍進運動について本を書き、その中で「これまでに中国で起きたその他の大規模飢饉に匹敵するものであった」と書いている[42]。

オランダ人歴史家フランク・ディケーターは『毛沢東の引き起こした大飢饉（*Mao's Great Famine*）』という本を書いた。その中で次のように書いている。「飢饉が数年続いた。田舎では不気味なそして不自然な静けさが広がった。国に没収されなかった豚は飢餓や病で死んでいった。鶏やアヒルは全て食べられた。野鳥も全て食べ尽くされた。野鳥がいなくなった林の木々の枝や樹皮まで食べられた。裸になった木々が空に突き出しているだけだった。人々は飢えて、口もきけない状態になっていた。飢饉の影響が最終的に消え去ったのは一九六二年になってからであった。毛沢東は新中国を、「まっさらな状態」ではなく、本当に「貧しい」状態に限りなく近づけた。[43]

大躍進運動は失敗に終わった。中国共産党の指導者の多くが毛沢東の急進的な社会主義に基づいた変革についていけなくなっていた。そして一九六〇年代末まで、毛沢東は「第一線の指導から引退」させられることになった。より現実主義的な幹部たちが個人の努力を引き出すための奨励策、私有地、地方市場を復活させた。これによって経済は再び機能し始めた。こうした政策は、毛沢東の死後に鄧小平によって再び導入された政策の基礎となった。

嵐と嵐の間の静けさ

毛沢東は指導の第一線から外された。失敗の苦々しさを噛み締めながら、人々からの無言の非難に耐えていた。毛沢東の関心は、国内問題からソ連との関係に移った。毛沢東は、フルシチョフの指導の下でソ連が「修正主義的」になったと考えた。そして、毛沢東は中国がソ連と同じような「資本主義の復活」に堕落してしまうことを許せなかった。それから間もなく、毛沢東は国内の彼の支持勢力を再編し、一九六三年に新しい政治闘争を開始した。この闘争は社会主義教育闘争と呼ばれ、その目的は、社会主義的価値観を再び強調し、御しがたいブルジョア要素を抑圧することであった。毛沢東はブルジョア要素が、彼が成功に導いた革命の成功を阻害していると確信していた。そして、ブルジョア階級に対して「階級的復讐（class revenge《クラス・リベンジ》）」を実行することを許可した。[44] 毛沢東がうまく機能している経済を邪魔しようとしていることは明らかであったが、誰も毛沢東に反対できなかった。党の指導者たちは全員、彭徳懐《ほうとくかい》元帥に起きた悲劇をよく覚えていた。

「彭徳懐元帥のような人物でも粛清されてしまうのなら、誰が毛沢東に楯ついて生き残ることができるというのか？」というのが指導者たちが共通して持つ思いであった。[45]

一九六五年、毛沢東は自作の詩の中に、いまだに衰えない野心を詠み込んだ。その詩は「井崗山を再訪して」というタイトルで、党がコントロールしていた新聞や雑誌に掲載された。その一節を紹介する。

「雲まで届きそうな道を私はひたすら進んだ
この世界には不可能なことなど存在しない
頂点を極めることも可能なのだ」[46]

こうしたメッセージを通じて、毛沢東は政敵たちに、この老いても「虎と猿」の気概を持つ王は些細な侮辱を忘れることはないし、まだまだ引退するつもりもないことを示した。機会が訪れたら、毛沢東はその機会をとらえて彼にとっての最後の大衆運動を始めるつもりであることも高らかに宣言していた。彼は、自分に反対するために集結した「反動（reactionary）《リアクショナリー》」勢力を標的にしたこれまでにない規模の大衆運動を起こすつもりであった。その反動勢力とは、間違った指導をされている知識人、イデオロギーの面で間違っている政敵、「封建的な心性」を持つ伝統文化の支持者、「間違った道」を進む中国共産党の幹部、「資本主義への道」を進む者、中国に敵対する諸外国の代理人、修正主義的なソ連であった。これらの敵対勢力は毛沢東を苛立たせた。それは、スターリンがフルシチョフによって批判されたように、自分もいつかこれらの勢力に批判されるのではないかと恐れたからだ。問題は、中国共産党、中国革命、そして毛沢東の歴史的な遺産に関わるものであった。一九六五年一月に出された指導書の中で毛沢東は次のように述べている。「重要なことは、中国共産党内部の権威ある地位に就いている人々が資本主義への道を進んでいることで、これを矯正しなければならない。それを公然と行っている者もいるし、隠れてやっている者もいる」[47]。これは中国共産党内部のより現実的な路線を進む指導者たちに対する警告であった。特に、鄧小平《とうしょうへい》（Deng Xiaoping　一九〇四～一九九七年）党総書記、周恩来《しゅうおんらい》（Zhou Enlai　一八九八～一九七六年）国務院総理、劉少奇《りゅうしょうき》（Liu Shaoqi　一八九八～一九六八年）国家主席の三人に向けられた警告であった。毛沢東は、彼らが自分の革命が「行き過ぎないように」、「温度を調節」していると考えた[48]。

毛沢東にとっての革命の同志の中でも若手の林彪《りんびょう》（Lin Biao　一九〇七～一九七一年）は毛沢東と同じ湖南省出身であった。かれは毛沢東のために「文化大革命」をスタートさせた。林彪は小さな赤い表紙の本を編集した。その中には毛沢東の発言や文章からの抜粋と革命から得た教訓が収められていた。これは人民解放軍の兵士の教育のために小冊子にされ配布されていた。これは兵士にとって便利なものであったが、一般の人民もそれを勉強することを求められるようになった。プロレタリア文化大革命が本格化する前、赤い表紙から「赤い小冊子（毛沢東語録　little Red Book《リトル・レッド・ブック》）」と呼ばれた本は既に五億冊が印刷されていた。そして、毛沢東は無神論を主張する共産主義の指導者から自由解放神学の神のような存在に変化していった。

波の高まり

一九六六年初頭、文化大革命が本格化し始めた。この時、毛沢東は既に七三歳であった。毛沢東もまた不死身でも不老不死でもないという現実を否定するかのように、彼は自由主義傾向にある、一定の評価を得た知識人で彼に批判的な人々と革命の進展についてより現実的で「漸進的な」方法を採用するように主張していた党幹部たちに対する攻撃を強化した。一九六六年春、紅衛兵によるデモ行進が中国全土で行われた。彼らの主張は、中国共産党から穏健派を一掃せよというものであった。紅衛兵とは自発的に組織された若者のグループで、赤い腕章をつけて自分たちと他の人々を区別していた。そして、自分たちは毛沢東の主導した革命の前衛（vanguard《ヴァンガード》）であると自任した。毛沢東は復権した。そして、資本主義者もしくは修正主義者という憎むべき敵がそこかしこにいるという偏執狂的になっている紅衛兵たちを煽り立てた。毛沢東は次のように吠えた「ブルジョア階級の代理人たちが党、政府、人民解放軍、そして様々な文化活動の現場に入り込んでいる。彼らは反革命的修正主義者だ。彼らは時期が来たら政治権力を掌握し、プロレタリアート独裁体制をブルジョア独裁体制へと転換するだろう」[49]

革命的内容の壁新聞が中国全土の大学キャンパスに貼られるようになった。それが社会全体に拡大していった。そして狂信的な紅衛兵たちは毛沢東の革命の進行を遅らせていると見なされた人々や「階級の敵（class enemy《クラス・エネミー》）」と見なされた人々に対して攻撃を加えるようになった。彼らは自分たちの両親や教師たちにも容赦しなかった。中国屈指の名門大学である、北京にある清華大学のキャンパスに貼られた壁新聞には次のように書かれていた。「毛沢東思想に反対する人間は一人残らず打倒せよ。彼らがどんな人間であっても、どんな主張をしていても、どんな地位に就いていても容赦するな！」[50]。清華大学は、学生たちの間で特に紅衛兵熱が高い大学であった。

中国共産党内部の漸進主義者たちは、紅衛兵が引き起こしている大衆ヒステリーとイデオロギーに基づいた暴力の嵐を緩和しようと「ワーキングチーム」を設置した。しかし、彼らもまた紅衛兵の攻撃対象となった。秩序は全て崩壊した。当時の北京大学学長・陸平《りくへい》やその他の教授陣のような高名な人々も紅衛兵に攻撃された。ある紅衛兵が後にその時目撃したことを次のように述懐している。「その日の朝、キャンパス中の学生たちが集まり、闘争のために人民の海を形成した。黒幇《こくばん》（black gang《ブラック・ギャング》　教授たち）は学生たちに取り囲まれて身動きもできない状況にあった。彼らは鼠のように惨めであった。学生たちは〝彼らを打倒せよ！〟と叫んだ。殲滅戦は暴風雨のようであった。その嵐に身を任せた者は生き残り、抵抗した者は非業の死を遂げた」。このような紅衛兵によるテロは中国全土に広がっていった。そして、紅衛兵による熱狂は、「地上の楽園」がすぐそこだという熱狂を人々にもたらすことになった。前述の紅衛兵は次のように語っている。「黒幇は恐怖と驚愕で打ち震えていた。そして、革命的な教師と学生たちはそれまでにない喜びに包まれていた」。[51]一九六六年七月七日、毛沢東は中国共産党の指導者たちと面会し、彼らに対し「文化大革命は、階級区分をなくすことができるかどうかのテスト」なのだと語った。[52]

毛沢東は、文化大革命の次のステージでは、全ての人民の意識を問題として取り上げると語った。もし人民が「悪い思考」を持っているのが分かったら、必要な場合は暴力的にそれを除去すると彼は述べた。彼は梁啓超の主張の一部を取り入れながら、しかし、梁啓超の創造したものよりもはるかに毒々しい要素を入れながら次のように語った。「このような破壊がなければ、社会主義は建設できない。私たちは一人一人が革命の及ぼす影響に備えなければならない。私たちは革命の火を自分たち自身に向けなければならない。革命の火を点火し、それに風を送って大きくしなければならない。私たちは自分たちを革命の火で燃やし尽くすということができるだろうか？　しかしそれをやらねばならない！」。[53]毛沢東は、熱狂的な支持者たちに対して、「恐怖（fear《フィアー》）」という単語の代わりに「挑戦（dare《ディアー》）」という言葉を使うように促した。そして、毛沢東は次のように警告を発した。「学生たちの進めている運動を抑圧する人間には惨めな死が待っている！」[54]

毛沢東は「この世に大きな無秩序」を生み出そうとしているように見えた。それは、彼が好んだ物語の主人公である孫悟空が望んだものであった。そして、「この世に大きな秩序」を生み出す前兆でもあった。このような言辞は矛盾を含んだスローガンを生み出すことになった。「大きな無秩序にある世界は素晴らしい」。『人民中国（*People's China*）』誌に寄稿したある学生グループは論稿の中で次のように書いている。「革命家たちは孫悟空のような存在だ。彼らの持つ金の棒は強力だ。彼らの持つ超能力は卓越している。彼らは全能である。それらは全て毛沢東の卓越した思想を実現するために使われる。私たちは魔法を使って古い世界を転覆させる。そして古い世界を粉々に砕く。そして完全に消滅させる。そして大混乱を生み出す。多くのごみを作り出す。より多くより広範囲に。私たちは大規模に反逆する。最後の最後まで反逆する！　私たちはプロレタリアートによる大混乱を作り出し、プロレタリアートのための新しい世界を生み出すのだ」[55]。毛沢東は自分自身のカリスマに基づく指導によって鼓舞された反逆の力を通じて国家建設を行おうとしたのである。

　毛沢東の挑発的な言辞は国中に拡散された。毛沢東は彼の言葉によって大混乱が拡大していく様子を見ることがなかった。従って、それに驚くということもなかった。毛沢東は、自分自身が解放した「赤色テロ(red terror)《レッド・テラー》」のエネルギーとその実態を過小評価していた。そして、党の最高指導部の秘密会議の席上で次のように語ったとされている。「北京は余りに文明化されている。北京には無秩序さが足りない」[56]。一九六六年までに中国全土は混乱に極致に陥っていった。毛沢東はこの無秩序さを喜んだ。鄧小平の娘、鄧榕《とうよう》は後に次のように書き残している。「毛沢東が最も重視した原理は、〝素早く打ち壊し、その後建設する〟というものであった。毛沢東は世の中が混乱することで中国全土に安定をもたらすことができると確信していた」[57]。中国は酷い状況になりつつあった。

　文化大革命を専門とする二人の研究者、ローデリック・マクファーカーとマイケル・ショーエンホールズは、「毛沢東は文化大革命を素早くスタートさせるための手段を必要としていた」と説明している[58]。そして、そのために「人命が損なわれることがあっても全く良心の呵責を覚えることなどなかった」とも述べている。毛沢東は「真の革命家は、時に進んで殺人を行うこともある」と考えていた。彼はある側近に対して次のように述べている。「ヒトラーという男は残忍な男であった。より残忍な方がより良いと君は思わないか？　より多くの人を殺せば、それだけ革命的ということになるじゃないか」[59]

一九六六年前半、誰が中国をコントロールしているのか誰にも分からなかった。そして、文化大革命がどの方向に進んでいるかも誰にも分からなかった。毛沢東は若者たちに革命を進めるように煽ってはいたが、表舞台に出てくることはほとんどなかった。毛沢東に忠実な周恩来首相は統治と秩序を何とか維持しようと奮闘していた。しかし、周恩来は虚心坦懐に、実際に何が起きているのか全く分からないということを告白することもあった。彼は用心しながら次のように述べている。「概していえば、文化大革命は新しいことであり、新しい運動である。私たちは文化大革命について分からないことが多い。特に私たちのような年寄りには分からないことだらけだ」[60]

毛沢東は自分の意思をはっきりさせず、所在すらもわからないようにして、中国共産党指導部に対して権力を行使した。彼のふるった権力は捉えどころがないものであった。多くの著名な人々が「毛沢東のために」働きたいという希望を表明したが、どのようにしたらよいかを分かっている人はいなかった。[61] 国家主席の劉少奇は、ある会合で周恩来首相に次のように語っている。「プロレタリア文化大革命をどのように進めるかについて、あなたはどうしてよいか分からないと言う。それで私たちにどうしたらよいかと質問する。正直に言おう。私にも分からない。この革命を進めるにあたり、私たちはあなたに頼り切ることになるだろう」[62]。毛沢東の指令を全て実行しようする人もいたが、その人は毛沢東にどのようについていけばよいのか分からず、途方に暮れるばかりであった。毛沢東は二〇〇〇年以上前に活躍した法家思想の哲学者、韓非の考えに従って行動しているように見えた。韓非はその当時から為政者に助言をしていた。韓非の次のような言葉が残っている。「真空になれ。暗い場所から静かに他人の欠点を観察せよ。姿を露わにして他人の欠点を見ているのを見られてはならない。耳を澄ませ。しかし、耳を澄ましているところを見られてはならない。知れ。しかし、自分が知っていることを他人に知られてはいけない」[63]

一九六六年七月一六日、毛沢東は中国中部の都市である武漢に姿を現した。その登場は劇的なものであった。この時、毛沢東は支持者五〇〇〇名と一緒に長江を泳いで渡ったのだ。その一〇年前、毛沢東は「水泳」と題する一編の詩を書いていた。この時の詩には、一〇年後のことを予測して書いたかのような内容が書かれていた。

「私は長江を泳いで渡っている
湖北の空が眼前に広がっている
風と波よ、私を打て
それでも田舎の静かな庭を歩くよりも心地よい
今日私は寛いでいる
広大な平野が広がっている
いつの日か北と南を結ぶ橋が架けられるだろう
深い裂け目が立派な道路になる
中国の西側に対しては石の壁が建設されるだろう
武漢の雲と雨を溜めれば
小さな裂け目は湖となる
山にいる女神よ、まだそこにいるならば
世界を大きく変化させてくれ」[64]

毛沢東は一九六六年の夏に長江で一〇マイル（約一六キロ）も泳いで見せた。これは人々を驚かせた。これは彼が一〇年前に作った詩の内容を具体化しただけでなく、彼自身の若い頃の政治に賭けた情熱を取り戻すことでもあった。毛沢東は若い時、中国を強くするためには人々が身体的に強くならねばならないということを主張した。そして、湖南省の山々に分け入り、自分の身体的強さが自然にどこまで通用するかを繰り返し試していた。毛沢東は彼の側で一緒に泳いだある女性に対して次のように語った。「長江は深く、流れは速い。このような厳しい条件の長江を泳ぐことで自分の体を鍛え、意志の力を強化することができる」[65]

　長江での水泳から五日後、毛沢東は北京に姿を現し、出し抜けに指導者たちを集めて会議を開催すると発表した。この席上、毛沢東のブラックリストに掲載されていた党幹部たちに対して激しい攻撃が加えられた。この会議は、劉少奇国家主席に対する死刑宣告であった。「中国のフルシチョフ」「変節者、裏切り者、腐敗分子」として糾弾された。[66] 劉少奇は監禁され、後に死に至らしめるために地方に移送された。鄧小平もまた公然の場で激しく糾弾された。彼の場合は、「資本主義の道を模索するナンバー2」と非難され、江西省にある軍事施設に五年間追放、「下放（sent down《セント・ダウン》）」された。鄧小平はこの軍事施設にあるトラクター修理工場で非正規の機械工として働くことになった。[67] 党の指導者で毛沢東の望む通りの方向に進まなかった者は、毛沢東思想を信奉した人民によって排除された。林彪は、「毛沢東の支持を全て実行しよう。その内容が理解できようができまいが関係ない」[68]と煽り立てた。林彪は毛沢東に徹底的に媚びへつらい、その褒美として、毛沢東から「後継者に指名」された。

　毛沢東の当面の目標は、党内の最高指導部内の政敵たちを葬り去ることであった。彼のもっと大きな目標は党内で拡大していた官僚主義を転覆し、中国の伝統文化の束縛から人民を解放することであった。それは中国の急進的な変身を求めるものであった。毛沢東は次のように述べている。「これまで探査されてこなかった道を進むが、そうすることでこれまで到達できなかった高みに達することができる」[69]

　文化大革命の初期段階で、紅衛兵は政府と党の支援なしで、自主的に組織された。しかし、一九六六年八月一日、毛沢東は、清華大学に出現した反抗的な学生たちに対して公開書簡を送り、紅衛兵を支持するという態度を明らかにした。これによって、紅衛兵たちに対して、ブルジョア的傾向を持つと疑われる権威的な存在である教師たち、役人たち、そして親たちをも批判し、攻撃しても良い白紙委任（carte blanche）が与えられた。毛沢東はその手紙の中で次のように書いている。「反動家に反抗することは正しいことだと言える。私は情熱をこめて諸君らを支持する」[70]。「造反有理（*zaofan youli*　to rebel is justified《トゥ・リーベル・イズ・ジャスティファイド》）」という言葉は瞬く間に若者たちの間の合言葉となり、中国全土の若者たちを熱狂させたのである。

続く八月五日、毛沢東はある紙片に次のようにぞんざいに殴り書きをした。「本部を爆撃せよ！」と。これは中国共産党に対して攻撃を行う許可となった[71]。毛沢東の「命令」によって、紅衛兵は街頭に出て、彼らが「怪物、異常者」もしくは「反革命的分子」として選んだ党幹部を攻撃する許可を得たのである[72]。

毛沢東はゲリラ的な方法で命令を伝え、物事を恐るべき素早さで動き始めた。八月八日、毛沢東に忠誠を誓う文革小組が乗っ取った中国共産党中央委員会全体会議は、「一六箇条文書」として知られる文書を可決した。この文書は次の段階の闘争を高らかに宣言するものとなった[73]。その文書は次のような文言で始まっている。「文化大革命は人類の魂に影響を与える段階にまで到達している」[74]。「一六箇条文書」は、ブルジョア階級は既にその優越的な地位から追われているにもかかわらず、「彼らの強固な残滓が中国共産党内部に基盤を築き、資本主義への道を進ませようとしている」と警告している[75]。続けて、ブルジョア階級は「諸階級を搾取している古い考え、古い文化、古い習慣を使って、人民を汚染し、人民の心をつかみ、革命を退行させよう」としていると書かれている。「一六箇条文書」は、人民に対して、「資本主義への道を進もうとしている高い地位にある人々を打倒する」ように求めた[76]。もちろん、「一六箇条文書」は全ての行動や行為は毛沢東思想によって導かれなければならないとしている。「一六箇条文書」は一連の「指導」で締め括られている。これらは、状況がすぐに通常に戻ると楽観的に考えていた党の指導者たちを唖然とさせた。「地下王国」に対する大規模な清掃作業は始まったばかりであった。

一九六六年八月一八日、二四時間にも満たない短い時間での通告にもかかわらず、一〇〇万以上の紅衛兵たちが天安門広場に集結した。そして毛沢東の新しい政治路線を熱狂的に支持した。このイベントは、毛沢東が開始した文化大革命の絶頂を示すパーティーであった。毛沢東は巨大な天安門広場を建設したが、このイベントは、人々が初めて自分の意志で天安門広場に集まったイベントとなった。午前五時、毛沢東は天安門の上に姿を現した。その数時間前から暗闇の中で辛抱強く待っていた、無数の若者たちは熱狂し、「毛主席、万歳！」と繰り返し叫んだ。彼らは赤い背表紙の毛沢東語録をお守りのように何度も空に向けて突き出していた。[77]

この日、毛沢東は彼らの前で演説を行わなかった。彼は演説を林彪と周恩来に任せた。しかし、彼は姿を現すことで、メッセージを明確に伝えた。そのメッセージとは、プロレタリア文化大革命は全て彼のものだ、というものであった。毛沢東と江青は天安門から降りて、熱狂し、叫び、そして泣いている学生たちの海に入っていった。それはまるで、ギリシア神話の神であるゼウスとヘラがオリンポスの山から下界に降りてきたようであった。

その後、毛沢東は選抜された数人の学生たちと面会し、一人一人に絹で出来た赤い腕章を与えた。その腕章には、毛沢東の筆跡で「紅衛兵（*hogweibing*）」と書かれていた。[78]この腕章の起源は、一九三〇年代に江西省と延安で農民兵たちが付けていた腕章にまで遡る。そして、この腕章は毛沢東のゲリラをしていた過去と感情的につながっていた。[79]この面会の間、毛沢東は学生たちに対して、「小さな将軍たちの支持を歓迎し、彼らの行動を許可する」と述べた。毛沢東は、自分が半世紀前、少年であった時にやったように、学生たちが家族の中の年長者、教師、その他の権威を象徴する人間たちに対して革命闘争を戦っているとし、それを明確に支持した。[80]

毛沢東が、彼に心酔し、彼に従った若者たちについて本当のところはどう考えていたかを知ることは難しい。しかし、これは推測だが、毛沢東は天安門広場に集まった学生たちを見て、延安時代に彼に従った若者たちを思い出していたに違いない。エドガー・スノーは延安にいた若者たちを「赤い頬をした〝小さな赤い悪魔たち〟」と呼んだ。スノーは次のように書いている。「彼らは活発で、明るく、エネルギーに溢れ、忠誠心に溢れている。若者らしい世の中を変えたいという思いが肉体を纏っているかのようだ」[81]。八月一八日の大集会以降、紅衛兵はそのような大集会を七回も行い、合計で一一〇〇万人以上の紅衛兵が参加した。彼らは毛沢東の創設した新しい軍隊に入隊するために、地方から北京へと続々とやって来たのだ[82]。一九六六年の秋までに、後衛兵たちは博物館や美術館を破壊し、政府機関をめちゃくちゃにし、「資本主義への道を進もうとしている」と糾弾された教育を受けたエリートたちの家に侵入し、略奪を行った。毛沢東は自身の目的である「世の中の安寧を乱す」を達成しようとしていた。

毛沢東は新たに作られた中央文化大革命小組に対して次のように語っている。「私たちはプロレタリア文化大革命を完成まで進めていく。もし文化大革命が失敗に終わるなら、私たちもまたそれに殉じる」[83]。毛沢東は彼自身と中国を大混乱の状況に引き入れるという考えを楽しんでいるようであったが、毛沢東以外の指導者のほとんどは彼に従おうとはしなかった。毛沢東の瀬戸際作戦は成功し、彼は絶対的な権力を手に入れた。強くて、恐れを知らない指導者を求めていた若い中国人たちには、毛沢東はそのように見えた。一九六七年夏、毛沢東は次のように発言している。「人々がトラブルを起こすことを恐れてはいけない。トラブルが大きければ大きいほど、その終息までには時間がかかる。それが良いことなのだ。それがどんなに悪いことであっても、恐れてはならない。膿疱とバクテリアの関係だ。これらはどこにあっても、どこかの時点で破裂するものだ」[84]

その時までに、中国は大混乱に陥っていた。紅衛兵内部の派閥同士の武装闘争も起きていた。多くの政府機関が機能を停止した。数百万の紅衛兵を中国全土に運んでいた輸送機関も破壊された。林彪と江青は毛沢東の代理人を務めていたが、彼らは紅衛兵たちを煽動していた。林彪と江青は「全てを転覆せよ」「内戦を戦え」というスローガンを叫んでいた。[85]一九六七年の春、紅衛兵内部の派閥同士が闘争を開始し、無秩序が極限に達した。この時期になってようやく、毛沢東は周恩来が人民解放軍を使って秩序を回復することを許可した。紅衛兵内部の派閥による闘争は終結したが、政治闘争としての文化大革命は毛沢東が一九七六年九月七日に死去するまで、約一〇年間も続いた。

文化大革命は、毛沢東が政治的な挑戦者をてんてこ舞いさせ続けるための計画の一部として始まった。毛沢東は若い時から商鞅と法家思想に関心を持っていて、権力闘争において敵対者たちに対して先手を打つということにこだわった。しかし、彼の生涯における最後の革命に名を借りたバカ騒ぎの傷は大きなものであった。共産党は無力化された。中国の経済発展は阻害された。中国の教育システムは崩壊した。多くの人々が地方に送られたために数えきれないほどの家族がバラバラにされた。正確な数字は分かっていないが、多くの人々が殺人、自殺、処刑、食人の犠牲になって命を失った。[86]通常の国家建設者から見れば、革命的動乱の時期であった文革期は失われた一〇年ということになる。しかし、毛沢東にとっては、権力を回復することに加え、自分の考える永続革命を具体化し、彼が一九四〇年代には既に考えていた「新しい中国の文化」の基盤を築く時期となった。「新しい民主政治体制について」という論稿の中で、毛沢東は、中国の革命とはそれまで常に文化に関する革命であったと述べている。彼は次のように書いている。「長年にわたり、私たち共産主義者は政治と経済の革命と同時に、文化の面での革命を戦ってきた。私たちの目標は、中国人民にとっての新しい社会と新しい国家を建設することである。言い換えると、私たちは政治的に抑圧され、経済的に搾取されてきた中国を、政治的に自由で、経済的に反映している中国に変えたいと望んでいる。それだけでなく、古い文化に阻害されて無知で後進的な中国を、新しい文化によって啓蒙され、進歩的な中国に変えたいとも望んでいるのだ」。[87]毛沢東は、梁啓超と陳独秀が思い描いた夢を自分が最終的に実現したのだと何の疑いも持たずに確信していた。そして、彼らがもし生きていれば、毛沢東の革命によって、中国の伝統文化の息の根が止められることに恐怖を覚えるかもしれないとも考えた。

文化大革命の高まりは、毛沢東が年齢を重ね、健康が衰えていくに従って、収束していった。毛沢東は晩年、孤独な、でっぷりと肥った、言語不明瞭で時には涎を垂れ流している、そんな惨めな姿をさらす独裁者になってしまった。三番目の妻の江青とは、彼女のずる賢さに嫌気がさして疎遠となった。苦楽を共にした老革命家たちの多くとは音信不通状態になった。彼と意思の疎通ができたのは若い愛人とその他身の回りをする数人だけであった。大躍進運動から文化大革命の時期、毛沢東は中国の「富強」を発展させることができなかった。毛沢東はあの世でこの時代のことを大胆な筆致で華々しく書こうとしたかもしれないが、実際には何の進歩も発展もなかった。

北京のキッシンジャー

時代は動こうとしていた。毛沢東は自身の生涯の晩年を迎え、人生の収支決算をつける時期に差し掛かっていた。この当時、毛沢東は中国の人々から「老毛 (Lao Mao Old Mao《オールド・マオ》)」と呼ばれていた。この時、毛沢東はもう一枚のとっておきのカードを用意していた。それはアメリカ合衆国との関係正常化であった。毛沢東は最も重要な仕事を自分の手で仕上げようとしていた。

面白いことに、過去に一度だけ、毛沢東はアメリカとの友好関係の樹立を模索したことがあった。一九四五年一月九日、毛沢東は延安に滞在中のアメリカ軍事視察団のメンバーたちに対して、重慶にあるアメリカ大使館を経由して、ルーズヴェルト大統領に自分の言葉を伝えて欲しいと頼んだ。その内容は次のようなものであった。「毛沢東と周恩来は、どちらか一人もしくは両者揃ってワシントンを訪問し、アメリカ政府と予備交渉を持つ用意がある。その際、ルーズヴェルト大統領には自分たちを中国の主要政党の指導者として迎えていただきたい」[88]。不幸なことに、この時、重慶のアメリカ大使館を率いていた大使は、共和党員で、反共を鮮明に打ち出していたパトリック・ハーリー(Patrick Hurley 一八八三～一九六三年)であった。ハーリーは蒋介石を一貫して支持していた。ハーリーは延安から届けられたメッセージを大統領、国務省、陸軍省に伝えなかった[89]。それから二六年後、毛沢東は再びアメリカと関係を持とうと試みた。

今回は抜け目のないチェスの名人のように振る舞った。リチャード・ニクソン（Richard Nixon 一九一三～一九九四年）大統領と大統領国家安全保障補佐官ヘンリー・キッシンジャー（Henry Kissinger 一九二三年～）という二人の反共産主義者を使って米中間の外交関係を復活させようとした。毛沢東は米中国交正常化を行うことで、これまで長年果たせなかったことである、中国の繁栄と国際社会での確固たる地位を獲得する道筋をつけようとしたのである。

キッシンジャーは合計で五回、中南海で毛沢東と会見した。キッシンジャーは毛沢東の生活について「彼が軽蔑していた歴代王朝の皇帝たちと同様に人々から離れて贅沢な暮らしをしていた。そして、毛沢東の身の回りの世話をしている人々は毛沢東に対して神に接するかのような態度で接していた」と述べている[90]。一九七五年一〇月、キッシンジャーは毛沢東との最後の会見を行った。キッシンジャーは、「この時、毛沢東の老いさらばえ、衰えた姿に衝撃を受けた」と報告している。キッシンジャーは次のように書いている。「毛沢東は、それまでは部屋の真ん中にある半円状の安楽椅子の前に立って私を迎えるのを常としていた。しかし、二年前に私の前で突然座り込んでしまって以来、二名の看護婦が彼を支えてようやく立つ、そんな状態になってしまった。唾液が彼の顎をつたって落ちた。彼は何度も脳出血を起こし、言葉をはっきりと話せない状態になっていた」[91]。キッシンジャーは続けて次のように書いている。「毛沢東は、私がこれまで対面してきた指導者の中で、最も強固な意志の力と決断力を持つ人物であった」[92]。毛沢東は健康状態の急激な悪化に耐えながら、世界の地政学ゲームの条件を変更しようとしていた。

一九七二年、ニクソン大統領は毛沢東と会見した。ニクソン大統領は毛沢東の虚栄心をくすぐることから話を始め、「古い文明を大転換させた」と称賛した。しかし、毛沢東はニクソンが述べた「古い文明の大転換」という言葉を否定した。そして次のように述べた。「私は中国文明に関して何も変えることができなかった。私は北京のいくつかの場所に変更を加えることしかできなかった」[93] 中国人は大変に頑固で強情だ」[94]。キッシンジャーは会見の様子を観察していた。そしてその時のことを次のように述懐している。「毛沢東の人生は、中国社会を根底から変革するための闘いに費やされたのだが、中国文化の不可侵性を認識し、悲しんでいる様子がうかがえた」[95]

毛沢東にはもう一つの受け入れがたい矛盾があった。毛沢東は中国の伝統文化と社会の堅固な構造に対して革命を起こした。しかし、結果として、毛沢東が率いた中国共産党内部に新たに堅固な構造を作り出すだけで終わった。キッシンジャーは次のように書いている。「毛沢東の勝利によって生み出された悪夢は、全能の官僚たちの復活ということであった。毛沢東はこの悪夢と戦おうとした。それは全能の官僚を生み出す中国の伝統を作り変えようとすることであった。そのために毛沢東はより激しい闘争を始めたのである。毛沢東は、中国人民を中国人民自身から救おうと戦った人物なのだ」[96]

ゲリラの経験から遺された遺産

毛沢東は自分自身の革命の目的を成就させるために破壊者の役割を果たすことを好んだ。しかし、毛沢東が徹底的に破壊しようとしたにもかかわらず、結局のところ、中国の文化と伝統が強靭であることが証明された。五四運動に参加した人々と同じく、毛沢東が成人した時、中国の最先端の知識人たちは、中国の伝統を国家の進歩を阻害する障害物であると考えた。この世代の知識人たちの多くは中国の古典を勉強していた。彼らは転覆させようとしていた文化にどっぷりと浸かっていて、その影響から逃れられなかった。彼らは中国の「封建的な」過去を清算しなければならないと主張した。同時に、彼らは自分自身の中にある中国の伝統文化の残滓を取り除こうと苦闘した。しかし、毛沢東だけがこの近代化の闘いを包括的な方法を用いて、中国全土で展開することができたのだ。毛沢東よりも前の世代の改革者や革命家たちは中国の伝統が中国の弱さの原因であると考え、それと戦い続けた。しかし、毛沢東は、その戦いを推し進めながら、結局のところは中国の伝統文化の復活を求めるというところに行き着いた。毛沢東は伝統文化との戦いを過激に進めていたので、伝統文化への回帰など誰にも想像できないことであった。毛沢東は中国の伝統文化に対する計算された、徹底的な、そして容赦のない攻撃を加えたが、それへと回帰したことは、毛沢東に関して最も重要なそして複雑な遺産として残ってしまう結果になった。

　毛沢東が中国に、特に鄧小平に遺したもう一つの重要な遺産があった。毛沢東は時に空理空論に走り、柔軟性を欠いた。それでも、彼の性格はゲリラ戦士に向いており、実際に優秀なゲリラ戦士となった。彼は刻々と変化する状況、時には命の危険がある状況にもうまく適応した。毛沢東は卓越した戦術上の柔軟性を持ち、それが彼の治世下の伝統となった。これは矛盾した見方となるが、毛沢東の場当たり的な機会主義が鄧小平の現実主義を生み出す土壌となったと言える。毛沢東はイデオロギーにおける規律を何よりも求めたが、同時に困難に打ち勝つために手段を選ばなかった。その結果として、一九八〇年代に中国はようやく富と力を得るという夢に近づき始めたのである。[97]

　毛沢東は、中国社会を伝統文化から解放しようとしただけでなく、新しい、ダイナミックな現実主義を中国に注入しようとした。そして、そうした革新的な方法で、中国社会が新しい未来像を描けるようにしようとした。多くの外国人にとって、そのような「革新性」は、実際にもそうであったように、偽善的な機会主義以上のものには見えなかった。しかし、結局のところ、自分が望むものを手に入れるために必要なことは何でもやるという毛沢東の姿勢は、傷ついてはいたが、四〇〇〇年の伝統から解放された中国というものを鄧小平に遺した。これは五四運動に参加した改革者たちが何よりも望んだものであった。良きにつけ悪しきにつけ、毛沢東は中国の人民を「貧しくてまっさらな状態」にあると描写することを好んだ。この表現は正確さを欠いたものであった。しかし、それでも毛沢東がこの表現を使い続けたのは、結局のところ、毛沢東がもたらした迅速さと革新性のお蔭で人民がやっと過去の桎梏《しっこく》から逃れ、変化し続ける環境と予測不可能の不確実さに対応する能力を持つことができたのだ、と毛沢東自身が考えたからなのだ。

脚注はビジネス社ホームページを参照
http://www.business-sha.co.jp/wp-content/uploads/china.pdf

第11章

白猫黒猫　Black Cat, White Cat

鄧小平　Deng Xiaoping　I

ロデオとスペアリブ

一九七九年二月のある雨の夜、一台のリムジンが暗い田舎道に停まった。その傍らには看板があり、それには次のように書いてあった。「テキサス州サイモントン・ロデオ大会。東洋が西洋と出会う場所」[1]。リムジンは駐車場で最終的に停車した。そこにはフォートベント郡の保安官たちがたむろしていた。彼らは干し草の大きな束に寄りかかり、爪楊枝をくわえていた。彼らはロデオ競技場の外に備え付けてあるスピーカーから流れてくるウィリー・ネルソンの唄う「ウィスキー・リヴァー」を聞いていた。リムジンが着いたことに気付いた彼らは携帯無線機で連絡を取り合いながら仕事をし始めた。リムジンのドアが開き、その当時中国を支配していた小柄な男が出てきた。彼は九日間のアメリカ訪問旅行の途上にあった。彼の名前は鄧小平（Deng Xiaoping　一九〇四～一九九七年）といった。

鄧小平が室内ロデオ競技場に入った時、テキサス人たちが多く集まっていた。彼らはカウボーイブーツを履き、ループタイを着けていた。彼らは紙皿の上に、ポークリブ、豆の煮たもの、ポテトサラダを山盛りに載せて食べていた。大柄なテキサス人たちの中に背の低い鄧小平が入っていった。鄧小平は小さな町の老練な政治家がやるように笑顔で手を振った。大柄で肥ったテキサス人たちの間に人民服を着た小柄の中国人たちが立っている光景は珍しいものであった。彼らはアメリカに到着したばかりの代表団のメンバーであった。彼らは中国共産党が三〇年前に中国を支配し始めて以降、初めて米中関係の再構築を目的としてアメリカを訪問したのだ。

中国の代表団のメンバーがロデオ競技場に着席した時、若い女性たちが馬に乗って登場した。彼女たちはアメリカ国旗、中国国旗、テキサス州（Lone Star State《ローン・スター・ステイト》）旗を持っていた。一人の女性が手綱をうまく捌いて馬を鄧小平が座っている前にとめた。彼女は鞍に座ったまま、鄧小平にテンガロンハットを差し出した。

彼は貰ったばかりのテンガロンハットを手にして観客たちに振ってみせた。観客たちは手を叩き、テキサス特有の掛け声である「レベルエル」を叫んだ。鄧小平がかぶったテンガロンハットは中国と西洋との新しい関係を象徴するものであった。それだけでも充分であったが、鄧小平は少し席を外し、古いタイプの駅馬車に乗って観客の前に姿を現した。馬車の開け放たれた窓から観客に向かって手を振る姿は、ミスコンテストの優勝者のようであった。観客たちは再び拍手喝采を送った。

このように見え透いた、軽演劇のようなジェスチャーを通じて、鄧小平はアメリカ国民に対して、米中関係は新時代を迎えたということをアピールした。そして、中国人民に対して、中国が世界に門戸を開放し、大胆な改革を進めているが、それをこれからも堅持していくというメッセージを送ったのである。鄧小平がテキサスで奇妙な形の帽子をかぶったことを海外からの初の生中継としてテレビで見ていた中国人民はそれを受け入れた。そして、彼らを取り巻く世界が大きく変化しているということを感じ取った。毛沢東の主導した狂乱の時代は終わり、鄧小平の主導する新しい地平に向かって進む時代がやって来たということを中国人民は理解した。[2]

この歴史的なアメリカ訪問が示したように、鄧小平が達成したい目的は、それまでの改革志向者や革命家たちと同じであった。それは、中国の富強を増大させ、国際社会における中国の地位を高めるということであった。鄧小平が抱えていた政治課題は、前の世代の人々とは全く異なるものであったが、最終的に目指すところは同じであった。一九八〇年、ルーマニアからの訪問団を前にして、鄧小平は次のように語っている。「社会主義の目的は、国を豊かにし強くすることである」[3]。そして、一九八五年、鄧小平の進めた政策が初期段階での成功を収めたことがはっきり分かった。この時、鄧小平は「私が進めている新しい改革は、中国を貧困と後進性から救うためのものだ」と語っている。[4] しかし、鄧小平の採用した方法は毛沢東のそれとは全く異なるものであった。鄧小平は中国のアイデンティティを変えることには関心を持たなかった。そして、一九世紀の改革者たちが「体（*ti*　core《コア》）」と呼んだ文化と政治システムについての議論にも興味を持たなかった。鄧小平は、国家を強化し、人々を豊かにするために必要なものは何でも導入し、経済的「手段・用（*yong*　means《ミーンズ》）」を徹底的に変革することに執心した。

　鄧小平はより進んだ国々から技術などを学ぶことを恐れなかった。馮桂芬が唱えた「西洋諸国から学ぶことで自強を達成する」という古い考えが鄧小平の進めた改革の基礎となった。しかし、鄧小平が唯一西洋諸国から学ぼうとしなかったものは自由主義的政治モデルであった。この点では、鄧小平は毛沢東と同じくらい冷酷であった。鄧小平は、彼に批判的な人々、特に民主政治体制導入を声高に主張した魏京生《ぎきょうせい》（Wei Jingsheng　一九五〇年〜）を沈黙させるために手段を選ばなかった。魏京生は、鄧小平がアメリカ訪問から帰ってきてすぐに、「社会主義システムの転覆」を企図したとして裁判にかけられ、投獄された。鄧小平は政治の季節の後の時期に、経済を発展させたいと考えていた。そのために、毛沢東流の大衆動員政治と個人主義的な自由主義的民主政治体制に経済成長の邪魔をさせたくないと考えていた。

　中国人民は毛沢東が煽りに煽った永続革命の熱狂と大衆動員に疲れ果てていた。鄧小平はそのことに気付いていた。そして、鄧小平は教条的なマルクス主義に基づいた政治から脱却していこうとした。しかし、鄧小平は権力を掌握すると、新しい形の熱狂を生み出すことに躊躇しなかった。その熱狂とは、お金を稼ぐことに対しての熱狂であった。一九八〇年代半ば、鄧小平は彼が進めた反革命路線を「改革開放（*gaige kaifang*　reform and opening up《リフォーム・アンド・オープニング・アップ》）」と名付けた。鄧小平は、ウラジミール・レーニンが唱えた統制され、組織化された国家運営とミルトン・フリードマン（Milton Friedman　一九一二〜二〇〇六年）の唱えた自由市場経済を奇妙に混合させた改革を推進した。鄧小平は彼の新しい「路線」を「豊かになれる人たちから豊かになろう」「市場は善だ」「貧困は社会主義の目指すものではない」といった新しい売り文句でアピールした。毛沢東は、急進的な平等主義、中央計画、イデオロギーに基づいた動員を通じて、ユートピアを目指したが、地獄のような状況を生み出した。しかし、鄧小平は、経済発展こそが中国共産党と中国人民の豊かな生活の両方を満たす存在意義を持つのだと考えた。

しかし、鄧小平は単なる反毛沢東、反革命主義者ではなかった。彼は文化大革命のイデオロギーとは全く逆の改革と開放を進めた。鄧小平は二一世紀の中国の進むべき道を示した人物であると当時に、清朝時代の生活を記憶していた人物であった。鄧小平は、中国史に残された、それまでの失敗に終わった近代化の試み全てが示した苦い教訓をよく理解していた。鄧小平の生涯を見ていくことで、彼が唱えた中国の発展に関する新しい考えを完全に理解することができる。

中国を救うために

鄧小平は、一九〇四年に中国南西部の田舎で生まれた。この年、西太后が遅ればせながら改革志向の「新政策」をスタートさせ、梁啓超が亡命先の日本で革命志向の雑誌『新民』[5]を創刊した。鄧家は四川省広安県の村の地主であった。鄧小平の子供時代は魏源や馮桂芬とよく似ていた。鄧小平は長男で、子供の頃の名前は希賢（Xixian　Hoping for a Sage）であった。これは彼の父親が儒教の教えを信奉し、息子に大きな期待をかけていたことを示している。鄧小平が生まれて一年後の一九〇五年、西太后は科挙を全廃した。科挙に合格して、官僚となるという道は赤ん坊であった鄧小平の前から突然姿を消した。それでも鄧家では鄧小平に古典教育を施すことを選択した。

鄧小平の父親は重慶に移り、梁啓超の進歩党に参加していた。彼は、この変化の激しい世界で生き抜くために、鄧小平には儒教の古典教育以外の教育もしなければならないと決心した。そして、一九一八年、鄧小平は、第一次世界大戦後のヨーロッパに中国の若者たちを派遣し、働きながら学ばせるという画期的なプログラムに参加することになった。一九二〇年九月一一日、鄧小平はメサジェリ・マリティーム社所有の客船アンドレ・レボン号に乗って上海を発ち、マルセイユに向かった。鄧小平がフランスに出発する数カ月前、梁啓超はパリ講和会議に出席し、その後第一次世界大戦で傷ついたヨーロッパ各国の調査をし、中国に帰国していた。[6] 若き日の鄧小平は進んでフランスに渡った。一方、毛沢東は外国に行くことを選ばなかった。この若き日の選択の違いが、中国に関する二人の考え方の根本的な違いに反映された。毛沢東が最初に自分自身を確立したのは、父親との確執を通じてであった。そして、毛沢東の初期の文章は、儒教的な社会調和と厳格な孝行の要求に対する反抗を主張するものであった。対照的に、鄧小平は父親、「封建社会」、儒教的な家父長制、親孝行の強制に対して敵意を持たなかった。鄧小平は両親が選んだ女性と結婚することを拒否し、父親ともそれほど会うことはなかった。ちなみに鄧小平の父親は一九三八年に殺害された。その時の状況は謎のままだ。それでも鄧小平は両親の権威との闘争を通じて、自分自身を確立するということはなかった。その逆であった。一九二六年に鄧小平は自伝的な論稿を発表した。その中で、鄧小平は自分の少年時代について、「父母の庇護の下、自由に楽しく過ごすことができた」と書いている。[7] 毛沢東の人生に大きな影響を与えた家族との確執を鄧小平は経験せずに成長した。そのため、鄧小平は生涯を通じて、落ち着いた、家族を愛する人物であり続けた。生涯を通じて三回結婚したが(最初の二回は短くて終わったが)、鄧小平は三番目の妻をとても大事にし、子供たちを守り続けた。そして、孫をかわいがる優しいおじいさんとなった。

鄧小平と毛沢東は家族に対して全く違う態度で接した。そしてこれは中国の伝統文化に対する態度にも反映された。毛沢東は自分以外には興味も関心も持たず、自己矛盾の塊のような人であった。毛沢東は中国の古典のマニアと呼べるほどのファンであったが、中国人民に対しては、古い思考と封建的な価値観から自分たちを解放するように徹底して求めた。しかし、鄧小平はそのような矛盾を抱えることはなかった。鄧小平は、文章や演説の中で、伝統文化と儒教的イデオロギーといった内容をほとんど取り上げなかった。中国の文化を全く別のものに変身させ、人々の意識を革命的に変化させるという毛沢東の画期的な戦いを、鄧小平は、自分が行われなければならない現実的な仕事の邪魔になると考えていたように思える。その現実的な仕事とは、物質的な状況を改善し、中国を世界の大国にするというものであった。鄧小平は特に内省的というタイプではなかった。しかし、中国史に何か足跡を残したいというナルシストでもなかった。父・鄧小平について上下二巻からなる回想記を出版した娘の鄧榕は父について次のように簡潔に述べている。「父が自分自身について語ることはなかった」[8]。鄧小平は自分自身を成長させたいという思いを、国家を成長させたいという思いにまで昇華させたのだろうと考えられる。彼はフランスに出発する前、父親に対して、「自分はいかにしてこの国を救うかを学ぶために外国に行く」と述べた。彼はその時のことを次のように述懐している。「中国は弱く、私たちは中国をより強い国にしたいと望んだ。中国は貧しく、私たちは中国をより豊かな国にしたいと望んだ。私たちは、中国を救う方法を学び、見つけるために西洋に行った」[9]

　鄧小平は「狂騒の二〇年代（Roaring Twenties《ロアーリング・トゥエンティーズ》）」に浮かれるフランスに到着した。彼はソルボンヌ大学の教室、モンマルトルのカフェ、芸術家たちのアトリエで西洋文明の真髄を追い求める代わりに、労働者階級の住む地域を五年もの間漂流し続けた。モンタルジの靴工場やパリ郊外のルノーの自動車工場で働いた。鄧小平はフランス滞在中にコーヒーとクロワッサンに出会い、生涯を通じての大好物となった。しかし、フランスの思想と文化にかぶれることはなかった。マルセル・プルースト（Marcel Proust　一八七一～一九二二年）をはじめとする難解な文学や、セーヌ河左岸地区で気取って「仮洋鬼子（西洋かぶれ）」になることなどに鄧小平は全く関心を持たなかった[10]。鄧小平は「勤工倹学」制度でフランスに来ていた勤労学生たちと行動を共にしていた。彼らは政治的に急進的な立場であった。彼らはそれぞれの人生の意味についての探求ではなく、中国を惨めな現状から救うための新しい思想を追い求めていた。フランス滞在中、鄧小平の人生で最も重要な人物との出会いがあった。それは周恩来との出会いであった。周恩来は鄧小平にとっての「兄貴分」となった。そして、周恩来は鄧小平を最初に中国共産主義青年団に（Chinese Communist《チャイニーズ・コミュニスト・》 Youth League《ユース・リーグ》）入団させ、その後、中国共産党に入党させた。[11] 鄧小平の父親は鄧小平が儒教流の賢人になって欲しいと夢見たかもしれないが、実際には共産主義を信奉する、献身的な革命家となった。

一九二五年末までに、フランスの政府当局は中国人の社会主義者グループに対する懸念を強めていた。そこで、逮捕を避けるために、鄧小平と仲間たちの多くが国際共産主義のメッカ、モスクワに向かった。一九二六年一月にモスクワに到着した鄧小平は、改称したばかりのモスクワ孫中山大学に入学した。この機関は孫文が進めた国共合作に対するスターリンの支援の一環として創設されたものだった。この当時、モスクワ孫中山大学を指導していたのは、蒋介石であった。鄧小平の同級生の一人には、その当時一六歳であった蒋介石の息子、蒋経国がいた。蒋経国は後に台湾の民主化を進めることになった人物だ。[12]

鄧小平は、モスクワで最初の妻となる張錫媛《ちょうしゃくえん》（Zhang Xiyuan　一九〇七～一九二九年）と出会った。そして、一九二八年、二人は結婚した。しかし、それから二年後、妻、張錫媛は出産中に亡くなった。鄧小平はソ連で最初の結婚よりもずっと長く続くことになる恋に落ちることになる。その対象はウラジミール・レーニンの思想であった。レーニンは、鄧小平がモスクワにやって来る前の一九二四年に既に亡くなっていたが、鄧小平やその他の中国人活動家に彼が及ぼした影響力は大きなものであった。実際、鄧小平はモスクワでレーニン主義を重点的に学習した。そして、若き革命家・鄧小平は、レーニンの遺した組織理論に対して生涯変わらない忠誠心を培った。レーニンの組織理論は、訓練を受けた革命家たちによって指導される強力なそして規律正しい政党には、「民主集中制」という基盤が必要であるというものであった。モスクワ孫中山大学の卒業式で、鄧小平が行った演説の内容は、彼がどれほど深くレーニン主義の教養を体得したかを物語っている。彼は次のように語っている。「私は党の訓練を最後まで受けること、党の指令に従うこと、そして常にプロレタリアートの利益のために戦うことの準備を既に完了している」[13]

鄧小平は後に中国共産党の先輩党員たちから攻撃され、紅衛兵から糾弾され、毛沢東には裏切られることになった。それでも共産党とレーニン主義の諸原理に対する鄧小平の忠誠心は消え去ることはなかった。[14]鄧小平は偉大なイデオローグ、文章家、そして演説家になることはできなかったが、政治組織に関する技芸に関しては達人であった。鄧小平は中国共産党が必要とした技術を持っていた。その技術とは、①最適の人材を最適の仕事に割り振る、②党組織を機能させ続ける、③良いタイミングで政策に適切な修正を加える、そして④党への忠誠心を矯正するといったものであった。政治学者のルシアン・パイは鄧小平について次のように分析している。「毛沢東とその他の中国の指導者たちの多くは、共産主義の強みはそのイデオロギーと世界観にあると考えた。鄧小平にとって最重要なことは、党の組織としてのアイデンティティと権力の独占を維持することであった」[15]。この鄧小平の永続的な信念は、フランスで共産主義活動家として、そしてモスクワで学生として過ごした日々に養われたものだ。

波乱に満ちた六年間を西洋で過ごした後、鄧小平は中国に帰国した。彼は武漢に作られた急造の共産党本部で下級職員として勤務することになった。この党本部で鄧小平は、短期間であるが、「中国のレーニン」と呼ばれた陳独秀総書記の下で働いた。陳独秀はその後、ヨシフ・スターリンの指示によって党指導部から追放された。鄧小平はこの党本部で精力的で将来有望な湖南省出身の同志と出会った。その同志が毛沢東であった。そして、一九二七年、鄧小平は「兄貴分」の周恩来に従って、上海の外国租界内に新たに作られた中国共産党地下本部に向かった。この地下本部もいつ蒋介石の「白色テロ」で壊滅させられるか分からない状況であった。鄧小平は、一年以上にわたり上海で身を屈めるようにして活動を続けた。その後、党は中国南部の辺境である広西での反乱を煽動させる任務を鄧小平に与える決定をした。こうして彼は広西に向かった。[16]

毛沢東の小さな同志

広西はヴェトナムとの国境地帯にある山ばかりの土地だ。鄧小平は革命に捧げた長い人生の次の章をこの地から始めた。彼はこの地で銃を手に取った。それからの約二〇年間、鄧小平は紅軍の「政治委員(political commissar《ポリティカル・コミッサール》)」を務めた。彼は紅軍における文民で最高の地位に就いたのだ。鄧小平は毛沢東のように軍事面で名を上げることはなかったが、紅軍の政治委員を務めた期間、人民解放軍内部の軍人たちと彼にとって後に大切になる人脈を築き上げた。鄧小平は人民解放軍指導部の信頼を勝ち得た。その信頼は鄧小平が亡くなるまで不変であった。そして、鄧小平が国家を運営する時に、毛沢東の残した言葉「党が銃(軍)を指揮する。銃(軍)が党を指揮することは許されない」ということを実践する際に役立った。[17]更に重要なことは、ここで中国共産党の輝ける新星であった毛沢東の知己を得たことであった。鄧小平は毛沢東が率いた長征に途中の一九三四年末から参加したが、それによって毛沢東の側近グループに入ることができた。

一九三九年九月、鄧小平は三度目の結婚をした。結婚式は毛沢東が宰領した簡素なもので、延安の洞窟で執り行われた。鄧小平と新妻の卓琳《たくりん》(Zhou Lin 一九一六~二〇〇九年)には新婚旅行に行く暇はなかった。毛沢東は延安を守備する基地があった山深い村に彼らを戻した。この村は抗日戦争の最前線で、鄧小平は最前線で抗日戦争を指揮した。日本軍の戦術は苛烈なものであったが、鄧小平はこの村での数年間が生涯で最も幸福な時期であったと後に述懐している。その理由は、推測になってしまうが、この時期に彼の三人の子供たちが生まれたからだと考えられる。[18]

一九四五年八月、日本は全面降伏した。その直後から共産党と国民党との間で大規模な内戦が勃発した。鄧小平は、蔣介石率いる国民党軍と中原(中国中部)をめぐる重要な戦いを戦った紅軍の政治委員として重要な役割を果たした。一九四八年に戦われた国共内戦中の三大戦役の一つ淮海《わいかい》戦役(Huai-Hai Campaign)に、鄧小平は政治将校の責任者として参加し、戦役の勝利に貢献し、共産党の国民党に対する勝利を決定づけた。この敗戦で蒋介石は台湾に退くことを余儀なくされた。鄧小平は勝利に沸き返る紅軍と共に南京に入城した。南京は中国政治の激動の中心地であり続けた場所だ。清朝末期、外国軍の侵入を避けるために、西太后は南京まで落ち延びた。鄧小平と彼の同志たちは、蒋介石が率いた中華民国が南京に首都を置いていた「黄金の一〇年（一九二七－一九三七年）」の時代に、輝いていた南京のことをよく記憶していた[19]。

一九四九年、国共内戦が最終盤を迎えると、毛沢東は中国を六つの軍管区に分割し、鄧小平は南西部軍管区の責任者となった。この軍管区には鄧小平の出身地である四川省とチベットが含まれた。鄧小平は日中戦争中の臨時首都であった重慶を奪取し、この広大な都市の臨時市長に任命された。重慶は鄧小平が一〇代の頃に勉学に励んだ場所でもあった。鄧小平の次の重要な任務は、チベットの「解放」について交渉することであった。毛沢東は、多民族を包含していた清朝の最大の版図を中国の新しい政府で回復するという決意に基づいて、このデリケートな任務を鄧小平に与えた。清朝後期からの一世紀の間に、中国は分裂していった。それは遠心力が働いたかのようであった。イデオロギーよりも領土を重視するということで、鄧小平は紅軍の将官たちに「片目を開けて片目をつぶって」チベットに進軍するように指導した。社会主義革命のみがチベット人たちを貧困と後進性から救う道だが、革命が起きるのを待つ必要がある、と鄧小平は述べた。鄧小平はまた次のように述べている。「現在の私たちの主な責任は、民族間の憎悪を消し去り、調和の取れた関係を築くことだ」[20]。鄧小平は一九五二年まで南西軍管区に留まった。この年、毛沢東は地域命令系統を再編することにし、それぞれの軍管区の責任者だった六名を北京に呼び戻した。鄧小平は凱旋将軍のように党中央に復帰し、新たに建国された官僚国家の行政を指導することになった。

古い中国の諺にもあるように、「帝国は鞍上から生み出されるが、鞍上からでは統治はできない」ものである。毛沢東はゲリラの指導者という神話に固執し、全ての物事を安定させることを嫌う孫悟空のような存在であった。しかし、鄧小平はゲリラ戦よりも行政に関して才能を持っていることを証明した。鄧小平は軍事から平時の政治的な統治への転換を何の苦も無くやってのけた。そして、建国されたばかりの中華人民共和国の首都・北京で彼の名声は高まっていった。一九五六年、鄧小平は中国共産党中央委員会政治局常務委員となった。中国を動かす六名のうちの一人となった。鄧小平は、彼とは全く水と油の毛沢東と大変近い関係にあったので政治局常務委員に就任できた。鄧小平は毛沢東に献身的に仕えた。毛沢東は中国だけでなく、共産主義諸国に永続革命を導入するという大計画を持っていた。毛沢東は、一九五七年に行ったモスクワ訪問に鄧小平を同行させた。毛沢東はフルシチョフに対して、鄧小平を指さしながら次のように語った。「あの小さな同志を見てください。彼は大変に賢い人間です。彼は私たちよりも遠い将来を見通しています」。フルシチョフは回想録の中で、「毛沢東は全ての機会を捉えて鄧小平を中国と中国共産党の未来の指導者として賞賛した」と書いている。[21] 毛沢東の鄧小平に対する賞賛はフルシチョフに対する警告であった。この当時、ソ連と中国との間でどちらが国際共産主義における旗手であるかについて争いが起こることが予想されていた。この時、鄧小平は毛沢東に従ってソ連を攻撃する「ブルテリア」となるのだということを毛沢東はフルシチョフに述べたのだ。

帰国後、鄧小平は毛沢東に対して、自分が毛沢東にとって必要不可欠な存在であることを証明した。鄧小平は、一九五七年に行われた反右派闘争を主導した。反右派闘争は、その前に行われた百花斉放百家争鳴運動の中で政権に対して厳しい批判を行った知識人たちを批判するものであった。鄧小平は後に反右派闘争が行き過ぎであったことを悔悟していると告白した。鄧小平は次のように語っている。「多くの人々が不適切な、そして厳しすぎる罰を受けた」。しかし、鄧小平は反右派闘争の基本的な正当性を擁護する立場を堅持した。彼は続けて次のように述べている。「ある人々は厳しい攻撃を行った。それは反撃を受けることを恐れたためであって、正しいことではなかったが仕方がないことであった」[22]

鄧小平は毛沢東個人には無限の忠誠心を抱いていたが、毛沢東主義に対してはそうではなかった。そして、大躍進運動が大規模な飢饉を起こす結果となったことで、毛沢東主義に対する忠誠心はなくなっていた。大規模な飢餓と経済の機能不全に直面した段階で、鄧小平は自身の忠誠心を、劉少奇と周恩来といった穏健派に向け始めた[23]。鄧小平の性質を際立させるものとして、常識《コモン・センス》（common sense）が挙げられる。事実はイデオロギーに勝り、慎重な思慮が原理の上に立つ。大躍進運動の失敗が明らかになった後、周恩来は毛沢東の顔を潰さないように注意しながら、政策「調整《アジャストメント》（adjustment）」の時期を設けた。この時、鄧小平は重要な役割を果たした。この政策調整の時期、穏健派は、餓死という最悪の事態を少しでも緩和するために、人民公社に所属する農民たちが地元の市場で余剰生産物を販売することを許可した。毛沢東から見ればこれは急進的な農業革命における異端的な政策ということになった。

一九六〇年代前半は移行期であり、毛沢東の急進主義も少し制限されていた。この時期、鄧小平は共産主義青年団のある会議に出席し、次のように述べた。この発言は後に広く知られることになった。「生産における最高のシステムについて語るなら、それは農業生産を比較的容易にそして急速に回復し、増加させるシステムということになる。そして、人民が自ら進んで実行するシステムを採用すべきということになる。それが合法ではないなら、合法化すればよい。黄色でも白色でも、とにかくネズミを捕る猫が良い猫なのだ」[24]。この無骨な格言には鄧小平が実権を握った後に政治経済に対して採ったアプローチの基本要素が含まれている。革命ではなく生産、そしてイデオロギーではなく実践主義の重視、これらが鄧小平にとっての基本となった。鄧小平の発言は、縮められて「白猫黒猫」論と呼ばれるようになり、人々の間でよく知られるようになった。この「白猫黒猫」論は中国の経済発展にとって重要なアプローチとなった。しかし、鄧小平は現実主義を選んだことで、間もなく個人として悲惨な代償を支払わねばならなくなった。

資本主義への道を進むナンバー2

儒教の聖人・孟子は厳しい苦難に耐えた人間だけが真の偉大さを獲得できると主張した。孟子は次のように述べた。「天はある人間に大きな責務を与えようとする。この時、天はまずその人に苦しみを与える。その人の気力や体力に大きな負荷を与える。その人は飢えに苦しみ、極度の貧困に見舞われる。その人がなすべきこともできなくなり迷うことになる。このような取り扱いを経て、その人の精神は刺激され、本質には負荷が掛けられ、無力さを認識できるようになる」[25]。孟子が述べた苦難は鄧小平にも襲い掛かった。文化大革命の期間中、鄧小平は政治的に失脚し、多くの苦難を味わった。彼が苦しんだ屈辱は彼の根底まで揺さぶった。そして、多くの屈辱によって、鄧小平は彼自身の長い革命家としての経歴の最後の輝かしい段階に向けて、自分自身を鍛え上げることができた。鄧小平は彼自身の美点である控え目さを発揮し、文化大革命期についてほとんど発言しなかったが、それでも後に次のように語っている。「私の人生において最も悲しい時期となったのは、もちろん文化大革命の時期であった」[26]

毛沢東は一九六六年夏に彼にとっての「最後の革命」を開始した。この時、鄧小平は党内序列第四位の実力者で、毛沢東の後継者になると考えられていた。しかし、鄧小平は「資本主義への道を進むナンバー2」というレッテルを貼られ、最高指導部から追放されてしまった。それは、鄧小平が毛沢東の進める過激な政策を支持しなかったからであった。鄧小平は急進的な大学生たちの非難に耐えねばならなかった。学生たちは北京にあった鄧小平の自宅に侵入した。そして、鄧小平の子供たちは、一度は中国の政治を動かした父親・鄧小平が受けた屈辱を目撃することになった。鄧小平の娘・鄧榕は一九六七年夏に起きた鄧小平夫妻に対する紅衛兵の攻撃について次のように書いている。

「中南海(指導者たちの居住地域)に侵入した暴徒たちは私たちの家にも押し入ってきた。彼らは父と母を庭に引きずり出し取り囲んだ。暴徒たちは父と母の頭を地面に押し付け、腰を折り曲げる姿勢を取らせた。そして、罪の告白を行うように求めた。〝鄧小平らを打倒せよ！〟という叫び声が響き渡った。暴徒たちは次々に両親を詰問した。父には何も聞こえていなかった。腰から折り曲げるという窮屈な姿勢を取らされていたために何も聞こえなかった。そして詰問にも何も答えることができなかった。父は暴徒たちに説明しようとしたが、何か言おうとしても、暴徒たちに遮られた。暴徒たちは父の態度が良くない、父は何も知らないふりを装い、何も答えないようにしようとしていると言った」[27]

一九六八年、文革派が支配する中国共産党中央委員会は、鄧小平を全ての党と政府の役職から解任した。鄧小平は「資本主義への道を進む人間」というレッテルを貼られた。そして、一九六九年末、江西省の辺境にあったトラクター修理工場に送られた。鄧小平の政治生命は完全に絶たれたように思われた。更に言えば、毛沢東治世下の中国では、儒教が大きな影響を持っていた時代と同じく、罪は「個人」に限定されるのではなく、家族にまで及ぶということになっていた。鄧小平の家族全員もまた家父長である鄧小平の失脚によって代償を支払わされることになった。そして、鄧小平の息子に文大革命期において最も知られる悲劇の一つが訪れることになった。鄧小平の息子・鄧樸方《とうぼくほう》（Deng Pufang　一九四四年〜）は、北京大学のキャンパス内にあった四階建ての建物から、北京大学の紅衛兵によって地上に突き落とされた。彼の父親である鄧小平は妥協的な政治姿勢を取ったとして、鄧樸方には十分な医療が与えられず、結果、彼は下半身不随となってしまった。鄧小平が辺境のトラクター工場から北京の党中央に宛てて書いた手紙は彼の息子に慈悲を与えてくれるように求めるものであった。手紙は家族を守ろうとする必死の思いと党に忠実であろうとする鄧小平の二つの面がよく表された内容のものであった。鄧小平は悲痛な気持ちで請願の手紙を書いたのだ。その中身は次の通りである。「私たちが知る限りでは、息子は腰から下が完全に麻痺しています。日常生活の全ての場面で介助を必要としています。息子はすぐに回復するという状況にはありません。息子がこちらにやって来て私たちに何がしてやれるでしょうか？　私たち（鄧小平、妻、妻の母）は年老いています。私たちは、息子が現在お世話になっている病院で引き続きお世話を受けられますように衷心からお願いするものです。私たちは、何をすべきか全く分からずに途方に暮れております。私たちはただ皆さんにお助けいただけるようにお願いすることしかできません。党にお助けいただけるようにお願いするしかありません」[28]

文化大革命の期間中、鄧小平は肉体的にも傷つけられたが、自己批判書を書くようにも強要された。彼の自己批判の内容となる革命における自罰的な中身の中に、将来を予感させるような文言が含まれていた。一九六六年、鄧小平は自己批判書の中で次のように書いている。「私が犯した大きな誤りは、人民の側に立たずに、人民の闘争に反対してしまったことです。階級闘争について言いますと、文化大革命中、私は革命的プロレタリアートの側に立ちませんでした。そして、毛沢東同志が進めた政策にことごとく反対しました」[29]。一九六八年に中国共産党に提出した長文の自身の革命経歴に関する自己批判書の中で、鄧小平は次のように書いている。「私のブルジョア的な世界観が矯正されていなかったために、党内において最悪の資本主義の支持者となってしまったのです」[30]。鄧小平は自分自身を変革することを約束した。その姿は哀れを誘うものであった。鄧小平はプロレタリアート大衆の守護者となることを約束した。そして、次のように希望した。「党に対してお願いしたいことがあります。時期が来たら、私に何か小さな仕事を与えてください。そして、私自身を変革し、再出発するための機会を与えてください」[31]。よい歳をした大人の男性にとって、他人に媚びへつらうことなど耐え難い屈辱である。しかし、鄧小平よりもずっと昔に活躍した改革者の魏源が知ったら誇りに思ったことであろうが、鄧小平は失脚し屈辱に耐える日々においても自分を鼓舞し続けた。文化大革命の嵐が吹き荒れ、鄧小平は脇にどかされたままであったが、それでも彼はいつの日か尊厳と権力を取り戻すことができると考え、自暴自棄にならないように耐えた。

一九七一年一一月、鄧小平は林彪が亡命途中に飛行機事故で亡くなったことを知った。林彪は毛沢東狂信者たちの中で最高位を占め、毛沢東語録を生み出した人物であった。鄧小平の娘・鄧榕は林彪の死は父・鄧小平にとって重要なターニングポイントになったと書いている。鄧榕は次のように述べている。「林彪の失脚と死が起きる前の父の目標は、最低限の政治機能を守ることであった」。しかし、林彪の突然の失脚の後、鄧小平は中国を再び動かすことができるかもしれないという希望と野心を取り戻した。鄧榕は続けて次のように述べている。「父は復帰のためにあらゆる機会を利用した。それは人民と党のために再び働くためであった。過去五年間、父は中国がいかにして社会主義の道を外れずに進んでいくべきかについて考え尽くしていた。再び政治の中心に戻る日が来たら、父は革命の嵐が吹き荒れた長い年月の間に得た知識の全てを使って、無秩序状態に秩序をもたらすことに献身すると決心していた」[32]

「無秩序状態に秩序をもたらす」機会はそれからすぐに訪れた。毛沢東は残忍な状況を生み出した無秩序を好んだが、妻・江青が率いた権力志向の左派の影響力を抑えるために、バランスを取る必要に迫られた。一九七三年初め、毛沢東は中国という国家を機能させることができる人物を指導部に入れる必要があると判断した。そして、一九七三年二月、鄧小平は突然北京に戻された。それから数カ月の間、毛沢東の古くからの同志である鄧小平は中国の外交分野において重要な役割を果たした。鄧小平は後に次のように述懐している。「毛沢東は私を再び利用できると考え、私を墓場から連れ戻した」[33]

秩序を再建する

鄧小平は巻き返しを図らなければならなかった。しかし、六年にも及ぶ政治の機能不全の後、彼に出来たことは、思い切って前進し、文化大革命期の混乱で中国に何が起きたのかを知ることであった。鄧小平は江蘇省南部の古い共産党の基地を再訪した。鄧小平は一九三〇年代にこの地域の党書記を務めていた。鄧小平は地方幹部からの報告を聞いた。鄧小平は報告を聞いた後に次のように発言している。「過去に比べて現在はかなり良くなっている。解放以来、私たちは多くのことを成し遂げた。多くの業績が達成された」。それでも鄧小平は文化大革命と中国の後進性の結果を直視することを恐れなかった。鄧小平は続けて次のように発言している。「私たちは西洋諸国から少なくとも四〇年間は後れを取っている。私たちはとにかく勤勉に働かねばならない」[34]

中国が西洋諸国から四〇年も後れているという鄧小平の認識は正しいものであった。毛沢東が自画自賛した永続革命の導入の結果、中国人民の生活水準は低いままであり、技術は後れを取り、外国から恣意的に孤立することになった。私は一九七〇年代に北京を訪問したが、全く別の世界を訪れたような感覚に捉われた。現在の北京首都国際空港は近代的な滑走路が縦横無尽に走り、ノーマン・フォスターが設計した巨大なターミナルビルが建っている。毎日数百の飛行機が離発着している。その当時の北京首都国際空港はアメリカ中西部の田舎町にある小さな空港のようであった。飛行機が駐機場で停止し、パイロットがエンジンを切る。その後、旅客たちは飛行機がほとんどいない滑走路に降り立つが、周囲は不気味なほどの静寂に包まれていた。北京にはその当時から数百万人が生活していたが、世界の大都市という感じは全くしなかった。北京には私有の自動車は一台も走っておらず、民間経営の商店もなく、宣伝のための看板も見当たらなかった。そこかしこにあった巨大な看板は、毛沢東の発言を引用した政治宣伝用のものであった。北京の人々は「毛沢東スーツ」を着ていた。この毛沢東スーツには、カーキ、青、灰色、黒の四つの色しかなかった。訪問者は自分が静寂の都市にぽつんと存在していることを実感させられた。そして陽が沈んだ後、その思いを強くした。夜の北京は暗く、静かでまさに墓場のようであった。

鄧小平は墓場から政治の中心に戻ってきた。そして文化大革命で荒廃した中国を変革しようとし始めた。文化大革命の嵐はまだ猛威を振るっていたが、鄧小平は静かに中国の国内経済を再び活発化させ、中国の国際関係を修復するために新しい現実的な政策を主導した。一九七四年春、鄧小平はアメリカを初めて訪問し、国連本部で演説を行った。一九七一年に台湾が国連のメンバーではなくなり、中華人民共和国が国連の正式のメンバーとして認められた。経済発展に関する会議で鄧小平は発言を行った。彼は、毛沢東の提唱した「三つの世界」理論を賞賛しながら、巧妙に中国は早急に「開放」を行う必要があるという彼自身の考えを訴えた。毛沢東の三つの世界理論とは、世界システムにおいて、発展した第一世界と第二世界、発展途上の第三世界との間で新しい「矛盾」が発生しているというものであった。鄧小平は国連総会（General Assembly《ジェネラル・アッセンブリー》）で、「自立とは引きこもることや外国からの援助を拒絶することを意味するのではない」と明確に発言した。国連総会に出席した各国の代表たちは、新たに登場した共産中国の指導者に興味津々であった[35]。鄧小平は後にこの時のニューヨーク訪問でぜひ達成したいと思っていたことについて次のように語っている。「毛沢東同志が生み出した三つの世界の違いに注目するという戦略的思考によって私たちの前には道が開けた。私たちは外国からの資本、進んだ技術、ビジネス管理の経験を利用することができるようになった」[36]

ニューヨーク滞在中、鄧小平は米大統領国家安全保障担当補佐官ヘンリー・キッシンジャーと夕食を共にした。キッシンジャーはこの時のことを次のように述べている。「鄧小平は大きな枠組みの哲学を私に話すことはなかった。毛沢東とは違い、中国の人々の独自の運命について語ることもなかった」。キッシンジャーは鄧小平と毛沢東の違いに関心を持った。彼は続けて次のように述べている。「鄧小平の語ることは平凡で、現実の細かいことを気にかけていた。鄧小平は軍の規律と国務院冶金工業部の改革の重要性について語った。彼は一日当たりの鉄道の貨車の運行本数の増加、鉄道の運転手の勤務時間中における飲酒の禁止、昼食時間の確保といったことを語った」[37]。キッシンジャーはこうした鄧小平の発言から、鄧小平は「平凡主義（pedestrianism《ペデストリアニズム》）」だという印象を得たようだ。しかし、鄧小平のこうした細かい発言は実際には歴史的な転換のシグナルであったのだ。毛沢東のユートピア志向の政治から一九世紀後半の変法自強運動に参加した人々が求めた現実的な政治に転換すると鄧小平は宣言していたのだ。

鄧小平のアメリカ訪問は中国国内では成功と評価された。そして、その勢いを駆って鄧小平は国内の諸改革を着実に、しかし目立たないように進めた。鄧小平は実質的に外交部長の仕事もしていた。そして、この地位を使って、「中国を救うために西洋から学ぶ」という彼の若い時の決意を実現しようとした。しかし、この時の彼は遠くパリやモスクワに目を向ける必要はなかった。中国を取り囲むようにして存在していた近隣諸国は「奇跡の」経済成長を遂げていた。その中でも日本の経済成長は顕著であった。日本は一九世紀後半と同じく、中国を大きく引き離す存在になっていた。鄧小平は日本に出来るだけ早く追いつこうと決心した。そして、日本からの訪問者たちに積極的に会い、日本の指導者たちがどのようにして科学、技術、工業を近代化していったかについての情報を収集していった。[38]

毛沢東と周恩来は共に高齢による衰えと病に苦しむようになった。そして、鄧小平は彼らに代わって経済運営、何とか生き残っていた経済のようなものに関してより大きな責任を負うようになっていった。鄧小平は一九六四年に周恩来が発表した後、ほったらかしにされていた「四つの近代化（Four Modernizations《フォー・モダナイゼイションズ》）」を青写真として採用した。その内容は、一五年間を「建設期間」として、農業、工業、科学技術、そして国防の四分野の近代化を進めるというものであった。周恩来が唱えた四つの近代化を中国の最優先の政策であることを示すために、鄧小平は、演説の中で「発展（*fazhan* development《ディベロップメント》）」という言葉を頻繁に使うようになった。この発展という言葉は後に共産党支配の正統性を主張する際にお経のように繰り返し使われるようになった。[39]

この当時、「四つの近代化」の持つ重要性を認識している外国の中国専門家はほとんどいなかった。しかし、この「四つの近代化」路線は慎重に設計され、大胆に進められた。一九七五年までに鄧小平は中国の政治システムの大部分を掌握することに成功した。鄧小平は党、軍、政府の三部門の最高幹部の人事権を掌握した。

そして、鄧小平は演説の中で、「整頓（*zhengdun* putting things in order《プッティング・シングス・イン・オーダー》）」という言葉を繰り返し使い始めた。これは、文化大革命の狂気から目を覚ますということを遠回しに示す言葉であった。鄧小平にとっての優先事項は、軍の軍務への専念、鉄道システムの修復、工業の再活性化、そして国際社会への復帰といった「平凡な」事項であった。しかし、これらを一気に行うことで起きる影響の大きさは計り知れないこととなった。[40] 鄧小平は毛沢東が進めた厳格な平等主義を否定した。鄧小平は、たとえそれで人々の間で不平等が生まれても、賃金を上げることで「人々のやる気を引き出す」という施策を行った。彼は指導部内の会議で次のように語っている。「人民の貢献はそれぞれ異なったものである。そうであるならば、貢献に対する報酬も異なったものとするべきではないか？」[41] 毛沢東が進めた平等主義の時代の感覚からすると、鄧小平のこの発言は異端そのものの内容であった。

しかし、鄧小平は、抵抗に遭った場合にはレーニン流の残忍さを発揮する姿勢も示した。一九七五年夏、ヴェトナムとの国境地帯にある雲南省の辺境にある村でイスラム教徒たちが、宗教に対する寛容を求めて収穫税を納めるのを拒否するという事件が起きた。鄧小平は、「秩序を回復」させるために人民解放軍の出動を命じた。人民解放軍は、「平和の回復」のために二一日間作戦を展開し、一六〇〇名の男性、女性、子供たちを殺害したと推計されている。[42]

鄧小平は、「秩序を与える」という試みに対する最大の脅威は、反抗的な人々が住む辺境の村などではなく、中国共産党指導部内に存在することに気付いた。鄧小平は、中国の非効率な中央集権的な経済システムを世界と結びつけるために、輸入と輸出を拡大するように求めた。[43] しかし、鄧小平の試みは邪魔をされ、毛沢東主義者たちからは資本主義に向かう背信行為だと厳しく批判された。指導者たちが集まったある会議で、毛沢東の妻・江青は鄧小平を「西洋の奴隷」であり、「買弁的な精神（comprador mentality《コンプラドール・メンタリティー》）」によって汚染されていると批判した。江青は鄧小平を一九世紀に条約港で、中国人と西洋の「帝国主義的資本家たち」との間でうまく立ち回った、売国的な中国人商人たちのようだと指摘した。そして、鄧小平が犯した許されざる罪は、より良い輸送船を中国で建造するのではなく、外国から購入しようとしていることだと指弾した。江青は「中国は既に一万トン級の船を所有している！」と叫び、鄧小平には愛国心が欠けていると糾弾した。政治的に抹殺される危険はあったが、それでも鄧小平は怒りの表情を浮かべながら江青の無知を次のように指摘した。「私がフランスに渡航した時、乗船した船は四万トン級であった。一九二〇年の段階で既にそうであったのだ！　現在一万トン級の船を持っていることなど何の自慢にもならない」[44]

一九七五年末までに、中国の経済成長をロケットスタートさせようとした鄧小平の努力は早くも実を結びつつあった。[45] しかし、鄧小平の指導部における地位は盤石のものではなかった。文化大革命はまだ終焉を迎えておらず、毛沢東も鄧小平を「資本主義への道を進んでいる」と非難する人々を特に抑えることもしなかった。鄧小平が現実的な政策を進めている時、毛沢東は鄧小平の忠誠心への疑いを強めていった。そして、一九七六年春に起きた予想外のそして自主的な大衆による抗議によって、間接的に鄧小平の権力掌握に黄色信号がともった。

四五天安門事件

一九七〇年代半ばまで、一般の中国人民は自主的に考えたり、行動したりしたくないと考えてきた。そうした状態が長く続いた。そうした状態に変化が起き、自分たちがどうして毛沢東に魅了され、彼が主導した政治における破壊的な急進主義を支持してきたのかについて人民自身が疑問を持つようになっていた。一九七六年一月八日、周恩来が死去した。その直後、北京には自分たちの感情を表現する人々が溢れた。

人々は周恩来が毛沢東に協力してきたことはよく知っていたが、周恩来が毛沢東の行き過ぎを何とか抑えようと努力してきたと考えていた。彼らは、周恩来が無実の人々を政治的な攻撃から守ったり、中国の文化遺産の一部を紅衛兵の破壊から守ったりしたことを知っていた。周恩来の死去後、起こった出来事は予想外のことであり、誰も何の準備もしていなかった。周恩来の葬儀の日、一〇〇万以上の北京市民が墓地までの九マイル（約一五キロ）の道に自主的に列をなし哀悼の意を表したのである。彼らは文化大革命の破壊に疲れ切った人々であった。美術史家の呉葒《ごこう》は次のように述懐している。この当時、呉葒は紫禁城の内部に住み、天安門広場にある故宮博物館に勤務していた。「文化大革命の狂気に一〇年にわたって苦しんでいた、私たちのような一般の中国人民にとっては、周恩来だけが理性を保つための唯一の希望だった。そんな彼が亡くなってしまった。私たちは、周恩来と私たち自身のために嘆き悲しんだ」[46]。それから数日後、数万の人々が黒い腕章を着け、自主的に周恩来を追悼した。彼らは天安門広場に集まり、人民英雄記念碑の前に立ち、詩を朗読し、追悼演説を行った[47]。

周恩来の遺灰は、公式の追悼式典のために最終的に人民大会堂に運ばれた。この儀式から一般人民は排除された。この儀式で、フランス時代からの「弟分」であった鄧小平が弔辞を述べた。「周恩来同志は常に心を開き、公明正大であった。人民全体の利益に心を配り、党の規律に常に目を配り、厳格に〝自分自身を点検〟した。私たちは彼の採用した素晴らしいスタイルから学ばねばならない。常に穏健で、慎重、慎み深く、人々を拒絶することはなかった。彼の行動を手本とし、質素な生活をし、身を粉にして働くようにしなければならない」[48]。毛沢東はこの追悼式典を欠席したが、これは周恩来の死去に伴う毛沢東の悲しみがそこまで深くないことを示すものであった。

公式の追悼式典終了直後、天安門広場のスピーカーから全く予期せぬ発表がなされた。それは、党指導部は周恩来に対する人々の追悼はこれをもって全て終了することを宣言するというものであった。党からの高圧的で一方的な命令に対して、周恩来を悼んでいた人々の多くが怨嗟の声を上げた。彼らは人民大会堂の外で追悼式典へ参加しようと待機していたのだが、その機会を奪われた上に、周恩来の名声は政敵たちによって汚されたと感じた。追悼式典で弔辞を述べた後、鄧小平は公の場から姿を消した。急進的な毛沢東主義者たちが再び権力を掌握したという噂が北京中を駆け巡った。[49] 一九七六年三月二五日、上海の左派系新聞二紙が周恩来は「資本主義への道を進む」人物であったという批判記事を掲載した。この記事に対して、周恩来と鄧小平への支持を表明するデモが中国全土の各都市で起きた。[50]

党にとって不運だったのは、一般の人々が周恩来を称揚し、鄧小平への支持を表明することができる機会がすぐにやって来たことであった。中国の祝日である清明節《せいめいせつ》（Qingming Festival）の日がやって来たのだ。清明節は毎春の中国全土で行われる伝統行事であり、亡くなった先祖を敬い、墓を綺麗にする習慣があった。そして、一九七六年の清明節は四月四日の日曜日ということになっていた。文化大革命期間中、先祖の墓を綺麗にすることは、「封建的」ということで党によって禁止されていた。しかし、この年の清明節は中国共産党に対して、自分たちの声を届ける機会だと人々は考えた。そして、清明節の数日前から人々は再び、天安門広場の真ん中にある人民英雄記念碑の下で周恩来を悼み、詩を朗読した。[51] 彼らが好んだ詩の一節は以下のようなものだ。

「人民は人民の首相を愛した
人民の首相は人民を愛した
人民の首相と人民は喜びと悲しみを共にした
人民と人民の首相の心はいつもつながっていた」[52]

政府は天安門広場での追悼を禁止していたにもかかわらず、四月初めには多くの北京市民が天安門広場に集まり、周恩来と彼の穏健な姿勢を称揚した。彼らが朗読した詩の一節に「秦の始皇帝の封建社会が消え去るのは良いことだ」というものがあった。これは毛沢東の法家流の権威主義を批判するものであった。[53]また、市民の中には、毛沢東の妻・江青を現代の西太后だと指弾する人々もいた。[54]

一九七六年四月五日早朝、突然数多くのトラックが天安門広場に集結した。このトラックは周恩来を悼む人々を排除するために準備されたものであった。数人の若者たちが見せしめ的に逮捕されたが、後から後から人々は天安門広場に集まって来た。スピーカーを備え付けたトラックが、「少数の階級の敵たち」による煽動に乗せられないようにと放送して回った。これに対して、静かに周恩来を追悼していた人々は怒りを露わにし、このトラックをひっくり返し、更には警察車両数台に火を放った。人々は「インターナショナル」を歌いながら、警察の指揮所に突進し、それに火を放った。[55]

一九七六年四月五日の午後六時半、北京市長・呉徳《ごとく》（Wu Du　一九一三〜一九九五年）はスピーカーを通じて、「革命的な人民」はすぐに天安門広場から退去するように警告を発した。[56]それから数時間後、労働者民兵、人民解放軍、公安部隊が天安門広場に姿を現し、手当たりに次第に人々を殴り付け、次々と逮捕していった。四五天安門事件で、人民英雄記念碑周辺は抑圧と人々の流血で再び「清め」られることになった。この時にどれだけの数の人々が負傷し、死亡し、逮捕されたのか、中国政府は公式には発表していない。しかし、この後、ある香港のメディアがこの当時の公安部副部長の話として、四五天安門事件では、一〇〇名以上が死亡し、三〇〇〇名から四〇〇〇名の人々が逮捕されたと伝えた。[57]

天安門広場から人々が排除されるとすぐ、四五運動（April Fifth Movement《エイプリル・フィフス・ムーヴメント》）、いわゆる第一次天安門事件は「反革命」事件と規定され、中国共産党中央委員会は「鄧小平問題は醜い矛盾を露呈した」と宣言した。中国共産党中央委員会政治局は全会一致で鄧小平を全ての地位から解任し、「鄧小平が将来にどのように行動するかを監視する」ために党員資格だけは保証すると発表した。[58]

精神の自由

急進左派の勝利は短期間で終わった。一九七六年九月九日、毛沢東は死去した。毛沢東は、自分と同じ湖南省出身の華国鋒《かこくほう》(Hua Guofeng　一九二一〜二〇〇八年)を後継者に指名していた。毛沢東は臨終の床で虫の息の中、華国鋒に対して繰り返し、「あなたがやってくれるなら、私は安心だ」と囁いた。[59] しかし、華国鋒は、毛沢東の死去後すぐに、軍の支持を得て、毛沢東の妻・江青と彼女の側近であった左派の人々、彼らは総称して「四人組(Gang of Four《ギャング・オブ・フォー》)」と呼ばれたが、彼らに敵対する動きに出た。毛沢東の死去からわずか三週間後、四人組は逮捕された。華国鋒は思いがけず手に入れた最高指導者の地位を維持したいと望んだ。しかし、華国鋒は鄧小平の敵ではなかった。鄧小平はわずか四フィート一〇インチ(約一四八センチ)の上背しかなく、毛沢東が「絹の球の中に隠された針」のようだと評したように、物腰が柔らかい人物であったが、華国鋒は鄧小平によって引きずりおろされることになった。[60] 鄧小平は全生涯をかけて中国という国家を指導する機会が到来することを待ち望んだ。そして、このタイミングがまさにその機会到来であった。中国共産党について書き続けた作家・韓素音《ハンスーイン》(Han Suyin　一九一六〜二〇一二年)は一九七七年に鄧小平にインタビューを行った。この時のことを韓素音は次のように書いている。「鄧小平は活き活きとし、機敏であった。ひっきりなしに唾を吐き、煙草を手放さなかった。彼の物言いや発言は直接的で、大胆で、それまでの彼らしい控え目な態度は全く見えなかった」。[61] このインタビューは、鄧小平にとっては毛沢東の死後、初めて公開されたインタビューであった。そして、鄧小平が韓素音に語った話の内容は、変法自強運動の参加者たちが主張したものとそっくりであった。鄧小平は次のように語っている。「私たちは遅れているということを認識することで進歩できるだろう」[62]

毛沢東の死去から二年間、鄧小平は党の長老、人民解放軍の将軍、地方の指導者、若い官僚たちから支持を得るように慎重に行動した。彼らは四つの近代化の下に集結し、鄧小平と四つの近代化路線を支持した。頑強な抵抗に遭いながらも、鄧小平と彼が信頼する政治家たちは複雑な政治闘争を勝ち抜き、ポスト毛沢東として実権を掌握することに成功した。そして、一九七八年一二月、鄧小平は国家と党の両方の実権を掌握したことを党大会で明らかにした。鄧小平の資本主義への道を進むという反革命的な試みは「改革開放」という名称で中華人民共和国の隅々まで拡大していくことになった[63]。

一九七八年一二月一三日、鄧小平は彼の生涯で最も重要な演説を行った。この日は党中央工作会議(Central Work Conference)《セントラル・ワーク・カンファレンス》の最終日であった。中央工作会議に続いて中国共産党第一一期中央委員会第三回全体会議(Third Plenum of the Eleventh Party Congress)《サード・プレナム・オブ・ジ・イレブンス・パーティー・コングレス》が開催されることになっていた。中央工作会議について、官僚たち(nomenclature)《ノーメンクラツーラ》はその重要性を隠そうとした。こうしたことは共産党が支配する中国では今でもよくあることだ。この歴史の転換点において、鄧小平は、中国の人々に対して、「精神を自由にする」ように求めた。鄧小平は富強に言及しながら次のように高らかに宣言した。「我が国の遅れた状態を変革するために勇気を持って前進しよう。そして、中国を近代的なそして強力な社会主義国家にしよう」[64]。鄧小平は続けて次のように述べた。「私たちに果たすべき重要な任務は、生産力を向上させること、貧困から脱すること、強力なそして豊かな国家を建設すること、そして人々の生活水準を向上させることである」[65]

しかし、それらをどうやって達成するのか? この疑問に対する鄧小平の答えは、明確なものであった。彼は「政治面での革命ではなく経済面での成長に依存する」と述べた。大衆運動と階級闘争に代わって、「経済的手段で経済を運営することを学ばねばならない」と鄧小平はきっぱりと述べた。[66] この大胆な方向転換を行うためには新しい技術と新しい指導者が必要であった。鄧小平は次のように述べている。「これまでとは違う新しいことを考え、新しい方法を模索しなければならない。新しい考えを生み出す人が数多く必要になる。そういう人たちがいなければ、我が国は貧困と後進の状態から抜け出すことはできないし、先進諸国に追いつき、追い越すこともできないだろう」[67]

鄧小平は中国人の生活の体系的な再編を求めた。そして、上から、つまり党幹部から率先して学習していく必要があると主張した。鄧小平は「中央委員会と中央と地方の党幹部たちは近代の経済成長について深く学ばねばならない」と宣言した。[68]鄧小平が党幹部たちの精神を自由にする方法として採用したのは、党幹部の海外視察であった。鄧小平は次のように語っている。「私たちはより多くのものを見ることで、私たちがいかに遅れているかを認識できる」。[69]一九七九年一月、米中国交正常化交渉が行われた。この席上、アメリカ大統領のジミー・カーター（Jimmy Carter　一九二四年〜）は鄧小平に対して中国国民の海外旅行制限を緩和してはどうかと提案した。鄧小平は身を乗り出し、腕を伸ばして次のように答えた。その内容にカーターは唖然としてしまった。「それは良い考えですね。何人くらいの規模の緩和をしたら良いと思います？一〇〇〇万人くらいでしょうか？」[70]

鄧小平は西洋から学ぶことに抵抗を示した二〇世紀の中国を転換しようとしたのだ。彼は、一八七〇年代に変法自強運動の参加者たちが企図したが失敗に終わった海外留学プログラムにまで遡って、そこからやり直す形で、西洋から積極的に学ぶことを主張したのだ。中国には長年にわたり、海外での経験を忌避する傾向があった。これは傲慢さと不安が複雑に入り混じった中国人の感情を反映したものであった。そうした中で鄧小平は、「若者よ、西に向かえ」（訳者註：アメリカの西部開拓時代に盛んに使われた言葉）というメッセージを発したのだ。鄧小平はヨーロッパ視察に向かう代表団に対して次のような訓示を発している。「様々な人々と交流し、詳細な調査を行い、諸問題に関する深い研究を行うように。彼らがどのように経済を運営しているかをつぶさに見てきてほしい。私たちは資本主義諸国の成功例から学び、その成果を中国に持ち帰らねばならない」。[71]こうして海外を経験した人々が中国に戻って来た時、彼らは中国にとって大事な財産として尊敬された。そうした人々の中の一人に若き日の習近平《しゅうきんぺい》（Xi Jinping　一九五三年〜）がいた。習近平は一九八〇年に軍事代表団の一員としてアメリカ国防総省を訪問し、一九八五年には農業代表団の一員としてアイオワ州を訪問した。そして、現在は中国国家主席と中国共産党総書記を務めている。[72]

鄧小平は一九七八年の第一一期三中全会の席上、これまでにない大胆な主張を行った。「中国共産党は本日今日から、階級闘争ではなく、経済発展を最大の目標とする」と鄧小平は述べたのだ。[73] このたった一行の文で、鄧小平は鮮やかに二〇年にわたって続けられた毛沢東が進めた政策を放棄してみせた。鄧小平は一九八〇年にオリアーナ・ファラーチ（Oriana Fallaci　一九二九～二〇〇六年）からインタビューを受けた。その中で人々に大きな災いをもたらした文化大革命が起きた原因は、「数千年にわたって続いてきた封建主義の汚染」であり、その害毒によって中国共産党も汚染されたと述べた。鄧小平は、「個人崇拝を基にしたカルト、上位者に盲従する仕事のやり方、指導的な立場にある人間が死ぬまでその地位に留まることといった悪習が中国共産党にも存在した」と述べた。[74] 鄧小平より前の世代の人々が苦闘してきた「封建主義」が今度は官僚主義に姿を変えて文化大革命にも大きな影響を与えていたと鄧小平は指摘した。

しかし、鄧小平は、「封建的な価値観」の罠から逃れるために中国文化に対して闘争を始めるつもりはなかった。また、中国のアイデンティティを変化させる意図も持たなかった。中国から封建的な傾向を除去するために鄧小平が採った戦略は、その封建的な傾向の上に新しいものを築くというものであった。鄧小平は数名の人々を選び出し、彼らを小さなグループに組織し、彼らに中国共産党の歴史を新たに書き換えるように命じた。鄧小平が見直しを命じた党の歴史とは、「中国共産党は、毛沢東時代の末期こそいくつかの誤りを犯したが、中国国民にとっての救世主であった」という考えを基礎にしていた。鄧小平は文書の草稿作りに積極的に関与し、数多くの点の見直しを個人的に命じた。完成した文書は、「中華人民共和国建国以来の党の若干の歴史問題についての決議（Resolution on Certain Questions in the History of Our Party Since the Founding of the PRC）」として発表された。この決議は党自体の自己批判であり、「党が行ってきたことは全体としては正しかったが、いくつかの小さな誤りを犯したことは認める」という内容であった。この決議は鄧小平の非公式な歴史に関する評価を反映していた。その評価とは、「毛沢東のやったことは七〇%が正しく、三〇%が間違っていた」というものであった。毛沢東自身もかつて自己評価で同じ点数を付けた。面白いことに、フルシチョフもスターリンに対して同じ評価を下した。[75] この決議の内容は、過去に犯した誤りを批判してはいるが、毛沢東や彼の進めた路線、そして中国共産党の根本的な「正しさ」を完全に否定するという危険を冒すものではなかった。決議は絶妙なバランスの上に組み立てられたものであった。

「建国以来の党の若干の歴史問題についての決議」の最も重要なポイントは、中国はいつまでも過去に囚われていてはいけないと鄧小平が考えているということを明確に示したことだ。変法自強運動に参加した人々は、限定された改革を通して中国の伝統文化を救い出そうとした。五四運動に参加した人々は中国の伝統文化を廃し、「新文化」を導入しようとした。そして、毛沢東は中国全体の革命を通して中国の伝統を完全に破壊しようとした。鄧小平は近現代の中国の指導者としては初めて、中国の知識人たちがこだわった中国の伝統文化についてこだわりを持たない人物であった。中国の近現代史をたとえると次のようになる。古い寺院は破壊されてきた。その跡地に新しい寺院を建設する時期だ。革命的な破壊の後には必ず建設がなされなければならない。「封建主義を除去する」というテーマについての議論の中で、鄧小平は党幹部たちを次のように叱責した。「私たちは、〝まず破壊を行えば建設はその後に自動的になされる〟という考え方をしてはいけない」[76]

鄧小平は毛沢東が知識人たちに対して抱いたような劣等感に苦しむことはなかった。そのため、鄧小平が最初に行ったのは、それまでに行われてきた様々な政治闘争において、「階級の敵」というレッテルを貼られ、攻撃を受けてきた約三〇〇万の党員と知識人たちに対して「政治的な理由で」出された有罪宣告を取り消すことであった。[77] 鄧小平のこの施策は多くの人々に歓迎された。そして、この動きは鄧小平が「開放」にどれだけ真剣であるかを示すジェスチャーとなった。そして、彼はエリート政治家とエリート知識人の間に多くの友人を得ることができた。専門技術を持つ、高度の教育を受けた人々の名誉を回復したことで、中国政府は豊富な専門性を持つ人材を獲得することができた。その当時の中国政府が最も必要としていたのが才能溢れる人材であった。一九七〇年代から八〇年代、鄧小平は「ミスターサイエンス」となった。しかし、「ミスターデモクラシー」にはならなかった。そして、「共産主義」と「専門知識」のどちらか一方を選ばねばならない場合、鄧小平は「専門知識」を選んでいたのは間違いないところだ。一九七七年、鄧小平は次のように語っている。「約一〇〇〇万人いる知識人階級を瞬時に消し去ることなどできるだろうか？」[78]。鄧小平は新しい、そして毛沢東主義から見れば、正統的ではない、「実践こそが真実にとっての唯一の基準である（Practice is the sole criterion of truth《プラクティス・イズ・ザ・ソロ・クライテリオン・オブ・トゥルース》）」「実事求是・事実に即して真実を追い求める（Seek truth from《シーク・トゥルース・フローム・》 facts《ファクツ》）」という二つのスローガンを唱えた。これは、これからは中国全体がイデオロギー的な理想から経験に基づいた現実へ軸足を移すということを示す、鄧小平の宣言でもあった。

一九七九年の訪米時、ヒューストン郊外のロデオ会場とアメリカ航空宇宙局（NASA）のジョンソン・スペースセンター訪問の際に鄧小平に付き添っていた人物の一人が、方毅《ほうき》（Fang Yi　一九一六〜一九九七年）であった。彼は訪米時、副首相であり、国務院科学技術部長であった。方毅は、ディズニーランド訪問というらしからぬ行事の前に、インタビューに答えて次のように語っている。「私たちは、貴国から良いもの、進んだものを吸収したいと思っています。同時に私たちには合わない部分は排除することに努力します」。西洋から大量の技術が流入することの副作用について懸念するかという質問に方毅は次のように答えた。「そうした恐怖は中国が大変に弱かった時の話です。今現在そのようなものは存在しません」[79]

変法自強運動を行った人々の主張を鄧小平もまた踏襲し繰り返した。一九七七年、鄧小平は「私たちは私たちの後進性をしっかり認識しなければならない。そのように認識をするところからしか希望は生まれない」と明確に述べた[80]。この鄧小平の発言の意味するところは、中国はプライドが高すぎて自国が抱える弱さを認識できないということであった。実際、毛沢東はそうであった。鄧小平は西洋から学ぶことを推奨したが、一つだけ推奨しないものがあった。それが西洋の政治システムであった。鄧小平は西洋の政治システムを採用すると中国と中国共産党が弱体化してしまうと考えた。

鄧小平が権力を掌握している時期に、人々が自主的に参加する政治運動が北京の街角で次々と発生した。それは五四運動と四五天安門事件（第一次天安門事件）に連なるものであった。これらの運動が起きた場所で再び運動が起きたのである。そして、再び民主化が求められたのである。運動の参加者の中で最も影響力を持った人物は恐れを知らない、労働者であり知識人でもあった魏京生であった。彼は毛沢東主義の亡霊に対してだけではなく、鄧小平流のレーニン主義の新しい精神に対しても挑戦した。この抗議運動が始まったのは一九七八年の秋が深まった頃であった。北京市内各地にある、スターリン主義の影響が色濃く残った何の面白味もない構造のバスの停留所や薄汚れた公園には、それらを取り囲む何の変哲もないレンガ造りの壁があった。抗議運動は数枚の手書きの壁新聞がそうした壁に貼られたことから始まった。壁新聞には詩、論文、引用、政治スローガンが書かれていた。天安門広場近くの道路は交通量が多かったので、その近くの壁に多くの壁新聞が貼られるようになった。それは、文化大革命の時期の光景とよく似ていた。しかし、文化大革命期には「階級闘争を忘れるな」とか「本部を攻撃せよ」といったスローガンが書かれていたものであったが、この当時の壁新聞は、四五天安門事件の再評価、民主的な思考の促進、そして、文化大革命の「失われた一〇年」の呪縛からの解放を中国の最高指導者たちに求める内容であった。[81] ほとんどの壁新聞はほぼ同じ政治的な傾向を持っており、レンガ造りの壁は「民主の壁（Democracy Wall）《デモクラシー・ウォール》」と呼ばれるようになった。一九七八年から一九七九年にかけての寒い冬の時期、壁新聞の読者や見物人の数は増えていき、その中から長安街を天安門広場に向かって行進しながら、「私たちは民主政体を望む！」「私たちは自由を求める！」と叫ぶ人たちが出てくるようになった。[82] 一九七八年一一月一五日、中国共産党は四五天安門事件についての評価を見直しており、四五天安門事件は反革命ではなく、「大衆による革命的な行動」と再評価することになると発表した。[83] この発表は人々に嬉しい驚きとなった。一九七六年の四五天安門事件の際に逮捕された人々は全て名誉回復がなされた。民主の壁の前に集まっていた人々の驚きはやがて安心感に変わっていった。四五天安門事件に参加した貴陽出身の詩人・黄興《こうこう》は、「光と温かさによって支配される世界」という詩を新たに書いた。その一節は次のようなものであった。

「おお松明よ、汝は一〇〇〇の輝く手に広がった
一万の喉が開かれた
偉大な道、偉大な広場があることに私たちは気付いた
そしてこの世代の全員が目覚めたのだ」[84]

鄧小平はこうして始まった中国の新たな民主化運動に参加した人々にとってお気に入りの指導者となった。民主の壁に貼り出されたある壁新聞には次のように書かれていた。「鄧小平副総理は秩序を取り戻し、海外に向けて門戸を開放し、秩序、規律、そして偉大な民主政体を形成しようとしている。彼は広い心の持ち主で、謙虚であり、今や世界中から賞賛されている。鄧小平副総理の指導の下、我が国は豊かになり、そして

強力になるだろう。そして経済は発展していくだろう」[85]

鄧小平と華国鋒との間の政治闘争は最終局面を迎えた。鄧小平は最初、度量の大きいところを見せようとして、人々の民主化を求める動きについて寛容であった。一九七八年一一月二六日、鄧小平は日本からの訪問者に対して次のように述べた。「大衆は発言することを求めている。それを規制するようなことをすべきではない」[86]。その数日後、鄧小平は次のように語った。「私たち（指導者たち）が彼ら（大衆）からせっつかれることは時には必要なことである」。鄧小平は、人々が壁新聞を貼り付ける権利は、文化大革命の時期に改正された中華人民共和国憲法によって保障されていると指摘した。鄧小平はまるで民主の壁における活動が活発化することを望んでいるかのようであった[87]。鄧小平の民主の壁の活動を促進する動きは間接的なものであったが、中国の指導者が大衆による反体制的な活動を支持するというのは前代未聞のことであった。鄧小平はアメリカ人コラムニストのロバート・ノヴァック（Robert Novak　一九三一〜二〇〇九年）に、民主の壁は「素晴らしいこと・好事（*haoshi*　a good thing《ア・グッド・シング》）」だと語った。このニュースを聞いてより多くの人々が民主の壁運動に参加した[88]。

一九七八年一二月一三日に鄧小平が党の会議で行った、「精神を自由にする」ことに関する歴史に残る演説に人々は大きな関心を持った。この演説の中で、鄧小平は「イデオロギーに関わる諸問題に対処する際、強制的な手段を用いてはいけない。そして批判的な発言をする人々を攻撃し、その発言を封じようとする悪い習慣は止めなければならない」と高らかに宣言した[89]。鄧小平のこうした発言を受けて、中国にかろうじて存在した、少数の改革志向の民主政体を思考する人々が楽観主義を持つようになった。彼らは喜びで身を震わせた。壁新聞は北京市内のあちらこちらに貼られるようになり、「民主の壁」現象は中国の他の都市へも拡大していった。そして、中国政治の冬の時代はついに終わりを告げたかのように思われた[90]。

第五の近代化

一九七八年の一二月初めのある寒い朝、「第五の近代化―民主政治体制などについて」という小さな、目立たない壁新聞が民主の壁に貼られていた。この壁新聞には、金生と署名がされていた。これは魏京生《ぎきょうせい》（Wei Jingsheng　一九五〇年～）のペンネームであった。魏京生は北京動物園の電気技師であった。魏京生は壁新聞に自分の住所を書いたので、誰でも彼に接触することができた[91]。

魏京生は、鄧小平時代における最も明快なそして刺激的な文書の一つを徹夜で書き上げた[92]。この文書のタイトルは「第五の近代化」というものであった。この文書は、鄧小平が中国の人々へ四つの近代化の実施を求めたことへのしっぺ返しであった。魏京生は鄧小平が進めている改革開放を支持していた。しかし、魏京生は、「中国の最高指導部は、農業、工業、科学技術、国防の近代化を求めながら、より重要な〝第五の近代化（Fifth Modernization《フィフス・モダナイゼイション》）〟である民主化を無視している。民主政体が実現されないならば、中国は真に安定した、近代社会となることはできない」という考えを持っていた。この点で彼は鄧小平と考えを異にした。

鄧小平と同じく、魏京生はシンプルな服装を好み、生真面目な人物で、ニコチンで汚れた指に常に煙草を持っていた。魏京生の歯はニコチンで汚れ、髪の毛は短く刈り込まれていた。魏京生は鄧小平と同じく、外見に関心を払わず、控え目で物静かな態度を崩さない人物であった。両者とも頑固であった。鄧小平と魏京生の考えはそこまで異なるものではなかったはずだ。魏京生は次のように書いている。「近代化を達成するためには、中国人民はまず民主政体を実現し、中国の社会システムを近代化しなければならない。民主政体がなければ、社会は停滞し、経済発展は乗り越えることができない大きな障害によって阻害されるだろう。歴史から学ぶと、民主的な社会システムは発展における前提、必須条件となることが分かる。これを私たちは近代化と呼ぶ。この前提条件がなければ、更なる発展は不可能となり、既に達成した発展のレベルを維持することも困難となる。民主政体が独裁政治を打倒することで、社会発展を加速させる条件が整えられるのだ」[93]

魏京生は、民主政治体制こそが中国の選ぶべき「唯一の選択肢」である、何故なら、中国が経済を近代化したいと望むなら、まず国民を近代化しなければならないからだと考えた。[94] この点で、魏京生は中国の功利主義的な改革者たちの伝統に連なっていた。彼らは、民主政治体制を富と力を獲得するための現実的な手段だと考えた。魏京生も功利主義的な改革者たちも民主政治体制を実現すべき目標だと考えていた。しかし、魏京生は、中国の一般人民の大多数が政府に対して自治ではなく、経済発展と安定を求めていることを軽蔑した。魏京生は次のように述べている。「そのようにお考えの方々に私は失礼を顧みず次のように申し上げたい。私たちは私たち自身の運命の主人になることを望む。私たちは神も皇帝も必要としないし、いかなる救世主の存在も信じない。私たちは私が存在するこの宇宙の主人になることを望む。私たちは近代化を進めたいという個人的な野心を持つ独裁者たちの単なる道具に成り下がることを望まない。民主政治体制、自由、全ての人の幸福こそが私たちの求める近代化の唯一の目的である。この第五の近代化がなければ、その他の近代化などはただの新手の虚偽ということになる」[95]

魏京生は、自分自身が中国の魂をめぐる「戦い」に従事しているという使命感にも似た感覚を持っていた。彼は次のように書いている。「西単の民主の壁は反動勢力に対する人民の闘いの最初の主戦場となっている。この闘いには流血と犠牲が伴うだろう。人々はより残虐な計画の犠牲者となるだろう。しかし、ひとたび掲げられた民主の旗は反動勢力の汚れた煙に巻かれ姿が見えなくなるようなことはない」[96]。魏京生は鄧小平の権威に挑戦状を叩きつけたのである。

四つの基本原則

一九七九年二月、鄧小平はアメリカ訪問から帰国した。彼のアメリカ訪問は大成功であった。この時期までに、鄧小平の権力基盤は強固なものとなっていた。鄧小平は、中国人民解放軍にヴェトナム侵攻を命令した。鄧小平はヴェトナムがソ連の側に立ち、中国が支援しているカンボジアのポル・ポト政権を転覆させようとしていることに鉄槌を下そうとした。戦闘は短期間で終了したが、中国人民解放軍はヴェトナム軍を打ち破ることができなかった。張り詰めた緊張感が漂う雰囲気と民主の壁に貼り出される厳しい批判を受けて、鄧小平は忍耐力を失っていった。鄧小平はすぐに公務員たちを動員して民主の壁に貼られていた全ての壁新聞を剥がさせた[97]。しかし、魏京生はひるまなかった。一九七九年三月二五日、魏京生は、頑固に「私たちは民主政体を望むのか？　それとも新しい独裁政治を望むのか？」というタイトルの壁新聞を民主の壁に貼り出した。魏京生は、この壁新聞の中で鄧小平の名前を挙げて、「独裁者に変身しようとしている」と糾弾した[98]。魏京生は四日後に逮捕された。魏京生が仲間たちと立ち上げた新雑誌『探索（*Exploration*）』誌の編集者たちは、魏京生の逮捕に関して次のように書いた。「中国政府は、民主的な自由が保証されていると言う。何と馬鹿げたそして野蛮な偽善であろうか！」[99]

国営の『北京日報（*Beijing Daily*）』紙は社説で次のように反論した。「私たちが必要としているのは社会主義的民主政治体制であり、大多数の人々が利益を享受する民主政体である。私たちはブルジョア中心の民主政体を望まない。ブルジョア民主政体では少数の人々が大多数の人々を抑圧することが可能となるからだ」[100]

一九七九年三月三〇日、鄧小平はもう一つの重要な演説を行った。聴衆は党幹部たちで、その内容は、「精神の自由」の「限界」についてであった。演説の中で、鄧小平は、「四つの近代化」路線を堅持するように強調した。この「四つの近代化」こそが鄧小平の指導者としての地位の基盤となるものであった。鄧小平は、

①社会主義、②人民による民主独裁、③共産党の指導、④マルクス＝レーニン＝毛沢東思想を堅持すること、の四つを表明した。鄧小平は、「民主政体を求める運動は行き過ぎており、安定、統一、そして四つの近代化といった人々の利益に合致していない」と述べた。[101]彼は続けて次のように語った。「我が国の憲法の諸原則に著しく違反しているこの種の言論の自由を私たちは許容できるだろうか？」。鄧小平の答えは明確に「ノー」であった。彼は聴衆全員に向かって鄧小平と中国共産党の基盤にはレーニン主義があることを強調して次のように述べた。「私たちは民主集中制を採用している。ブルジョア民主政体、もしくは個人主義的民主政体を採用しているのではない」[102]

逮捕から六カ月後の一九七九年一〇月一六日、魏京生は最終的に裁判にかけられた。魏京生は囚人服を着て、坊主頭で法廷に現れた。裁判には外国人の傍聴が認められず、注意深く選ばれた少数の党の幹部たちだけが傍聴を認められた。裁判で、魏京生は無罪を主張し、自分で弁護を行った。魏京生に掛けられた容疑の中で最も重たいものは、一九七九年一月の中国によるヴェトナム侵攻についてロイター通信の外国人記者と議論をしたことで、「祖国を裏切った」というものであった。[103]

民主の壁の評判が広がっていき、民主の壁運動の参加者である市民たちは、中華人民共和国建国以来北京に駐在している外国のメディアの特派員たちと初めて公然と話をするようになった。「魏京生は外国語を話せなかったが、彼は外国人に中国の現状を知らせることの効果をすぐに覚った」とAFP通信の特派員であったマリー・ホルツマンは述懐している。彼女は次のように語っている。「民主の壁に何かを貼り出すだけで良かった。それを人々が見て、外国のメディアがそれを取材し、その国で記事にする。それが世界中を巡り、ニュースが中国に戻ってくる」[104]。魏京生は裁判で、ロイター通信の記者と中国のヴェトナム侵攻の効果について議論したことは認めた。しかし、「自分は国家機密に関わっていなかったので、国家の敵に対して情報を与えることなどできなかった」と主張した。[105]

魏京生は裁判で、中国では言論・表現の自由が認められていると主張した。彼は次のように述べた。「中華人民共和国憲法は人民に対して指導者を批判する権利を保証している。それは指導者もまた人間であり、神ではないので間違いを犯すことがあるからだ。人民が批判し、監視することで、指導者はできるだけ間違いを犯さないように努力するようになるのだ。人民が自身の支配者から迷惑をこうむらないためにはそうするしかないのだ」[106]。それだけでなく、魏京生は自身の活動を功利的な現実主義の面からも弁護した。これは中国の近現代史で活躍した思想家たちの系譜に連なるものであった。魏京生は法廷で次のように語った。「『探索』誌を創刊したのは、中国をより豊かにそして強力にするためだ。私は自由な、束縛のない、そして実践的な探索こそがこの目的を達成するための道だと確信している」[107]

魏京生がどのような主張を行おうとそれは重要ではなかった。党は魏京生の行った批判の本質が党にとって大変危険なものであることを理解していた。魏京生の批判の根本には、「人類は様々な自由が保障される権利を持つ」という考えがあった。中国共産党にとってこれは大変危険な考えであった。魏京生は自身の活動を愛国的な心情から出たものであり、中国にとっても役に立つものであると訴えたが、党は彼の主張を完全に退けた。魏京生は「軍事機密を外国人に与え、中国におけるプロレタリアート独裁と社会主義システムを転覆することを公然と煽動した」として有罪となり、懲役一五年の刑が言い渡された[108]。

魏京生を裁判にかけることで、鄧小平は「ニワトリを殺して猿たちを怖がらせる」効果を狙った。鄧小平は、たとえ頑固なそしてトラブルの種となる魏京生をはじめとする反対者たちがいても、党は中国を豊かにするための新しいプログラムを堅持するということをはっきりと示したのである。一九八〇年一月、鄧小平は四つの近代化路線に反対する「不安定さの原因となる人々」に対する公然とした批判を開始した。鄧小平は「魏京生とその一派のような民主政体を求める人々や党に対する批判者たちは公然と社会主義システムと中国共産党の指導に反対している」と述べた。鄧小平は続けて「確かに党は大きな間違いをしてきた」と認めたが、「党自身によってそうした間違いは常に正されてきた」と述べた。[109] 換言すると、鄧小平は、自身が進める改革には、チェック・アンド・バランス機能は必要なく、魏京生が行ったような外部からの批判も、そして西洋流の民主政体も必要としないと宣言したのである。鄧小平は、ポスト毛沢東時代の中国を大きく転換するという彼の考えに反対する魏京生をはじめとする自由主義的な民主活動家たちを許さなかった。

豊かになることは素晴らしいことだ

鄧小平は最高実力者の地位を固めた。この時、鄧小平は科学と教育を自分の政策の中心に据えるという選択を行った。鄧小平は一九七八年に中国全土の科学者が一堂に会した会議の席上、次のように語っている。「後進性を変革する前に、まず後進性が存在することをしっかり認識しなければならない。ある人が自分よりも優れている場合、その人に追いつき、追い越す前にその人から学ばなければならない。自主独立とは世界に対して門戸を閉ざすことではない。自助努力とは外国のもの全てに盲目的に反対することではない」[110]

鄧小平が必要とした最重要の科学と教育の専門性は、経済性に関することだった。皮肉なことに、中国を経済的に大きく引き上げたことで歴史に残ることになった鄧小平は自分自身には経済に関して専門知識など何も持っていないと言っていた。鄧小平は次のように告白している。「私は経済学に関しては全くの門外漢だ。私は外国に門戸を開くという経済政策を提案した。しかし、その政策の細かい点や具体的な点をどのように実行するかについては、私は何も知らない」[111]。それでも鄧小平はいくつかの新しい経済に関する諸原理を明らかにし、導入し、擁護した。例えば、鄧小平は、個人や世帯が余剰利益を生み出し、それを貯蓄することを許すことで生産性と効率の向上につなげたいと考えた。鄧小平はまた、民間の企業家精神の導入や経済に関する意思決定の脱中央集権化も支持した。[112] 毛沢東思想に凝り固まった経済学者たちにしてみれば、それらの考えは全く考慮に値しないものであった。それでも鄧小平は、蛮勇をふるって、これらの考えを支持し、擁護した。こうしたことから考えると、鄧小平は中国の新しい経済改革の設計者と言うよりも、政治権力を持ったプロジェクトリーダーで、設計者たちを次々と抜擢したと言うべきであろう。彼は才能にあふれた人物たちを次々と抜擢した。一九八〇年代には趙紫陽を、一九九〇年代には朱鎔基《しゅようき》（Zhu Rongji　一九二八年〜）をそれぞれ抜擢した。彼らは後に国務院総理となった。趙紫陽の場合は、党総書記にもなった。鄧小平は、自分の考えを具体化できる技術と才能を持つ人間を見抜く力を持っていた。

鄧小平は、彼自身が「社会主義市場経済（socialist market economy《ソーシャリスト・マーケット・エコノミー》）」と呼ぶものこそが中国を救うと確信していた。一九七九年、アメリカからの中国訪問団を前にして、鄧小平は次のように語った。「もちろん、私たちは資本主義を望んでいない。しかし、社会主義の下での貧困も望まない。私たちが望むものは、先進的な、つまり生産力を向上させ、我が国を豊かにそして強固にする社会主義である」[113]。この目的の達成のためには中国人民を動かさねばならず、そのために鄧小平はスローガンやキャッチコピーを多用した。例えば、「社会主義は市場経済を排除しない」というスローガンを彼は使った。これによって、人々の思考をより柔軟にしたいと彼は考えた[114]。鄧小平は党内の保守派による激しい抵抗を受けたが、中国人民のほとんどは自分についてきてくれる、説得などしなくても良いと楽観的に考えていた。そして、実際に中国人民は鄧小平についていったのである。毛沢東時代に慣れていた外国からの訪問者たちは、一九八〇年代初めに中国の都市部を訪問し、それまでになかった現象が多く起こっていることに驚愕し、眩暈を起こしそうになった。行商の人々があらゆる場所に屋台を出していた。女性たちがヘアスタイルを気にするようになり、口紅や化粧をするようになった。洋服も流行を敏感に取り入れたものになった。個人所有の自動車が再び出現するようになった。ナイトクラブ、ディスコ、売春まで復活した。新聞は大胆な新企画である「報告文学（*baogao wenxue*　investigative literature《インヴェスティゲイティヴ・リタラテュア》）」を掲載するようになった。新しい、光沢のある紙を使った雑誌が次々と創刊され、色鮮やかな広告が掲載されるようになった。闇の両替屋も出現するようになった。長い間禁止されてきた輪タクも再び姿を現した。そのほんの数年前まで輪タクの運転手は「封建制度」の残滓だと考えられていた。少しでもブルジョア的な影響がある人々が「資本主義の道を進む人間」として糾弾されてから一〇年後、「豊かになることは素晴らしいことだ」というスローガンが街中に掲げられるようになった。そして、中国共産党自身もそのことを人民に求めるようになったのだ。

経済的民主体制

鄧小平は彼が起こした個々の変化について、自分自身でいちいち対処するつもりはなかった。鄧小平は、地方の党幹部たちに社会主義的経済モデルの他の新しい経済モデルに関する実験を行う自由を与えた。鄧小平は、自分が始めた諸改革を「経済的民主体制（economic democracy《エコノミック・デモクラシー》）」と呼んだ。そして、鄧小平は経済に対する統制の権限を地方政府に与えた[115]。実際、鄧小平は地方の党幹部たちが大胆な実験を行うことを求めた。鄧小平は次のように語っている。「現在私たちが採っている経済管理システムの下では、権力が中央に集中し過ぎている。従って、政府の下部レベルに権力の一部を委ねる必要がある。それに躊躇してはいけない。しかし、あくまで計画経済は堅持していく」[116]。鄧小平が奨励した地方の実験は時に法律違反のものもあったが、鄧小平は地方の幹部たちに新しい物事を試すことを奨励し続け、成功か失敗か分かるまで実験を自力で行うようにさせた。

地方で起きた進歩のうち、まず挙げねばならないのは農業の集団化の廃止であった。一九七七年、安徽省に新しい党書記が着任した。彼は安徽省全体の貧困に目を向けた。そして、反革命的な前提に基づいた六つのポイントからなる提案を行った。その内容は、「人民公社」と集団生産チームから実権を剥奪し、個々の農家に土地を与え、余剰生産物に関しては民間市場で販売することを許可するというものであった。鄧小平は、安徽省で始められたモデルである「責任請負制・包産到戸（*bauchan daohu* household responsibility《ハウスホールド・レスポンシビリティ・》 system《システム》）」が国家政策に反するものであったにもかかわらず、これを支持した。[117] 農業分野における生産性は飛躍的に向上し、ほんの二、三年で人民公社は過去の遺物となった。

地方の実験で特筆すべき第二の新たな事象は、新しい企業組織である「郷鎮企業（*xiangzhen qiye* town and village enterprises《タウン・アンド・ヴィレッジ・エンタープライゼス》、TVEs）」の出現である。この郷鎮企業という新しい企業組織形態は、「集団生産」の仮面は被っていたが、実際には地方の官民が協力する合弁企業体であった。それまで抑えつけられていた企業家のエネルギーが解放されたことで、一九八〇年代、揚子江流域で始まった郷鎮企業というモデルはあっという間に中国全土を席巻した。そして、これまで中国で起きたことがなかった草の根の資本主義が発生した。驚くべきことに、この新しい事業で成功した人々の多くが社会の最も貧しい階層から出てきた。それは、七億を超える農民たちであった。彼らは共産党が権力を奪取する際の原動力となった存在であった。この実験的な企業形態の成功によって、中国の農村に活気あふれる資本主義が生まれ、その結果、数千万人の農民たちが貧困から脱することができた。経済学者の中にはこの現象を「敗者なき改革（reform《リフォーム・》 without losers《ウィズアウト・ルーザーズ》）」と呼ぶ人たちも出た。[118]

一九八〇年代半ばまでに、集団的農業生産を基にした社会主義は姿を消し、地方の生活水準と家計収入は劇的に上昇した。[119] 鄧小平は「貧困は社会主義ではない」というスローガンを実現したのだ。[120] 鄧小平は毛沢東が唱えた厳格な平等主義から人々を解放した。鄧小平は、最初から「ある地域、ある企業、ある人々が他の人々よりも先に豊かになるのは良いことだ」と主張した。[121] 一九八三年、鄧小平は率直に次のように述べている。「地方と都市部に住む人々が他の地域の人々よりも豊かになることを許すべきだ。一生懸命働く人々が豊かになることこそが正しいことだ」[122]。この急速な経済発展は、最も顕著な、そしておそらく予想していなかった結果を生み出した。それは豊かな人々と貧しい人々の間の格差が縮まり始めたことであった。

中国の経済成長の第三の原動力となったのは、有名な経済特区（special economic zones《スペシャル・エコノミック・ゾーンズ》 SEZs）である。これは鄧小平が最も力を入れたものだ。一九八〇年、全国に先駆けて、深圳、珠海、汕頭が経済特区に指定された。それぞれ、外国の植民地で経済発展が著しかった香港とマカオ、そして、その脅威の経済発展から「虎」と呼ばれていた台湾に面していた廈門の近くの存在する小さな町であった。経済特区は製造業や工業に特化した区域で、資本主義的な特別法と海外からの投資を惹きつけるための税制によって統治されるものであった。鄧小平は経済特区について「外国から技術、経営方法、知識を中国に導入するための伝達手段」であると形容した。[123] しかし、経済特区をより正確に形容するならば、中国を搾取することになった評判の悪い条約港システムの逆のモデルが可能かどうかを試すための実験ということになる。この時、鄧小平は、中国の主権を侵害されることなく、外国の存在感を沿岸部で高めることで、中国の富強を増大させたいと考えていた。

新しい形の貿易区について初めての提案を行ったのは、広東省の省長をしていた習仲勲《しゅうちょうくん》（Xi Zhongxun 一九一三～二〇〇二年）であった。習仲勲は現在の中国国家主席で中国共産党総書記の習近平《しゅうきんぺい》（Xi Jinping 一九五三年～）の父だ。習仲勲は一九三〇年代の抗日戦争の英雄であった。彼は抗日戦争となる拠点、「特区（*tequ* special zone《スペシャル・ゾーン》）」と呼ばれる地域づくりに貢献したことで有名であった。これが延安における毛沢東のゲリラ活動を防御し、支援することになった。鄧小平と習仲勲の権威は日本と戦った英雄というところから生まれていた。そして、広東で全く新しい実験を行う際にその実験場を抗日戦争の根拠地にちなんで「特区」と名付けた。[124]「特区」という言葉遣いは、鄧小平が考えていた「人々を豊かにすること」と「国家を強くすること」との間をつなぐという意味も込められていた。

この大胆な新プロジェクトを監督させるために、鄧小平は四川省党書記であった趙紫陽《ちょうしよう》（Zhao Ziyang

一九一九～二〇〇五年）を抜擢した。趙紫陽が党書記として四川省で勤務している時、四川省では、農村の市場化という改革と工業経営に対する党の監督を分離するという改革の実験が行われていた。一九八〇年、趙紫陽は国務院総理に就任し、一九八〇年代、中国の経済面での最高指導者として君臨した。後年、趙紫陽の秘録が出版された。その中で、趙紫陽は鄧小平の経済特区に対する意気込みについて語っている。趙紫陽は次のように述べている。「鄧小平同志は外国から大規模な投資を招致することができると考えていた。そして、中国のような発展途上国の場合、外国からの投資がなければ経済発展を開始することは難しいと確信していた。もちろん、鄧小平は主要な諸問題について対処し、経済特区の進め方についていちいち介入するようなことはなかった。しかし、彼は経済特区で行われていること全てを支持した。傾斜融資、通常融資、合弁企業といったことを彼は支持したのだ」[125]

この当時、鄧小平が進めた諸改革はその大胆さゆえに多くの人々に大きな衝撃を与えた。毛沢東流の発展に関する概念や理論をことごとく否定するものであった。そして、多くの人々はこの諸改革に自分はついていけずに生き残ることができないのではないかという恐怖感を持った。鄧小平は、究極的には、「帝国主義的独占資本主義（imperialist monopoly capitalism《インペリアリスト・モノポリー・キャピタリズム》）」に対する恐怖で動かなくなっていた状態を打ち壊して、人々を自由にしたのである。「帝国主義的独占資本主義」は第一次世界大戦中にレーニンが『帝国主義：資本主義の最高段階』を書いて以降、共産主義の教義となり、共産主義者が打ち倒すべき敵を表現する言葉となった。鄧小平は自分が進める実験の重要性を完全に理解していた。そして、彼の進める実験と毛沢東が行った共産主義革命の勝利に対する偉大な貢献の一つを大胆にも比較した。毛沢東の偉大な貢献の一つとは、「農村から都市を包囲する（encircling the cities from the countryside）」という戦略を打ち立てたことだ。[126]鄧小平は毛沢東とは反対のことをやろうとした。

案の定、鄧小平の進める諸改革に対して、激しいそして強硬な抵抗が中国共産党の指導部から起こった。

そして、一九八〇年代を通じて、経済特区に関しては激しい論争が行われた。経済特区に対する反対の旗頭となったのは、党内で経済の専門家として尊敬を集めていた陳雲《ちんうん》であった。陳雲は毛沢東時代には市場メカニズムのいくつかの要素を守る立場にあったが、鄧小平時代には中央計画を守る立場に立った。陳雲は、年齢と革命歴、人望の点で、指導者として鄧小平と唯一の同格の立場にある人物であった。そして、経済問題に対する陳雲の考えは特別に重い意味を持った。陳雲は鄧小平が進める経済特区を嫌った。それは、陳雲は、経済特区などというものは中国の恥ずべき「半封建、半植民地」時代に存在した条約港のような外国の租界のようなものになると考えた。一九八三年、陳雲は、反資本主義的自由化・対精神汚染闘争を開始した。その目的は腐敗と汚職を一掃することであった。陳雲は更に、鄧小平が進める改革政策が原因で引き起こされた「経済犯罪」をしつこく追及した。陳雲の反撃によって、鄧小平の進める改革が頓挫させられそうになった。趙紫陽は後に次のようにその時の状況を告白している。「改革開放政策を実行することは容易なことではなかった。外国との関係が絡む問題となると、人々は恐怖し、改革者たちに対して多くの批判が寄せられた。人々は搾取されること、主権が侵害されること、国家に対して屈辱的な扱いがなされることを恐れた」[127]

その他にも「外国から学ぶ」ことに対する恐怖からの反対が起きたが、鄧小平は態度を変えなかった。彼は心配する同僚たちに「恐れてはいけない」と諭した。鄧小平は彼らに対して、「国を開けば、思いがけないことが中国に起きると常に心配しているだけだ」と小言を言った[128]。鄧小平はより大胆に次のようにも語っている。「空気を入れ替えようと窓を開けたら、ハエが入ってくることもあるではないか」[129]

一九八四年、鄧小平は、保守からの抵抗を押し返しながら、趙紫陽首相が新たに提案した「沿岸部の発展戦略」を支持した。趙紫陽首相の提案は、新たに沿岸部の一四の都市を「開港」するというものであった。一九八四年、鄧小平は広東省を訪問した。この時、鄧小平は深圳経済特区の爆発的な成長に衝撃を受けた。深圳は静かな漁村であったが、一気に建設ラッシュが始まっていた。すぐに深圳の中心街に次のようなモットーが書かれた看板が立てられた。その内容は毛沢東主義とは全く異なるものであった。それは、「時は金なり。効率は私たちの命である」というものであった。[130]

こんにちは、小平同志！

鄧小平は数々の実験を行った。鄧小平は実験を行う際に、自身が「私たちの持つ長い歴史」と呼んだ中国が歩んできた歴史の教訓を活かしていた。中国は西洋から学ぶことで国を強くしようとしてことごとく失敗してきた歴史を持っている。鄧小平の人生はそのような中国の歴史と重ね合わせることができる。一九二〇年にフランスに向かって船出して以降、鄧小平は中国の近代化と強化のために生きてきた。一九八二年の中国共産党大会の開会の挨拶の中で、鄧小平は新しい政策について次のように述べている。「革命と建設の両方に関し、私たちは外国から学び、彼らの経験から教訓を得るべきである。しかし、外国の経験を機械的に応用し、外国のモデルをただ真似るだけでは私たちは先に進むことはできない。目的地を定めることができない。私たちはこの点でこれまでに多くの教訓を得ている。私たちはマルクス主義の普遍的な真理と中国の現実とを統合しなければならない。私たちは自分たち自身で進むべき道筋を明らかにしなければならない。そして、中国の特色を持った社会主義を建設しなければならない。これが私たちの持つ長い歴史を省みて達した基本的な結論である」[131]

これは鄧小平が到達した国内向けの論理であるが、これは一世紀以上前に馮桂芬が提案した内容と奇妙な一致を見せていた。馮桂芬は、「中国の核心に西洋の方法を移植する」ということを提案した。しかし、鄧小平が指導する中国では、儒教、毛沢東主義、共産主義がそれぞれ時代遅れとなっていて、何が中国の根本であるのかはっきり分からなかった。当時の中国は伝統に対する反抗と共に革命に対する反抗によって生み出された各種の矛盾に満ちていた。全く変わらないものは、強くて、繁栄し、世界から尊敬を集める国になることへの希求であった。そして、それらを達成するためには、強い指導力と強い党、そしてより開かれた中国が必要だという考えを鄧小平は持った。一九八四年一〇月、鄧小平は党の指導者たちに対して次のように語った。「現代においては、いかなる国家も世界に対してドアを閉めたままで発展することはできない。世界から孤立した中国は貧困、後進性、無知に苦しむことになったのだ」[132]

鄧小平と鄧小平が推進した諸改革に対する支持はどんどん高まっていった。そして、一九八四年一〇月一日の中華人民共和国建国三五周年記念式典で最高潮に達した。一〇億の中国人民は、毛沢東が愛した天安門広場で行われたパレードをテレビで見た。鄧小平は、変法自強運動の人々が追い求めた理想が実現されつつあることを高らかに宣言した。彼は、演説の中で、「中国人民はより強く、より豊かになりつつある！」と宣言した。[133] 彼は中国製の自動車「紅旗」のオープンカー使用になったリムジンに立ち、行進する兵士たちを観閲し、三々五々ダンスをしながら行進する北京大学の学生たちを笑顔で見つめていた。学生たちの中に、お手製の小さな看板を出しているものがいた。その看板には「こんにちは、小平同志（小平悠好 *Xiaoping ninhao* Hi, Xiaoping!）」と書かれていた。支配する人間と支配される人間との間の自立的なそして親密な交換は、天安門広場という政治劇場では大変珍しいものであった。歴代王朝、そして毛沢東時代にはあり得ないことであった。新華社通信の記者が撮影した心のこもった看板の写真には、国民の温かい感謝を示す情景が写っていた。それまでは、政府主導の、儀式的に指導者を賞賛するという情景しか存在しなかった。人々は毛沢東時代の政治が安定を欠いていたのを鄧小平が安定させたことに対して安心感を覚え、そして彼に感謝の気持ちを伝えたのだ。しかし、鄧小平と国民との間の蜜月関係は長くは続かなかった。中国人民の中に、鄧小平が毛沢東のように絶対指導者となることを歓迎しない人々がいた。

第12章

動乱　Turmoil

鄧小平　Deng Xiaoping　II

ミスター・サイエンスがデモクラシーを要求

一九八四年という年はターニングポイントになった。この年、鄧小平の人気と正統性は最高潮に達した。彼が導入した改革開放政策は導入当初から成功した。中国共産党は政策の重点を地方から都市部の改革、村落から都市、農場から工場、山がちな内陸部から輸出主導型の産業が集中する沿岸部地域へと移した。しかし、改革の第二段階は、第一段階のようにはスムーズには進まなかった。生活必需品の値段が高騰し、経済の面での不安定が都市部の各世帯を襲った。更に悪いことに、中国共産党の党員たちが国家の定めた価格と市場で決まった価格との差を利用して、その利ざやを稼ぐということが起きた。新しい経済の下では、「赤い封筒（賄賂の中国式の優雅な表現）」は何か物事を進める際の必需品となった。何か新しい事業を始める、投資をする、マスコミに好意的な記事を書かせる、資金を借り入れる、こうした場合に賄賂は付き物となってしまった。鄧小平と改革志向者たちにとって、インフレを起こさず、汚職の蔓延とシステム化を防ぎながら、いかにして中国の各都市に工業化による成長をもたらすかが大きな課題となった。この当時、大学卒業者の数が急増したが、彼らへの求人はその伸びに追いつかなかった。彼らに関係する年長者である大学教授の給料は安く、子供たちを大学まで進ませた親たちは子供たちの将来に不安を持った。彼らは中国共産党に対して批判的になっていった。より多くの人民がより根本的な問題に気付き始め、それを指摘するようになっていった。その問題とは、政治システムにおける透明性（transparency《トランスペレンシー》）、説明責任（accountability《アカウンタビリティ》）、民主政治体制（democracy《デモクラシー》）の欠如、であった。

一九八〇年代半ば、この中国が大きく動いた時期に、その当時最も大きな影響力を持った、党に対する批判者が出現した。その人物は中国で最も有名な宇宙物理学者であった方励之《ほうれいし》（Fang Lizhi　一九三六～二〇一二年）であった。方励之は一九五七年の反右派闘争の時に中国共産党から除名され、鄧小平が権力の座に返り咲いた一九七八年に名誉回復された。その当時、史上最年少で正教授に昇進し、一九八〇年代には中国における科学系トップの大学である中国科学技術大学（University of Science and Technology of China）の副学長に就任した。時代が動き始めた一九八〇年代、方励之は学問の自由だけではなく、言論の自由、人権、そして民主政治体制を声高に主張する象徴的な存在となった。西洋諸国のマスコミは、方励之を「中国のサハロフ（China's Sakharov）」と呼んだ。これは自然なことであった。アンドレイ・サハロフ（Andrei Sakharov　一九二一～一九八九年）は物理学者で、ソ連の原爆開発の父であった。彼はソ連国内で迫害されながらも民主化運動を続け、一九七五年にはノーベル平和賞を受賞した。[1]

一九八五年一一月四日、方励之は北京大学で学生たちを前に講演を行った。講演の内容は多岐にわたり、時には冗談を交えながら、方励之は学生たちを惹きつけた。そして、学生たちは方励之が語る、中国共産党が進める改革とは別の改革について惹きこまれていった。講演の中で、方励之は学生たちに対して、社会について関心を持ち、政治活動にも参加するように促した。そして、西洋諸国が知識人のそうした活動の新しいモデルになると話した。方励之は中国の後進性という長年にわたる問題についても取り上げた。彼は学生たちに向かって、「本当に生産的になるためには、社会に存在する制限を進んで打ち壊さねばなりません」と語った。彼よりも一世紀以上前に活躍した馮桂芬も発した疑問を方励之も発した。その疑問は、「外国人が私たち中国人よりも知的に優れている訳ではないというのなら、どうして私たちは第一級の業績を上げていないのだろうか？」というものだった。この疑問に対して方励之は、変法自強運動に参加した改革者ではなく、五四運動に参加した知識人が答えそうな考えを提示した。彼は次のように語っている。「私たちが自分たちの可能性を挟めている理由は社会システムの中にある。聴衆の皆さん、これまでとは違った考え方をするようにして下さい。そして、私たちの文化よりも優れた文化からその要素を進んで取り入れて下さい。大学空間では、多様な考えが容認されるべきです。狭量なそして単純な考えしか存在しなければ、創造性は死んでしまいます。現在、政治権力を握っている人々の中には、彼らが唱える狭量な諸原則によって人々を支配しようとする人々がいます。私たちはこのような現状について公然と語ることを恐れてはなりません。これは私たちに課せられた責務なのですから」

北京大学の学生たちは、これまで大学教員がこのような内容の話を公然と行うのを聞いたことがなかった。それから、方励之は全国各地の大学を講演して回った。人権と民主政治体制に関する彼のメッセージはキャンパスからキャンパスへと拡大していった。方励之は北京、合肥、杭州、寧波、そして上海を巡った。どこの大学でも彼の講演を聞きに学生が詰めかけた。そして、方励之の講演内容を手書きで全て書き留め、それをコピーしたものを郵便で中国各地の他の大学にいる友人や学生グループに送った。

一九八六年一一月、方励之は上海にある同済大学（Tongji University）を訪問した。方励之はいつものように政治的自由は普遍的で、生得的で、基本的なものであり、ただの努力目標のようなものではないという主張を行い、聴衆は繰り返し拍手を送った。彼は上海中の大学から集まった学生たちに向けて次のように語った。「考えること、教育を受けること、結婚することなどの人権は、全ての人間が生まれながらに持つ基本的な権利のことです。しかし、私たち中国人は人権を何か危険なものだと考えます。しかし、人権は普遍的で、具体的なものです。私たち中国人は、自由、平等、同胞愛と資本主義を一緒くたにし、それら全てを批判します。私たちは民主国家に暮らしていると言います。それならば人権は世界のどこよりも強力なはずです。しかし、実際には中国における人権は抽象的な概念の域を出ていません。中国で語られる民主化とは、優越者が劣っている人々に与える何かということになっています。私たちの政府は私たちに対する束縛をいくらか緩めるだけで、民主政治体制を与えてはくれません。私たちは自分の意見をほんの少し発表するだけの自由しか持つことができていないのです」

中国共産党は、方励之に対して繰り返し、政治的な発言を控えるように求めた。しかし、方励之は党の要請に耳を傾けなかった。方励之は神聖不可侵なものと考えられていた鄧小平の唱えた「四つの基本原則」についてどう考えるかと質問された時、「政治における目標としては素晴らしいものだ」と前置きしつつ、自分は、「科学、民主政治体制、創造性、自主性」の近代化を求めると大胆に述べた。

民主政治は中国に合わない

方励之が考える民主中国は、魏京生の「第五の近代化」とほぼ同じ内容であったが、鄧小平は中国にそのようなものは必要ではないと確信していた。鄧小平が中国における民主的な統治の可能性について言及したことはほとんどなかったが、ごく稀に民主政治について語った時も、彼よりも前の世代の指導者たちと同じく、中国人民には民主政治体制を採用する準備ができてないということを付け加えることを忘れなかった。鄧小平は一九八七年に中国を訪れたアメリカ政府のある高官に対して、アメリカが一人一票の原則を最終的に実現するまでに建国から二〇〇年もかかったではないかと語った。[2] また別の機会で鄧小平は次のように語っている。「我が国は一〇億の人民がいる。人民の教育水準は決して高いとは言えない。直接選挙を実施するには条件が整っていない」[3]。これからさらに半世紀、政治的な保護が人民に与えられたらその間に中国も民主政治体制を採用する準備が整うだろうとも鄧小平は語った。鄧小平の右腕であった趙紫陽は次のように説明している。「鄧小平同志が語っている政治改革とは〝行政改革（administrative reform《アドミニストレイティヴ・リフォーム》）〟のことであって、〝政治の近代化と民主化〟についてではない」[4]。趙紫陽は次のようにも語っている。「確かに官僚制度は効率化し、経済における決定は分権化すべきである。しかし、政府の人事権を党が独占する状態は不変であるべきだし、それは神聖不可侵なものだ」[5]

巨大企業のＣＥＯと同じく、鄧小平も結果を重視する指導者であった。彼は政府の効率の向上を常に訴えた。毛沢東は鄧小平が持つ重要な特性を「決断力に優れている」点にあると見抜いていた。[6] 鄧小平は、民主政治体制は優柔不断（indecisiveness《インディシシヴネス》）と非効率を生み出すと考えていた。複数政党による選挙と制度化されたチェック・アンド・バランス機能は、中国が西洋諸国に追いつくために一分一秒を無駄にできない時に意思決定を複雑化させるという悪影響しかもたらさないと鄧小平は考えた。鄧小平は公然と「独裁によって行動が迅速になる」と称賛し、アメリカ政府は行政、立法、司法の「三つの統治機構」を抱えているために、重要な問題を素早くそして適切に解決できないでいると馬鹿にする態度を取った。[7] 先進諸国には政治的な非効率や優柔不断があっても良いだろうが、中国にはそれらを許容する余裕などないと鄧小平は述べた。彼はユーゴスラヴィア共産党の中国訪問団との会見で次のように発言している。「私たちは西洋諸国で行われている制度を採用することはできない。社会主義システムの最も優れている点は中央が何かを決定したら、それが何の邪魔もされずにすぐに実行されることである。私たちが経済構造の改革を行うと決定したら、中国全体がそれに対応した。私たちが経済特区を創設すると決定したら、それがすぐに実行された。私たちには無駄な議論や諮問を行う必要がない。政府の一つの部局が別の部局を抑えてある決定をしてもそれが実行されないということは民主政体ではよく見られるが、私たちにはそのようなことはない。こうした観点からすれば、私たちのシステムは大変に効率的である」。[8] 言い換えるなら、鄧小平が追い求めたのは、資本主義的なシステムにおけるレーニン流の民主集中制の実現であった。

鄧小平は、中国共産党の正統性の根源は、安定性（stability《スタビリティ》）にあると考えた。鄧小平は中国を訪問したアメリカ人の大学教授に対して次のように語っている。「アメリカは自分たちの政治システムを自慢する。しかし、政治家たちは大統領選挙期間、当選後、中間選挙期間、そして次の大統領選挙期間といったサイクルの中で、選挙というただ一つのことだけをやっている。アメリカの諸政策と比較し、私たち中国の政策は大変に安定している」。[9] しかし、鄧小平が自画自賛した安定性もやがて鄧小平が直面した最も大きな脅威のために揺るがされることになる。鄧小平の権力と彼の政策は大きな危機に直面することになる。一九一九年に発生した五四運動の期間と同じく、反抗の中心地となったのは大学のキャンパスであった。一九八六年の冬、政府と党に対する反抗が大学のキャンパスから始まった。

一九八六年一二月五日、方励之が勤務していた安徽省合肥市の中国科学技術大学で政府と党に対する抗議活動が始まった。それから中国の主要な二〇都市で大規模なデモが行われた。デモを主導した学生たちは政治改革の迅速化を求めた。デモ参加者たちは街頭に出て、「民主政体なくして近代化なし」「人民の、人民による、人民のための統治」といった言葉を書いたプラカードや横断幕を掲げた。[10] 鄧小平は、学生たちによる大規模なデモとリベラルな知識人による激しい批判にショックを受けた。鄧小平は党指導部の秘密会の席上、次のように語った。「独裁という方法を用いなければ成功はおぼつかない」[11]

それまでの中国の近代化の試みはことごとく失敗していた。鄧小平はそこから一つの重要な教訓を得た。それは、それまでの近代化の試みは無秩序を生み出してしまったということであった。そして、鄧小平は、民主政治体制こそが「内憂（anxiety within《アングザイエティー・ウィズイン》）」の原因となると考えた。鄧小平は文化大革命の経験から、「民主政体の行き過ぎ」が無政府状態、暴力、大衆による衆愚政治を生み出すという教訓を導き出した。鄧小平は次のように発言している。「文化大革命の時期、私たちは大衆民主政体を採用した。この時期、向こう見ずな行動で大衆を目覚めさせることが民主政体であり、人々が目覚めることで全ての問題が解決されると人々は考えた。その結果は内戦であった。私たちは歴史から教訓を得てきた」[12]。この発言の最中に鄧小平は彼自身の過酷な経験を思い出していたことだろう。そして、中国の長い歴史から鄧小平はもう一つの教訓を得た。それは、政府に対する反抗の火花はすぐに消されなければ、北京の支配者たちはすぐに焼き殺されてしまう、というものであった。

方励之は、魏京生が民主の壁に貼ったポスターと同様、啓蒙的な内容の演説において民主的な精神を昂揚させた。鄧小平はそこから危険な教訓を得た。それは、行き過ぎた言論の自由は簡単に国家の転覆につながるというものだった。陳独秀はミスター・サイエンスやミスター・デモクラシーと呼ばれ、中国に変化をもたらすためにサイエンスとデモクラシーの融合を唱えた人物であった。その現代版が方励之であった。鄧小平は方励之の存在を大きな脅威と捉えた。鄧小平は方励之の存在が彼の指導力と政策を危険に晒すと考えた。鄧小平は次のように発言している。「共産党に属する諸委員会を脇にどかして民主政治体制を実現させようとしても、どのような形の民主政体が実現するか私たちは分かっているのだろうか？　共産党が権力を掌握していなければ、四つの近代化は雲散霧消してしまうことになるだろう」[13]。鄧小平が考えたように、方励之は国家から排除すべき癌であった。一九八六年一二月三〇日の中国共産党中央委員会の席上、鄧小平は次のように発言した。「私は方励之の演説内容を読んでみたが、彼は共産党員らしからぬ発言をしている。彼のような人物を党員としておく理由があるだろうか？　彼に対しては、自発的に党員を辞めるように説得するのではなく、除名処分にすべきだ」[14]

それから二週間ほどして、鄧小平の意向に沿う形で、方励之は中国科学技術大学の副学長の地位から追われた。その次の日、鄧小平は、方励之の名前を出さずに、方励之の件を取り上げ次のように発言した。「ある人々は、人民を煽動しようとして大変に有害な発言をしてきた。彼らは共産党の指導と社会主義体制に反対してきた。彼らは中国の完全な西洋化、そして西洋諸国が採用している資本主義の採用を求めてきた。こうした煽動者たちはよく知られた人々であって、私たちは彼らに対して適切に対処しなければならない」[15]。それから一週間ほどして、方励之はひっそりと中国共産党から除名された。鄧小平は次のように発言したと伝えられている。「私たちは魏京生を刑務所に入れ、刑に服させているではないか？　そのことで中国の評判が悪くなっただろうか？　私たちは彼を釈放していないが、そのことで中国のイメージは損なわれていない。それどころか中国のイメージは日に日に改善している」[16]

同じ月、鄧小平は彼自身が選んだ後継者である胡耀邦《こようほう》（Hu Yaobang　一九一五～一九八九年）を中央委員会総書記の地位から解任した。鄧小平は胡耀邦がリベラル派からの批判と学生たちによるデモに対して厳しい態度を取らなかったことを不満に思っていた。胡耀邦は五日間にわたって開かれた会議の席上、延々と出席者全員から厳しい批判を受けた。胡耀邦は会議において自己批判を行った。胡耀邦はそれ以降、一切発言をしなくなった。[17] 鄧小平はリベラル派である趙紫陽を総書記に昇進させたが、強硬派の李鵬を国務院総理の座に就け、バランスを取った。

方励之のような批判的な知識人と現状に不満を持つ学生たちは民主改革を求め続けた。彼らは中国共産党指導部から二律背反的なシグナルを受け取っていた。彼らはどこまでやっていいのかどうか分からずにいた。一九八七年秋に党指導部でも問題をどう解決すべきかで迷っていることを示す兆候が見られた。アメリカのテレビ局NBCのニュース番組「ナイトリーニュース」のキャスターであったトム・ブロコウ（Tom Brokaw　一九四〇年～）と趙紫陽が方励之について話したのだ。ブロコウは趙紫陽にインタビューを行った。トム・ブロコウは北京にあるNBC支局の一室で、方励之に趙紫陽へのインタビューを記録したテープを見せた。このインタビューは中国国内では放送されないことになっていた。その中で、中国の最高指導者・趙紫陽が、中国で第一の反体制文化人である方励之について、どのように振る舞うべきかを語っていた。趙紫陽は彼の傍らにある机の上に置かれたグラスに注がれた青島ビールを飲みながら、ブロコウに穏やかに語った。「最近、中国共産党から除名されたり、党員を辞めるように説得されたりした人々が出ました。アメリカ人の中にこれを弾圧（crackdown《クラックダウン》）、知識人に対する抑圧だと捉える人々がいるようです。私はそうは思いません。私は貴方が方励之氏の名前を既にご存じであると思います」。趙紫陽が彼の名前を口に出した時、ブロコウは驚きのあまり身を乗り出し、微笑を浮かべた。「ここ数年、方励之氏は、中国政府と我が党の政策を批判する数多くの発言や演説を行い、文章を書いてきました。彼は時に我が国の最高指導部についても言及しました。彼がそのような考えを持つ以上、中国共産党員でいられるはずがありません。私は党は誰を受け入れて、誰を受け入れないかを決める自由を有していると考えます。しかし、知識人が党を離れても、彼らは尊敬されるだろうし、それぞれの能力を用いて彼らの果たすべき役割を果たすでしょう。私は貴方がこうしたことを弾圧だなどと考えないだろうと信じます」[18]

彼が発言の中で挙げた理由の数々は全く正しくなかったが、結果的に趙紫陽の結論は正しかった。本当の弾圧はまだ起きていなかった。そして趙紫陽もまた最も地位の高い弾圧の犠牲者として方励之の仲間となってしまったのだ。

天安門広場での動乱

一九八九年春に天安門の上から見えた光景は誰も予想していなかった新しい現実を示していた。四〇年前、毛沢東は天安門の上から喝采を送る大衆に手を振り、中華人民共和国の建国を高らかに宣言した。毛沢東が天安門上で中華人民共和国の建国を宣言した時、軍服に身を包んだ陸軍と海軍の兵士たち、そして一糸乱れぬ団結を見せる中国共産党員が整列し、社会主義者特有の笑顔を見せながら天安門の前を行進した。それから四〇年後、一九八九年春に天安門広場を埋め尽くしていたのは、数十万の自由な思想を求める人々であった。彼らは毛沢東が作り、鄧小平が再建した中国共産党最高指導部を批判していた。天安門広場には自主と歓喜の雰囲気に溢れていた。長安街の両側からデモ参加者たちが天安門広場に殺到していた。彼らは横断幕を掲げ、マイクを使って人々に呼びかけていた。二つの流れの速い川が一つの巨大な湖に注ぎ込むように、北京市の東半分からと西半分からの二つのデモの流れが天安門広場に流れ込んでいた。天安門広場には様々な形で人々の熱気が渦巻いた。毛沢東が建設した巨大な広場を人々が埋め尽くした。彼らの歓声や歌声は、天安門広場を取り囲む胡同地区の路地裏にまで届いた。その音は激流の轟音のようであった。

鄧小平は、「大衆」が国家を象徴する場所に、自ら進んで留まり、抗議活動を行っていることについて熟慮した。彼の眼には、理想主義的な若い愛国者たちが五四運動の時のように民主的な権利を行使しているようには映らなかった。彼にとって悪夢そのものであった。無秩序と不安定さの亡霊が鄧小平の前に姿を現したのだ。毛沢東は「無秩序・乱（*luan* chaos）」を「創造的破壊」をもたらす過程において必要な要素だと考えた。しかし、鄧小平の目に映っていたのは、マイナスの「動乱（*dongluan* turmoil）」であった。彼は文化大革命が息を吹き返し、豊かになり始めた中国を再び変質させるのではないかと恐怖した。その結果、鄧小平は武装した人民解放軍の部隊に対して秩序を回復するために必要な場合は武力を用いても天安門広場にいる人々を排除するように明示した。これは避けられないことであった。振り返って考えてみて、疑問として残るのは、鄧小平と党の指導者たちが人々をあれほど厳しく弾圧したのはどうしてかということではなく、弾圧される前の時期に、民主化を求める動きがどうしてあれほど盛り上がったのかということである。

一九七六年に周恩来が死去した後にそうであったように、今回のデモも一人の党指導者の死去によって始まった。その人物こそが最終的に解任されたリベラルな党総書記・胡耀邦であった。この時も生涯を通じてその功績を完全に讃えられることがなかった一人の指導者の偉業を讃えるために、人々は自発的に天安門広場に集まった。一九八九年四月一五日に人々は静かに天安門広場に集まり始めた。人々は天安門広場の中心にある人民英雄記念碑の周囲に集まり、胡耀邦を追悼した。しかし、集まってくる人の数が増え続け、警察もそれを阻止する動きを見せなかったために、天安門広場の雰囲気も追悼という感じがどんどん薄れていき、胡耀邦に対する賞賛がどんどん高まっていった。横断幕、プラカード、スピーカーから流される声は、最初のうち党に対して、失脚した胡耀邦の「再評価」を求める内容であったが、すぐに要求の内容は拡大していった。

ある人は「五四運動から七〇年経っても私たちは自由と民主政治体制を獲得していない」と発言し、聴衆から大きな拍手を受けた。[19] ある生物学専攻の学生は一九一九年の五四運動を念頭に置きながら、「胡耀邦の死によって学生運動が始まる可能性が高い！」と叫んだ。

天安門広場に行っていた人物は後にその当時のことを「私たちは成功に酔っていた」と述懐している。彼は続けて次のように語っている。「私たちはそれまでの人生でいつも権力者の顔色を窺って生きていた。私たちの親の世代は権力に服従しなければ結果は悲惨なものになると私たちをいつも戒めていた。私たちは天安門広場や中南海の前で政府に対して抗議活動を行った。そうした場所を私たちが所有しているかのように振る舞った。そこまでやっても罰せられなかったのだ！ 全てが突然大きく変わったように思えた。そして、私たちが再び権力にひれ伏すことになるなんて想像もできなかった」[20]

学生たちのリーダーたちは中南海の指導者たちの居住地域につながる門の前で座り込みを行うように人々に訴えた。一九八九年四月一九日の夜、座り込みをしていた人々は、彼らを排除しようとした警察官たちに殴打された。そうした事件があっても運動の勢いは衰えず、かえって勢いが増す結果になった。[21] 胡耀邦の国葬から三日後、一〇万以上の群衆が天安門広場に集結した。党は一般の人々を国葬から排除しようとしたが無駄であった。党の最高幹部たちは国葬に出席するために天安門広場に赴いたが、学生たちの対話要求を完全に無視した。勇敢な人々の一団が人民大会堂の前でこれ見よがしに叩頭しながら、改革を求める請願書を差し出した。請願は巻物に書かれており、腕をできるだけ伸ばすという伝統的な哀願の形で差し出された。彼らの姿は封建時代を思い起こさせた。彼らと同じ場所で、梁啓超と康有為は、同僚の学者たちを組織して、日清戦争を終結させるために一八九五年に締結された屈辱的な下関条約に対しての抗議活動を行った。また、一九一九年に五四運動が起きたのもその同じ場所であった。一九八九年の学生たちの行動は、「中国共産党の最高指導者たちが封建的な態度で人々との対話を拒絶した」ということを浮き彫りにしたのである。

鄧小平は全く発言をする素振りを見せなかった。しかし、一九八九年四月二六日、鄧小平は、李鵬をはじめとする党内の保守派に促され、国営の『人民日報』に掲載されるタカ派的な内容の社説に承認の署名をした。この社説の内容は、学生たちの行動を「計画的な共同謀議と動乱」と断定し、「国民全体が賞賛している中国の復活の成果」を危うくするものだと主張するものであった。[22] 鄧小平は、学生たちの愛国心に疑問を持っていた。中国の近現代史において発生した数々の抵抗運動の本質について彼はきれいさっぱり忘れ去ってしまっているようであった。下関条約に対する抗議活動は、若者たちの怒りから始まったのであるが、若者たちの不満の大元にあったのは、彼らの愛国心であった。彼らはちょっとしたことでも愛国心を刺激された。鄧小平が胡耀邦の死を悼む人々には愛国心が欠けていると示唆した時、彼は中国における抵抗の歴史に連なる三本目の路線に乗っかることになった。その路線とはナショナリズムであった。鄧小平は、ナショナリズムを利用したが、後にそのことに対して大きな代償を支払うことになる。

民主政体への共感

鄧小平による示唆的な社説が発表された次の日、数万の学生たちが北京の街頭に戻り、北京の北西部郊外にある各大学が集中する海淀区から天安門広場までデモ行進をした。彼らのデモ行進の通り道沿いの住人と店員たちは学生たちに声援を送った。マラソン大会でランナーたちを応援しているようであった。人々は騒々しい学生たちのデモ隊に水と軽食を渡した。その日は晴れ渡った春の暖かい日で、何かお祭りの日のような感じであった。学生たちは、五四運動に参加した先輩たちの持った高貴な意図と誇りを自分たちも共有しており、自分たちも不滅の歴史的な使命を持っていると感じていた。学生たちは、彼らのデモ行進を阻止するために道路に置かれた警察のポイントを、暴力を用いることなく次々と通過した。これは驚くべきことだった。学生たちは、自分たちこそが正しい、そして無敵だという感覚に酔いしれてしまった。

一九八九年五月、学生と彼らを支援する市民は天安門広場を占拠した。抵抗のドラマは終わらないことを示した。日が経つにつれて、人々の弾圧に対する恐れはどんどん小さくなっていった。そしてお祭りのような、カーニヴァルかなにかをやっているような雰囲気が醸成されていった。天安門広場には数多くの見物人が集まるようになっていた。彼らはただ見物するだけで、学生たちに対する連帯の姿勢を示すことも民主政治体制実現を要求することもなかった。それ以外にも多くの人々が北京市内の全ての職場から思い思いのスローガンを叫びながら天安門広場までやって来た。そして、夜も昼もなく天安門広場にずっと留まるようになった。天安門広場には、活発な共同体が出現した。この共同体はしばらくの間存続すると思われた。色とりどりのテントが立ち並び、群衆がひしめき合っていた。その中を通り抜けると、まるで巨大な市場の中を通り抜けるような感覚に襲われた。しかし、そこは商人たちが商品を取引している場所ではなかった。学生たちが考えをやり取りし、プラカードを振り廻し、自分の意見を主張し、議論していた。また、学生たちは、巨大な、しかし生まれたばかりの社会器官の複雑さを増す要求に応えようと必死に格闘していた。この新たに生まれた社会器官は都市の中に出来たもう一つの小さな都市であった。天安門の上から集まった一〇〇万の群衆を見ると、中国共産党がこの流れを逆流させ、党が権威を完全に回復するなどということは想像もできなかった。

この時期、党の中央の指導者たちは一枚岩ではなかった。鄧小平が後に起きる大きな事件の原因の一つともなった『人民日報』の社説を承認した時、趙紫陽は北朝鮮を訪問していた。趙紫陽はデモを鎮静化させるにはより穏やかな路線を採るべきだと確信していた。そして、北京に戻るとすぐに学生たちに対して、鄧小平に比べてかなり懐柔的な姿勢を示した。そして、党内で彼をはじめとする穏健派と李鵬首相をはじめとするタカ派との間での戦いを開始した。中国共産党内部で「二つの路線による闘争（two-line struggle《トゥーライン・ストラグル》）」が勃発したのである。

一九八九年五月一二日、学生の指導者たちは、党の指導者たちが彼らの要求に対して実質的な対応をするまでハンガーストライキを行うと宣言した。彼らは、胡耀邦に対する再評価だけではなく、大衆政治運動に対する許可、政府と党の腐敗を有効的な手段を用いて根絶すること、そして、政府と学生との間で公開の場での対話、そして表現の自由の拡大まで要求した。

ハンガーストライキは、それまでの自由を求めるお祭りを、生死を賭けたドラマに変質させた。天安門広場はいくつかの異なった機能を持つエリアに分割された。一つのエリアにはハンガーストライキの参加者たちのためのテントが設営された。別のエリアは病院機能を持つエリアで、常にヴォランティアの医師と看護師たちが白衣を着て活動していた。宣伝活動が行われるエリアもあった。そこでは様々な文書が印刷されていた。財政を担当するエリアでは、学生たちを支持する市民たちからの寄付の金額が記録され、集計され、そこから経費が支出されていた。配給エリアでは寄付された食料と飲み物が集められ、それが配られていた。香港市民たちは、チャーターした飛行機を使って寄付したお金や物資を北京まで運んだ。学生たちは「ライフライン」用の道を群衆の間にいくつも作った。そのおかげで救急車や消防隊は簡単に天安門広場内部に入ることができ、病院に運ぶ必要がある人たちを速やかに運ぶことができた。天安門広場での出来事はドラマ性を増していった。それは、中国全土の人々が国営放送の生中継を通じて天安門広場の様子を毎日目撃していたからだ。生中継はほぼ検閲されなかったので、そのままの様子を伝えた。

ギリシア悲劇によくある場面転換と同じく、天安門広場での様々な出来事は、天安門広場での民主化運動が起きるかなり前から計画されていたソ連の指導者ミハイル・ゴルバチョフ（Mikhail Gorbachev　一九三一年～）の北京訪問のおかげで国際的な注目を集めた。一九八九年五月一四日、ゴルバチョフは北京に到着した。ゴルバチョフの北京訪問は、鄧小平が進めてきた中ソ関係の正常化と共に、中国の世界に対する開放平は中ソ関係の正常化を行うことで中国の国際関係を大きく転換しようという戦略を持っていた。鄧小平はゴルバチョフとの会談を、一九七二年のニクソンと毛沢東との会談に匹敵する大きな出来事にしたいと考えていた。鄧小平にとっての重要な出来事であった。中ソの指導者たちが北京で直接会談を行うのは一九五八年のフルシチョフの北京訪問以来のことであった。この時の訪問は完全な失敗に終わってしまった。

ゴルバチョフは、鄧小平が自分の真意を悟られないようにするための「古い言い回し」を使ってはいるが、新しい思考をしていることに感銘を受けた。[23] しかし、鄧小平にとっては、ゴルバチョフの訪問は大きなマイナスとなった。世界中のテレビ記者や新聞記者が多数北京に集まり、歴史的な会談を報道していた。彼らは中国とソ連の国交正常化だけではなく、天安門広場に集まっている中国最高の頭脳を持った学生たちによって中国共産党が貶《おとし》められている様子を報道した。更に悪いことに、一九八九年五月半ばには一般市民たちも天安門広場に集まるようになり、その様子をCNNが生中継で世界中に発信した。CNNにはゴルバチョフ訪問を報道するために衛星回線が割り当てられていたのに、それを使って天安門広場の様子を生放送したのである。[24] 天安門広場は、政治的な抗議活動の生々しい劇を演じるためのステージとなった。天安門広場で起きていることは中国史上の大事件の一つと言えるものになった。この革命の様子はテレビを通じて世界中に伝えられた。鄧小平にとってはメンツ丸つぶれとなった。

党中央は最終的に学生のリーダーたちと直接会談を行うことに合意した。人民大会堂の天井の高い会議室で、李鵬首相は憮然とした表情で二人の若い学生たちの反対側に座った。王丹《おうたん》（Wang Dan　一九六九年〜）は北京大学の新入生で歴史学専攻の学生であった。ウーアルカイシ（Wu'er Kaixi　一九六八年）はウイグル族出身で派手な言動で有名になった北京師範大学の学生であった。彼は政治を演劇のように仕立てあげるのに長けており、李鵬首相との会談にも病院のガウンを着て酸素タンクを引きずって登場した。李鵬首相は鷹揚な態度で会談を始めようとしたが、ウーアルカイシはその度に邪魔をした。ウーアルカイシは自分よりも体重の重い相手にパンチを浴びせようとするボクサーのようであった。彼は自分が学生であるという弱い立場を利用して劇的な効果を得ようと振る舞った。更には李鵬に言質を取られないようにした。李鵬が王丹とウーアルカイシを招待した形であったが、決意を固めた、独善的な学生たちは度を失った李鵬に主導権を取られないようにした。李鵬首相は会談の最後に学生たちと握手をしようとして手を伸ばしたが、学生たちは握手をしようとしなかった。[25] 党にとって学生たちとの対峙がより苦痛なものとなったのは、李鵬と学生たちの会談の様子をテレビの全国放送で生放送すると合意をしてしまったことであった。

李鵬は会談の様子と結果を鄧小平に報告した。これが運動と学生たちの運命を決した。趙紫陽を除く鄧小平とその他の最高指導者たちは、学生たちに危険を覚え、戒厳令の布告に同意した。鄧小平は趙紫陽に次のように警告した。「民主政体を肯定してはならないし、共感を持ってはならない。民主政体は目的を達成するための一つの手段に過ぎないのだ」[26]。しかし、趙紫陽は学生たちの味方をすると決心した。それはピープル・パワーの拡がりを目の当たりにし、そして恐らく学生たちのデモを利用して保守派の政敵たちを葬り去れるのではないかと考えたからである。一九八九年五月一九日、趙紫陽は公衆の前に姿を現した。そしてそれが彼の人生にとって最後の表舞台への登場となった。彼は予告なしに天安門広場に姿を現した。学生たちに囲まれながら、趙紫陽は泣いていた。趙紫陽はハンドマイクを手にして、シェークスピアの劇に出てきそうな言葉を発した。「ここに来るのが遅すぎた」。一人のカメラマンが一枚の写真を撮った。それはハンガーストライキを行っている人々に取り囲まれながらハンドマイクを使って話している趙紫陽を撮影したものであった。趙紫陽の隣には今では誰でも知っている温家宝《おんかほう》（Wen Jiabao　一九四二年〜）が立っていた。この時、温家宝は趙紫陽の補佐官を務めていた。後に国務院総理になる人物は沈痛な面持ちで天安門広場に立っていた。「遅すぎた」のだ。確かに趙紫陽にとって遅すぎた。趙紫陽は、一世紀前の光緒帝と梁啓超の失敗した百日改革から教訓を得ることができなかった。趙紫陽は改革の新しい波を加速させたいと望んだが、そのために必要な党内での根回しや調整を全く行わなかった。その結果、趙紫陽は孤立してしまった。趙紫陽は聡明な若い才能たちが集まったシンクタンクに依存した。このシンクタンクは改革に向けての新しいアプローチを見つけようとしていた。趙紫陽は、光緒帝が康有為や梁啓超に頼ったのと同じように、若い才能に依存した。趙紫陽が依存したシンクタンクは中国経済構造改革研究所で、理想主義的なブレイントラストであった。中国経済構造改革研究所は「新しい権威主義」と呼ぶ新しい理論を生み出した。この理論は、「中国にとって必要なのは、強力な中央指導部であり、その指導の下で経済発展を行い、最終的に民主政体を実現する」というものであった。趙紫陽は更なる変革を求めたが、彼は確固とした政治的基盤を整えなかった。そのために、梁啓超や光緒帝がやった間違いを繰り返すことになった。趙紫陽はまた味方を得ることなく、改革を進めようとしたのだ。このような状況の下、趙紫陽の政敵たちは、鄧小平に対して、「趙紫陽が鄧小平に代わって最高権力者になろうとしている」と説得した。趙紫陽が天安門広場を訪問した後に鄧小平が取った対応は奇妙なことに西太后のものとよく似ていた。西太后は甥の光緒帝を紫禁城内にあった池の中にあった島に立っていた塔に押し込めた。鄧小平は趙紫陽を権力の座から引きずりおろし、北京にある趙紫陽自身の自宅に軟禁した。趙紫陽は裁判もそれ以上の罰を受けず、二〇〇五年に亡くなった。事件以降、趙紫陽は亡くなるまでの一六年間を事実上の自宅軟禁状態で過ごした。ごく稀に彼の田舎造りの小さな住居からの外出が許されるだけであった。彼の自宅があった場所は富強胡同街（Wealth and Power Ally）六番地であった。

虐殺

鄧小平は中国共産党内部のリベラル派の代表趙紫陽を表舞台から葬り去った。それに続いて、民主化運動自体を鎮圧するために動いた。一九八九年五月二〇日、中国政府は戒厳令を布告した。そして天安門広場を確保するために軍隊を派遣した。しかし、数多くの一般の人々は進んでしかも非暴力的に道々に溢れ、北京市内に入ろうとする人民解放軍の進行を阻止した。政府は、市民のこうした動きを苦々しく見ていたが、天安門事件における最も悲劇的な場面はまだ訪れていなかった。

市民たちは戦車の指揮者や兵士たちに花や食料を提供した。人民解放軍の部隊の中には、市民の味方となり、彼らなりの方法で間接的な抵抗を行う部隊も出てきた。彼らは群衆と戦うのではなく、進軍を止め、最終的に撤退していった。将校たちの中には公然とデモ隊の味方になることを宣言する人たちも出たと言われている。人民解放軍は人々の抗議を鎮圧せよという党の命令に背く可能性もあると考えられた。[27] しかし、鄧小平は人民解放軍を完全に掌握していた、鄧小平は一九三〇年代から四〇年代にかけて紅軍の「政治委員」を務め、それ以降も人民解放軍内に確固とした人脈を築いていた。それが最終的に人民解放軍の造反の可能性に打ち勝ったのだ。一九八九年六月二日、鄧小平は人民解放軍に対して、必要な場合には武力を用いてでも、天安門広場に突入し、人々を排除せよという新たな命令を下した。この時、軍隊は党の指揮に服従したのである。

一九八九年六月三日、人民解放軍の第二波が北京を取り囲んだ。人民解放軍は北京郊外から少しずつ北京中心部に進軍していった。それは絞首刑のロープを少しずつ縮めていくようなものであった。そして、一九八九年六月四日の早朝、まだ暗いうちに人民解放軍は天安門広場に殺到した。人民解放軍の兵士たちは天安門広場に向かう途中、市民たちが構築したバリケードを排除しながら進んだ。その過程で多くの戦闘があり、すでに多くの人々が殺害されていた。最後に残されていたのは天安門広場の学生たちで、彼らは薄汚れた姿で恐怖に震えながら、人民英雄記念碑の周囲にあったテントから次々と引きずり出されていった。

この地獄のような一夜で数百から数千の人々が殺害されたが、正確な数は分かっていない。国際社会における鄧小平の評価は地に落ちた。しかし、鄧小平は、北京大虐殺として知られるようになる「六四事件」に関して何の良心の呵責も覚えていないように見えた。事件から五日後、鄧小平は公の場に姿を現した。鄧小平は何の謝罪も行わず、人民解放軍の将官たちに訓示を与え、事件鎮圧の過程で亡くなった兵士たちを首都の治安回復という大義のために亡くなった「殉難者（martyrs《マイトレイヤーズ》）」だと賞賛した。鄧小平は続けて、北京で起きた民主化要求の動きは、少数の反乱分子が「国家と我らが党を転覆」することを意図して起こした「動乱」であったと述べた。[28] しかし、党、人民解放軍、そして人々のおかげで、中国はこの動乱を鎮圧することができたとも述べた。

西洋の学者たちは、一九八九年春に起きたデモは、五四運動と同じく、複数の政党の存在が認められる自由主義的民主政体に行き着くかどうかは分からないが、中国が開放に向かうための中国史に残る重要な出来事であったと規定している。しかし、鄧小平にとっては、孫文、蒋介石、そして毛沢東にとってもそうであったように、党が支持しないデモなどは歴史上何の貢献も果たさない、それどころか中国をより貧しく、弱い国家に転落させる出来事でしかなかった。

反対者の海外追放

方励之は抗議活動が続いていた数週間、一度も天安門広場に姿を現さなかった。方励之は戒厳令が布告される少し前に次のように語った。「私がこれまでやってきたことや言ってきたことが、学生たちの考えに大きな影響を与えたことは間違いない。もちろん、私たちは学生たちの行動を支持する。しかし、学生たちも私も、政府が私が何かを企んで、学生たちを煽動している、結託していると糾弾する口実を与えようとは思っていない」[29]

六月四日に起きた事件の後、方励之夫妻は生命の危険を感じ、アメリカ大使館に保護を求めた。方励之夫妻は外交特権に守られた小さな隙間に身を寄せたのである。方励之夫妻のこうした行動は中国史上前例がいくつかある。一八六一年、馮桂芬は太平天国軍からの攻撃を避けるために上海へ逃げた。梁啓超は一八九八年に西太后の命じた逮捕を避けるために北京の日本大使館に逃げ込んだ。鄧小平自身も一九二〇年代に上海の租界に身を隠していたことがある。方励之夫妻もまた後進のために道を開いたと言える。彼らがアメリカ大使館に逃げ込んでから約二五年が経過した二〇一二年、法律を専門とする盲目の活動家・陳光誠《ちんこうせい》（Chen Guangcheng 一九七一年〜）が北京のアメリカ大使館に駆け込み、亡命を求めた。

方励之はアメリカ大使館での滞在が一時的なものとなることを望んだ。しかし、ホワイトハウスが「方励之はアメリカに庇護を求めている」という予想外の発表をしたために、中国公安部は方励之の「手は汚れており、最近鎮圧された「反革命的な反乱」の発生を促した人物であると糾弾した。公安部は方励之夫妻に対して、「反革命宣伝と煽動」の罪で逮捕状を発行した。天安門広場で活動した政治活動家たちは既に逮捕され投獄されているか、中国から必死に脱出しようとしている時、方励之夫妻は自分たちが外交関係の隙間に落ち込んでしまったことに気付いた。中国政府は方励之夫妻がアメリカ大使館に滞在しているかどうか確信をもっていなかった。それでも中国政府は兵士を派遣して、アメリカ大使館を包囲させた。兵士たちは緊張した表情でライフルを持ってアメリカ大使館を包囲していた。北京には戒厳令が布告され、アメリカと中国との関係は敵対的になっていた。アメリカ大使館の館員たちは、もし中国公安部が方励之夫妻のアメリカ大使館滞在を知ったら、義和団の乱の時のように、治安部隊が方励之夫妻を逮捕するためにアメリカ大使館内に侵入してくるのではないかという恐怖心を持っていた。方励之夫妻の所在の秘密は保たれており、彼らの居場所を知っているのはアメリカ大使と幹部職員たちだけであった。それ以外の大使館員たちは彼らの所在を知らなかった。それから数カ月、方励之夫妻の所在ははっきりしなかった。中国政府はアメリカが犯罪者と裏切り者を匿っていると非難した。

アメリカ大使公邸の裏には病院として使用されている建物があり、その一角に方励之夫妻は滞在していた。方励之は自分たちが滞在している部屋を「ブラックホール」と呼んだ。それはその部屋にあった窓が布によって完全に覆われていたからだ。方励之は「世界中の宇宙物理学者の中で星を見られないのは自分だけだろう」という冗談を言った。彼はアメリカ大使館に隠れている間、アメリカの外交ルートを通じて送られた書籍を読み、専門分野の論文を書くことで気分が落ち込まないようにしていた。方励之夫妻はアメリカ大使館に一年間も滞在することになった。その間、中国政府は方励之と反体制活動家たちに対するプロパガンダを展開した。中国政府は方励之を「知識人でありながら人間のクズ」だと呼んだ。最初、中国政府当局は、方励之はアメリカ側から引き渡され、「中国の法律によって処理された」と発表していた。政府当局は、方励之が公の場で罪を認めたら、中国から出国させることも考慮すると主張した。しかし、方励之は拒否した。天安門事件一周年が何の事件も起きずに過ぎた後、中国政府は戦略を考慮し直すことになった。中国政府は対外関係、特にアメリカとの関係を正常化させるという難題を何とか解決したいと考えていたようだ。その結果、中国政府の姿勢は軟化していった。

一九九〇年五月、方励之は動悸があることを周囲に告げた。これは膠着状態を米中双方のメンツをつぶすことなく解決するための方便であった。ある先進国の大使館に勤務する医師が方励之を診察したが、深刻な健康は問題を発見することはできなかった。また、方励之も胸の痛みは「コーヒーの飲み過ぎ」によるものだと語った。それでも、ワシントンでは、このニュースが「深刻に」受け止められた。一九九〇年六月二五日、方励之と彼の妻は人道主義に基づいて、医療行為を受ける名目で北京からアメリカへの出国が許可された。この時、当時のジョージ・H・W・ブッシュ（George H.W. Bush　一九二四年〜）大統領はアメリカの大統領専用機であるエアフォース・ワンを方励之夫妻のために北京に差し向けた。

方励之はアメリカ到着後に次のように語った。「状況が許せば、私はすぐに中国に戻り、私ができることは何でもやって貢献したい。私がすぐに中国に戻りたいと望むのは、私という存在は中国でのみ人々の役に立てる存在であるからだ」。彼は祖国から追放されたことについて質問され、次のように答えた。「ある意味でこれは勝利である。中国政府は最終的に私を出国させることになった。これは彼らが大きな圧力を受けたからだ。しかし、これは敗北でもある。それは、私は祖国、私の同僚、友人知人を置き去りにしてしまったからだ。私の影響力も、私が祖国を離れたことで限定的なものとなるだろう」[30]。それ以降、批判的な人々を海外に追い出すというのが中国共産党の常套手段となった。中国共産党に批判的な人々は、幽閉されるか、海外追放にされるかの選択を迫られる。海外追放を選んだ場合、中国共産党の指示を受けて、メディアが批判的な人々を短期間で攻撃する。そしてその期間が終わると、一切報道しなくなり、攻撃を受けた人々のことは忘れ去られる。そうしておいて、彼らを出国させる。

後退する鄧小平

中国共産党と鄧小平の正統性は一九八九年六月四日以降、急速に失われていった。鄧小平が大胆に進めていた国内改革もその途中で頓挫してしまった。西洋諸国の政府は次々と中国に対する経済制裁を発表し、世界に向けて国を「開放」するという鄧小平の希望も危機に瀕することになった。この「内憂外患」の状況に直面し、鄧小平は本能的にレーニン主義に戻り、「西洋の帝国主義者たち」と「彼らが進める国際独占資本による支配」を非難するようになった。鄧小平は「彼らは中国を不安定な状況に陥れた。そして人権侵害を理由にして経済制裁を科すことで中国と発展途上国を侮辱している」と強い口調で述べた[31]。鄧小平はまた次のように不満を述べている。「先進国は人権、自由、民主政治体制について語る。これらは強国富国（*qiangguo fuguo* strong rich countries)《ストロング・リッチ・カントリーズ》の国益を守るための言辞に過ぎない」[32]。鄧小平はまた中国の歴史に深く刻み込まれた、列強が中国に与えた様々な恥辱という記憶を引き合いに出した。彼は次のように語っている。「アヘン戦争以降、列強はこぞって中国を侵略し始めた。それから今まで、どれほどの数の中国人の人権を列強は侵害してきただろうか?」[33]

自身と中国共産党の正統性の失墜に対する防御策として、鄧小平は「愛国教育キャンペーン(patriotic education campaign)《ペイトリオティック・エデュケイション・キャンペーン》」の開始を承認した。これは、共産党に対して反抗的な態度を取る可能性のある学生たちに「大規模な西洋化」の危険性を教え込む試みであった。西洋諸国が中国に対して経済制裁を科すと、愛国教育キャンペーンという新しいプロパガンダの中で、「恥辱の世紀」という考えが復活するようになった。愛国教育キャンペーンは幼稚園から大学までの全ての教育機関で行われ、その中では「国家の誇り」が強調された[34]。

このより保守的で愛国主義的なイデオロギーに関する施策を鄧小平は承認したが、彼は改革開放を基調とする経済政策だけは後退しないように強く求めた。しかし、政敵である陳雲と李鵬《りほう》(Li Peng 一九二八年〜)が率いる保守派は天安門事件以降に力を回復し、社会主義的に正統な経済政策を復活させた。鄧小平は、大躍進運動の後の毛沢東と同じく、自分自身が脇にどかされ、重要な国内政策に関与できないようにされていることに気付いた。そして、これも毛沢東と同じなのだが、鄧小平は反撃を開始した。

鄧小平は、天安門事件で中国共産党が致命傷に近い傷を負った後、世界が地政学的に大きく変化していることに危機感を覚えた。ポーランドでは、非共産党の野党・連帯(Solidarity)《ソリダリティ》が一九八九年六月四日に行われた選挙で勝利を収めた。一九八九年一一月にはベルリンの壁が崩壊し、共産党が政権を担い、ソ連によって支配された東ヨーロッパの国々が次々と共産主義から離脱していった。最も衝撃的であったのは、ルーマニアの独裁者であったニコラエ・チャウシェスク(Nicolae Ceausescu 一九一八〜一九八九年)の最期であった。ルーマニアを三〇年にわたって支配した独裁者は、一九八九年のクリスマスに裁判にもかけられずに処刑された。それから二年後のクリスマスの日、共産主義の母艦であったソヴィエト社会主義共和国連邦が歴史から姿を消した。そして、多くの独立国家に分裂した。このソ連の崩壊と分裂は中国でも起きることだと考えられた。チベット、新疆、内モンゴル、香港、台湾といった中国から離れようとする要素を中国も持っていた。更に言えば、中国の近隣、東アジアの国々でも次々と「ピープルパワー」による民主化運動が起きた。これによって共産主義、資本主義を問わず、権威主義的な政権が倒れた。一方で、東アジアの資本主義の「虎たち」は一〇%以上の経済成長を達成した。鄧小平が警告を発したように、中国は「前進するか、後退して負のスパイラルに入るか」の瀬戸際にあった。[35]

天安門事件以降の保守派の復権と社会主義圏の崩壊を目の当たりにし、鄧小平はより大胆な意思決定を行うと決めた。九〇歳の誕生日を目前にし、鄧小平は中国を救うために必要なら、より大胆不敵に行動すると決心したように見えた。中国共産党が生き残り、崩壊が続く社会主義圏において正統性を再び確立するためには、党は速やかに、そして大胆に新しい方法を採用する必要があった。しかし、中国共産党は鄧小平の意向を反映するようにはなっていなかった。一九九〇年に鄧小平は中国共産党中央委員会の委員たちに向かって、「社会主義が生き残るためには、計画と同程度に市場にも依存しなければならない」と警告し、「リスクを取ることを恐れてはならない」と叱咤した。しかし、中央委員たちは鄧小平の発言を鼻であしらった。[36]

一九九一年初頭、鄧小平は上海に向かい、自分のメッセージを人々に届けようと最後まで努力した。この時、上海の『解放日報』紙に無署名の記事が掲載された。この記事は鄧小平の味方であった、上海市長の朱《しゅ》鎔基《ようき》（Zhu Rongji　一九二八年〜）の意を受けてのものであった。この記事は鄧小平の主張を明確に伝えていた。その内容は次のようなものであった。「改革開放は国家を豊かにし、人々を強くするための唯一の道である」[37]。しかし、全国規模のメディアは、この記事の転載を拒否した。これは北京において、鄧小平に反対する保守派が勢力を増していることを示していた。一九九一年秋、鄧小平は北京で開かれた指導部の会議で次のように警告したと伝えられている。「私たちには他の選択肢など残されてはいないのだ。経済が成長しなければ、長期的に見て、私たちは人々からの支持を失うことになる。そして、中国は世界中の国々から抑圧され、過酷な取り扱いを受けることになる。現在のような状況が続けばその先に待っているのは中国共産党の崩壊である」[38]

鄧小平の体は衰えていた。しかし、固い信念は全く揺らいでいなかった。そして、一九九二年、鄧小平は最後の行動を起こした。鄧小平は広東省にある、中国初の経済特区である深圳と珠海と上海を訪問する一カ月の旅に出た。彼の旅行には「南巡（*nanxun* southern inspection tour《サザン・インスペクション・ツアー》）」という言葉が使われた。彼の南巡は一八世紀、清朝初期の力と繁栄が絶頂の時期に行われた皇帝たちの行幸を思い起こさせた。鄧小平の仕事は、ただ一つであった。中国共産党のお尻を叩き、急速な経済発展を継続させるというものであった。鄧小平は中国共産党と国民に対して、「中国は発展しなければならない。そうでなければ滅ぶだけだ」と語った。鄧小平は広東で集まった聴衆に対して指を突き出しながら次のように警告した。「中国が社会主義、改革開放、そして人々の生活水準を改善するための経済発展を維持し続けなければならない。それ以外の道を進んだとしても待っているのは破滅だけだ」[39]

纏足をされない足

南巡講話を通じて鄧小平が言い続けた言葉は、「大胆さ（boldness《ボールドネス》）」であった。鄧小平は深圳で次のように語っている。「社会主義を資本主義よりもより良いものとするためには、人類が生み出した全ての文明の業績全てに対して、大胆に目を向け、吸収しなければならない。たとえそれらが資本主義を採用する先進国で生み出されたものであっても」。[40] 一九五〇年代半ばに毛沢東が農業の集団化を進めた時の言葉遣いを真似て、鄧小平は保守的な党幹部たちを次のように叱責した。「私たちは改革開放を実行する際により大胆にならねばならない。そして、様々なことを試みる勇気を持たねばならない。私たちは纏足をさせられた女性のように行動してはならない！」[41]

鄧小平は、この時期こそ、成長を再び始め、そのペースをより速くし、世界経済に向けて国をより開くようにすべきだと考えた。彼は次のように語っている。「発展こそが究極的な原理なのだ」。[42] アヘン戦争が開戦した場所にほど近い、珠江に置かれた清朝の税関の建物の前を船で通過している時、鄧小平は次のように語っている。「劣った者は殴られる。私たちは数千年間貧困の中にあった。しかし、これから再び貧困に戻ることはないであろう」。[43] そして、彼よりも前の世代の改革者たちと同様、「帝国主義の脅威」についての懸念を人々に認識させようとした。鄧小平はイギリス首相のマーガレット・サッチャー（Margaret Thatcher 一九二五〜二〇一三年）とイギリスの植民地であった香港の返還について話し合った。この時鄧小平は自分が李鴻章のようにはならないということを固く誓っていて、そのことを明言した。[44] しかし、外国からの脅威を乗り越えるための唯一の方法は中国を強く繁栄した国にすることであって、そのためには皮肉なことだが、外国からの資本投資が必要であった。そこで、南巡講話の最中、鄧小平は次のように明確に述べている。「中国は門戸を閉ざし、国境を守ることはできない。外界に門戸を開くべきだ」。[45] 一九八〇年代を通じて、鄧小平は中国の裏の戸を開こうと努力した。そして、一九九〇年代になって、玄関口を開こうとした。鄧小平は一九九〇年代になっても外交政策の決定権を握っていた。鄧小平は台湾との関係改善、韓国との関係正常化、そして海外から中国への投資が戻ってくるための必要条件の整備を行った。一九九一年、鄧小平はヴェトナムとの国交正常化を行った。中国人民解放軍はヴェトナムに一九七九年に侵攻し、不名誉な撤退をしている。鄧小平はインドに平和条約締結のための交渉開始を持ちかけた。中国とインドとの間には一九六二年に戦争が起こり、一九八〇年代には国境を巡る争いが頻発した。一九九〇年代初頭、鄧小平は彼の大戦略を謎めいた格言である「韜光養晦《とうこうようかい》（*taoguang yanghui* avoid the limelight《アヴォイド・ザ・ライムライト》）」という言葉で説明した。[46] この意味は「目立つことを避ける」ということである。中国は、自国の台頭について他国から警戒されることなく、豊かにそして強力にしなければならなかった。

南巡講話の効果は即効性のあるものではなかった。好景気に沸いていた深圳の新聞『経済特区報』紙以外、中国のメディアは鄧小平のメッセージを報道しなかった。それでも鄧小平は諦めずに、南巡講話を続けた。そして、鄧小平の言葉は、中国共産党各地方支部が発表した鄧小平の深圳での演説内容についての声明という形で中国全土に広まっていった。[47] そして、中国東部の沿岸部の省や都市の指導者たちが鄧小平の掲げた旗の下に集まり始め、やがて北京でも更なる開放と市場化を進めようとする鄧小平の大胆さに疑問を持っていた陳雲の陣営から一人またひとりと指導者たちが離れ、鄧小平を支持するようになっていった。一九九二年六月、鄧小平の打ち立てた「新しい路線」が『人民日報』紙の社説ページで取り上げられ、一〇月の第一四回党大会において公式の教義として採用された。[48] 鄧小平は次のように高らかに宣言した。「私たちの改革開放政策は、一〇〇年間変更はない」[49]

死んだ祖先

鄧小平が最高実力者であった時期、中国の政治エリートと知識エリートたちが一九世紀以来、長く追い求めてきた二つの線が重なった。民主政治体制の実現を求める理想主義的な動きは天安門事件で悲劇的に終息してしまった。それでも豊かさを求める動きはどんどん加速し、中国の歴史上、最も安定した高度経済成長が続いた。この高度経済成長のおかげで、中国共産党は、国内において傷ついた正統性を回復し始めることができた。鄧小平は一九九七年に死去した。この時までに鄧小平は、それまでの改革志向の思想家や革命の指導者たちが懸命に追い求めてきた富強を中国にもたらすことに成功した。

毛沢東は数十年間にわたり、革命闘争を戦った。この闘争の中で、毛沢東は、ユートピア的な共産主義が達成される未来像を示し、人々に理解させることで、中国を過去の呪縛から解放しようとした。そして、残忍な方法も使ったが、苦しみ続けた過去から中国を解放した。これは五四運動に参加した改革者たちが強く望んだものであった。皮肉なことに、毛沢東の暴力的な革命は、毛沢東が夢見たプロレタリアートたちの天国を建設するのではなく、不平等はあるが強く、繁栄した、中国人が少なくとも誇りに思える国家を建設するための土台を用意した。毛沢東の革命が結局のところ鄧小平の役に立ったのである。

一九六〇年代、毛沢東は次のように不平を述べた。「鄧小平が私に相談に来たことなどない。鄧小平は私を尊敬していた。しかし、私を遠ざけていた。私を死んだ祖先のように扱った」[50]。実際、鄧小平は一九世紀初頭以降、中国の文化とアイデンティティを死んだ先祖のように扱った初めての改革者となった。鄧小平は、中国の伝統の魅力を避けることができた。毛沢東をはじめとする鄧小平よりも前の世代の人々は、中国の伝統と格闘した。それを鄧小平は、大いなるエネルギーの無駄、無駄な努力と見ていたのだろう。しかし、毛沢東の革命によって、今はもう存在しないレーニン主義者である鄧小平は、現実主義的な対応ができるようになった。鄧小平は儒教について長々と説教することも、空約束ばかりの共産主義の提示する非現実的な夢について語ることもしなくて済んだ。鄧小平はより繁栄した中国を作ることに集中できるように解放されたのだ。

鄧小平は中国の伝統と文化アイデンティティの核を含む問題は他人に任せて自分は関与しなかった。その代わり、鄧小平は中国の新しい政治システムの核である、共産党支配に関して誰にも関与しないように求めた。鄧小平は、平等主義と社会福祉という社会主義の夢を諦めたが、中国のレーニン主義の政治的核を擁護した。それは一党独裁である。鄧小平は、新権威主義と国家主導資本主義を使って毛沢東主義から中国を救った。

一九九七年二月一九日、鄧小平は亡くなった。同年五月二日、彼の遺灰は海に撒かれた。これは毛沢東の「党の指導者たちの墳墓を建設すべきではない」という提案に沿ったものであった。しかし、毛沢東自身は天安門広場に毛沢東記念館が建設された。[51]鄧小平は火葬にされたが、これは彼の控え目さと党の規律への従属という態度をよく表していた。明朝歴代の皇帝、西太后、孫文、毛沢東の神聖な遺体を埋葬するために巨大な墳墓が建設されたと言えるだろう。しかし、鄧小平を尊崇したいと思う人にとって、拝みに行く場所がない。鄧小平の記念碑は、富強を回復させた今の中国の姿そのものである。

脚注はビジネス社ホームページを参照
http://www.business-sha.co.jp/wp-content/uploads/china.pdf

第13章

入世　Entering the World

朱鎔基　Zhu Rongji

門戸開放

一九九八年六月、アメリカ大統領ビル・クリントン（Bill Clinton　一九四六年〜）が北京に到着した。これはアメリカ大統領としての公式訪問であった。この時期、一九八九年六月四日の天安門事件の悪夢はこれで払拭されつつあり、鄧小平による南巡講話の成功が明らかになりつつあり、鄧小平の後継者である国家主席・江沢民《こうたくみん》（Jiang Zemin　一九二六年〜）と国務院総理・朱鎔基《しゅようき》（Zhu Rongji　一九二八年〜）は実権を掌握していた。一九八九年五月、天安門広場で事件が起きる前、鄧小平は、上海市党書記であった江沢民を北京に呼び寄せた。そして、解任した趙紫陽に代わって、中国共産党総書記に抜擢した。一九九一年、鄧小平は上海市長であった朱鎔基も北京に呼び寄せ、一九九〇年代の経済を任せるために国務院総理に抜擢した。江沢民も朱鎔基も北京の権力闘争から外れていたために、国家主席、国務院総理という重責を担うなどとは考えられていなかった。二人は鄧小平の忠実な支持者であり、中国を経済発展の道に引き戻すことに成功した。そのスピードに世界の人々は驚かされた。一九九八年までに江沢民と朱鎔基の指導の下で、状況は改善した。その結果、ビル・クリントン大統領は、彼以前の大統領であったカーター、レーガン、ブッシュのように、喜んで中国を訪問した。クリントン大統領の訪中は、「過去は過去だ（the past is the past《ザ・パスト・イズ・ザ・パスト》）」というメッセージであった。

近現代史の知識がある人ならば誰にとっても、天安門広場の西側に位置する人民大会堂の巨大な正面玄関に続く石段の上でクリントン大統領と江沢民国家主席の到着を待つというのは大変に奇妙な経験であった。天安門広場は恨みを残して死んだ人々の亡霊など出る場所ではないようであった。しかし、その天安門広場では一九八九年に学生たちが胡耀邦の死を悼むために集まり、党の指導者たちに叩頭《こうとう》しながら請願を行った。そして、一九八九年六月四日の夜明け前、人民大会堂の同じ階段の下で兵士たちが広場から残っていた学生たちを排除していた。その前に人民解放軍の部隊は自分たちの手で、中国の二〇世紀の歴史に最も恥ずべき傷を負わせたのである。人民解放軍は人民に向かって発砲をし、彼らを殺傷したのである。その当時、天安門広場で起きた悲劇の記憶はどのようにしたら消し去ることができるかなど想像することも難しかった。そして、中国共産党がどのようにしたら中国全体のコントロールを回復し、天安門事件で恐怖を味わった諸外国との健全な関係を回復することができるのか誰にも分からなかった。第二次天安門事件から九年後の一九九八年の六月、晴れ渡った夏の日の空の下、米中両国の大統領と国家主席はにこやかな顔で天安門広場に姿を現し、お互いに丁寧な挨拶を交わした。壮麗な国賓歓迎式典の後、両首脳は人民大会堂に入り、共同記者会見に臨んだ。

人民大会堂の会見場には米中両国の政府関係者と外国からの記者たちがおのおの席に座って二人を待っていた。この時、驚くべきアナウンスが流された。江沢民国家主席は、クリントン大統領と共に海外からの記者から任意に質問を受け、その様子はテレビとラジオを通じて中国全土に生中継すると決定したと発表された。江沢民はサービス精神旺盛で、外交の場で親しみやすさを演出しようとして、イタリアのカンツォーネの「オー・ソレ・ミオ」やアメリカ民謡の「峠の我が家」を歌い上げ、アメリカのエイブラハム・リンカーン大統領（Abraham Lincoln　一八〇九～一九六五年）の有名なゲティスバーグ演説の一節を英語で暗唱した。もし両首脳の話が予期せぬ方向に進み、微妙な政治問題にまで進んでしまったら、検閲は間に合わず、記録にそのまま残ってしまう危険があった。この発表は、江沢民と朱鎔基が他国との関係をより開かれたものにし、他の世界の指導者たちが行っているより自由な意見のやり取りを自分たちも行うと決意していることを示すものであった。

クリントン大統領の南部人らしい気さくさも手伝って、共同記者会見はざっくばらんなやり取りが行える雰囲気であった。実際、江沢民は会見場の壇に上がった時、自分の隣にいる、自由なやり取りの名手であるクリントン大統領に負けまいとする熱意を見せていた。江沢民は両首脳による冒頭の公式声明をできるだけ早く終わらせて、質疑に移りたくてうずうずしていた。彼は公式声明を読み上げた後、勢い込んで次のように述べた。「それではクリントン大統領と私で皆さんからのご質問を受けたいと思います」。最初の質問はアジア通貨危機に関するものであった。そして、二つ目の質問で早くも政治的に微妙な問題に踏み込むことになった。その質問は人権についてのものであった。それでも江沢民は全く慌てるそぶりを見せなかった。江沢民は中国における人権状況について話した後、にこやかな表情を崩さずに、「クリントン大統領には何か付け加えることがおありかどうか知りたいものです」と述べた。

クリントン大統領は待ってましたとばかりに人権について語り始め、次のように語った。「個人の自由を、それが行き過ぎることを恐れる余りに過度に制限してしまうと、思考、情報、意見交換、議論を基礎とする世界経済システムにおいて、大きな代償を支払うことになると私は確信しています。世界中の子供たちは夢を持っていて、その夢を実現できると考えていると思いますが、自由を制限すれば、子供たちは夢を持つこともできません。そうなれば将来において大きな代償を支払うことになります」

江沢民は自ら意見交換に戻った。彼は笑顔で「五分も時間を延長してしまい申し訳ありません」と述べた。そして、にこやかな表情のまま、様々な話題について縦横無尽に語った。そして、人々を驚愕させる発言を行った。「私はダライ・ラマ（Dalai Lama）についていくつか申し上げたいと思います」。チベットとチベットから亡命中の宗教指導者であるダライ・ラマについては、中国の指導者たちは話したがらない。特にテレビカメラの前で話すことなどない。江沢民はチベットについて中国政府の公式見解をいつものように繰り返した後、クリントンに一つの疑問を投げかけた。「私は昨年、貴国を訪問しました。その時、貴国の科学技術教育は大変に高く、人々は近代文明の成果を享受している様子を拝見しました。それにもかかわらず、多くの人々がラマ教を信仰しています。私はその理由を知りたいと思います」

江沢民は微妙な話しにくい話題について自分から仕掛けた方が良いと判断したのか、畳みかけるように次のように発言した。「私はクリントン大統領がアメリカの国益の強力な擁護者であると考えます。私は中国の国益の強力な擁護者です。このように立場は異なりますが、私たちはお互いに友好的に意見を交換し、議論を行っています。私はこれこそがデモクラシーだと考えます。私の考えにご賛同いただけるならば、この話はこれで終わりにしたいと思います」

しかし、クリントン大統領は話を止める気などさらさらなかった。クリントンは江沢民のペースに巻き込まれないようにしながら次のように発言した。「私は貴方の考えに賛成します。しかし、貴方がダライ・ラマについて話題にされたので、ダライ・ラマについて一言申し上げたいと思います」。そして、続けて次のように発言した。「私たちにとって、問題は宗教に関することではなく、政治に関わることです。つまり、私たちは、全ての人間は自分たちの信仰する宗教を信じ、その宗教儀式を行う権利を持つべきだと考えます。ダライ・ラマが誠意をもってこの権利を擁護しているならば、中国がダライ・ラマと対話を行うことは正しいことだと思います」。クリントンはそこで発言を止めることができず、江沢民に向けて次のように発言した。「ここにおられる皆さんがお聞きになりたくないかもしれないことを私は敢えて申し上げます。私はダライ・ラマと会談しました。私はダライ・ラマが正直な人物であると考えます。そして、私はダライ・ラマが江沢民主席と会談なさったら、お互いのことを大変好ましく思われると考えます」[1]

江沢民とクリントンによる共同記者会見以降、米中間の指導者たちは再び率直な雰囲気で話ができるようになった。更に言えば、開かれた姿勢を示すことは、国家主席の江沢民と国務院総理の朱鎔基がどの方向に国を導いていくかを内外に力強く示すことであった。江沢民は開かれた記者会見を行うことで、国際政治の分野で大きな成果を挙げた。彼はより開かれた、「民主的な」中国像を世界に示した。朱鎔基は経済の分野で大きな成果を挙げつつあった。朱鎔基は中国を「世界の工場（the factory of the world《ザ・ファクトリー・オブ・ザ・ワールド》）」に作り上げつつあった。そして、鄧小平の「改革開放」という構想を実現することで、鄧小平自身の功績を不朽のものとした。

浦東

江沢民は、毛沢東と鄧小平に続く「第三世代（third generation《サード・ジェネレイション》）」に属する共産党最高幹部であり、クリントンの北京訪問でもメディアの注目を集めた。しかし、一九九〇年代の中国の経済発展をもたらした、中国にとってより重要な人物は、ナンバー2の朱鎔基国務院総理であった。中国の経済発展を求める彼の旅路は一九八〇年代末の上海から始まった。

一九八八年春、上海で自分の計画を実行するにあたり、適任者を送らねばならないとなった時、鄧小平はその人物として朱鎔基を指名した。朱鎔基はその当時、中央計画部門の幹部であり、北京の国家経済計画委員会（State Planning Commission《ステイト・プランニング・コミッション》）に数十年もの間勤務し、豊富な経験を持っていた。比較的無名の中央政府の経済官僚が華やかな大都市の市長に転身した。上海は鄧小平流の資本主義の実験を行わねばならない場所であった。鄧小平は、それを「中国の特色がある社会主義（socialism with Chinese characteristics《ソーシャリズム・ウィズ・チャイニーズ・キャラクタリスティックス》）」と呼んだ。上海は、近現代において数度の破壊と再生を経験し、中国のカメレオンのような変転を示す場所であった。上海は、中国にとって屈辱的な過去である「条約港」の原型となった、蔣介石時代にはコスモポリタン的な都市となり、日本の傀儡政権の下では、恥辱の象徴となり、中華人民共和国建国後は急進的な毛沢東主義の温床となり、文化大革命が始まった場所であった。鄧小平が朱鎔基の助けを借りながら自分の計画を推し進めたら、上海は再生することになるはずであった。今回は経済発展著しい巨大都市となり、新しい金融の中心として、再び「東洋の真珠」となることが予想された。

朱鎔基は上海市長に就任して瞬く間に上海経済を引っ張る存在となった。朱鎔基は大胆でありかつ明確なヴェンチャーキャピタリスト流の考えを採用した。ヴェンチャーキャピタリストたちは上海には何か新しい事業を始める大きなチャンスがあると見ていた。黄浦江は上海の中心部を流れている。その西岸地区は外灘(the Bund)《ザ・バンド》と呼ばれる地域で、銀行、ホテル、商社のおしゃれなビルが数多く建っている場所だ。これらの建物は外国による支配が行われ、上海が活況を呈していた時に建てられたものだ。上海の他の地域は、外灘から広がっていて、北部地区は、呉淞江と呼ばれ、一九二〇年代には魯迅が住んでいた。西部地区は昔のイギリスとフランスの租界であり、この場所で馮桂芬は『校邠廬抗議』を書いた。そして、陳独秀が毛沢東の助けを借りて一九二一年に中国共産党を創設した。「浦東(East of the Huangpu River)」として知られる東部地域は朱鎔基が上海市長に就任した当時は何もない場所であった。その場所には何もなく、ただ掘立小屋が建っているだけであったが、朱鎔基だけはこの場所に目を付け、将来の繁栄した光景を既に思い描いていた。真っ白なキャンバスの上に絵を描いていく画家のように、朱鎔基も何もない場所で一大開発プロジェクトを開始した。

朱鎔基は巨大な計画を実現させるための外国資本が必要であることを認識していた。そこで外国からの資本を投資してもらうために、資本家たちを魅了する巨大な計画をいつくもぶち上げた。そうした資本家の一人が博学な投資家として知られるオランダの伯爵ヒュー・フォン・クラインホフであった。彼は世界的な投資会社ニュー・パースペクティヴ・ファンドから派遣され上海にやってきた。クラインホフは一九九〇年代初めに、投資環境を調査するために上海を訪れたが、その時に浦東開発計画の実施場所に連れて行かれた。浦東計画は高層オフィスビル、株式市場、銀行、ホテル、公園、コンサートホールを建設するという大規模なもので、計画を見せられたクラインホフはただ一言、「恐るべきものだ!」と感想を述べた。彼は正しかった。この大計画では、外灘にまで広がる掘立小屋ばかりが建っている地区が完全に生まれ変わることになっていたが、その姿を想像することは難しかった。

朱鎔基はこの計画を実現するために、上海海外投資委員会（Shanghai Foreign Investment Commission SFIC）を創設した。そしてSFICには海外からの投資承認プロセスを簡略化するために大きな権限が認められた。だらだらとした待機期間や多くの官僚たちの手を経る必要がなく、投資の承認がすぐに出るようにしたのだ。上海の外国人ビジネスマンたちの間で新しい市長の朱鎔基はすぐに「一刀両断の朱（One-Chop Zhu《ワン・チョップ》）」というあだ名で呼ばれるようになった。[2] 湖南省出身で、北京でキャリアを積んできた朱鎔基は、その剛腕で上海を変貌させた。朱鎔基は急速な経済成長と海外からの投資への門戸開放を進めながら、党幹部たちの汚職に断固とした処置を行った。朱鎔基は、鄧小平の路線を踏襲したのである。鄧小平は「中国にとって必要なのは政治ではなく、より良い経済である。階級闘争ではなく、発展である。反帝国主義的な言辞ではなく、西洋からの資本である」と語ったが、朱鎔基はそれをそのまま実行したのだ。

そうこうしているうちに、一九八九年春に大衆による体制に対する反対運動の嵐が起きた。しかし、朱鎔基が市長を務めた上海ではその様相が違っていた。北京では六月四日に鄧小平の命令で虐殺が起きていた。上海では、六月八日の夜に抗議運動は最高潮に達した。しかし、暴力が用いられることなく収束した。朱鎔基は大胆にもテレビの生放送に出演し、沈静化を図った。彼は爆発寸前の状況を巧みに収めた。そして、この功績で中央指導部への栄達の道が開かれたのである。

このような平和的な結果は決してあらかじめ決められたものではなかった。上海は歴史的に抗議運動とそれに対する暴力を用いた鎮圧の歴史を重ねてきた。一九八九年、上海では北京に次いで活発な学生運動と一般人の最大規模の抗議運動が起きた。このような神経を痛めつけるような厳しい状況が数週間続いた。この間、状況をうまく管理する責務は、市長である朱鎔基が負った。特に、上海市党書記であった江沢民が北京に呼ばれて党総書記の趙紫陽の代わりをしなくてはならなくなって以降、朱鎔基の責任は一段と重くなった。

朱鎔基の考えは趙紫陽の考えに近かった。趙紫陽と同じく、朱鎔基も若いデモ参加者たちと直接対話をする準備を整えていた。上海科学技術大学の学生たちのリーダーから抗議の手紙を受け取った時、朱鎔基はすぐに返事を書き、その中で彼らの主張を聞く用意があることを伝えた。リーダーたちは朱鎔基からの手紙を誇らしげに学内に掲示し、学生たちはすぐに抗議運動を停止した。朱鎔基は他のデモ参加者たちに寛容のメッセージを送った。その中で、北京のデモ参加者たちに対して鄧小平が使った「政治動乱（*Zhengzhi dongluan*　political turmoil《ポリティカル・ターモイル》）」という言葉を使わずにより刺激の少ない「混乱（*hunluan*　chaos）」という言葉を使った。「政治動乱」は国家反逆を意図した犯罪行為を示すものであるが、これに対して北京の学生たちは怒りを爆発させた。[3]

北京で虐殺があった直後、上海では怒りに突き動かされた人々が抗議活動を展開した。朱鎔基は学生たちをこれ以上激昂させることなく危機を解決する方法を模索した。一九八九年六月六日の夜、朱鎔基は上海市民に対して「公開書簡」を発表した。その中で彼は再び党中央がデモ参加者たちに対して使った「社会主義を転覆させ、中国共産党を打ち倒そうとした」という激しい言葉を和らげると強調した。朱鎔基は次のように書いている。「数名の悪い人間たちが学生たちを煽動し、行き過ぎた行動に走らせた。その結果、上海で重大な状況が生まれた。私はこのような厳しい状況にあっても、経済成長に力を傾注する。そして、これ以上のデモを行うことは、地域経済に悪影響をもたらすものであると警告する」[4]

それでも上海市ではいつ人々の怒りが爆発するか分からない状況であった。一九八九年六月八日午後一一時、上海市民はテレビで市長である朱鎔基が更なる演説を行っているのを見た。朱鎔基は、単にデモ参加者たちを非難するのではなく、穏やかさと秩序が戻りつつあることをアピールした。そして、彼は上海で起きたことについて個人として責任を痛感していると述べた。彼は痛切な面持ちで次のように語った。「私の心は苦悩に焼き尽くされている。上海市長として、私はここ数日の状況について陳謝し、責任を痛感している。

私は上海市民の安全を守ることができなかった」[5]。彼は日に日に大きくなっていくプレッシャーを感じていたが、軍隊を呼ぶことはなかった。そして、彼の曖昧な言葉遣いから、デモ参加者たちや学生たちは、連帯の意思をくみ取った。「北京で起きたことは歴史である。誰も歴史を隠蔽することはできない。真実はいつの日か白日の下に晒される」[6]。朱鎔基の演説の翌日、上海は静かであった。そしてすぐにビジネスが再開された。

朱鎔基の演説は一世一代の名演技であり、危機的な政治状況をうまく脱し、経済活動を再開させた。六四天安門事件以降、中国は国際社会で孤立することになったが、一九八九年の上海に対して行われた海外直接投資（Foreign Direct Investment《フォーリン・ダイレクト・インヴェストメント》　ＦＤＩ）は四億ドルに達し、住宅と公共交通の建設のために三〇億ドルの世界銀行からの借り入れが実現した[7]。これらは朱鎔基の功績であった。『ニューヨーク・タイムズ』紙のニコラス・クリストフ記者は朱鎔基を中国で最も徹底した「現実主義者」であり、上海における人気は高く、全国的にもその存在を知られるようになったとその当時の記事で書いている[8]。朱鎔基は、一九八九年の春の民主化運動が起きる前、上海で鄧小平が行おうとした改革を実行し、それを実現させていた。

北京に目を向けてみると、本書でも触れてきたように、上海とは全く違う状況がそこにはあった。鄧小平の経済改革の試みは、メディアは報道せず、中央指導部内に復活した保守勢力によって阻害された。鄧小平は次のように不満を訴えた。「誰も私の言うことを聞かない。このような状況が続くなら、私は上海に行って自分の考えを書いた記事をそこで発表しなくてはならない」[9]。鄧小平は毛沢東の事蹟を見習おうとしていた。それは、一九六五年、毛沢東は上海にいた急進的な支持者たちを動かして、文化大革命を始めさせた。この当時、毛沢東もまた党の最高幹部たちとメディアに無視されていた。鄧小平も同じ戦略を選ぼうとしていた。しかし、この時鄧小平が進めようとしていた政策は、毛沢東が生きていたら反革命的だと激怒するものであった。

一九九一年二月、鄧小平は上海を訪問した。この時、朱鎔基は鄧小平のために完璧な準備を整えた。朱鎔基は、北京の新聞では報道されなかったことを上海の新聞に報道させた。その内容は、新たな市場改革と更なる開放によって経済を再び成長の軌道に乗せねばならないというものであった[10]。鄧小平は一九九一年に、翌年に行うことになる南巡講話の足慣らしをした。朱鎔基はその手助けをした。朱鎔基は上海と自分自身を中国の経済成長の大波に乗せることができた。一九九三年までに、上海への海外直接投資の額は三〇億ドルにまで跳ね上がり、その後も伸び続け、二〇一〇年には一五〇億ドルに達した。しかし、朱鎔基は上海に留まり、彼が始めた経済成長と投資の伸びを見物している訳にはいかなかった。鄧小平が上海を訪問してわずか一カ月後の一九九一年三月、朱鎔基が国家経済担当の国務院副総理に抜擢され、近現代の世界史において最大規模の経済システムの転換を指揮することになった。

鄧小平の後継者

鄧小平は自身の後継者選びで一度手痛い失敗をした。胡耀邦と趙紫陽を後継者に指名したのだが二人とも失脚してしまった。そこで、二度目は慎重に後継者を選んだ。そして、彼は成功した。朱鎔基は波乱万丈の人生経験を持ち、政治の世界で堅実な歩みを重ねてきた。朱鎔基は鄧小平が立てた国家を繁栄させるための計画を着実に実行するだけの才覚と実行力を備えた人物であった。毛沢東時代、朱鎔基は多くの苦しみを経験した。この点は鄧小平と共通している。それでも朱鎔基は熱烈な愛国者であったし、国家と党に深い愛着を持っていた。朱鎔基はまた中国の富強を増大させる夢を実現すると固く決意していた。朱鎔基は二〇〇〇年に次のように語っている。「私たちの目標は、社会主義的民主政体と社会主義的法システムを備えた、強くて繁栄した国家を作り上げることである。私たちはこの目標を達成することができる」[11]

朱鎔基は一九二八年、長沙で生まれた。長沙は湖南省にある。湖南省は毛沢東の出身地でもあり、毛沢東主義者にとっては心のふるさととも言うべき場所である。朱鎔基の両親は彼が幼い頃に亡くなった。高校生の時に後に妻となる女性に出会っている。大学時代、朱鎔基は親の監督と保護に代わるものに出会った。それが共産主義運動であった。朱鎔基が進学した清華大学は科学と工学の分野で中国最高の大学であった。国共内戦が激化していた一九四七年、朱鎔基は清華大学に入学した。朱鎔基は電気工学を専攻したが、彼は外国と中国の文学を熱心に読む学生であった。彼が憧れた人物は、清華大学で教鞭を執っていた、聞一多《ぶんいった》(Wen Yiduo 一八九九~一九四六年)、朱自清《しゅじせい》(Zhu Ziqing 一八九八~一九四八年)、呉晗《ごかん》(Wu Han 一九〇九~一九六九年)といった偉大な作家やエッセイストたちであった。彼らは反体制的な言論で知られた。[12] 一九四九年一〇月、毛沢東が天安門の上から中華人民共和国の建国を高らかに宣言した月に、朱鎔基は清華大学の中国共産党細胞に入り、学生自治会(student union)の会長に選ばれた。大学卒業後、朱鎔基は卓越した才能を認められ、国家計画委員会に配属された。この部局は中国が新たに採用したソ連型の計画経済を実行するための頭脳の役割を果たした。

一九五七年、大躍進運動のうねりが最高潮に達していた時期に三〇歳になっていた朱鎔基は非現実的な生産目標の設定に異議を唱え、批判した。このために、朱鎔基は「右派」のレッテルを貼られ、一九五八年四月には中国共産党から除名された。[13] それ以降の数年間、どのような罰を受けたのかについて、朱鎔基は公の場で発言することはなかった。それでも一九六二年には国家計画委員会への復帰が認められ、引き続き経済に関する仕事に従事することが許された。しかし、一九七〇年、この文化大革命の嵐が吹き荒れた時期、朱鎔基は革命的な情熱が欠けていることを理由にして、再び国家計画委員会から追われた。中国の辺境にあった五七幹部学校(May Seventh Cadre School)で五年間の「再教育」を受けた後の一九七五年、彼は再び国家計画委員会への復帰を許された。一九七九年、鄧小平が人々への政治的再評価を進めた結果、朱鎔基の名誉は完全に回復され、中国共産党への復党が認められた。朱鎔基は政治の世界でジェットコースターのような、上がったり下がったりの経験をしたが、これ以降、順調に権力への階段を上がっていくことになる。

一九九二年、鄧小平は深圳の経済特区を訪問し、次のように発言して人々を驚かせた。「改革開放には大胆さと勇気のある実験が必要である。纏足をされた女性のようによちよち歩きで進むようなものではない」。この鄧小平の闘争を更に推し進めたのが朱鎔基であった。[14] 朱鎔基は、鄧小平の上海訪問から一カ月後、全国人民代表者大会に上海代表として出席する代表団に対して次のように語った「私たちは外国の資本を招き入れることと、それを加速させることを〝資本主義〟と呼ぶか、〝社会主義〟と呼ぶかで迷い、心配してきた。しかし、鄧小平同志はそのような心配から私たちを解放してくれた。外国資本、技術、経営システムを導入することは、社会主義の大地に花を植えるようなものであり、その結果は社会主義と言えるのであり、資本主義的なことではない」。[15] 清朝末期の改革者、厳復は、一〇〇年前に「ヨーロッパ諸国を〝豊かで強い〟国家にした諸改革が中国で失敗したのはどうしてか」について本を書いた時、朱鎔基が使った植物の植え替えにそっくりの喩えを使った。厳復は、「淮河の河畔に生えている美味しい実をつける蜜柑の木を別の場所に植え替えたら皮の薄い、酸っぱい蜜柑になった」と書いている。[16] 朱鎔基が植物の喩えを使った時、彼は鄧小平の改革の試みが成功することを確信していた。

朱鎔基は、香港の大富豪である李嘉誠《りかせい》（Li Ka-shing　一九二八年〜）から投資をしてもらえるように働きかけ、ある日本企業からの新空港建設の提案を歓迎した。それ以降も朱鎔基は鄧小平の上海の発展を進めるようにという命令の実現を熱心に進めていった。朱鎔基は次のように語っている。「鄧小平同志の言葉は私たちの行く先を照らす光である。私たちは光の導きに従って、大胆な実験と取り組みを進めていかなければならない。資本主義諸国の良い部分を学び、それを私たちが持つ社会主義システムに移植しなければならない」[17]

朱鎔基は、鄧小平が一九八九年以降の時代に中国共産党と人々との間に結ぼうとした社会契約の内容を本能的に掴んでいた。それは、中国共産党が人々が豊かになる手助けをし、人々は中国共産党が権力を握り続ける手助けをするというものだ。朱鎔基は、中国でも最も開かれ、改革が進んでいた広東を訪問し、地方幹部たちを前にして、鄧小平の考えを次のように簡潔に表現した。「経済建設の速度を上げ、人々の生活水準を引き上げ続けたら、党は人々から信頼され、尊敬されるだろう。そして人々は党を支持するだろう」[18]。中国共産党は階級闘争と純粋なイデオロギーを通じて正統性を追求してきた。しかし、それが新たな、そしてより現実的なものに変化した。中国共産党の正統性は、繁栄を人々に約束することを基盤とするようになった。

大規模な中央集権化を進めた人物

鄧小平は新たに選んだ国務院副総理・朱鎔基に満足していた。鄧小平は朱鎔基について、「彼ほど経済がどのように動くのかを本当に理解している党幹部はいない」[19]。朱鎔基は常に鄧小平に敬意をもって話し、一九九七年の鄧小平の葬式では人目も憚らずに泣いた[20]。しかし、朱鎔基が卓越した業績を残せたのは、鄧小平の政敵であった陳雲からの支持を得ることができたからだ。朱鎔基は、人々を魅了する不思議な才能を持っていた。陳雲は経済政策に関して、鄧小平と互角に渡り合える唯一の党長老であった。陳雲は、鄧小平の一年後の一九〇五年に生まれた。八〇歳を超えた二人の革命家たちは、対立する経済哲学と政治哲学を代表していて、その二人が対立していたために、改革の過程はより複雑になった。しかし、二人の対立は、改革の過程に活力を与えた。鄧小平は大胆な実験を主張したが、陳雲は慎重な計画者であった。鄧小平は急速な経済成長を望んだが、陳雲は速すぎる経済成長を恐れた。鄧小平が「経済デモクラシー」と呼んだものを、陳雲はハイパーインフレと無秩序を生み出すものと考えた。鄧小平は各省、各市、そして各経済特区により大きな自由裁量を与えることで、地元の経済発展への欲望を満たそうとした。一方、陳雲は中央政府が経済発展の過程を調整し、統制するべきだと主張した。陳雲の主張は、市場改革は計画経済の範囲内で行うべきだというものであった。陳雲が好んで使い、有名になった言い回しを使うならば、市場改革は「社会主義の鳥籠で資本主義の鳥を飼う」ようにすべきだ、ということになる。[21]

陳雲は最初、朱鎔基に疑いの目を向けていた。一九九一年秋、陳雲は朱鎔基を「中国のエリツィン（Chinese Yeltsin）」と呼んで遠まわしに批判した。エリツィンはソ連初の民主的な選挙で選ばれた大統領であり、ロシア経済の市場化とソ連の崩壊を主導した人物だ。[22]しかし、時間の経過と共に、陳雲は朱鎔基を賞賛するようになっていった。それは、朱鎔基は鄧小平の片腕であったが、無制限の急速な経済成長に関して陳雲が持っていた懸念を共有していたからだ。朱鎔基は北京で働いていたテクノクラートなのであり、キャリアのほとんどを国家計画委員会で過ごし、ソ連型の計画経済を立案していた人物であった。一九五〇年末、朱鎔基は毛沢東の進めた大躍進運動の成長目標が「非合理的だ」と指摘したが、一九九二年の朱鎔基は、GDPの成長率一二％を「狂っている」と表現した。[23]一九九三年、晩年の鄧小平は朱鎔基に対して経済発展のスピードを上げるように求めたが、朱鎔基は過熱した経済を冷やそうとして行動した。陳雲は朱鎔基の行動を賞賛した。一九九四年、朱鎔基は中国の通貨供給の引き締めを行い、ハイパーインフレの危機を回避した。朱鎔基は、経済の「ソフトランディング（soft landing）」を成功させた人物として高い評価を受けた。[24]朱鎔基は陳雲と鄧小平の主張の良いところを組み合わせた。彼のこうした能力は素晴らしい結果を生み出した。

中国経済という車の運転席に座った朱鎔基はアクセルとブレーキをどのように使うかをよく理解しているようであった。[25]朱鎔基は、鄧小平の進めた大胆な各地方の急速な経済成長政策に、陳雲の主張した中央による慎重な調整を組み合わせた政策を実行した。朱鎔基は過去の改革者たちが見逃してきたことを認識できた。

それは彼がバランスの取れた視点を持っていたからだ。税収、銀行による融資、資本市場、海外貿易といった幅広い分野で朱鎔基は改革を進めた。その目的は中国の経済システムを再中央集権化することであった。鄧小平の進めた政策は新しい市場改革を通じて増加した税収は地方政府が使い道を決めることができるというものであった。クリントン政権で東アジア・太平洋地区担当の国務次官補（Deputy Assistant《デプューティー・アシスタント・》 Secretary of State《セクレタリー・オブ・ステイト》）を務めた中国学者のスーザン・シャークは、この政策を「中国全土の各省政府の裁量に任せる政策」と呼んだ。[26] 朱鎔基の天才的なところは、経済成長を鈍化させずに中央集権化を進めることに成功した点である。

六四天安門事件以降の大変な時期、朱鎔基は、保守派に配慮した経済計画の機関として、国家経済通商委員会（State Council Economic and Trade Office《ステイト・カウンシル・エコノミック・アンド・トレイド・オフィス》）を設立した。この機関は、「経済運営の全責任を負う省庁を超える機関」であった。[27] そして、一九九七年にアジア通貨危機が発生した時、朱鎔基はこの機会を利用して、独自に設立した国家機関を通じて経済運営の中央集権化を進めた。『フィナンシャル・タイムズ』紙のリチャード・マクレガーは、朱鎔基を「大規模な中央集権化を進めた人物（great centralizer《グレイト・セントラライザー》）」と評した。[28]

朱鎔基の指導スタイルの特徴は、経済の専門家たちにほとんどを任せるというものであった。彼らは中国の基準で言えば、洗練され、世界性を持ち、型破りな人々であった。朱鎔基は国務院総理就任後初の演説の中で、「政府にいる人間全てが〝イエスマン〟になったら、人民に奉仕などできなくなる」と述べた。[29] 朱鎔基の側近たちは経済学の博士号を持っている人物たちが揃っていた。朱鎔基は側近の楼継偉《ろうけいい》（Lou Jiwei　一九五〇年〜）、周小川《しゅうしょうせん》（Zhou Xiaochuan　一九四八年〜）、郭樹清《かくじゅせい》（Guo Shuqing　一九五六年〜）、李剣閣《りけんかく》（Li Jiange　一九四八年〜）といった人々を財政の分野の最高の地位に就けた。[30] 朱鎔基と彼の側近たちは、鄧小平が最も重視した原則から外れないようにしながら、次々と画期的な改革を打ち出した。その原則とは、「経済政策は常に構造的な転換を行う必要がある。しかし、政治面における体制、一党支配体制は堅持しなければならない」というものであった。中国の経済改革についての第一人者、バリー・ノートンは次のように述べている。「朱鎔基の実行した政策の基礎には、より強力なそしてより権威主義的な政府機関と政策決定における決断力があった」[31]

国家資本主義

鄧小平の考えの核にあるのは、急速な経済発展ではなく、継続的な改革にあると朱鎔基は見ていた。彼は次のように語っている。「改革なしに、どのようにして経済発展を継続できるだろうか?」[32]。朱鎔基の進める改革政策には二つの大きな柱があった。一つは、徴税、銀行、資本市場といった財政・金融システムを合理化し、中央集権化することであった。もう一つは、国家部門を合理化し、強化することであった。この二つの大規模な努力こそが朱鎔基の仕事の中心であった。そして、朱鎔基はこの二つの仕事を大成功させた。この大成功は、富と力を長年求め続けた中国の歴史における転換点になった。

朱鎔基がまず行ったことは、極度に分権化された徴税システムを中央集権化したことであった。中国経済は全体として発展し続けていたが、一九九〇年代初めに朱鎔基が国務院総理に就任した時、国家の収入は不十分であった。一九九三年、地方政府の収入は三五%も増加した。しかし、中央政府の収入は六・三%も減少した[33]。現代の「変法自強運動の改革者」である、イェール大学の客員研究員であった王紹光《おうしょうこう》と胡鞍鋼《こあんこう》は、「国家の能力に関するレポート」を発表した。このレポートは大きな影響力を持った。王紹光と胡鞍鋼はこのレポートの中で鄧小平の進める「経済デモクラシー」は、経済発展を阻害することになると警告した。中央政府による調整や指導もなしに各省や各地方が連携もせずに勝手にプロジェクトを進めてしまうことは危険だと彼らは述べた[34]。朱鎔基は二人の中国経済と財政に関する診断内容に同意した。そして、ある記事の中で次のように書いた。「財政と徴税に関するシステムを改革しなければ、国家の生存が脅かされる日が訪れることになる」[35]。朱鎔基は単身各省を訪問し、アメリカの連邦徴税システムをモデルにした新しい「税収シェア」システムを売り込んで回った。これもまた朱鎔基が外国の有益なアイディアを採用することに躊躇しない姿勢を示すものであった[36]。新しいシステムでは、各省の収入はまず北京に集められ、そこから一定の割合が還流されるということになった。その結果、中央政府は中国の公的分野の全収入の二〇%以上を確保することができるようになった。そして、中央政府の財政は健全化され、中央政府の収入は毎年増加することになった[37]。

同時に、朱鎔基は中国の高度に分権化されていた銀行システムを中央政府のコントロールの下に置くという試みを推進した。朱鎔基は、通貨政策と金融規制を行う中央銀行である中国人民銀行の総裁を任命することで、中央銀行を中央政府の監督下に置くことに成功した。朱鎔基のもう一つの巧妙な動きは、保守派のテクノクラートの最長老である陳雲の息子である陳元《ちんげん》（Chen Yuan　一九四五年〜）、こちらも保守派のテクノクラートであった元国務院常務副総理の姚依林《よういりん》（Yao Yilin　一九一七〜一九九四年）の女婿である王岐山《おうきざん》（Wang Qishan　一九四八年〜）を登用したことだ[38]。更に、朱鎔基は中国人民銀行の各支店の支店長を北京に召喚し、三カ月以内にそれぞれの支店が行った違法な融資を全て報告するように命じた[39]。

経済学者のニコラス・ラーディーは次のように書いている。「朱鎔基の国務院副総理の立場と強制的なスタイルを使って、各省と各主要都市にある中国人民銀行の各支店の支店長に対する任免権を手に入れた。その結果、朱鎔基は各省政府と党の幹部から敵意を向けられるようになった。彼らは従順な中央銀行の幹部たちを使って、お気に入りの企業やインフラ建設プロジェクトへの融資を行うことができたが、それが朱鎔基のお蔭で出来なくなってしまった」[40]。朱鎔基は、連邦銀行システムというアメリカのモデルを直接真似ながら、改革の第二波を開始した。朱鎔基は中国人民銀行が各省に置いていた三二の支店を廃止し、代わりに九つの地域支店を置いた。[41]この積極的な試みは成功した。中国財政の専門家であるヴィクター・シーは次のように書いている。「朱鎔基の中央集権化の試みによって、地方幹部たちは銀行から低利の資金を借りられなくなった。そして、彼らは中央官庁の官僚たちに資金調達の面で依存するようになっていった」[42]

朱鎔基は次に約八万の国有企業（state-owned enterprises《ステイト・オウンド・エンタープライゼス》 ＳＯＥｓ）を抱える、「崩れかかった」国家部門の処理に取りかかった。国家部門を運営していたのは中央政府の官僚たちで、一九五〇年代のスターリン主義の残滓であった。[43]民間企業が中国のＧＤＰの約半分を占めるようになっても、中国最大のそして最重要の分野である銀行、エネルギー、輸送、重工業は国有企業で占められていた。そして、こうした国有企業のほとんどが非効率な経営で赤字を計上していただけでなく、生き残るために国有銀行からの融資に依存している状態であった。

朱鎔基が徴税システムを改めて中央政府の税収を増加させたことには既に触れた。この力を背景に、朱鎔基は次なる積極的な施策を行った。それは、中国の四つの巨大な国有銀行が利益の上がらない国有企業に貸し出して焦げ付かせた数十億ドルにも上る不良債権（nonperforming loans《ノンパフォーミング・ローンズ》）を解消することであった。これらの不良債権を銀行から切り離し、新たに創設された、いくつかの「資産管理会社」に移すことで、朱鎔基は銀行の不良債権を整理し、更に国債を発行して銀行の財政を強化した。こうした施策は、「ブルジョア資本主義」のアメリカで行われた施策モデルを真似たものだ。一九八〇年代、アメリカでは貯蓄貸付組合（Savings and Loan Association《セーヴィングス・アンド・ローン》）が破綻した時にその処理のための施策を朱鎔基は国有銀行の不良債権処理のために真似たのだ。

朱鎔基は積極的に海外から知識やモデルを取り入れた。朱鎔基は、ウォール街の雄、モルガン・スタンレーと合弁で中国初の近代的な投資銀行を設立した。中国国際金融有限公司（China International Capital Corporation《チャイナ・インターナショナル・キャピタル・コーポレイション》 ＣＩＣＣ）は、モルガン・スタンレーと中国の巨大な国有銀行の一つである中国建設銀行（China Construction Bank《チャイナ・コンストラクション・バンク》）の合弁で誕生した。中国国際金融有限公司は、中国の巨大な国有企業の海外の株式市場に上場させる、新規株式公開（initial public offerings　IPO）を行った。そうした企業には、中国電信集団公司（China Telecom《チャイナ・テレコム》）、中国石油天然気股份有限公司（PetroChina《ペトロチャイナ》）、中国工商銀行（Industrial《インダストリアル・》 and Commercial Bank of China《アンド・コマーシャル・バンク・オブ・チャイナ》　ICBC）がある。二〇一〇年には中国農業銀行（Agricultural Bank of《アグリカルチュアル・バンク・オブ・》 China《チャイナ》）の新規株式公開を行ったが、これは史上最高額のものとなった。中国農業銀行には二二〇億ドルの資金が集まった。[44]朱鎔基は国有企業の新規株式公開の全ての過程に関与した。二九億ドルの資金が集まった二〇〇〇年の中国石油天然気の新規株式公開では、ホットラインを開設し直接指揮した。中国国際金融有限公司は朱鎔基の側近である王岐山によって運営され、その後、朱鎔基の息子である朱雲来《しゅうんらい》（Zhu Yunlai　一九五七年〜）が一九九八年にCEOに就任した。

ジョセフ・シュンペーターがもし生きていれば、朱鎔基のやったことを認めたことだろう。朱鎔基は中国国際金融有限公司のような新しい金融機関を設立した。同時に、いくつかの金融機関を破綻させた。一九九九年、国際金融業界に衝撃が走った。朱鎔基が巨大国有企業の広東国際信託投資公司（Guangdong《ガンドン・》 International Trust and Investment Corporation《インターナショナル・トラスト・アンド・インヴェストメント・コーポレイション》　GITIC）の破綻を発表したのだ。広東国際信託投資公司は四〇億ドルもの負債を抱えて破綻した。[45]外国人投資家たちは中国政府を非難し、彼らの投資分二〇億ドルを中国政府が保証するように求めた。しかし、朱鎔基は、全く譲歩の姿勢を見せず、投資家たちはリスクの高い投資をしたのだから当然の帰結だと述べた。朱鎔基はウォール街に広東国際信託投資公司の政府の救済によるモラルハザードを懸念する声があることを歓迎した。そして、救済は行わないという決定を行った。全ての省に国際信託投資公司が存在し、広東の場合と似たり寄ったりの負債を抱えていた。こうした金融機関を安易に救済しないという姿勢を朱鎔基は示した。

朱鎔基にはさらに巨大なそして困難な仕事が待っていた。それは、巨大なそして倒産しないという慢心を抱えた国有企業を改革するというものであった。八万もの国有企業が中国国内の投資資本や銀行融資の大部分を占めているという状況があった。高名な経済学者で朱鎔基のアドヴァイザーを務めた呉敬璉《ごけいれん》（Wu Jinglian　一九三〇年〜）は、国家統制システムにおける「既得権益（vested interests《ヴェスティッド・インタレスツ》）」が原因となって起きている状況に対して、朱鎔基と側近たちは対峙し、それを改革するのだと主張した。呉敬璉は次のように述べている。「一九九三年の段階で、国家部門はGDPの半分以下しか占めていなかったのに、経済資源の中で最も稀少性の高いものの大半を政府と国有企業が握っていた」[46]。言い換えるなら、中国は資本の配分で大きな間違いを犯し、資本を無駄にしていたということである。

朱鎔基は、一九九八年に国務院総理に昇進した。朱鎔基は首相就任直後から、既得権益との戦いを本格化させた。朱鎔基は大規模な国有企業は救済したが、中規模、そして小規模の国有企業は破綻させた。彼は、民間部門の伸長によってそれらの企業に勤務していて失業者になった人たちが再雇用される可能性に賭けた。こうした施策の結果、数百万から数千万の労働者たちが終身雇用、健康保険、年金といった「鉄飯碗（iron rice bowl《アイロン・ライス・ボウル》）」と呼ばれた終身保障を失った。朱鎔基は更に労働者の給与に関しても、それまでの規則を、管理職が労働者の働きと市場での競争力に応じた給与を決められるように改めた。最も議論を呼んだのは、朱鎔基が「鉄の椅子（iron chair《アイロン・チェアー》）」と呼ばれる習慣を改めようとしたことだ。この習慣では、能力がない役人でもある地位に就いたらその地位を保持できるというものであった。党への忠誠心、勤務年数、親分子分関係ではなく、利益と生産性によって管理職と経営幹部への登用や昇進が決定されるようになった。朱鎔基の進める国有企業の改革は、上と下両方からの反対を引き起こす危険性を持っていた。工場を経営する既得権益を持つ幹部たちとそこで手厚い保障を受けて働く労働者たちの両方から反対されるリスクがあった。しかし、朱鎔基は全くひるまなかった。彼は賭けに勝った。失業した労働者たちの大部分は新しい仕事を見つけることができ、より質の良い人々に交代した経営陣は、国有企業の経営を立て直すことに成功した。

この当時、西洋の中国ウオッチャーたちは中国が逆戻りできないほどに経済の自由化を行っている証拠であるとして、朱鎔基の進める諸改革を賞賛した。朱鎔基による改革が進められた時期、冷戦終結後の「歴史の終わり」という考えが支配的になっていた。「歴史の終わり」とは、「資本主義と民主政治体制が最終的に勝利を収めた」という考えで、この当時世界を席巻した。しかし、朱鎔基と彼に従う改革者たちには、全面的な民営化と市場化など行うつもりはなかった。一九九八年、朱鎔基は、アメリカのジョージ・H・W・ブッシュ（George H.W. Bush　一九二四年～）元大統領とロンドンで会談した。彼らの会談は和やかな雰囲気で始まり、ブッシュ元大統領は朱鎔基に次のように尋ねた。「中国における民営化の進捗状況はどうですか？」。朱鎔基の答えはブッシュ元大統領を驚かせるものだった。彼は次のように答えた。「ブッシュさん、中国は民営化を進めているのではありません。私たちは株式保有システムを導入しつつありますが、株式保有システムは数ある公有の形態の一つに過ぎません」[47]。朱鎔基の発言内容をまとめると次のようになる。朱鎔基が進めた改革の究極的な目標は、国家部門を破壊することではなく、経営の合理化を進め、鄧小平が提唱した「社会主義市場経済」に向かって力強く突き進むことにあった。

朱鎔基はこの点をしっかりと守った。ドイツは統一後、旧東ドイツの国有企業に対して「ショック療法（shock therapy《ショック・セラピー》）」を実施した。朱鎔基はドイツ人の特派員に次のように語っている。「私たちはドイツの轍を踏まない。また民営化という政策も選択しない。私たちは国有企業が個人に対して株式を売ることは認めるが、株式の大部分は国家が保有し、国家の統制の下に置くことを堅持する」[48]。一九九〇年代、国家部門に対する投資は急増した。そして、朱鎔基は民間銀行の合法化と利率の自由化までで改革を止めた[49]。西洋諸国は、鄧小平が「中国の特色ある社会主義」を追求すると述べた時には馬鹿にしていた。鄧小平はインチキ薬の行商人か何かだと嘲笑した。しかし、朱鎔基は、鄧小平の掲げたスローガンには意味があったことを証明した。朱鎔基は、共産党の厳しい統制の下、中国という国民国家の富強を鮮やかに増大させて見せた。これはレーニンが鄧小平に教えたことを実現したということになるのだ。

ベルグラード

朱鎔基は鄧小平の経済政策の後継者であった。そのため、朱鎔基は中国が長年追い求めてきた偉大さの回復には二つの道筋を通る必要があることに気付いていた。改革だけでなく、開放も必要であった。朱鎔基は繰り返し次のように語った。「海外に向けた開放は国家の基本政策だ。私たちのこれまでに蓄積してきた経験では、より早期に開放すれば、より速く経済成長を行うことができる」。[50]外国資本が中国に大量に流入していた時でも、継続的な開放には困難が付きまとった。朱鎔基はアメリカの巨大な保険会社であるＡＩＧが中国に支社を置くことを初めて認めた。また、アメリカ政府の要求に応え、大きな反対があったが世界貿易機関（World Trade Organization《ワールド・トレイド・オーガナイゼイション》　ＷＴＯ）への参加を決めた。このような異例の決定に対して、「朱鎔基は中国を外国に売った売国奴だ、裏切り者だ」という非難が殺到した。[51]朱鎔基はヘンリー・キッシンジャー（Henry Kissinger　一九二三年～）博士を「私の良き友」と呼び、アラン・グリーンスパン（Allan Greenspan　一九二六年～）を「私の古くからの友」と呼び、リベラル派の経済学者ポール・クルーグマン（Paul Krugman　一九五三年～）を賞賛していた。彼は外国人と気安く付き合っていたが、政治局常務委員会の中には敵が多く、緊張感を持って接していた。[52]一九九九年春、表面化しなかった緊張関係が噴出した。この一九九九年という年は、朱鎔基と中国にとって波乱の、そして衝撃的な年となった。[53]

一九九八年五月八日の夜明け頃、アメリカ空軍のＢ－２ステルス爆撃機が五発のＧＰＳ誘導ミサイルを発射した。目標はベルグラード中心部であった。しかし、ミサイルが破壊したのは、ＣＩＡがそこにあるとしていたセルビアの武器取引所ではなく、中国大使館であった。この攻撃で三名が死亡し、二〇名が重軽傷を負った。[54] それからほんの数時間後、朱鎔基の姿は中国の最高指導部が招集された緊急会議の中にあった。会議の出席者の中で、ＣＩＡの「地図が古かった」という説明を受け入れる者は一人もいなかった。爆撃の三年前に場所を移してはいたが、中国大使館の位置は秘密情報に指定されていなかった。朱鎔基をはじめとする最高指導者たちは、中国大使館への爆撃は国連安全保障理事会で中国がユーゴスラヴィアでの武力行使決議に対して拒否権を発動したことに対する報復であると確信していた。中国大使館への爆撃はアメリカが中国へ報復をし、中国がどれほど耐えられるかを試し、中国国内を不安定化させるための行動であると中国の最高指導部は断定した。彼らの感情は大いに傷つけられ、外国からの侵略と恥辱の歴史が彼らの頭の中には浮かんでいた。江沢民国家主席は即座に、アメリカ政府に対して、間接的にではあるが、「あからさまな砲艦外交（gunboat diplomacy《ガンボート・ディプロマシー》）」だと抗議した。[55]

朱鎔基は、アメリカと対決することは、復讐心を満足させることにはなるが、中国が達成すべき真の目的を達成できないようになってしまう危険性があると主張した。朱鎔基は、一九八九年の鄧小平がやったように、同僚の最高指導者たちに次のように語った。「私たちがまずやらねばならないことは、安定を維持し、経済発展を継続することだ。私たちは現在進めている計画を混乱に陥れてはならない。今回の大使館爆撃はアメリカによる計画的な攻撃だ。彼らの目的は私たちの反応を見ることにある。もし私たちが混乱状態に陥ってしまえば、アメリカは所期の目的を達成したことになる。従って、私たちにとって最重要なのは、発展と建設を堅持し続けることであり、同時に対外的にはより強固な姿勢で私たちの主張を堂々と行うことである」[56]

銭其琛《せんきしん》（Qian Qichen　一九二八年〜）外交部長は、中国は「富強」の増進の道の半ばにあるに過ぎず、アメリカと直接対決を行えるだけの実力はないと主張した。この点で朱鎔基と銭其琛の考えは一致していた。銭其琛は次のように発言した。「私たちはアメリカと直接的な軍事衝突を行ってはならない。我が国が豊かになり、人々が強くなった時に、言葉を行動に移す強さを私たちは持つことになるが、今はそうではない」[57]。朱鎔基と銭其琛は冷戦後の外交政策に関して鄧小平が遺した言葉に従おうとしていた。それは、準備ができるまでは、「韜光養晦（目立つことを避ける）」というものであった。

アメリカ政府による意図的な攻撃を受けた衝撃で愕然としたが、米中関係を悪化させないことを意図して、朱鎔基と江沢民は事件が報じられた日に公式の声明を出すことを控えた。中国国民は怒りを募らせていった。朱鎔基と江沢民は、公式声明を発表する代わりに、中国のスポークスマンとして、最高指導部で最年少の胡錦濤国務院副総理を公の場に登場させた。しかし、この中途半端な対応は、かえって国民の怒りを増大させ、最高指導部は、アメリカ政府との友好関係の維持のために国家の名誉と国際的な地位を犠牲にしているという批判が大きくなっていた。一九八九年以降おとなしかった北京の大学生たちは、江沢民を「頭をひっこめている亀」や西太后と比較する皮肉たっぷりのポスターを壁に貼り出し始めた。五四運動の時に見られた愛国的な感情が国民の間に醸成され、北京にあるアメリカ大使館とアメリカ大使公邸の周囲には怒れる人々が集まり、抗議のデモ行進が行われた。彼らはスローガンを叫び、建物に向かって投石した。駐中国アメリカ大使のジェイムズ・ササール（James Sasser　一九三六年〜）は、アメリカのテレビ局CBSの番組「フェイズ・ザ・ネイション」に電話出演し、「私たちはまるで人質のような状態に置かれている」と話した[58]。

中国の各新聞にはベルグラード事件で亡くなった人々に連帯を示す抗議の手紙が殺到した。特に北京の『光明日報』紙には多くの手紙が寄せられた。それは、光明日報の記者二名がベルグラード事件で亡くなったからだ。光明日報が紙面に掲載したある手紙の一節は次のようなものである。「私たちは自分たちを強くすることで、辱められることがなくなるだろう」[59]

まさにアヘン戦争さながらの状況であった。朱鎔基は厳しい批判に晒された。ベルグラード事件の後、朱鎔基は中国のWTO加盟について話し合うためにワシントンを訪問した。この訪問に対しても賛否両論様々な意見が渦巻いた。彼はこの訪問で中国のＷＴＯ加盟に関する中国側の条件をアメリカに同意させようとしたが失敗に終わった。ある共産党最高指導者は、クリントン大統領が提案した中国のＷＴＯ加盟を日本が中国に対して行った「対華二一箇条要求」と同じだと述べた。これは、朱鎔基を、対華二一箇条要求を受けて日本側に譲歩を重ねた、恥ずべき宥和主義者、袁世凱と同じなのだということを示唆した。[60] コンピューター科学専攻のある学生は朱鎔基総理宛てに公開書簡を発表した。その中で次のように不満を表明している。「朱鎔基総理、我が政府の弱腰の態度は政府と国民との間を離反させるものです。貴方は有能な方です。しかし、〝人々からの信頼と信認〟がなければ、どのようにして中国の経済建設を行えるでしょうか？」[61]

このような批判は朱鎔基の心を苦しめた。それは、朱鎔基は世界性を持つ人物ではあったが、同時に熱烈な愛国者でもあったからだ。朱鎔基は一九四九年の「解放」以前に生まれた人物で、彼の世界観は中国の受けた迫害と恥辱を基礎にしてできていた。彼は孫文、陳独秀、蒋介石、そして毛沢東といった人々も生きていれば行ったであろう発言をしている。それは次のようなものだ。「中国の近現代史は帝国主義的列強の威嚇と侵略の歴史であった。私たちは常に他国から酷い目に遭わされてきたのだ！」[62]。朱鎔基もまた中国の悲惨な歴史を常に念頭に置いているようであった。「鉄の宰相（Iron Premier《アイロン・プライマー》）」と呼ばれた朱鎔基は、党大会後の記者会見で次のように語っている。「私たち中国人は一八四〇年に起きたアヘン戦争以降、中国の近現代史は恥辱と外国の侵略者たちによる侵略の歴史であったことを記憶している。中国が大変に貧しく、弱かった時期のことを考えてみて欲しい。そうした時期でも私たち中国人は、〝立て！　奴隷になることを拒否する全ての人々よ〟と叫び、何のためらいもなく英雄的に戦ったのだ。日中戦争が始まった時、私はまだ九歳だった。私は救国を訴える多くの歌を歌った時、いつも涙が出て止まらなかったことをよく覚えている。歌を歌う時、私は感情の昂揚を覚え、国のためなら死んでも良いと思っていた」[63]

朱鎔基はアメリカ大使館に投石し、彼を批判した怒れる若者たちと同じくらいに国を愛していた。朱鎔基は前進するための唯一の道は、中国が世界経済分野において大国の地位を確立し、それによって他国から侮《あなど》られないようにする、そのために改革と開放を持続し、更なる経済発展を実現していかねばならないと確信していた。こうした考えは学生たちにはなかった。朱鎔基は、まだ事件の記憶が生々しく残っている時期にベルグラード事件をWTO参加交渉においてより良い条件を引き出すための道具として利用した。スーザン・シャークは、この当時クリントン政権の高官（国務次官補）で、一九九八年秋に北京で行われた「悲惨な」交渉のアメリカ側交渉団の一員として参加した。スーザン・シャークは次のように述懐している。「中国側はベルグラード事件から受けた屈辱の代償として、それまでの交渉の成果を白紙に戻し、我々には受け入れがたい条件を提示してきた。アメリカの交渉団は何度も荷物をまとめて帰国しようとした。ある夜、中国の交渉団は外交部の建物の出入り口に鍵をかけて私たちを外に出られないようにした。こうした膠着状態を打開したのは朱鎔基総理であった。江沢民国家主席と他の政治局常務委員たちの同意を取り付けて、妥協し、最終的な合意に達することができたのだ」[64]。二〇〇一年一二月、一三年に及ぶ退屈なしかし微妙な交渉の末、中国は最終的にWTOに加盟した。中国はWTOに加盟することで、世界の貿易と投資の増加の波に乗って、二〇〇〇年代に更なる急速な経済発展を実現することができた。朱鎔基のヴィジョンは最終的に完全勝利を収めたのである。

アキレス腱

朱鎔基は街頭で抗議活動を行った愛国心に溢れる若者たち、党最高指導部内の頑固な保守派、既得権益を持った官僚たち、地方の腐敗した党幹部たちに屈しなかった。その結果、「朱鎔基は公正で、厳しい人物だ」という人々からの評価を確立した。彼はある新聞記事を読み、笑いながら次のように語った。「私は、テーブルを叩き、椅子を殴り付け、人々を怒鳴り付けるという点で優れた能力を持っている。もし私が人々を怒鳴り付けなくなったら、私の頭脳が活動を停止したと思ってもらって良い」。しかし、彼はある一点では真剣そのものであった。「私は一般の人々を威圧したことはない。私は腐敗した役人たちだけを威圧している」[65]

しかし、朱鎔基の国務院総理としての任期が終わりに近づくにつれて、「朱鎔基は十分に威令を行わなかったために、彼が進めた改革の成果はほんの一握りの人々しか享受できていない状態にある」という批判がなされるようになった。二〇〇〇年春、経済発展が遅れ気味の湖北省のある地方幹部が国務院総理である朱鎔基宛てに公開書簡を発表した。これに人々が注目した[66]。この書簡の中で地方幹部は、中国の地方の厳しい現状を細かく描き出し、朱鎔基が進めた改革に対して直接的な批判を加えた。ジャーナリストの陳桂棣《ちんけいだい》と春《しゅん》桃《とう》はこの幹部の告発を受けて、彼らの出身地である安徽省でさらに調査を進め、地方の悲惨な実態を明らかにした。そして、その成果を共著『中国農民調査（*China Rural Survey*）』として発表した。この『中国農民調査』はベストセラーになったが、当局から発禁処分を受けた。この本の中で著者たちは、地方の貧困と無力は朱鎔基が進めた税収システムの改革にその原因があると主張した。彼らは、朱鎔基は経済の再中央集権化に成功したが、それによって地方の悲惨な状態は悪化することになったと結論付けている。彼らは次のように書いている。「税収は中央政府に吸い上げられ、負担を地方政府が負うという形になった。教育、家族計画、退役軍人たちの年金といった基本的な公共サービスへの支出は地方政府に押し付けられるようになった。その結果、農民たちにのしかかる負担はコントロール不能なほどに増大していった」[67]

都市部と同じく、中国の地方でもまた階級による格差は拡大の一途を辿っており、これが中国の示した新しい発展モデルにとってのアキレス腱となるのは疑いのないところだ。次世代の指導者たちに実権を引き継ぐ時期が来ると、朱鎔基は、彼が進めた改革によって生み出された不平等、不正義、貧困に対する懸念を率直に表すようになった。中国が最終的にＷＴＯへの参加が認められた時、朱鎔基にはそれを祝う態度は見られなかった。彼は笑顔を見せることなく次のように語った。「全ての人々にとって喜ばしいことだ。喜べないのは私だけだ」。朱鎔基は中国が国際市場へ統合されることで、農民たちの収入が減少し続け、鄧小平の改革が始まり、成功を収めた農村地域の発展が止まるのではないかという恐れを持っていた。[68] 朱鎔基の不満は江沢民がこうした懸念を無視する形で急速な経済発展をさらに促進しようとした時に爆発した。二〇〇二年の党大会では、「小康社会（*xiaokang shehui*　a moderately well-off society《ア・モデレイトリー・ウェルオフ・ソサイエティ》）」を作り上げることが目標として決議された。それにもかかわらず、江沢民は金融分野で新たな自由化を進めることを明らかにした。この当時、中国東部の沿岸部の好景気に沸く諸都市への投資と貸し付けは増大していたが、地方に住む六億人の生活は苦しいままであった。[69] 江沢民は出現しつつあった新富裕層を中国共産党の党員として迎え入れるということを含め、沿岸部の急速な発展に引き続き注力することを表明した。江沢民の持論は、「三界代表（*sange daibiao*　the Three Represents《ザ・スリー・リプリゼンツ》）」というものであり、豊かな人々を革命階級と見なし、正式の党員と中国共産党に加えるというものであった。この瞬間に中国共産党は企業家と資本家の利益を代表する党になったのである。これは、財産などない人々の支援を受けて権力の座に就き、それ以降の数十年間に「資本主義への道を進む」ブルジョア階級の再登場を阻止してきた革命党としては理解しがたい決定であった。

　朱鎔基は自分が富裕層ではない九九％に属する人間と認識していた。彼は次のように語ったと言われている。「私の給料は月に八〇〇元だ。そんな私がきちんと納税しているのに、新興の富裕層は税金を払っていないと言うではないか。どうして大金持ちたちが最低限の税金しか払っていないのか？」[70]。朱鎔基は常に、中国の「社会主義市場経済モデル」は平等を保証すると確信していた。一九九三年、朱鎔基は次のように述べている。「市場経済はより合理的で有効的な資源の配分を行う方法である。しかし、公有システムは市場経済に比べて、社会正義を守り、人々が共に繁栄するための優れたシステムである」[71]。朱鎔基は、一九九〇年代に彼が進めた諸改革で富の偏在が起きたことを遅ればせながら認めた。彼は「公有システムは人々を全体として豊かにする」という信念を持っていたが、現実としては、それは不確かなものであった。

強い国家、豊かな人々

朱鎔基の最後の仕事は、本書の初めから私たちが取り上げてきたものだ。それは、中国を豊かな人々が住む強国として復活させるというものだ。それまでの基準から見れば、朱鎔基は民間企業の行動範囲を格段に広げた人物ということになる。外国の投資家の多くは、彼らが経済の漸進的な自由化を進めるために中国に招き入れられたのだと考えている。民間企業の行動範囲の拡大が朱鎔基の最終目標ではなかった。朱鎔基は、自分が進めた改革は一九世紀の変法自強運動の改革者たちの進めた改革と同じだと考えた。彼らに共通するのは、富強を追求するために、中国の価値観を堅持しながら西洋の方法論と技術を選択的に導入する、という考えだ。これは古い物語であったが、新しい結末が書き加えられた。党が支配する国家が経済において最終的な所有権を持つこと、そして、党が政治権力を独占することという根幹には全く変更はなく、改善が施された。これは、一世紀前の変法自強運動では、儒教の根幹をなす考えに変更を加えられたこととは対照的と言える。

朱鎔基は次のように語っている。「私は、社会主義は中国で成功すると信じてきた。私たちの目的は、社会主義的民主政治体制と社会主義的司法システムという特徴を持つ、豊かなそして強力な国家を建設することだ。私たちはこの目的を達成できる」[72]。朱鎔基は、豊かで強力になった中国は中国国民だけでなく、世界にとっても良い存在になるということを約束した。彼は次のように述べている。「私たちが望むことは、人々の福祉の増進と民主政体と法の支配に基づいた強力で豊かな国を建設することである。私たちは、他の幾つの国々とは違い、覇権を求めず、権力政治に関与することは絶対にない。それは、私たちがそうしたもので苦しんできた歴史を持っているからだ。他国を酷い目に遭わせたり、抑圧したりして何か良い結果が生まれるだろうか？　私たちは自分たちの努力で豊かになり、強力な国となる。他国を苛めるような真似は一切しない」[73]

国務院総理を務めた一〇年間、朱鎔基は地方の爆発的な経済成長を中央が調整するというシステムを確立した。このシステムは素晴らしい結果を残した。しかし、朱鎔基は、経済発展を生み出す原子炉の中の原子燃料とも言うべき、彼が鄧小平から遺された政治システムには全く手を着けなかった。朱鎔基は恐らく、彼の前任者である趙紫陽の辿った運命から学んだのだろう。趙紫陽は亡くなるまで富強胡同街六番地にあった邸宅で自宅軟禁状態に置かれた。朱鎔基の執務室は趙紫陽の自宅から目と鼻の先にあった。朱鎔基は、方法論と技術である「用（*yong*）」に集中し、レーニンの思想を基盤とした中国の政治システムの中核である「体（*ti*）」には全く手を触れなかった。そして、中国の政治システムに反対する反体制活動家や亡命者である魏京生、方励之、劉暁《りゅうぎょう》波《は》といった人々にもその根幹には触れさせないようにした。彼らは、現在の中国の政治システムから離脱することを決めた人々である。

外国の記者たちは、中国で政治改革が進まないことに苛立ち、そのことについて朱鎔基に対してしつこく質問し続けた。その度に朱鎔基は巧みにいなした。一九九九年に朱鎔基はニューヨークを訪問した。この時、朱鎔基は、「中国の人々にはまだ民主政治体制を採用する準備ができていない」というこれまでも繰り返されてきた主張を再び述べた。彼はこの時次のように語っている。「皆さんには、まず中国とアメリカとは全く別の国であるということを理解していただきたい。中国には二〇〇〇年以上の封建体制が続いた歴史があります。中華人民共和国が建国されてわずか五〇年ほどです。我が国の生活水準はアメリカに比べてまだまだ大変低いのが現状です。教育水準もまだ低いのです。アメリカのような民主政治体制を採用するのは、我が国の現状では不可能です」。しかし、朱鎔基は法の支配の重要性は強調した。彼は続けて次のように述べている。「私たちは民主政治体制を恐れるものではありません。法の支配を実行することを好まないということもありません。人権を侵害することなど望んでもいません。しかし、我が国の現状を考えると、中国が法の支配の下で統治される国になるように漸進的に進んでいかなければなりません」[74]

朱鎔基は、「中国は自由主義的民主政体を導入するべきだ」という考えをきっぱりと否定した。彼は、「問題は中国の人々に民主政治体制を採用する準備ができてないということだけでなく、民主政体がこれまでの中国に適したものでなかったし、これからもそうであるということなのである」と述べた。二〇〇一年に朱鎔基は次のように発言している。「私たちは政治システムの改革を行う時、ただ西洋のモデルを模倣するということは断じてしない。つまり、私たちは中国共産党以外に政権を担えるような政党を持つことはないし、二院制を導入することもない」[75]。朱鎔基は批判者たちに対して次のように明確に述べた。「中国は西洋モデルに基づいて政治改革を進めることはない。中国の政治改革の成果に私たちは失望していない。失望するどころか、成功したという自信を持っている」[76]

朱鎔基の首相在任中、中国共産党と国家の権力に対する大規模な直接的抗議活動が発生した。その時の対処の仕方は、朱鎔基がどのような人物であるかをはっきり示すものとなった。一九九九年四月二五日、法輪《ほうりん》功《こう》（Falun Gong）の会員一万人以上が中南海の最高指導者の居住地域の正門（長安街に面している）を突然取り囲み、不気味なほど静かに政府に対して抗議活動を行った。法輪功は、修行と瞑想を行う宗教カルトであった。彼らは、国家からの迫害に対して抗議をするためにやって来たと主張した。党の最高指導者たちは、法輪功を全く歴史的な文脈で捉えていた。指導者たちは、法輪功を、白蓮教、太平天国、そして義和団のような神秘的な教義で人々を惹きつけた教団の流れにあるもので、そうしたものが現代に復活したのだと考えた。こうした教団が、カリスマ性を持つ指導者に率いられて時の王朝に対して反乱を起こし、王朝を滅亡させてきた歴史が中国にはある。多くの指導者が彼らを恐れたのとは対照的に、朱鎔基は、一九八九年に上海の学生たちに対してそうしたように、デモに参加した人々と直接対話することを望んだ。朱鎔基は法輪功側の代表者五名と会い、「私はあなた方の主張を理解する。私の方からもどうか私の言うことを理解してもらえるようにお願いしたい」と述べた。朱鎔基は続けて次のように語った。「安定を維持することが国家と国民にとって最も重要な利益である。安定がなければ何もできない。この抗議活動に参加している全ての人に社会の安定を保つように皆さんからもお願いして欲しい。これこそが中国全体の利益なのだから」[77]。言い換えるなら、仕事に戻り、デモを止めることが全ての人にとっての利益になると朱鎔基は述べたのである。

後にリークされた政府関係文書によると、「朱鎔基は、法輪功の人気は経済構造の変化に伴う困難を反映したものであり、そのことを理解したうえで対処すべきだと述べた」ということだ[78]。これに対して、江沢民は法輪功を禁止する施策を選び、法輪功に対して厳しい弾圧を加えた。朱鎔基は中国政府に対して抗議を行った法輪功の会員たちの諸権利を擁護することはなかった。二〇〇一年に法輪功の弾圧について質問された時、朱鎔基は次のように素っ気なく答えた。「法輪功は人道、社会、科学に反するカルトだ。従って、中国政府は法に則って法輪功を禁止した。法輪功は会員たちに心理コントロールを施している。そして、会員たちの人生を台無しにし、家族を破壊している。およそ責任ある政府で法輪功のようなカルトを野放しにする政府など存在しない」[79]

朱鎔基はエネルギーに溢れた人物であった。彼は現代の世界において中国が発展していくためには、革新的な経済改革を行うしかないということを理解していた。そして、法の支配を部分的に受け入れる必要があることも理解していた。しかし、中国共産党から独立した基盤を持つ社会組織を保護する必要はないと考えた。朱鎔基は、現在の中国が採用しているシステムに対して疑義を呈する人々を保護することもなかった。この点で、朱鎔基は鄧小平に忠実であったのだ。朱鎔基は、厳しい態度と猛烈な勢いで経済運営を行った。

これによって、一九八九年に起きた天安門事件という悲劇以降に沈滞していた、鄧小平が改革開放のために描いた青写真の実現が再び勢いを取り戻すことができた。朱鎔基は、中国が二一世紀に入っていけるための準備をしたのだ。朱鎔基は、中国が長年追い求めてきた富強、そして偉大さを獲得するためにより急速に発展できるための地ならしに成功したのである。

第14章

没有敵人　No Enemies, No Hatred

劉暁波《りゅうぎょうは》　Liu Xiaobo

謎だらけの人

二〇一〇年、劉暁波《りゅうぎょうは》（Liu Xiaobo　一九五五年〜）はノーベル平和賞を受賞した。受賞が決まった時、劉暁波は中国国内の刑務所に収監されていた。作家であり、活動家でもある劉暁波は中国のある思想家たちの流れに連なる人物であり、その生きる象徴だと世界的に認知された。ある思想家たちとは、民主政治体制と人権を中国が偉大な国として再生するための手段としてではなく、中国という国家の存立の原理となるものだと考えた人々のことなのである。劉暁波は五四運動を主導した陳独秀、魯迅、胡適《こてき》（Hu Shi　一八九一〜一九六二年）といった人々から最近の民主化運動を主導してきた魏京生《ぎきょうせい》（Wei Jingsheng　一九五〇年〜）、方励之《ほうれいし》（Fang Lizhi　一九三六〜二〇一二年）、艾未未《がいみみ》（Ai Weiwei　一九五七年〜）にまでつながる中国現代史の一つの流れを代表する唯一の人物である。富、力、国家の偉大さを取り戻すための方法を追い求めるという中国近現代史の物語を締めくくるにあたり、中国共産党が公認する中国の近現代史の物語である「復興之路（*fuxing zhilu*　road to rejuvenation《ロード・トゥ・リジュヴェネイション》）」に疑問を呈する人物を取り上げるのは適切なことと言えるだろう。それは何故か？　それは、劉暁波のような思想家たちの考える理想は確かに中国史を動かす原動力となってはこなかったが、それでも理想が中国の将来においてどのような役割を果たすことになるか誰も知ることはできないからだ。彼らは少なくともいざという時のためにある銀行の準備口座のような存在なのだ。更に言えば、民主政体と人権を主張し続ける彼らが存在することだけが、将来の中国において民主政体と人権が重要なものとして認められる可能性を担保するのである。

一九八九年春、劉暁波は三四歳、北京師範大学で文学と哲学を教える教授だった。劉暁波はその当時から政治思想に並々ならぬ関心を持っていた。そして、デモが始まった時、天安門広場で人々を主導する人物として脚光を浴びるようになった。劉暁波は、一九八八年に美学と人間の自由に関する博士論文を完成させた。

第14章扉写真　提供：ロイター／アフロ

その後、現状を批判する文章を数多く発表した。劉暁波は一匹狼のそして時代を代表する作家で、知識人の果たすべき役割とは、「時代よりも進んだ考えを発表」し、「人々の間で共有される考えの範囲を拡大すること」であると信じていた。劉暁波は真に自立した知識人は「冒険的」で、「孤独な先行者」でなければならないと考えていた。このような知識人の真の価値は、「その知識人がかなり進んだ後」に発見されるのだ、と劉暁波は述べている。[1]

劉暁波は独自の立場を貫く思想家で、髪の毛を短くし、煙草をひっきりなしにスパスパ吸い、パイロット用のサングラスを愛用するという特徴的で目立った存在となった。彼は一党支配の前提となる諸原理をことごとく否定した。劉暁波は、一党支配とその前提となる諸原理は、多くの中国人の自分の頭で思考する能力を弱めるものだと考えた。劉暁波は次のように述べている。「中国共産党の支配者たちは、私たちに小さな喜びを与え満足させる。そして鞭を使って私たちを脅し上げる。歌と踊りを見せて私たちを楽しませる。そして嘘をついて私たちを騙すのである」。[2] 劉暁波は中国共産党に簡単に協力する知識人たちを非難し、次のように語った。「中国で知識人と呼ばれている人たちのほとんどは、独裁者の仲間であり、共犯者である」[3]

劉暁波は、ヴァーツラフ・ハヴェル（Vaclav Havel　一九三六～二〇一一年）、モーハンダース（マハトマ）・ガンディー（Mohandas Gandhi　一八六九～一九四八年）、マーティン・ルーサー・キング・ジュニア（Martin Luther King Jr.　一九二九～一九六八年）といった非暴力運動の指導者たちを尊敬し、偽善、無批判な集団思考、政治における迎合を忌避した。[4] 一九八九年、天安門事件の発生前に彼は次のように書いている。「中国人は有名人たちを見上げるのが大好きだ。そうすることで、思考によって起きる面倒を避けている。だから、中国人たちは大勢《たいせい》につこうとする。たまに誰かがそうした群衆の中で立ち止まり、叫び声をあげる。そして全ての人々はビックリ仰天する。私が言いたいことは、中国には自分の頭で思考する人はほとんど存在しないということだ」[5]

劉暁波は一九五五年、中国東北部の町、長春で知識人の家に生まれた。一九六〇年代末の文化大革命の時期、劉暁波は辺境にある人民公社に「下放（sent down《セント・ダウン》）」された。劉暁波は一九七七年に吉林大学が再開した時、中国文学学部に入学を許された。そして、一九八八年に博士号を取得した。そして、中国の首都、北京にある北京師範大学の講師となった。[6] この時期、劉暁波は、魯迅が書いたような、「雑文（*zawen* miscellaneous essays《ミスセラニアス・エッセイズ》）」を書き始めた。この「雑文」の中で、劉暁波はテーマとして取り上げた全ての物事や人のことについて徹底的に思索し、批判した。一九八八年、劉暁波は中国人の西洋に対する態度について次のように批判している

「アヘン戦争開戦以降に中国で行われた全ての改革は、西洋に対する賞賛と恐怖といった雰囲気の中で行われた。しかし、中国人は、自分たち自身が絶望的なほどに遅れていること、そして中国文化がボロボロであることを自ら進んで認めることはないだろう。それどころか、中国人は自分たちを慰めてくれる国家意識とプライドを満足させてくれるものを常に探し回っている。中国人が西洋の物質的な優位を認める時、それと同じくらいの力の入れようで西洋の人々には精神性が欠如していると馬鹿にする。中国人が西洋の科学の優位を認識する時、西洋は道徳的に頽廃していると言って自分たちを慰める。西洋の力強い文化に対峙した時、中国人は中国の古代文化に救いを求め、自分たちのプライドを慰めた」[7]

劉暁波は彼が間抜けで中身がないと考えた人に対して辛辣で、批判的であった。そのため、劉暁波ははた迷惑な知識人だという噂が広がり、文学界の「謎だらけの人」というあだ名がついた。[8] その結果、劉暁波は常に中国共産党の社会監視や検閲を担当する部局と対立した。劉暁波は彼らからの横やりや介入を公然と批判した。劉暁波は偶像性を高めていったために文学や学問の世界の人々と衝突することも多かった。彼らは

劉暁波には確固とした思想がないと考えた。劉暁波は常にだれかを攻撃しているように見えたので、多くの人々が劉暁波を避け、彼に対して疑いを持つようになった。

オーストラリア出身の中国学者で同僚であったジェレミー・バルメは次のように書いている。「劉暁波は、学者たちの集まり、一般の人々向けの講義、落ち着いた夕食会で長々と批判を述べた。彼は常識のあらゆる側面を攻撃した。その結果、彼の火の出るような批判に耳を傾ける人間は、中国人、外国人問わずほとんどいなくなった」。バルメは続けて次のように語っている。「劉暁は、攻撃的なそして礼儀をわきまえない人物として、すぐに人々から恐れられるようになった」[9]。一九八九年のデモが始まった当初、劉暁波は反体制知識人の方励之を批判した。劉暁波は方励之が天安門広場に姿を見せないことについて述べた彼なりの論理に基いた正当化、そして学生たちの運動の自主性とその「純粋性」に批判を加えた[10]。劉暁波は、彼の挑発的な態度について次のように述べている。「私の過激な表現を許容する余裕が存在すべきだ。しかし、他の人が私のようになることは望まない」[11]。対立を呼び込んでしまう存在という点で、劉暁波は時に投獄中の反体制活動家の魏京生の知識人版になぞらえられることもあった。彼らは反毛沢東的な、民主的な信条を共有していた。それと同時に彼らは矛盾と闘争を引き起こすという共通点を持っていた。その点では彼らが嫌った毛沢東とよく似ていた。

劉暁波は吃音であったために、不満を募らせて喧嘩腰になるということはなかった。彼は上品に振る舞うことのできない、未熟な人間であった。劉暁波の妻、劉霞《りゅうか》（Liu Xia　一九六一年〜）は劉暁波を「不器用だが努力を惜しまない詩人」だと評している[12]。

一九八九年に北京で起きたデモが勢いを増していた時期、劉暁波は天安門広場に滞在し、学生たちと緊密な関係を構築していった。彼のこうした行動は他の知識人たちと大きく異なっていた。他の知識人や学者たちは、ごくたまに仲間と連れ立って顔を出し、威張り散らして帰っていくだけだった。彼らのこうした態度は、劉暁波の「年を取った学者たちは自己中心的である」という考えを裏付けるものとなってしまった。劉暁波は、「年寄りの学者たちは威張り散らすが、それは無名の学者たちから〝丁寧に〟接してもらおうとするからだ。無名の学者たちは高名な学者たちにすり寄ることで、その仲間に入れてもらい、出世しようと計算ずくで行動しているのだ」[13]

劉暁波は、自分がそうしているように、知識人たちは自分たち自身の考えに基づいて行動しなくてはならないと確信していた。劉暁波は他の知識人や学者たちよりもより深く天安門広場で展開されているドラマに参加した。しかし、彼は特別扱いを好まず、北京師範大学の学生たちと共に行動した[14]。劉暁波は、あばた面で、常に煙草を手放さず、薄汚れたシャツを何日も取り替えなかった。そのため、劉暁波の姿は、天安門広場に集まった人々と全く同じであった。劉暁波は、学生たちのリーダーであったウーアルカイシのアドヴァイザーにもなった。ウーアルカイシはウイグル族出身のイスラム教徒で、劉暁波が教鞭を執っていた北京師範大学の学生であった。彼は派手な言動で注目を集めていた。劉暁波が学生たちと緊密な関係を築いたのは、この学生たちが始めた運動によって、中国の知識人社会に伝統的に存在した、年齢と地位を基にして築かれたヒエラルキーを打ち壊すことができるかもしれないという希望を持っていたからだ。

皮肉なことに、劉暁波は最初学生たちのデモに対して懐疑的であった。一九八九年四月中旬にデモが始まった時、彼はコロンビア大学に客員研究員として滞在するために、ニューヨークに到着したばかりであった。彼はこのデモが何かを生み出すということについては懐疑的であった。劉暁波は、胡耀邦の死に対する反応を「ヒステリック」だと評した。そして、比較的リベラルな中国共産党の指導者にだけ英雄的な評価がなされ、真の反体制活動家は無視されているのはどうしてかと疑問を呈した。「胡耀邦のように中国共産党内に留まり、際限のない政治的な要求に応えるために任務を遂行してきた人間を自主独立の気風を持つ知識人、そして英雄と見なすことができるだろうか?」と劉暁波は問いかけた。劉暁波は、一九八九年に書いたエッセイ「悲劇的な英雄の悲劇」の中で次のように書いている。「どうして中国人はこうも悲劇を繰り返すのだろうか？　中国人は周恩来、彭徳懐、胡耀邦といった人々を悲劇の英雄として悼むが、魏京生のような悲劇的な人物のことは忘れてしまうのはどうしてだろうか？　魏京生が獄につながれている時に魏京生の家族の暮らしはどうなのだろうかと気に掛ける中国人がどれほどいるだろうか？」[15]。こうした問いかけを劉暁波が行ったことは、彼もまた魏京生と同じ苦しみを味わうことになるという予感があったのではないかと思わざるを得ない。

劉暁波は当初、デモに対して懐疑的であった。しかし、すぐに今回は別で、何かこれまでにないことが起きているということを感じるようになった。そして、劉暁波は、祖国で政治が動こうとしている歴史的な時に自分がそこにいないという焦燥感に駆られるようになった。そして、天安門広場での運動が盛り上がりを見せた時期、劉暁波は、誰もが羨むアメリカでの研究の機会を投げ棄て、飛行機に戻り、北京に帰ってきた。彼はその足で天安門広場に向かった。そして、そこで劉暁波は自分の目に映った現実に鼓舞された。それは、天安門広場にいた人々の間に新たな「公民意識（*gongmin yishi*　civic consciousness《シヴィック・コンシャスネス》）」が醸成されていたことであった。この「公民意識」という言葉は、梁啓超や陳独秀といった先覚者たちも使っていた言葉である。劉暁波は自分自身が考えたよりも深く運動に参加するようになった。辛辣なそして冷笑的な三〇代の大学教授、劉暁波が破壊するのと同じ情熱で建設に参加したのである。

五月に鄧小平が戒厳令を布告して数日後、「私たちの提案」という題の声明が発表された。この大部分を書いたのは劉暁波であった。この声明から劉暁波の心境の変化が汲み取れる。この声明の中身は次のようなものであった。「この学生たちの運動は拡大し、深化している。そして、市民全体を巻き込んだ運動へと発展しようとしている。政府の政治的な失敗に対して、市民たちが立ち上がり、運動へと参加しているのだ。私たちの政府は長年にわたり人々の要求に耳を傾けてこなかった。更に、人々がデモを行い、ストライキをし、自分たち自身で組織を作ることを否定してきたイデオロギーを変えていかなければならない。私たちは私たちの政府に対して、政府を監督し、自分たちの要求を表明するために憲法で認められている権力を使いたいという人々の願いを受け入れるように教えなければならない。私たちは私たちの政府に対してこの国をどのように民主的に統治するのか、その方法を教えなければならない」[16]

ハンガーストライキを行った芸術家

一九八九年六月までに、抗議運動は指導部の機能と盛り上がりを失っていた。初期に見られた活気と活力を取り戻すために、劉暁波とロックスターの侯徳健《こうとくけん》（Hou Dejian　一九五六年〜）、北京師範大学の学生新聞の編集者だった高新《こうしん》（Gao Xin）、北京大学で社会学の研究員をしていた周舵《しゅうだ》（Zhou Duo）ら三人の活動家たちは、天安門広場の真ん中にある人民英雄記念碑にキャンプを張った。そして傍らには、「他に道はないのだ（No Other Way《ノー・アザー・ウェイ》）」という横断幕を掲げた。[17] 彼らは歴史的に重要な宣言を発表した。その内容な次のようなものだ。「私たちはハンガーストライキを実行する！　私たちは抵抗する！　私たちはアピールする！　私たちは告発する！」。彼らは知識人と学生たちに対して、「数千年間も続けてきた、口先だけで行動を伴わない弱腰の態度を止め、戒厳令に抗議し、新しい政治文化の誕生に貢献する」ように求めた。そして、劉暁波たちは、どうしてハンガーストライキを行うのかという理由を次のように説明した。「私たちは、市民社会の中に存在する民主的な力を見せつけ、銃剣と虚偽で維持されている非民主的な秩序を破壊するために平和的な手段を用いたいと思う」[18]

劉暁波をはじめとする四名の偶像とも言うべき人々は、鄧小平を直接批判した。彼は次のように宣言した。「中国社会は、古い皇帝を新しい皇帝に取り換えるということを繰り返して悪循環に陥ってしまっている。

歴史が明らかに示しているのは、人々の人気がない指導者を引きずりおろして、人々の間で人気の高い、新しい指導者に権力を委ねても、中国政治が抱えている根本的な問題を解決することはできないということだ。私たちが必要としているのは、完璧な救世主などではなくて、完璧な民主的システムなのだ」[19]

ハンガーストライキを実行する四人は更に抗議運動を指揮している学生たちのリーダーたちを批判した。四人は「学生たちの組織は秩序だっていないし、学生たちのリーダーは過度に権威主義的であり、間違った平等の概念を持っている。重要なことは過ちを認識し、それらを正すことだ」と述べた。四人は、学生のリーダーたちは理論的・抽象的には民主的ではあるかもしれないが、実際の諸問題に対処する場合に「感情的になり過ぎて、合理的な思考ができていない」とも述べた。

最後に、四名は「四つのスローガン」を発表した。それはつぎのようなものであった。

「1. 私たちに敵はいない！私たちの英知と民主化の過程を憎悪と暴力によって汚してはならない
2. 私たちは私たち自身を点検しなければならない。中国の後進性は全員の責任だ！
3. 私たちはまず市民であることを確認する
4. 私たちは死を求めてはいないが、人生をかけて真実を求めている！」[20]

劉暁波たちはまず「敵」という存在を認識しないと宣言した。これは、毛沢東が階級闘争を正当化するために持ち出した「敵意を生み出す矛盾」という考えと暴力闘争への依存を拒絶することを意味した。彼らは憎悪という感情に抵抗しようとしたが、これにはキリスト教の影響が見られる。一方で、個人の欠点の自己点検を求めていたが、これは儒教の影響を大きく受けていたと思われる。劉暁波たちが掲げた三つ目のスローガン、「市民（citizenship《シティズンシップ》）」という存在を認識することは、梁啓超の「中国を皇帝、独裁者、レーニン主義政党の存在なしに自分たちが自分たちを統治できるだけの政治意識を持った〝新民たち（new citizens《ニュー・シティズンズ》）〟の国にする」という夢を実現する試みでもあった。四番目のスローガンは、「祖国中国」への愛国的な献身として、血、死、自己犠牲を叫ぶ学生のリーダーたちに対するやんわりとした叱責であった。劉暁波たちは、そのような安っぽいメロドラマを演じることを戒めたのである。[21] 天安門広場には「デモクラシーの女神(Goddess of Democracy《ゴッデス・オブ・デモクラシー》)」と呼ばれる巨大な白い彫刻が天安門に掲げられた毛沢東の肖像の前に置かれた。これを製作したのは、中央美術学院の学生たちだった。この彫刻を背にして、学生運動の「総司令官」と呼ばれた、柴玲《さいれい》（Chai Ling　一九六六年〜）は後に有名になった次のような演説を行った。「次の段階は流血(bloodshed《ブラッドシェッド》)だ。天安門事件が人々の血で清められることだけが、全国の人々を目覚めさせることにつながるのだ」[22]。抗議運動が激化してくると、興奮に駆られた学生たちは次のような演説を絶叫しながら行った。「私は命を懸けて天安門と共和国を守る決意だ。たとえ首を切られ、私の血が流れても、人々の広場は失われることはない。私たちは私たちの若い命を引き替えにしても、最後の一人になるまで戦う」[23]

ドラマは一九八九年六月四日に最後の朝を迎えた。午前四時、人民解放軍が北京市内になだれ込み、多くの学生や市民たちが流血の大惨事の犠牲となって負傷したり、亡くなったりした。この時、劉暁波と侯徳健は、天安門広場を取り囲んだ人民解放軍部隊と交渉し、広場に残っていた人々が平和的に広場を離れる、人民解放軍は暴力を振るわないということで合意に達した。合意ができるとすぐに二人は人民英雄記念碑の下に立ち戻り、学生たちに自発的に退去することで自分たち自身の身を守って欲しいと懇願した。侯徳健は、「私を責めても良いし、罵倒しても良いから、とにかく退去してくれ」と懇請した。死を決した数名の学生たちは劉暁波と侯徳健を「敗北主義者（capitulators《キャピチュレイターズ》）」だと嘲笑した。しかし、混乱の中で採決を取ったところ、疲れ切ったそして恐怖に震える学生たちの大多数が、二人の提案に賛意を示した。[24]

侯徳健は次のように叫んだ。「私たちは大勝利を収めた！　私たちは自分たちの主張を示し貫徹した。私たちは死を恐れない。しかし、今の私たちの責務は全ての場所で戦い、態勢を立て直すことだ」[25]。実際のところ、天安門広場に通じる道路では虐殺が行われたが、中国の首都の中心である天安門広場では人命が損なわれることなく、人々は退去できた。運命のいたずらとも言うべきことだが、劉暁波と侯徳健の努力によって、皮肉にも中国政府は後に「〝天安門広場で〟亡くなった人はいなかった」と主張できたのである。

連続した逮捕

一九八九年六月四日の天安門事件以降、恐怖が北京を覆うようになっても、劉暁波は、多くの人々とは違い、身を隠すことも国外に逃げることもなかった。六月六日の深夜、彼は友人を自転車に乗せて自宅に向かっている途中、一台の覆面バンが彼の横に停まった。数名の男たちが飛び出してきて、劉暁波と友人をバンに放り込み、走り去った。中国政府が劉暁波の逮捕を正式に発表したのは六月二四日であった。逮捕容疑は、劉暁波が、「反革命暴動」の裏にいた「黒手組（black hands）《ブラック・ハンズ》」の一人であったというものであった[26]。

劉暁波はそれから約二〇カ月間拘留された。そして、一九九一年一月二六日、天安門事件に関する他の逮捕者たちに比べてかなり早く刑務所から釈放された[27]。これは、劉暁波が天安門広場という中国を最も象徴する場所での流血の大惨事を避けるために果たした重要な役割を中国政府も認めていることを示していたのは疑いのないところだ。しかし、中国政府はそれ以降もずっと様々な機会で劉暁波を逮捕し、拘留、投獄し続けた。

劉暁波は同世代の多くの人々と同じく、六四天安門事件が人生において重要な転換であったと述べている。事件から長い時間が経過した現在でも彼の脳裏から事件のことが離れることはない。彼は六四天安門事件の経験を基にして詩集『六月四日の哀歌（*June Fourth Elegies*）』を出版した。二〇〇二年、アメリカに本部を置く中国民主教育基金は、劉暁波の「卓越した活動」に対して年間最高賞を授与した。この時、中国政府は、劉暁波に表彰式会場があるロサンゼルスへの渡航を禁止した。劉暁波が欠席した表彰式で、彼の演説原稿が読み上げられた。その中身は、一九八九年の六四天安門事件の経験を振り返るものであり、生き残った者の亡くなった者に対して感じる罪悪感が書かれていた。

「私は本日、二〇〇三年五月三一日、この賞をいただきました。本日から四日後の六月四日、一四年前の六月四日の朝、人々の血が流されました。私の仕事が果たしてあの日に亡くなった人々を満足させるものであったか分かりません。また、私の仕事は、この賞にふさわしいものであるなどと胸を張って誇れるものでもありません。虚偽の上に作られたシステムの内部で真実を語り続ける人々にこの栄誉が与えられたのだと私は理解しています。そして、私が受賞したのですが、あの日に亡くなった人々の魂にもこの賞が与えられたと考えています。あの日の記憶は消去されることを拒絶しています。あの日に亡くなった人々が常に私をじっと見下ろしていると私は感じています。彼らは生き残るという特権を得たひとりの人間を見下し、軽蔑しています。私は生き残ってしまったことの大きな責任を常に背負っているのです」[28]

一九八九年に起きた虐殺について書いた彼の著作がこのような反響をもたらしたのは、劉暁波が人道的な視点を持っていたからだ。劉暁波がそのような視点を獲得できた一因に二〇世紀の偉大な作家である魯迅の作品に触れていたことが挙げられる。その当時の魯迅は現在の劉暁波のようであった。劉暁波は、その当時の魯迅がやったように、中国人にとって触れられたくない心理の隙間について深く考察するという仕事を行っている。劉暁波は二〇〇六年に次のように書いている。「表面的な、傲慢なナショナリズムの下には、公民的な価値とは全く結びつかない中国特有の倫理観が存在する。中国特有の倫理観とは、ジャングルの倫理であり、主人と奴隷との関係が基礎になる倫理観である。強いものの前では人々は奴隷のように振る舞う。弱いものの前では主人のように振る舞う」[29]。魯迅は、一九二五年に『長明灯（*Random Thoughts Under the Lamp*）』という著作を発表した。その中には次のような有名な一節がある。「中国史を最も簡潔にかつ最も適切に描写すると次のようになる。中国史には二つの時期が存在し、その間を行ったり来たりしてきただけに過ぎないのだ。その二つの時期とは次のようなものだ。①人々が安定した奴隷状態をただただ楽しむ時期。②人々が安定した奴隷状態を楽しむために努力する時期。この二つである。この二つの時期を行ったり来たりすることを、学者たちは〝混乱と秩序のサイクル（the cycle of chaos and order）〟と呼んだのである」[30]

劉暁波にとって、主人と奴隷の関係の比喩、諸価値観の欠如、行き過ぎた愛国主義といったものは、一九八九年の自分自身の体験で明らかになっているものばかりであった。一九八九年六月四日に起きた虐殺について書いた文章の中で、劉暁波は、魯迅が一九二六年に起きた四七名の学生が天安門の前で殺害された事件について書いたエッセイから引用をしている。その一節は次のようなものだ。「中国では、ほんの数名の短い生涯のことなど何の問題にもならないのだ」。劉暁波は自分のエッセイで続けて次のように書いている。「我が国のエリートと呼ばれる人々は、魯迅が活躍した時代から何の進歩もしていない。私たちの中に恥の感覚や罪悪感を見つけることは難しい。私たちは苦しみに遭遇した経験から何か精神的に意義あることを学ぶ術を持っていない。また、どのようにしたら人間の尊厳を保ちながら生きていけるのか、一般の人々の苦しみをどのように心配したらよいのかなども全く分からないのだ」[31]

劉暁波は、六四天安門事件（第二次天安門事件）に関して自分にも大きな責任があることを痛感していた。しかし、中国共産党や自分と同じ知識人や学者たちに対する姿勢はそれによっていささかも軟化することはなかった。劉暁波が投獄されている間、香港の出版社が彼の初期の文章をまとめた著作を発表した。その中で彼は、知識人たちが党や政府に卑屈なまでに従っている姿を激しく非難した。彼は次のように書いている。

「中国の知識人について考えると、いつも〝売春婦〟とか〝皇帝の道具〟といった言葉を思い出すのはどうしてだろうか? 彼らは腐敗した、もしくは無能な指導者に反対することはあっても、そういう指導者に正統性を与えた専制政治システムを批判しないのはどうしてだろうか?」。こうした疑問に対する劉暁波の答えは、「歴史的に、中国の知識人たちは権力側に地位を約束されてきたし、服従と引き換えに自分たちの個人的な利益を増進させてきた。彼らは服従することで特権を与えられてきた。だから、権力を批判できないのだ」というものであった。劉暁波は、中国の知識人たちも専制政治の危険性は理解しているのだが、「彼らは自分たちの信念を隠して、権力を賞賛するか、沈黙を守る」ようになっているとも述べた。劉暁波は、全ての反応の中で沈黙こそが最も非難されるべきだと考えた。「知識人たちは不満を持っていても、それを口に出さずに沈黙を守るが、それでは悪の力を弱めることにはならないのだ」[32]。数年後に反体制の芸術家である廖亦武《リャオイウ》(Liao Yiwu 一九五八年〜)へ送った手紙の中で、劉暁波は次のように書いている。「六四天安門事件での虐殺の後の数年間、沈黙と記憶の喪失が中国社会で蔓延してきた原因の一つは、道徳的な指導者が反体制のシンボルになろうとしていないことなのだ」[33]

劉暁波は反体制のシンボルとしての役割を果たそうとしているようであった。劉暁波は刑務所から戻るたびに文章を書くという生活を続けた。彼の作品を英語に翻訳しているペリー・リンクは次のように述べている。「彼はただ書き続けた。どう考えたらよいか? 何について書いたらよいか? どんな表現を使えばよいか? こんなことを飽きもせずに、ただ書き続けた」[34]

人権の普遍性

劉暁波は政治哲学の面では、反体制活動家で物理学者の方励之の後継者だと言える。方励之は民主政治体制と人権について、これらには国家の経済発展に寄与するという功利的な価値もあるがそれ以上の価値があるものだと主張した。劉暁波もこの考えを踏襲している。劉暁波と方励之の二人は、リベラルな諸価値に関して、フランス人やアメリカ人だけでなく中国人にとっても重要な、人類共通の財産なのだと考えていた。方励之は科学者となるための訓練を通じて人権に関する彼の信条を形成した。学問の世界とは、理性と論理は普遍的なものだと考える世界である。劉暁波は「ミスター・デモクラシー」であり、方励之は「ミスター・サイエンス」と言えるが、彼ら二人は、「ミスター・サインエス兼ミスター・デモクラシー」と呼ばれた五四運動の活動家、陳独秀の再来であると言えた。しかし、劉暁波は方励之と違い、科学的な合理主義(rationalism)《ラショナリズム》ではなく、人道的な精神によって彼の信条を形成した。劉暁波は、人道的な精神に基いて、西洋文化を「中国という国家を復活させるための単なる道具」として使おうとする態度を嘲笑した。劉暁波は、中国人に対して、「全てに対して疑いを持ち、批判的な態度」を取る西洋の伝統をこそ身に付けるように求めた。[35] 劉暁波は中国の国際的な地位について懸念を持っていた。しかし、彼の懸念は、「富強」を何よりも優先する指導者たちの懸念とは違う種類のものだった。一九八九年に、ニューヨークを発つ前に書いたエッセイの中で劉暁波は次のように述べている。「中国の現状は、他の諸外国と比べてみて、あまりにも遅れており、退化しており、形骸化しており、綻びが目立つ。中国に必要なのは挑戦されることだ。この際、他の文明からの〝脅威〟であっても構わない。中国に必要なのは、孤立、孤独、狭量さから脱するための広く開放された海である」[36]

朱鎔基国務院総理と江沢民国家主席は、一九九〇年代に、中国経済の改革開放を進める諸改革を断行した。そうした時期に、遠慮会釈なく発言する劉暁波のような人物がいる場所は刑務所しかなかった。結果、一九九〇年代、劉暁波は刑務所を出たり入ったりすることになった。劉暁波が陥った苦境は一九一九年の五四運動の時に学生たちが投獄されていった様子とよく似ている。陳独秀は学生たちが投獄されていくのをじっと見つめていた。そして、彼は次のように書いている。「学校と刑務所から生まれた文明こそが真の文明である。命と価値を持った文明なのである」[37]

一九九五年五月、彼が自由であった時期、劉暁波は、「流血によって得られた教訓から学び、民主政治体制と法の支配を前進させよ：六四天安門事件から六周年を迎えて」という請願を提出した。彼はこの請願提出のためにまた囚われの身となってしまった。七カ月後、釈放された劉暁波は、より微妙な問題である台湾について発言し、一九九六年一〇月に再び逮捕された。この時は超法規的措置である、正式な起訴も裁判も必要ではない「労働を通じての再教育」に送られた[38]。

それから三年後に釈放された時、劉暁波は無職で、生活手段をほぼ奪われた状態であった。彼は海外の中国語メディアへの寄稿などで何とか生活をすることができた。彼は長年の投獄によって、すっかり人が変わってしまった。頑固なところは変わらなかったが、傲慢さがなくなり、知識人たちへの手当たりしだいの攻撃もしなくなった。全てを剥奪され、苦痛に耐えた経験から、寛容の精神を獲得したのである。厳しい状況で人間らしくいることの難しさを劉暁波は覚ったのだ。長期にわたる投獄の間、劉暁波は苦しむことの意味、そして良心や魂の問題について格闘した。「聖アウグスティヌスへの詩」という文章の中で、劉暁波は「その時、残酷さと悲惨さを発見した」と書いている[39]。そして、投獄中に劉暁波は精神的にある種の気付きを得たのだ。この気付きは彼の文章の中に繰り返し反映されているものだ。特に妻である劉霞へ送った愛の詩の中に反映されている。詩の中には、受難、罪、悔恨、告白、贖い、赦し、愛を通じての救済といったことが書かれている。このキリスト教にもつながるテーマに劉暁波が関心を持ったのは、親友である小説家の余傑《よけつ》（Yu Jie　一九七三年〜）の影響が大きい。余傑は亡命を余儀なくされる前の二〇〇三年にキリスト教に改宗した。

劉暁波は若い時に持っていた自己中心的な態度と他人を馬鹿にする態度や心情を乗り越えようとして、自分自身と戦ってきた。そして次のような結論を得た。「憎悪は人間の知性と良心を食い尽くす。そして、毛沢東時代の我が国の経験が示しているように、一人の人間の精神を完全に毒してしまう。憎悪は残酷なそして最終的には多くの人々が亡くなることになる戦いにまで容易に発展してしまう。憎悪は社会における寛容と人間らしい感情を破壊する。そして憎悪はある国が自由と民主政治体制に進むことを阻害する。私は政権が私に向ける敵意に対して最大の愛情で応えたいと思う。そして憎悪を乗り越えるのに愛を使いたいと思う」[40]。二〇〇九年の裁判で、劉暁波は、自分の人生において一九八九年六月が転換点となったと述べた。そして、彼の哲学である「私には敵はいないし、憎悪もない（I have no enemies and no hatred《アイ・ハヴ・ノー・エネミーズ・アンド・ノー・ヘイトレッド》）」も危機を迎えたとも述べた[41]。

中国の奇跡

劉暁波は一九九九年に刑務所から出所した。中国だけでなく、世界のどの国もそれまでに経験したことがなかった急激なそして大規模な経済成長の真ん中に劉暁波は足を踏み入れた。そして、二〇〇〇年代、世界は、中国経済の「奇跡」の驚異に目を向けることになった。胡錦濤国家主席は任期の終わりに、「中国国民は繁栄と強さを追い求め、偉大な結果を得た」と自画自賛したほどだった[42]。二〇〇八年、アメリカで起きたサブプライムローン危機が世界規模の経済危機にまで発展した。結果、中国の輸出も鈍化した。中国政府は中国経済が失速しないように大規模な景気刺激策を実行した。二〇〇九年、中国はドイツを抜いて世界最大の輸出国となった。その翌年、中国は経済規模で日本を抜き、アメリカについで世界第二位の経済大国となった。レーニンは国際金融独占資本主義の危険を警告したのだが、彼の警告の中身は現実によって覆された。中国共産党は、国際資本主義の敵対的な反動勢力との間で数十年もの間争ってきたのだが、今やウォール街だけでなく、世界中の銀行家たちの注目の的になっている。胡錦濤と温家宝の任期中、中国の外貨準備は、そのほとんどがアメリカ国債であるが、三兆ドル（約三〇〇兆円）を超えた。中国政府は外貨準備のアメリカ国債偏重を改め、多様性を持たせるための方法を模索している。中国政府は、二〇〇〇億ドル（約二〇兆円）の資金を出資し、ソヴリン・ウェルス・ファンド（sovereign wealth fund SWF）である中国投資有限責任公司（China Investment Corporation《チャイナ・インヴェストメント・ファンド》 CIC）を設立した。中国は一世紀以上の間、債務国であった。しかし、二〇〇〇年代に入り、中国は貿易黒字によって莫大な外貨準備を持つようになり、それだけでなく、世界中が羨む、債権国、投資国となったのである。

胡錦濤が進めた「繁栄に向かう偉大な追求」は、冷静に見てみれば、優れた洞察力によって実行され、ビジネスマン、旅行者、開発の専門家たちから大きな賞賛を受けた。都市部には高層ビルが林立し、巨大な空港が次々と建設され、最新の高速鉄道、高速道路、トンネル、橋が作られた。最新のデザインの博物館や美術館、オペラハウス、官庁の建物、企業ビルなども次々と建てられていった。

「中国の奇跡」はある種の幻影なのではないかという疑問を呈したのはほんの数名の人々であった。その代表が劉暁波であった。経済発展が続く二〇〇八年、彼はエッセイの中で次のように書いている。「中国の奇跡の舞台裏では、権力を持った党幹部たちが、急速な経済成長を莫大な利益を手に入れるチャンスだと考えていた。彼らが貪欲に個人の利益を追求したことで経済成長は続いたのである」[43]。劉暁波は、「このようなコネが重要な要素となるクローニー・キャピタリズム（訳者註：縁故や人脈関係を使って、国家の経済運営に食い込み、個人や企業が利益を上げる経済体制）によって経済的な繁栄が生み出されたことで、人々の間に〝出来るだけ早く豊かに〟という心情が熱病のように蔓延し、少数の人々が巨万の富を得た」と批判した。彼は次のように書いている。「経済成長率が年率九％を超える状態は〝奇跡〟と呼ばれる。実際、奇跡的なことである。しかし、合法、非合法を問わず、民営化が進むことで、中国は、不正なやり方で大きな利益を得る実業家や銀行家である〝泥棒男爵（robber barons《ラバー・バロンズ》）〟の天国、何でもありの世界になってしまった」[44]

劉暁波が考えたように、党のエリートたちは、経済成長を使って、知識人たちを「孤独にし、バラバラにし、孤立」させた[45]。劉暁波は次のように述べている。「党のエリートたちはまず流血を伴う弾圧で知識人たちを恐怖させ、そして、物質的な利益を与えることで懐柔する。それから数年すると、知識人たちは独りよがりの冷笑家に変貌する。知識人たちの多くが心の中では党のイデオロギーを拒絶し、党の行動に不満を持っている。しかし、物質的な利益の魅力が一方にあり、政治的な弾圧がもう一方にある場合、知識人たちは政権側につくことを選ぶ。知識人たちはエリートたちがやることを擁護することに何の恥ずかしさも覚えなくなり、資本主義を信奉する共産党政権の顔を綺麗に化粧して差し上げるメイクの役割を進んで引き受けるようになる」[46]

中国国民の多くや海外の人々は、中国国内の数億の人々の生活水準がこれまでにないほどに上昇し、新しい社会資本がスピード感を持って次々と建設されている状況に賞賛を送っている。しかし、劉暁波は、そうした状況の中で、人々はエゴイズムや自己中心的な考えに嵌ってしまい、道徳的な退廃が起きていると見ていた。彼は皮肉を込めて次のように書いている。「奇跡の経済成長の裏にあるものは、システム化された腐敗、不正が横行する社会の〝奇跡〟、道徳的退廃の〝奇跡〟、浪費社会の行きつく先の〝奇跡〟である。経済、人権、社会全体に与えるダメージは計り知れない。回復はできるのだろうか？　もし可能なら、それこそが奇跡なのである！」[47]

中国の主流派の経済学者たちは、声高に主張することは決してないが、劉暁波の考えに少なくとも部分的に同意している。温家宝国務院総理でさえ、「急速な、アンバランスな、調和の取れない、持続可能ではない」経済成長に警鐘を鳴らしたほどだ[48]。朱鎔基は貧富の差について懸念を持っていた。朱鎔基は、国務院総理の座を退くときに貧富の差について懸念を表明したのだが、中国における貧富の差は拡大していく一方だ。それは大陸棚同士が地震のような出来事のお蔭で少しずつ、ほんの数センチずつだが確実に離れていくようなものであった。貧富の差を示すジニ係数に関して言えば、二〇〇一年には〇・四を超える程度であった。そして、この年を最後に中国政府は公式に数字を発表しなくなった。しかし、二〇一〇年の段階の推定値は〇・六を超えるとされている。中国は世界でも最も国内の経済格差の大きい国の一つとなった。[49] 二〇一〇年には、五億人が一日二ドル以下の貧困生活を送っている中で、富裕層の数がロシアを抜いたことが明らかになった。[50]

経済的な不平等が大きくなると、それに伴って社会も不安定になるのは確かなことだ。公式に報告されている地方での「大衆による抗議運動」事件の数は二〇〇六年までに、年間数千件だったものが数万件に急増した。二〇〇六年以降、中国政府はこの統計を発表しなくなってしまった。[51] しかし、社会の安定について研究している高名な学者たちの調査によれば、胡錦濤の任期終盤の時点で、年間一〇万件を超えていたということである。また、学者たちの中には年間二〇万件に迫る勢いであったと主張する人たちもいる。[52]

社会の不安定が増大していくのに合わせて、党の指導者たちは中国に古代から伝わる儒教の考えである「和(*he*　harmony《ハーモニー》)」を強調するようになった。彼らは「和」という言葉を使うことで、イデオロギーの面で人々の社会不安を和らげようとしたのである。胡錦濤は「中国には豊かな伝統文化がある。こうした伝統文化は中国人の素晴らしい精神を反映しているものである」と発言している。[53] しかし、中国共産党は儒教を目の敵にしてきた。それを胡錦濤は肯定し、受け入れるという驚くべき決断を下した。この決断を、劉暁波は「あまりにも皮肉な、馬鹿げたもの」と切って捨てた。彼は次のように主張した。「胡錦濤の決断を聞いたら、五四運動の参加者たちは困惑してしまうことだろうし、毛沢東は気に入らないと激怒することだろう。しかし、そんなことはどうでもよい。党は恥知らずにも、社会不安が増大することを防ぐことを目的に、儒教をポップミュージックのように扱おうとしている。こちらが大問題なのだ」。劉暁波はある種の詭弁には特に嫌悪感を持った。テレビで儒教について語る番組を持っていた、于丹《うたん》(Wu Dan　一九六五年〜)のような「分かりやすく語る人々」を嫌った。彼らは、水が上から下へと流れるように、儒教の賢人の教えを大衆に「流す」ことでお金を稼ぐ。そうした人々について劉暁波は次のように書いて批判している。「彼らは古代の賢人たちの難しい話をポップミュージックの歌詞か何かのように分かりやすくしてセールスマンのセールストークのように流れるように売り込んでいるだけのことだ」[54]

真実の中に生きる

劉暁波は、反体制的な考えを公の場で発表することが許されない社会で生きることを強制されたことで、一つのジレンマと格闘することになった。それは、「このような抑圧的な環境において自分の信条に対して正直に生きるにはどうしたら良いのか?」というものであった。劉暁波は、民主化後のチェコスロヴァキアの大統領を務めた劇作家ヴァーツラフ・ハヴェルを評価していた。劉暁波は、ハヴェルが全体主義的な体制の中で生活しながら、「彼の良心が支持するようにと告げた人たちへの連帯を示す強さ」を持ち、「嘘の中で生きながらも、「真実の中に生きる」方法を見つけた、希有な人物であると賞賛していた。[55] 反体制的な芸術家である艾未未は二〇一二年に行ったあるツイートの中で「ある人は真実を述べるか、嘘を述べるか、行動を起こすか、洗脳されるか、自由であるか、捕まるか、選択肢を持っている」と述べた。[56]

劉暁波はハヴェルの主張を敷衍して次のように書いている。「尋常ではない、超人的な勇気、高潔さ、意識、賢さなど持つ必要はない。刑務所に行くリスクを背負う、ハンガーストライキを行う、自己犠牲を行うといった必要もない。私たちがやるべきことは、人々の前で行う発言で嘘をつかないことと時の政権から受ける脅威や誘惑に対処する手段として嘘を利用しないこと、これだけだ。人々の間で行われる生活において嘘をつかないことは、虚偽の上に成り立っている暴政を打倒する最も強力な武器となる」[57]。この考えは、劉暁波の生活哲学における三つ目の否定ということになる。彼の生活哲学は、「敵はいない、憎悪も持たない、嘘をつかない（no enemies, no hatred, no lies《ノー・エネミーズ・ノー・ヘイトレッド・ノー・ライズ》）」というものである。

二一世紀のナショナリズム

国家がつく嘘の中で劉暁波が最も許せないと考えているものの一つが、政府が国内で起きている深刻な問題から目をそらさせるために国民のナショナリスティックな感情を煽って興奮させるというものだ。

劉暁波は、方励之と同じく、党が伝統文化と近代的な愛国主義とを混合する危険で有害な試みに力を注いでいることを嘲笑した。劉暁波は、中国がやるべきことは、正しい統治を行い、国民を人道的に扱うことで国家の誇りを回復することであって、経済力と軍事力を誇示することで世界にその存在を印象付けることではないと感じていた。劉暁波は、中国人が「荒々しい外見」を誇示することで、「世界を支配するという心情」に囚われているのではないかという懸念を持っていた。彼は二〇〇二年に次のように書いている。「歴史的に見て、そのような猛々しい心情が中国の一般国民にもたらしてきたのは、流血、敗北、廃墟、屈辱、憂鬱な生活、社会の崩壊であって、決して、平和、成功、名誉、健康、活気のある社会をもたらしたことはなかった」[58]

劉暁波が恥辱だと感じていたのは、中国の弱さではなく、歴史的に人々が自治のプロセスに参加することを妨げてきた指導者たちの恥ずべき行動であった。二〇〇二年に発表したエッセイ「好戦性と暴力：二一世紀の幕開けにおける中国の〝愛国主義〟のルーツ」の中で、劉暁は次のように主張している。「二〇世紀を通じて、中国国民は、自己卑下と自己顕示のサイクルの犠牲者であった。それは、私たちがナショナリズムの悪から逃れられないできたからだ」。中国の近現代史は、国民の劣等感を増大させ、国家に対する信頼を失墜させる悲劇的な出来事が続けて起きたと劉暁波は主張した。そして、傲慢さと自己卑下が入り混じった反応に対して警告を発した。彼は次のように書いている。「我が国の技術は他国よりも劣っている、我が国の政治体制は他国よりも劣っている、我が国の文化は他国よりも劣っているといった中国人の感情は私たち自身の失敗をより深く反映している。しかし、そうした反省から生まれるのは、〝人間の解放〟でも〝人々を豊かにする〟という考えでもない。私たち中国人がそうした反省から導き出すのは、国家主権の喪失や国家的な恥辱といった考えだ」[59]。劉暁波は、中国が列強から苛められる弱い国という立場から自国民と他国を苛める強国になってしまうことを特に恐れた。「狭量なナショナリズム」や「人間の自由を達成する前に、まず国家を豊かにし、軍事力を強化するという目的」のために進められる改革に劉暁波は反対した[60]。

劉暁波が考えているように、中国は選択を迫られていた。一つは強さを印象付けることができるむき出しのナショナリズム、もう一つはより公正な社会と真の強さを生み出す普遍的な人道的価値。そのどちらかを中国は選ばねばならなかった。劉暁波は次のように書いている。「国民の過半数が人間の自由と尊厳という普遍的な価値ではなく、狭量なナショナリズムを支持すると、専制的な政府、軍事的冒険主義、暴力を伴う〝愛国主義〟が生み出されることになる」[61]

金メダル至上主義というアヘン

劉暁波にとって、二〇〇八年の北京オリンピックは、野蛮な「暴力的行為」でしかなかった。「党の幹部たちと愛国者と称する人々の間に蔓延する金メダルへの偏愛」を劉暁波は「病的だ(pathological《パソロジカル》)」と考えた[62]。劉暁波は次のように書いている。「獲得メダル数をカウントすることで示される貪欲さは、オリンピック精神や人類の普遍的な価値観の欠如を示している。メダル獲得数のカウントは政府が人々のナショナリズムや愛国心を独裁政治への支持へと転換するための素朴なチャンネルとなっている」[63]

劉暁波は中国の指導者たちが長年掲げてきた「西洋を追い越す」という考えもまた病的であると考えていた。彼は次のように書いている。「金メダル獲得数で世界第一位になることで国中が興奮するのは、中国がアメリカを他の全ての分野で抜き去り、名実ともに世界第一位の国になるという未来予測の一つの証拠だと考えられるからだ」[64]。彼は続けて次のように結論付けている。「しかし、金メダル獲得に狂奔するような国が偉大な、文明化された国になどなれる訳がない」[65]

劉暁波は、多くの点で反体制的な芸術家である艾未未と共通する認識を持っていた。艾未未は「鳥の巣」として知られる北京国家体育場のデザインに関わったが、北京オリンピックについて「奇妙過ぎる、非現実的な悪夢」と考えるようになっていた[66]。艾未未は、イギリス紙『ガーディアン』のインタビューに対して次のように答えている。「偽物の笑顔と綺麗なコスチュームが溢れているパーティーで、そのパーティーの唯一の目的は、国家の栄光を賛美することなのだ。開会式、閉会式、聖火リレー、金メダルを獲得した選手に対する喝采、こういったもの全ては全体主義的な中国共産党政権の力と必死さを示している」[67]

言うまでもないことだが、中国の一般国民と同様に、党の指導部もまたオリンピックについて劉暁波や艾未未とは全く違う考えを持っていた。オリンピックを開催することは、鄧小平が叶えることができなかった最後の夢であった。一九八九年の六四天安門事件直後、オリンピックの開催権を勝ち取るために、中国政府は傷ついた国際的な地位の修復に躍起になった。二〇〇四年開催のオリンピック開催地を決定するために一九九三年に開催されたコンペで北京は決選投票でシドニーに僅か一票差で敗れた。党の広報宣伝担当者たちは、この決定は国辱だと口々に述べた。シドニーに決まったのは中国の人権状況に関する国際社会の懸念が大きく影響したのだが、中国は、この決定は中国が世界において占めるべき地位に就くことを拒否するための国際的なキャンペーンの結果だと主張した。しかし、二〇〇〇年に行われたコンペで二〇〇八年のオリンピックの開催権を獲得した時、中国全土が喜びに沸き返った。

二〇〇八年の北京オリンピック開催が近づくにつれて、中国政府は、「和平崛起《くっき》（*heping jueqi* peaceful rise《ピースフル・ライズ》）」と「和諧《わかい》社会（*hexie shehui* harmonious society《ハーモニアス・ソサイエティ》）」という概念を強調するようになった。

しかし、大事件がチベットのラサで起きた。二〇〇八年三月一〇日、ダライ・ラマは一九五九年にチベットで起きた共産党支配に対する反乱の記念日に関する声明を発表した。一九五九年の反乱は失敗し、ダライ・ラマはインドへの亡命を余儀なくされた。声明の中でダライ・ラマは次のように書いている。「中国は経済発展によって大国として台頭しつつある。これは歓迎すべきことである。しかし、世界は、中国の現在の最高指導者たちが、彼らの唱えている〝和平崛起〟と〝和諧社会〟という二つの概念を如何に実現するかを見守っている。これらの概念を実現するためには、経済発展だけでは不十分だ。法の支配の遵守、透明性の確保、知る権利と言論の自由の擁護といったものの改善も必要である」[68]

声明が出された日、数百人のチベット仏教の僧侶たちがデプン寺からラサに向かってデモ行進を行った。彼らの目的は中国政府によるチベットの文化と宗教に対する制限に抗議することであった。その日から四日間、僧侶たちの抗議活動はエスカレートしていき、それに対して警察は鎮圧活動を行った。二〇〇八年三月一四日に事態が収拾されるまでに暴力もまたエスカレートしていった。ラサに住むチベット族の人々は暴動を起こし、民族による差別に対して復讐を行った。チベット族の人々はラサ市内各地で略奪を行い、特に漢民族の商店には激しい攻撃と略奪を行った。[69]

胡錦濤国家主席は、ラサから届いたニュースをデジャブ（白昼夢）のように感じたに違いない。一九八九年初頭、チベットでは僧侶、学生、一般市民たちが中国政府に対して抗議活動を行った。この時、胡錦濤は中国共産党の若手指導者の有望株であった。この時、胡錦濤はチベット自治区の党書記を務めていた。胡錦濤は戒厳令を布告し、デモ参加者たちを暴力的に鎮圧した。彼はデモに対して強硬姿勢を取ったことで、鄧小平をはじめとする党中央から評価された。チベットでの対応のお蔭で、胡錦濤は、二〇〇二年に中国の最高指導者に選ばれることになった。チベットでの暴動鎮圧はまさに出世の階段を上るようになるきっかけとなった。二〇〇八年三月にチベットで再び発生した暴動に対して、胡錦濤は大規模な治安維持部隊を再び派遣した。彼の経歴を考えるとこれは何も驚くに値しないことだった。チベットは治安維持部隊、公安、警察による厳しい監視下に置かれた。多くの人々が拘束され拘留された。また、その場で処刑された人々もいたという話がチベット以外の地域にも漏れ伝わった。外国メディアの特派員たちはチベットから報道することを禁止された。中国当局は、国際的な尊敬を集め、ノーベル平和賞も受賞しているダライ・ラマを「羊の皮をかぶった狼」だと激しく非難した。国際社会では、北京でオリンピックを開催するのが適当かどうか、北京にオリンピックを開催する権利がそもそもあるのかといった疑問の声が上がった。

チベット地区での暴力によって、開催が近づいていたオリンピックが中国政府に対する世界中からの批判を引きつける役割を果たすことになってしまった。オリンピック開催を盛り上げるために、中国政府は史上最長の聖火リレーを計画していた。その総距離は約八万五〇〇〇マイル（約一三万六〇〇〇キロ）であり、世界各地を通ることになっていた。聖火リレーは中国政府が望んだ形の、「協調の旅《ジャーニー・オブ・ハーモニー》（journey of harmony）」を象徴する形では終わらなかった。聖火リレーは各地で、刺々しい、そして時には暴力的な対立を引き起こした。外国の人権活動家たちの一団と愛国的な親中国の中国人たちの小競り合いが頻発した。最悪の出来事は二〇〇八年四月上旬に起こった。車いすフェンシング選手の金晶《きんしょう》（Jin Jing　一九八一年〜）がパリのセーヌ河に沿って聖火を持って走っている時に、チベット独立支持派のデモ隊が彼女の行く手を阻んだ。金晶は身を挺して聖火を守った。中国のインターネット上で人々は、金晶を「車いすに乗った笑顔の天使」と呼び、世界中が中国を貶めようとしている中で、中国の威光を守った誇るべき、英雄的な女性として賞賛した。

八月に入り、オリンピック開幕が目前にまで迫ると、北京の雰囲気は一九九九年春の時と類似するものとなっていた。一九九九年当時、学生たちはベルグラードの中国大使館に対するアメリカ軍の爆撃に激昂し、北京のアメリカ大使館を取り囲み、投石を行った。何かあれば爆発しそうなピリピリした雰囲気の中、その当時すでに次期最高指導者になると目されていた胡錦濤はテレビに登場し、「アメリカが率いるNATOによる犯罪的で、残忍な行為を強く非難する」と述べた。[70] そして、二〇〇八年、胡錦濤は再び、中国の威光を守らねばならない立場に立たされた。しかし、二〇〇八年の場合には一つの矛盾があった。オリンピックを成功させることで国際的な地位と評価を得たいという強い願いを中国政府は持っていた。しかし、世界中を巡り「協調の旅」となるはずだった聖火リレーが反中国の抗議活動によって思惑通りにいかなくなったことで、辱められたという感情も存在した。オリンピック成功への願いと屈辱感は相矛盾するものであった。もし中国がオリンピックを成功させることができれば、それは世界平和の象徴となることは確実であった。そこで、中国の指導者たちは屈辱感にはいったん目をつぶり、オリンピックの成功で中国の発展ぶりを世界に見せつけることに集中した。

　中国政府は中国の発展ぶりを世界に向けてアピールすることに成功した。世界中の数十億人が見つめる中、中国政府は大規模で壮麗な開会式を行い、次の超大国が中国であることを印象付けた。火薬を使う芸術家、蔡國強《さいこっきょう》（Cai Guoqiang　一九五七年〜）が光り輝く花火のショーをデザインし、「鳥の巣」に詰めかけた九万の観衆は、高名な映画監督である張芸謀《チャン・イーモウ》（Zhang Yimou　一九五一年〜）が演出した壮大なショーに目を奪われた。これらのショーの経費は一億ドルを超えた。開会式のショーの始まりは、古代の兵士の装束に身を包んだ二〇〇八名の人々が太鼓を叩くというものであった。彼らは、胡錦濤国家主席が彼の治世を示す漢字として選んだ「和（*he*　harmony《ハーモニー》）」の形になるように立っていた。

　北京オリンピックの成功は中国にとって大勝利であった。一九八九年の六四天安門事件を過去の一つの事件として風化させ、聖火リレーを巡る事件で受けたダメージも回復させ、チベット暴動の記憶を薄れさせることができた。更に、古くからの価値を大事にする大国として台頭しつつある中国、というイメージを世界に発信することができた。しかし、この調和の代償として、国内の「調和を乱す」要素に対しては更なる統制が加えられた。治安維持関連の国家予算の一部はチベット地域の治安維持に使われた。一方、警察と公安は国内に新たに数千の監視カメラとインターネット監視装置を導入した。この結果、反体制とみられる人々の自宅を直接「訪問」できるようになり、彼らの動きを逐一全て監視することで不慮の事態を起こさないようにするためのプログラムの実施も可能となった。北京オリンピック終了後も強化された治安維持体制は維持された。このことについて、中国公安部長は「オリンピックで得た経験を継続的なメカニズムに転換する」と発言した。これはジョージ・オーウェルの小説『一九八四年』に出てくるダブルスピーク（二重言語）そのものであった。[71]新しい言葉として「安定の維持・維穏（*weiwen* stability maintenance《スタビリティ・メインテナンス》）」が使われるようになった。これは婉曲表現である。二〇一一年、中国政府は治安維持に対して一〇〇〇億ドルもの支出を行った。この金額は国防予算を超えるものだという報道もなされている。[72]中国共産党が中国に「富強」をもたらしたという言説に対して反対が出ないようにするために新たに統制が厳しくなったが、それの最大の被害者は、劉暁波であった。

ブログで真実を語る

二〇〇二年、ウクライナとグルジアで「カラー革命（Color Revolution《カラー・レヴォリューション》）」が起きる前、胡錦濤国家主席は政治的な批判を行う人々に対する新たな弾圧を始めた。その中には劉暁波に対する拘束命令も含まれていた。[73]「和諧社会（to harmonize society《トゥ・ハーモナイズ・ソサイエティ》）」を目指す国家を挙げてのキャンペーンに対して、公民権グループ、人々の味方をする弁護士たち、活動家たちは反対の声を上げた。こうした人々は緩やかな運動体を組織した。この組織は「維権運動（*weiquan yundong* rights defenders《ライツ・ディフェンダーズ》）」と呼ばれた。彼らは身体障がい者、エイズ患者、反体制的な意見を持つ人々を擁護するキャンペーンを展開した。反体制的な意見を述べる人々は逮捕されたり、行方不明になったりした。二〇〇五年には盲目の活動家、陳光誠《ちんこうせい》（Chen Guancheng　一九七一年〜）、二〇〇六年には弁護士の高智晟《こうちせい》（Gao Zhisheng　一九六六年〜）、二〇〇七年には住民運動の組織活動家の胡佳《こか》（Hu Jia　一九七三年〜）が逮捕されたり、行方不明になったりした。胡錦濤は、多くの反対意見が表明される自由な社会に調和を強制的に導入するというキャンペーンを展開していたが、インターネットの世界がそのターゲットになった。

二一世紀に入って最初の一〇年で、中国のインターネット利用者は激増した。胡錦濤が政権を担って最初の一年間だけで、三〇〇〇万人から六〇〇〇万人に倍増した。[74] それから一〇年後、中国のインターネット利用者は五億人になった。三億人がマイクロブログ（訳者註：通常のブログよりも文字数が少ない）を利用し、日常生活や考えについて発信している。そして、それらは世界中で閲覧可能だ。この拡大を続け、人々が簡単につながることができるヴァーチャル世界の中国の「秩序を維持する」ために、中国政府はデータの海外からの流れ込みを監視するためのシステムを構築した。そのシステムでは、中国に流れ込んでくるデータをいくつかのポイントからしか入ってこないようにして、データを監視し、危険な内容のものをコントロールできる。このシステムは公式には「黄金の楯（Golden Shield《ゴールデン・シールド》）」と呼ばれているが、批判的に「中国の偉大な防火壁、万里の長城（Great Firewall of China《グレイト・ファイアウォール・オブ・チャイナ》）」とも呼ばれている。このシステムを使えば、党はイデオロギー的に受け入れがたいウェブサイトを中国国内のインターネット利用者の目に触れないようにできる。そうしたウェブサイトが海外のサーヴァーに置かれていても、中国への流入を遮断できるのだ。同時に、インターネット上を巡回する数万のインターネット警察と呼ばれる人々を使い、党にとって受け入れ可能なラインを越えたウェブサイトやインターネット利用者に警告を与えたり、シャットダウンしたりしている。中国共産党が作り上げたいと熱望しているのが、中国全土のイントラネット化である。これが実現すれば、必要な時に、中国国内のイントラネットと世界との間を簡単に遮断できる。インターネット上では党と利用者の間で、いたちごっこ、追いかけっこが続いている。そうした中で、二〇〇〇年代に中国のインターネット利用者の間である言葉がよく使われた。ある書き込みやウェブサイトが消されたり、遮断されたりした時、それを利用者たちは、「調和をさせられた・被和諧（*bei hexie* being harmonized《ビーイング・ハーモナイズド》）」と呼んだ。

二〇〇六年に発表したエッセイの中で、劉暁波は次のように書いている。「共産党政権は常にメディアのコントロールに腐心してきた。現在、中国共産党は中国のネットユーザーたちに遅れまいと必死である。インターネット万歳！　独裁者たちは常に開かれた情報と言論の自由、そして政治的責任を恐れる。インターネットは彼らに脅威を与えている。インターネット上で提示されるものを統制することが、イデオロギー問題において中国共産党にとっての最大の懸念となっている」[75]

二〇一三年までインターネットの中国人利用者の数は増加し続けてきている。それが新しい現実を生み出している。それはインターネットが反体制的な作家や政治活動家たちにとっての強力な武器になっているということだ。彼らは以前であれば国家がコントルールするメディアに完全に無視されて、人々に自分たちの活動を知らせる手段を持たなかった。そうした状況が大きく変わったのである。劉暁波は二〇〇八年にインターネットに載せた二つ目のエッセイの中で次のように書いている。「中国には伝統的にある人間の発言を捉えてその人を迫害する伝統がある。中国史にはその犠牲者たちが数多く存在している。秦の始皇帝は〝焚書坑儒〟を行った。[76] それ以来、そうした歴史が続いている」[77]。彼は続けて次のように書いている。「インターネットは魔法のエンジンのようなものだ。そして、私の書いたものを間欠泉のように噴き上げてくれる。私はインターネットに文章を掲載することでお金を稼いで生活することもできる！」[78]

劉暁波は、中国人の生活にインターネットが注入した新しい多様性に魅了された。劉暁波は次のように語っている。「共産主義国家中国において、発言や表現に関しては一つの公式の道筋しか存在しなかった。中国では党が国家を支配する体制が公式の体制であり、それに認められないものは存在できなかった。しかし、インターネットの世界では公式の体制の外側で輝く〝星たち〟が次々と生まれている。例えば、韓寒《かんかん》（Han Han　一九八二年～）は大変な人気のブロガー、オピニオンリーダーであり、彼は数百万の読者を獲得している」[79]。中国政府は多額の資金を投入してインターネット上に「黄金の壁（偉大な防火壁）」を構築したが、それはインターネットの力を証明することにしかならなかった。そして、二〇〇八年に劉暁波はインターネットの力と有効性を認識した。インターネットを使えば、彼のような人たちが人々を組織したり、請願や公開書簡への署名を集めたりすることができるようになったのである。

劉暁波は次のように語っている。「インターネットが生まれるまで、人々を組織化するのは大変な仕事であった。私はそういう仕事を長年やってきた。しかし現在は、コンピューターの前に座って、簡単にEメールを送るだけで済む。私はコンピューターの前に座って、昔自分がやっていたことを思い出してため息をつく」[80]

○八憲章

二〇〇八年、劉暁波はある公開書簡に関わり、彼の人生はそのせいで大きく変わることになった。劉暁波は、チベット暴動、北京オリンピック、「安定性維持」キャンペーンを目撃しながら、リベラルな批判者たちとともに中国の一党支配体制に対する率直な批判を文書に発表した。この文書は「〇八憲章《チャーター》（Charter 08）」と呼ばれるものである。

この「〇八憲章」は一九七七年に発表された「憲章七七」をモデルにしたものだ。「憲章七七」はヴァーツラフ・ハヴェルとヤン・パトチカ（Jan Patocka　一九〇七〜一九七七年）によって一九七七年にチェコスロヴァキアで起草された。この文書が後に一九八九年にチェコスロヴァキアの共産主義を打倒して起きたビロード革命（Velvet Revolution）につながった。〇八憲章は世界人権宣言（Universal Declaration of《ユニヴァーサル・デクラレーション・オブ・》 Human Rights《ヒューマン・ライツ》）の六〇周年を記念して発表された。その目的は、中国の一党支配体制を終わらせるための改革の指針を示すこと、そして法の支配を確立することであった。劉暁波は緩やかな連合団体「中国人権捍《かん》衛《えい》者（Chinese Human Rights Defenders《チャイニーズ・ヒューマン・ライツ・ディフェンダーズ》　ＣＨＲＤ）」の最も活動的なメンバーの一人であった。言うまでもないことだが、一党支配体制を終わらせる要求は中国の指導者たちにとっては受け入れがたいものであった。中国の指導者たちは、中国国内の主要メディアに対してＣＨＲＤの主要なメンバーについて取り上げないように命じた。そこでＣＨＲＤはインターネットに活路を見出した。二〇〇八年一二月一〇日、〇八憲章はインターネット上にアップされた。〇八憲章には一万二〇〇〇以上の支持を表明する署名を集めた。政治的に議論を呼ぶようなものに署名をすれば重大な結果が待っているということを誰でも分かっている中国で、このような署名が短時間で集まったのは偉業と言えるだろう。

中国共産党にとって二〇〇八年一二月は、「改革開放」政策三〇周年目に当たりその成功と中国の復興を祝う記念の月となるはずであった。しかし、〇八憲章を起草した人々は、中国の好景気は政治改革の失敗と社会のモラル低下を隠すための目くらましに過ぎないと主張した。〇八憲章は次のように始まっている。「中国で初めて憲法が制定されて一〇〇年が経った。そして、天安門広場で民主化を求める学生たちが虐殺されて二〇年が経った。中国国民は同じ期間、人権侵害と数えきれないほどの闘争に耐えてきた。そして、現在、中国国民の多くは自由、平等、人権は人類にとって普遍的な価値であり、民主政治体制と立憲主義に基づいた統治はこれらの価値を守るために必要不可欠な枠組みであると考えている。これらの価値から離れた、中国政府が進める〝近代化〟は無残な失敗に終わる。中国政府は人々から人権を奪い、人々の尊厳を傷つけ、人間同士の間で普通に行われる諸活動を間違った方向に変質させている」[81]

○八憲章は「中国の未来は不透明である」としながら、次のように明確な主張を行っている。「中国を現在のような厳しい状況から脱出させるためには、私たちが〝啓蒙君主〟と〝正直な役人〟に依存するという権威主義的な概念から脱し、自由、民主政治体制、法の支配を基にした体制を目指さなければならない」[82]。

○八憲章は、次のような結論を導き出している。「不幸なことに、中国は主要な大国の中で唯一、権威主義的な政治体制を維持している国だ。私たちの国の政治体制は、人権侵害と社会危機を生み出し続けている。これは中国自体の発展を阻害しているだけでなく、全人類の文明の発展を阻害している。中国の政治体制の民主化をこれ以上先延ばしすることは許されない」[83]

○八憲章の内容は率直そのものであり、言葉遣いはまさに劉暁波そのものであった。劉暁波は、『ニューヨーカー』誌のエヴァンス・オスノスを通じて中国政府に対して次のように抗議した。「私の公開書簡は穏健な内容であったと考える。西洋諸国は中国政府に対して人権状況を改善するという約束を履行するように求めている。しかし、中国国内からそのような声は上がらない。だから、中国政府は、〝これは国外からの依頼に過ぎない。中国国民はそのようなことを求めていない〟と言う。私は、中国国内の人権状況の改善は、国際社会の希望であるばかりではなく、中国国民の希望でもあることを示したいのである」[84]

まとめると、劉暁波が、自分自身がいかに努力したかについて語ることが重要なのではなかった。○八憲章のメッセージは、中国共産党指導部が進めてきた近代化の戦略に対して、あまりにも大胆でかつ反対の内容であったことが問題であったのだ。

裁判

二〇〇八年一二月八日深夜、警察が劉暁波のアパートの家宅捜索を行い、本、書類、コンピューターファイルを押収し、身柄を再び拘束した。この日は、「〇八憲章」がインターネットを通じて世界に発表される二日前であった。今回、劉暁波は、「国家権力の監督に対して人々の怒りを煽動するために根も葉もない噂と誹謗中傷をまき散らし、社会主義システムの転覆」を謀ったとして起訴された。[85] 起訴された段階で、劉暁波は魏京生と同じく、無罪を主張した。彼は裁判の場を一党支配に対する批判を展開する場として利用しようと考えていた。

逮捕から一年、劉暁波の裁判は開かれなかった。彼は有り余る時間を使って自分自身を弁護するための弁論を準備した。彼は弁明書の中で、裁判官に対して「独立心を持つ一人の知識人が独裁政治に立ち向かった時に何が起きたのかを歴史の記録として」残したいと書いている。[86] 劉暁波は次のように主張した。「批判は噂の流布ではないし、反対は誹謗中傷ではない。一九八九年から二〇〇九年にかけての二〇年間、私は、中国の政治改革が漸進的に、平和的に、秩序を保って、よく統制された中で行われてきたと一貫して主張してきた。私は突発的な急進的な前進という考えには常に反対してきた。私は暴力革命にも断固として反対してきた」。[87] 劉暁波は言論の自由を擁護し、中国では一九四九年以降、言論の自由は姿を消したと主張した。彼は一九四九年以降の状況について次のように書いている。「一九四九年以降、中国全体が強制された統一性を讃える合唱の音に包まれてきた」。[88] 劉暁波は、裁判官に対して「発言を犯罪のように取り扱うのは世界史における近現代の大きな流れに反することだ。そしてより根源的な道徳の面から言って、人道主義と人権を侵害することでもある。古代であろうと現代であろうと、中国であろうと世界であろうと、これは変えがたい真実なのである」[89]

劉暁波は彼自身について次のように語っている。「異なった政治的考えを発表し、平和的な民主化運動に参加してきただけだ。教師である私は教える権利を失い、作家である私は出版する権利を失い、知識人である私は公の場で発言する権利を失った。これは私自身の運命と言って良いのか、また〝改革開放〟が始まって三〇年経った中国の運命と言って良いのか分からないが、確かなことはどちらにしても悲しい運命であるということだ」[90]

劉暁波は裁判の結果がどのようになろうとも、「私は自分自身の運命を好転させ、我が国の進歩に貢献し、社会を変革したいと考えている。私は共産党政権の私に対する敵意に対して最大限の愛で応えたいと思う。私は愛の力で憎悪を消し去ることができると考える」。劉暁波は同時に挑戦的なことも書いている。「いかなる力も人間の本性にある自由への希求を押しとどめることはできない。そして、いつの日か中国もまた人権が最高の価値とされる法治国家となるだろう。私は自分自身が発言したことを犯罪とされた、中国史における最後の犠牲者となることを望む。表現の自由は人権の基礎であり、人間の本性に根ざすものであり、真実の源泉である。言論の自由を殺してしまうことは人権を侵害し、人間らしさを台無しにすることであり、真実を圧迫することなのである」[91]

裁判所は、劉暁波の最終弁論の内容は法廷を侮辱するものであるとし、裁判官は最終弁論を一四分で強制的に打ち切った。裁判官は、検察官の起訴理由朗読に使った時間以上に被告が最終弁論を行うことはできないと主張した。[92] しかし、中国の法手続きにそのような規定は存在しない。

劉暁波は懲役一一年を言い渡された。

代償としてのノーベル賞

劉暁波の妻、劉霞は遼寧省にある刑務所に服役中の劉暁波に面会し、彼が二〇一〇年のノーベル平和賞を受賞したことを伝えた。劉暁波は涙を流しながら、次のように力強く語った。「この賞は亡くなった人々の魂に対して与えられたものだ」[93]。彼は裁判での弁論の中で次のように語っている。「一九八九年から二〇年経った。一九八九年に虐殺され、恨みを残して亡くなった人々は亡霊となって今でもこの世に留まり、私たちをじっと凝視し続けている」[94]。

彼は服役中であったために、オスロで挙行される授賞式に出席することはできなかった。歴史上、彼を含めて五名の人が授賞式に出席することができなかった。中国政府は劉暁波の妻と友人たちが授賞式に出席するための出国許可を出さなかった。同時に中国外交部は、ノルウェー・ノーベル委員会に対して長文の厳しい言葉遣いの抗議文を発表した。報道官は次のように述べた。「劉暁波は中国の国内法を破った犯罪者である。そのような人物に賞を与える決定をしたことは、ノーベル賞の授賞者決定の原則に違反し、ノーベル平和賞自体を貶める行為である」[95]。中国外交部は、各国政府に対してノーベル賞授賞式に各国の在ノルウェー大使たちを出席させないように強硬に求めた。中国外交部はまたノルウェーとの間で行われる予定であった漁業交渉を中止し、ノルウェーからのスモークサーモンの輸入を凍結した。

当時、アリゾナ州に住み、教鞭を執っていた方励之は、ノルウェー・ノーベル委員会の選択を賞賛した。彼は次のように書いている。「ノルウェー・ノーベル委員会は一九八九年の天安門広場における虐殺以降に流行している危険な考えについて考え直すように求めたのだ。その考えとは、経済が発展すれば中国は必然的に民主化するというものである。中国の指導者たちがどれほど広く海外に門戸を解放しても、彼らは弾圧を基にした政治的信条を一切後退させることはなかった」[96]

長年にわたりノーベル賞受賞者を輩出することを熱望してきた中国にとって、劉暁波のノーベル平和賞受賞は顔面を思い切り殴り付けられたようなものであった。多くの中国人は「西洋に追いつきたい」という焦燥感も伴った愛国心を持っているので、中国本土に住む中華人民共和国の国民がノーベル賞を受賞することを待ち望んでいた。そして、彼らが長年にわたって待ち望んだ瞬間がついにやって来た。しかし、彼らが待ち望んだ受賞者は、国家の敵として投獄されていた人物であったことに人々は落胆した。二〇一二年、亡命中でも投獄中でもない、中国国民である作家の莫言《ばくげん》（Mo Yan　一九五五年〜）がノーベル文学賞を受賞した。

一九八八年、初めてアメリカを訪問する直前、劉暁波は、友人のジェレミー・バルメに手紙を出した。その中で彼は次のように書いている。「私の性格というのはどこに行っても煉瓦の壁にぶつかってしまうようなものかもしれない。どこに行っても衝突してしまうのだ。しかし、私はそれを受け入れている。たとえそれによって私が最後には頭を割られてしまうことになっても仕方がない」[97]。それから二〇年、劉暁波は彼が書いた通り、レンガの壁にぶつかってきた。彼は苦境に立たされてきたが、それは彼が原理原則の面で非妥協的だったからだけでなく、マルクス、レーニン、毛沢東が述べたように、人権にはそれぞれの階級特有の特徴も国による違いも存在しないと確信していたからだ。劉暁波にとって、人権は、たとえある人がそう望んだとしても、妥協的に取り扱うことなどできないものであった。人権があるから人間は人間であるのだ。劉暁波は次のように語っている。「人権は国家によって与えられるものではない」[98]。人権は民主政治体制と同様に不変のものであり、改革者や政府によって簡単に与えられたり、取り上げられたりできる単なる道具などではない。機能性などというもので左右されるものではないのだ。

劉暁波が最終的に魏京生や方励之（二〇一二年四月亡命先のアメリカ合衆国アリゾナ州で死去）のようにその存在が歴史の片隅に追いやられるか、もしくは、ネルソン・マンデラ（Nelson Mandela　一九一八〜二〇一三年）、ヴァーツラフ・ハヴェル、レフ・ワレサ（Lech Walesa　一九四三年〜）、金大中（Kim Daejung　一九二五〜二〇〇九年）、アウンサン・スーチー（Aung San Suu Kyi　一九四五年〜）のようにいつの日か英雄として刑務所から出て来て、中国の政治面において重要な役割を果たすかどうか、どちらになるかはっきりしない。しかし、少なくとも現在においてただ一つのことだけははっきりしている。それは、劉暁波が自分自身の自由を犠牲にして求めているものの大部分は現在の中国の政治指導者たちにとっては全く受け入れられないものである。劉暁波の思想は中国の近代化のもう一つの潮流を代表しているものだ。そのもう一つの潮流とは、中国の富、力、そして名誉を追い求める流れとは別に、中国の近現代史の中で静かに流れてきたものなのである。

　未来について熟慮する際、中国共産党が柔軟性を欠き、数々の失敗を犯してはきたが、予想もしなかった方向に路線変更し、それを成功させ、世界を驚かせてきたという事実を忘れてはならない。中国は二一世紀においてよちよち歩きではあるが超大国となっているが、それは中国が一九八〇年代からの路線を成功させたことを示している。中国の成功は正統派マルクス主義の諸理論では全く説明できないものであった。また、国家の経済発展はどのような道筋をたどるか、そして、自由市場は、本質的にそして必然的に民主政治体制と切っても切れない関係にあるのかどうか、といった疑問に関する西洋諸国の専門家たちの持つ常識を打ち破るものであった。しかし、富強を求めるという流れと民主政治体制の実現を求めるという流れの、二つの大きな思想の流れは、将来も収斂することはないだろう。そうであるならば、魏京生、方励之、劉暁波のような民主政治体制の実現を求める人々の出現と発信はより重要になるだろう。しかし、いつどのようにして民主政治対実現を求める声が起きるかは、誰にも分からないし、その疑問の答えはまだ見つかっていない。

第15章

結論：復興

Conclusion : Rejuvenation

近代中国建設に貢献した偉人たちは、弱体化した中国の現実に直面してもだえ苦しみ、過去一世紀半にわたって、中国が発展し、より良い国になることを夢見ながら生き、そして死んでいった。もし、彼らが生き返って私たちの前に現れたら、私たちは北京にある盤古大観《パングー・プラザ》（Pangu Plaza）に行ってみたら良いと彼らに言うだろう。盤古大観を訪れた彼らは目の前の光景に驚愕することだろう。盤古大観にある三九階建てのオフィスビルの屋上には石造りの龍の頭が飾られている。このビルは環状道路の上に建っている。それはまるで巨大なチェス盤の上に置かれたキングの駒のようである。盤古大観には三つの高級マンションビルと高級ホテルがある。マンションのビルの最上階には伝統的建築様式を用いた超近代的なペントハウスがあり、屋根が自動的に開くようになっている。盤古大観七つ星ホテルの地下駐車場には高級車のアストン・マーティン、フェラーリ、ロールス・ロイス、ブガッティが停まっている。道路を隔てたところにはオリンピック公園がある。中国国家水泳センター（National Aquatic Center《ナショナル・アクアティック・センター》）は光り輝く巨大な建物で、夜になると建物の色が変わる。巨大なピンボールゲーム盤のようである。北京国家体育場（National Stadium《ナショナル・スタディアム》）は「鳥の巣（Bird's Nest《バーズ・ネスト》）」の愛称で知られている。この建物も光り輝く金属で覆われた巨大な建物であり、夜になるとライトアップされる。その光景はまるで他の星で起きている幻影のようである。二〇〇八年の北京オリンピックはこの場所で開催され、開会式は史上稀に見る規模で行われた。梁啓超や林語堂といった人々は夢想することすらできなかった光景がそこには広がっている。花崗岩、鋼鉄、光によって演出されているきらびやかな光景は、新時代の中国の富と力の大きさを象徴している。盤古大観は鄧小平の「改革開放」を目指した大胆な青写真から始まった進歩の成果の一つに過ぎない。鄧小平こそが現在の繁栄の設計者であり、荒野に火をつけた人物なのである。彼は資本主義的な改革を進めた。一九八〇年代、鄧小平は人々に向かって、「豊かになれる人から豊かになっていって良い」「豊かになることは良いことだ」と繰り返し語りかけた。

鄧小平が一九九七年に亡くなり、国家の最高指導者の地位を継承した江沢民は、「発展（*fazhan*

development《ディベロップメント》)」だけではなく、「復興（*fuxing* rejuvenate《リジュヴェネイト》)」を強調した。「復興」という言葉は、孫文が一八九四年に使った「振興（*zhenxing* reinvigorate《リインヴィゴレイト》)」にまでその使用の起源を遡ることができる言葉だ。また、一八六〇年代の馮桂芬にまで更に遡ることもできる。馮桂芬は清朝を「中興（*zhongxing* mid-dynastic reivival《ミッドダイナスティック・リヴァイヴァル》)」させるという希望を持っていた。[1] 一九九一年、中国共産党創立七〇周年を祝う祝典が開かれた。この時、江沢民は中国の近現代史を総括して次のように語っている。「二〇世紀半ばから二一世紀半ばにかけて行われてきて、そしてこれからも行われるであろう中国国民の努力や試みは全て、祖国を強くし、人々を豊かにし、国家を復興させるという目的のために行われ、これからも行われるものである」[2]

二〇〇〇年代に江沢民の後継者として、国家主席と党総書記を務めた胡錦濤《こきんとう》（Hu Jintao　一九四二年～）は、国家の富と力の増進の道筋を示す松明を掲げ続けた。彼もまた鄧小平によって後継者に指名された人物であった。二〇〇五年、台湾の政党、新党の代表団を迎え、胡錦濤は、「落后就要挨打（*luohou jiuyao aida*)」という中国に古くからある言葉を引用しながら、「歴史と現在の状況が私たちに教えてくれているのは、〝後進性は他人からの殴打を招く〟ということだ」と語った。[3] 胡錦濤は続けて次のように語った。「近現代において、中国は外国列強によって苦しめられた。その主な理由はその当時の中国が慢性的に貧しく、弱かったからである。それ以降、中国の偉大さを復興させることは、各世代の中国人にとっての不変の目標となった」[4]

二〇一二年、習近平が政治局常務委員会の序列第一位となり、人民大会堂に作られた壇に登り、数多くのカメラのフラッシュを浴びた。政治局常務委員会の構成メンバーは七名で、この七名が今後五年間、一三億五〇〇〇万人を支配することになった。習近平は次のように高らかに宣言した。「中国共産党は創設以来、多くの犠牲を払い、様々な障害を乗り越えて前進してきた。中国共産党は、貧しさと後進性に苦しんだ古い中国を豊かで強力な新しい中国に生まれ変わらせるために、中国人民の先頭に立ち、指導してきた。そして、私たちは中国という国家の偉大な再生の完成に近づいている」[5]

それから一週間後、習近平と政治局常務委員たち六名は揃って国立博物館を訪問し、展示を見学した。国立博物館は天安門広場の東側の「復興之路（*fuxing zhi lu* Road to Rejuvenation《ロード・トゥ・リジュヴェネイション》）」にある。国立博物館では、中国の近現代史を道徳的な物語として展示している。その内容は一九世紀に受けた様々な恥辱から二一世紀には雄々しくその偉大さを取り戻したというものだ。習近平はこの機会を利用して、自分もまた「中国夢（*Zhongguo meng* Chinese Dream《チャイニーズ・ドリーム》）」を実現するために自分の役割を果たすということを宣言した。国営の新華社通信は次のように報じている。習近平は毛沢東の詩の一節を引用しながら次のように語った。「近現代史において中国人は筆舌に尽くしがたいほどの苦しみを味わい、犠牲を払った。しかし、中国人は諦めることなく、休むことなく苦しい戦いを続け、運命を切り拓き、国家建設のための偉大な道を歩み続けた。愛国心の核心をなす偉大な国家精神を中国の人々は示した」[6]。習近平は、彼よりも前の世代の指導者たちの主張を彼なりの言葉で繰り返した。「中国の偉大さの回復を実現するには、豊かな国家と強力な軍事力は共に保たれねばならない。そして確固とした国防政策を行い、軍事力を強化し続けなければならない」[7]。二〇一三年三月、習近平は国家主席に就任した。この時、習近平は「中国夢」という考えを再び持ち出し、この中国夢は「国全体、そして個人個人」がそれぞれ持っていると述べた。習近平は「この中国夢を実現するためには、我が国は〝中国特有の方式〟を採用しなければならない。この方式とは〝中国の特色ある社会主義〟である」[8]

中国の偉大さを回復し、世界から尊敬を集めるという夢は、中国人のDNAの中に刻み込まれているかのように世代を超えて受け継がれてきた。遺伝情報として書き込まれているかのようである。偉大さの回復と尊敬を集めるという夢は魏源のような法家思想の傾向を持つ儒学者たちが一九世紀初めに清朝の衰退に直面して持つようになり、それが世代を超えて受け継がれていった。そして、その夢をより切迫感を感じながら持ったのが厳復であった。彼はヨーロッパを訪れ、中国復興の夢を持つようになった。厳復は一八七七年にロンドンに到着し、イギリスの思想家たち、西洋の優越の理由、そして中国の後進性について研究した。厳復はロンドンに到着し、イギリスの思想家たち、西洋の優越の理由、そして中国の後進性について研究した。厳復はロンドンドンから故郷に手紙を送り、その中で彼が感じた驚きを次のように書いている。「ロンドンの発展ぶりは凄まじい。それまでの一〇〇〇年分の発展をこれまでの一世紀の間で達成している。これは大袈裟に言っているのではない。国が日に日に豊かになれば、国防力もそれに合わせて強化される。国家が強いか、弱いかは国家が持つ様々な富の力にかかっている。国を豊かにしたいと望むなら、人々の知識を増やし、経済システムを改良しなければならない」[9]。その当時、厳復のように耳に痛い警告を発する人々の主張は完全に無視された。

中国は、一世紀半にわたって「国内の反乱と外国からの侵略」に苦しんだ。しかし、現在の中国は西洋からいかに効果的に学ぶか、その方法を習得している。中国の各都市は好景気に沸き高層ビルの建設ラッシュが起きている。そして、そうした各都市の間を高速道路が縦横無尽に走っている。中国は今や世界第二位の経済大国となり、急速に軍事力を強化している。そして、外交の世界ではその存在感を増し続けている。力は富の流れと同じで東に向かっている。中国は屈辱的な「不平等条約」に署名を強制され、外国から搾取され続けた歴史を持つ。しかし、現在は中国が海外に進出し、アフリカ全土、南米、そして北米で新規事業を展開し、積極的に投資をしている。中国は自力で宇宙飛行士を宇宙にまで送り、空母を就航させ、スーパーコンピューターを作っている。このリストは大変長いものであるが、まだまだ長くなっている。

ソ連は崩壊したが、中国は一九八九年に起きた天安門事件の後遺症から立ち直った。鄧小平は次世代の指導者たちに向かって「韜光養晦（目立つことを避けよ）」という注意を与えた。しかし、現在の中国は大きな富と力を有している。そして、それらを使って、中国が長年控えてきた「大国」的な行動を取る機会が増えてきている。それを喜び、誇りに思う人々の数はどんどん増えている。

創造的破壊から建設へ：毛沢東から鄧小平へ

中国は、数世代にわたる失敗の後に、一九八〇年代からようやく経済発展を始め、それが成功した。経済発展は今も維持されている。中国専門家たちは、一九八〇年代からの経済発展が成功したのはどうしてなのかという疑問と格闘し始めている。この疑問に対する最も興味深く、矛盾に満ちた説明の一つは、「経済発展が一九八〇年代に始まり、それが今も続いているのは、中華人民共和国建国以降、社会全体に徹底した破壊をもたらした人物である毛沢東が存在したからだ」というものである。

その説明は次のようなものである。毛沢東は中国の古い伝統や文化を容赦なく破壊し尽くそうとした。毛沢東は、彼の次に最高指導者となった鄧小平が進めようとした諸改革のためにその道筋にあるはずであった様々な障害を完全に取り除いた。その結果、毛沢東は存命中には全く意図しなかったであろうが、中国の再生のために重要や役割を果たした。二〇世紀に登場した中国の指導者の中で、毛沢東ほど中国の伝統文化を全体的にそして容赦なく攻撃した人はいなかった。毛沢東の指導の下、中国の伝統的な儒教の遺産と古い価値観は史上初めて、徹底的な攻撃に晒された。毛沢東の前の世代の改革者たちは儒教と古い価値観が改革を妨げる原因だと考えた。しかし、それらを徹底的攻撃することはできなかった。

初期の改革者たちの中の梁啓超や孫文のような数少ない人々は、中国の近代化プロセスには、古いものの「破壊（destruction《デストラクション》）」が必要であり、それによって新しいものが生み出されると認識していた。しかし、毛沢東より前の世代の改革者たちは、そうした人々のイデオロギーにおける大胆さを持つことはできなかった。また、毛沢東が持っていた組織論や冷酷さを備えた指導者としての能力を彼らは持ち合わせなかった。毛沢東はこうした資質を持っていたので、中国の数千年にも及ぶ文化と歴史を積極的に攻撃することができ、近代化の邪魔にならないように破壊できたのだ。毛沢東は若い時に梁啓超と孫文に傾倒した。しかし、毛沢東はやがてより厳しさを求めるようになり、より過激な革命の一つの形態である暴力蜂起を志向するようになった。一九二七年に毛沢東は次のように予言めいたことを書いている。「最初に地方の何も持たない農民たちが、続いて都市部の大衆が蜂起するだろう。彼らの蜂起を権力側は鎮圧することはできない」[10]

他の改革者たちは中国の古代から続く文化の影響を弱めることには成功したが、毛沢東はそれらを根底から破壊し、中国人たちが受けた影響を一掃しようとし、その試みをほぼ成功させた。毛沢東は、中国の伝統文化を破壊するために、まず、父と息子、夫と妻、教師と生徒、家族と個人、過去と現在、継続性と変化といったものそれぞれのつながりを破壊した。陳独秀や魯迅を含む初期の改革者たちは、これらのつながりの存在を苦痛に感じた。魯迅は苦悩を込めて次のように書いている。「古代の賢人たちが書き残した嫌らしい考えを常に自分自身の中に発見してしまうのだ」[11]。魯迅の気を滅入らせたのは、五四運動に参加した世代の努力にもかかわらず、抑圧を基本とする中国文化が若者たちに伝えられているということであった。魯迅はほぼ鬱状態になりながら、次のように書いている。「伝統という重荷に意識の高い人は気付いて欲しい。意識の高い人は闇の門から抜け出し、自分の子供たちが自由な場所と光の中に逃れ去ることができるようにして欲しい。そうした場所でこそ、次の世代の人々は幸せに、そして真に人間らしく生活できるのだ」[12]。梁啓超、孫文、陳独秀、魯迅といった改革者の第一世代の人々は、過去の持つ影響力の強さによって、一度はそこから抜け出そうとして努力したはずの伝統的な価値観と文化の「闇の門」にまで否応なく引き戻されていった。歴史を別の視点から見ると、毛沢東の革命が中国の伝統文化を破壊する鉄球の役割を果たしたことには別の側面があったことが分かる。それは、毛沢東に続く世代が何をやるにしても、その行く先の道を綺麗にならすためには必要なものであったのだということだ。

毛沢東の生涯の最後の二〇年、反右派闘争、大躍進運動、そして文化大革命と続いた期間は、中国にとって「失われた」年月ということになった。長征初期から毛沢東につき従った陳雲は、一九七九年に『民報』

紙に次のように書いている。「毛沢東同志がもし一九五六年に亡くなっていたら、疑いなく、中国人民の偉大な指導者となったであろう。一九六六年に亡くなっていたら、彼の功績は少し傷ついたかもしれないが、全体としてはやはり偉大という評価になっただろう。しかし、毛沢東同志は一九七六年に亡くなった。よって私たちは彼を評価するということについてなすべきことがない」[13]

歴史の冷徹な眼で見てみれば、毛沢東は、彼より前の世代の改革者たちが発揮しなかった、彼独特の虚無主義（nihilism）を発揮して、中国の「古い社会」を破壊するという仕事を成し遂げることができ、それが最終的には伝統に固執することから中国人を解放することになった。このように見ると、毛沢東時代の暴力的な移行期間は鄧小平と彼以降の指導者たちが演出した経済発展にとって必要不可欠な準備期間であったと言うことができる。毛沢東時代は、中国の人々にとっても、自分たちを過去から決別させ、富強のあくなき追求へと進むために必要な時期であった。

アメリカにおける近代的な中国研究の創始者、ハーヴァード大学教授であったジョン・キング・フェアバンク（John King Fairbank　一九〇七～一九九一年）は決して毛沢東主義者ではなかったが、彼ですら毛沢東が提唱した永続革命には古いものを破壊し、新しいものを生み出す効果があるのだと主張した。フェアバンクは次のように書いている。「中国の古い社会では、生徒たちは教師たちを尊敬し、女性たちは夫に服従し、若者は年寄りを尊敬しなければならなかった。このようなシステムを破壊するのに長い時間が必要だった。それは人々が子供の頃に教えられた価値観や前提を根本から覆さねばならなかったからだ。時代は、暴力の行使も辞さない、強い意志の力を持つ指導者を必要とした。古くから存在した既得権益を持つ官僚たちを打倒するためには手段を選ばないという決意を持った指導者を必要とした。時代が求めた指導者は、何も持たない農民たちの側に立ち、質素な生活をし、官僚たちの硬直性を憎む、そういう人物でなければならなかった」[14]。毛沢東は良くも悪くもフェアバンクが唱えた指導者像にぴったりの人物だった。毛沢東は「長期にわたり創造的破壊」を実行した指導者だった。中国に必要な指導者像について、毛沢東よりも前の世代の改革者である梁啓超は次のように書いている。「指導者は厳格な支配を用いて、我が国の国民を二〇年、三〇年、五〇年でも鍛え上げる意志を持つ人物でなければならない」[15]

毛沢東は、中国が「資本主義への道を進む」ことを阻止するために文化大革命を開始した。しかし、皮肉なことに、毛沢東の試みは、彼の意図とは全く別の結果を生み出すことになった。中国の現代史の第一人者ロデリック・マクファーカーとマイケル・ショーエンホールズは次のように書いている。「一般的な評価は、〝文化大革命がなければ、後の経済改革はなかった（no Cultural Revolution, no economic reform《ノー・カルチュラル・レヴォリューション・ノー・エコノミック・リフォーム》）〟というものだ。文化大革命は中国にとって大きな悲劇であった。しかし、文化大革命は、中国文化に対してより深い革命をもたらした。これこそが毛沢東が実現したいと望んだものであった」[16]

毛沢東は、中国の古い文化や伝統を、無理を重ねながら強制的にそして徹底的に破壊した。毛沢東は次の指導者であった鄧小平に整地されてあとは建設を始めるだけの建設現場をプレゼントしたようなものであった。毛沢東によって、古い構造は完全に破壊され、その後は何もない状態に整備された。鄧小平は自分の改革開放の「偉大な試み」を始めるのに、鍬を入れるだけで済む状態で引き継いだ。毛沢東は、彼が考えたユートピア的社会主義を実現するために、徹底的な破壊を行った。しかし、その結果は、毛沢東が存命中に最も忌み嫌った、実質的な資本主義経済へと中国を転換させる準備をしてしまうことになったのだ。

もう一つの学者グループもまた歴史を別の視点から見て、重要な主張を行っている。それは、毛沢東は鄧小平に「中国の伝統文化の破壊」だけでなく、こちらも同じくらいに重要なそして皮肉とも言うべき遺産を遺した。それは、毛沢東がゲリラ経験から学んだ「機会主義」である、というものだ。毛沢東の階級闘争と永続革命という考えと鄧小平のより実践的な、開かれた、市場志向の考えや安定志向とは結びつかないと思われがちだ。実際、一つの社会全体をこれほど両極端のイデオロギーの間で変身させることができた人間は鄧小平を除いて他に思いつかない。このあり得ない現実を目の当たりにして、ハーヴァード大学教授のエリザベス・ペリーとドイツのトリール大学教授のセバスチャン・ハイルマンは、彼らが「中国共産党の予測不可能な矛盾とも言うべき活力と驚くべき復元力と応用力」と呼ぶものに関する疑問の答えを見つけようとした。[17] ペリーとハイルマンは、「レーニン主義政党は原理原則に厳格であるので、革新的な精神を欠くはずであるが、レーニン主義政党であるはずの中国共産党は世界市場という予測ができない場所で生き残っているのはどうしてか?」という疑問を立てた。彼らは更に次のような疑問を提示した。フランシス・フクヤマの唱えた資本主義と民主政治体制が最後の勝利者となったという「歴史の終わり」に何が起きたのか? 共産党が支配する「赤い中国」が世界市場の統合が行われた過去の数十年でどこの国よりも成功できたのはどうしてか?

こうした疑問に対するペリーとハイルマンの素晴らしい答えは、「中国共産党は、度重なる失敗、逆行、自分たちで起こした悲劇に見舞われたが、毛沢東の指導の下で強力な生存本能（survival instinct《サヴァイヴァル・インスティンクト》）を発達させることに成功したことで柔軟性を獲得した」ということになる。中国共産党の生存本能は、ゲリラとして中国内陸部の山岳地帯で強力な国民党軍や日本軍からの攻撃を避けてきたという経験からだけでなく、「政策決定は絶え間ない変化、対立関係の管理、継続的な実験、その場その場での調整を含む過程」とする概念からも生み出され、鍛え上げられた。[18] 毛沢東は自己中心的で、首尾一貫しない人物で、彼の行動は極端に破壊的なように見えたが、毛沢東はゲリラ時代の経験を通じて、厳格さと安定ではなく、柔軟性と俊敏さに価値を置いた。そして、一九四九年の中華人民共和国建国後も、党の政策決定にゲリラとの時と同じ実践的なスタイルを応用した。[19] ペリーとハイルマンは次のように書いている。「毛沢東は、政権の強化よりも継続的な実験と転換、もしくは〝永続革命〟を志向した。[20] 更に、共産革命を通じて、中国共産党の戦術の基礎を継続的な即応性に置いた」[21]

毛沢東は、レーニン流の規律と党組織に関する厳格な諸原則の有効性が証明されたために、中国共産党にレーニン流の党運営方法を導入した。しかし、毛沢東は、試行錯誤、間違ってしまえば死という経験を生き延びた人物であった。毛沢東は行き当たりばったりの機会主義であったために、彼の政治スタイルと中国共産党の党運営もまた行き当たりばったりになってしまった。その結果、毛沢東と中国共産党は、「適応力に溢れた権威主義」の一形態を生み出すことになった。首尾一貫性のなさは結果として社会主義に対する幻滅を生み出したが、一方で中国が社会主義ブロックの中で生き残ること、そして冷戦後の世界の経済分野におけるグローバライゼーションを利用して、経済的な成功を収めることに貢献した。[22] しかし、コロンビア大学教授で中国専門家のアンドリュー・ネイサンが「弾力性のある権威主義（resilient authoritarianism《レジリアント・オーソリタリアニズム》）」と呼ぶものが中国史の最後を飾る最終形態になるのかどうかは明らかではない。[23] 要するに、短期間の戦略的な調整では有効性を持つが、長期にわたり有効性を持つ統治モデルはいまだにないことは証明されている、ということだ。

一九八九年の幻影

鄧小平時代、中国は素晴らしい経済発展を遂げた。この輝かしい鄧小平時代における、一つの忌まわしい記憶が一九八九年に起きた六四天安門事件（第二次天安門事件）である。六四天安門事件は、その後の西洋諸国の中国観に大きな影響を与え、私たちは、中国史は継続していると考えた。しかし、長安街を進む人民解放軍の戦車部隊に一人で立ち向かい、その進行を止めた「タンクマン」や天安門に掲げられた毛沢東の肖像の前に建てられたデモクラシーの女神像の記憶が薄れていき、「弾力性のある権威主義」と中国共産党が推し進める資本主義に基づいた経済発展が人々の注目を集めるようになり、西洋諸国の人々は、中国の進歩についての自分たちの見方を再考しなくてはならなくなった。特に、市場がけん引する経済発展と国家全体の開発・発展にとって、民主化は必要不可欠であるという考えについて考え直さねばならなくなった。

ハーヴァード大学教授ジョン・フェアバンクは、近代的な中国研究の分野を確立するという重要な役割を果たした。フェアバンクは、伝説となったアジア学総論の講座を創設した。そして、学生たちはこの講座を「田んぼ」講座と呼んだ。週に三回、フェアバンクはハーヴァード燕京研究所（Harvard-Yenching Institute）の教室に大股歩きで入ってきて、中国の四〇〇〇年の歴史について講義し、初学者である学生たちを魅了し、同時に閉口させた。それは、中国の王朝全ての果てしもなく複雑な系図を書き写すことが必修となっていたからだ。

大躍進運動による大破壊がアメリカ人の訪れることのできない巨大なそして奇妙な共産主義の大地で進行していた。しかも、その全容は謎に包まれていた。この当時、一人のとても頑固な学生がフェアバンクに対して毛沢東の革命の論理を説明するように執拗に求めた。フェアバンクは禅の老師のように、学生にとっては理解することができない禅の公案のような答えを与えた。彼は学生に微笑みながら言った。「このことだけは覚えておきたまえ。毛沢東は君のために中国で共産主義革命を起こしたのではないということね！」

フェアバンクは紳士であったし、彼は好奇心旺盛な学生を黙らせようと思ってそのような答えを与えたのではない。フェアバンクが言いたかったことは、中国は全体として、独特のパターンを持っていて、西洋の言語ではそれをうまく説明できないのだということだった。フェアバンクは、歴史的名著『東アジア：近代における転換（*East Asia: The Modern Transformation*）』の中で次のように書いている。「中国は全く異なった伝統とこちらも全く異なった近代的革命で私たちの前に立ちはだかっている」[24]

フェアバンク以降の中国学者たちは、その多くがフェアバンクの弟子たちだったが、フェアバンクの欧米中心主義的（Eurocentric《ユーロセントリック》）な研究・分析手法を批判した。彼らは、「フェアバンクは、現代中国について説明する時に、〝西洋が手を出し、中国がこれに対応する〟式の欧米中心的な観点に偏っている」という批判を展開した。ヴェトナム戦争（一九六〇―一九七五年）の時期に成人を迎えた学者たちは特に、アメリカのアジアに対する見方に敏感であった。アメリカは、現実のアジアを直視するのではなく、自分たちにとって都合の良い、こうあって欲しいという姿を通じてアジアを見ていた。若い学者たちはフェアバンクから与えられた戒めを使って、フェアバンクの分析の枠組みを批判し、中国史研究の分野を「中国中心アプローチ(China-centered approach)《チャイナ・センタード・アプローチ》」の方向へと動かした。[25]

「中国史は中国独特のパターンを持っている」というフェアバンクの言葉は、一九八九年に北京やその他の都市で大規模な民主化デモが発生した時にその重要性が再認識された。二〇世紀の中国において西洋流の発展パターンが再び起きた、これは西洋の勝利なのだと人々は考えたのだ。一九二〇年代に五四運動から続く「デモクラシーとサイエンス」を求めた抗議運動が一九八〇年代の民主化運動につながったという魅力的な考えに抗することができる人はほとんどいなかった。大地の裂け目から排出され続ける溶岩は、その地下にマグマがあることを示している。それと同じように、中国各地で発生する民主化デモは、中国の地下に脈々と流れている、抵抗することができない潮流が中国を「歴史の正しい側面」に再び引き戻していることを示していると考えられた。一九八九年、民主化運動の発生によって、中国共産党は壊滅に瀕するほどのダメージを受けた。ソ連や共産主義ブロックに属する国のほとんどの崩壊がそれに続いた。自由主義的な西洋の神学（である民主化）の実現が最後の砦である共産中国においていつ実現するか、待ちきれないでいるという状況であった。

　一九八九年の春に天安門広場でのあの浮き浮きした雰囲気を経験した人は誰でも、中国が歴史的に重要な転換期に差し掛かっていると考えたに違いない。少なくとも、世界中に啓蒙的な諸価値を拡大する民主政体は、人類の歴史において不可避最終到達点なのだという西洋の考えの正しさが中国でも証明されるのは間違いないと考えられた。フランシス・フクヤマ（Francis Fukuyama　一九五二年～）は、こうした冷戦後の時代精神（zeitgeist《ザイトガイスト》）を「歴史の終わり（end of history《エンド・オブ・ヒストリー》）」という言葉で表現した。彼は次のように書いている。「経済的自由主義、そして政治的自由主義が最終的に勝利を得たのだ。これは西洋の勝利であり、西洋〝思想〟の大勝利なのだ。西洋型の自由主義に代替すると考えられた様々なシステムが全て制度疲労を起こして崩壊したのだ」[26]

　フクヤマは中国についても考察した。そして、中国もまた最終的に普遍的な世界に進む分岐点に立っていると結論付けた。彼は次のように自信たっぷりに書いている。「自由主義思想の力が、アジア地域最大のそして最古の文化を持つ中国に影響を与えられないようでは、大したことはないと言わざるを得ない。中国は世界における非自由主義的勢力のかがり火という役割を直ちに止めることになるだろう」[27]

　中国学者たちもまた西洋諸国の人々と同じ予測や希望を持っていた。一九八九年の抗議運動に対して弾圧が加えられ、民主化の動きが後退しても、中国専門家たちは長い目で見れば、中国がより自由な、民主的な政府への動きに抗することは不可能だと考えた。偉大な中国研究者でベルギー人のピエール・リックマンズ（別名：サイモン・レイズ）は、中国人を「自由を渇望する人々」と形容した。リックマンズは、デモ隊を鎮圧するために兵士と戦車の出動を命じた鄧小平と指導者たちについて次のように書いている。「鄧小平をはじめとする指導者たちは、自分たちを中国の共産主義と共に権力の座から引きずり下ろすことになる津波に直面していることを理解している。中国共産党政権の崩壊は避けられないのである」[28]

　数世紀にわたる中国史を網羅した名著『近代中国への探求（*The Search for Modern China*）』の中で、イェール大学教授ジョナサン・スペンスは次のように書いている。「中国政府は知識人や反体制政治活動家たちを弾圧してきた。しかし、一九八九年の民主化運動が人々の行う最後の抵抗であるということを確信できる理由は存在しない。また、人々が主体的に自分たちの主張を行う日が来るまで、中国の近代化が完成することはない」[29]

『天令：天安門広場の遺産（*Mandate of Heaven: The Legacy of Tiananmen Square and the Next Generation of China's Leaders*）』の最終章（「経済バブル」という題）の中で、著者の一人は次のように書いている。「中国で次に蜂起が起きるとすれば政治的な理由よりも経済的な理由で起きるだろう。北京ではなくて地方の省で起きるだろう。学生たちではなく労働者たちが主導するだろう。過去の経験を参考にすると、その余波は遅かれ早かれ、あの〝広場〟に戻ってくることになるだろう」[30]

一九八九年に起きた六四天安門事件を目撃した西洋の人々は、初期段階は幸せな日々であったが、最終的には悲劇に終わったと言える。六四天安門事件は、中国史はより民主的な方向へ向かっていると考えた。また、六四天安門事件によって、それまで中国の指導者が進めてきた全ての努力を無駄にしてしまった。この本で取り上げた中国の近現代に活躍した人々が示しているように、中国の近現代の思想家と指導者たちは、中国の急激な衰退と外国による侵略に心を痛め、焦燥感と切迫感を持って、中国の富、力、そして偉大さを回復するという目標を掲げた。二〇世紀初頭になって、中国でも民主政治体制が登場したが、その後、民主政体が中国の地で繁栄することはなかった。二〇世紀の中国において、民主政体の実現を求める情熱は、ナショナリズムと豊かで、強力で、世界から尊敬を集める国にするという熱意に比べると弱かった。私たちは忘れがちだが、五四運動の指導者であった陳独秀はサイエンスとデモクラシーの中国への導入を夢見たが、五四運動に参加した人々は、愛国心に突き動かされていた。この点は、一九八九年春にデモに参加した人々と同じであった。ナショナリズムは実際のところ、立憲主値や民主政体ではなく、人々の強い感情によって培われた。そして、こうした感情は、中国の苦難に満ちた歴史を知ることで人々の中に生み出された。

誇りと体面を何よりも大切にする人々にとって、一九世紀に中国が世界の中心と優越的な地位から衰退したことは、大変な恥辱であった。そして、こうした屈辱感は、人々の強烈な反応を生み出した。儒教の教えの一つである「屈辱を雪ぐために努力をする」という考えと弱さと敗北によってもたらされた屈辱感が奇妙な化学反応を起こし、人々の間に「中国を再び強国にする」という決意が生まれた。人々は屈辱感で意気消沈したがすぐにそれをバネにして元気を取り戻した。そして、中国の人々は、屈辱感をバネにして、歴史において犯した数々の間違いを正すという行為を始めたのである。

中国は長年苦難の道を歩んできた。しかし、越王勾践（訳者註：臥薪嘗胆の故事の元となった）のように、果てしない不屈の努力の末に、敗北と恥辱を勝利に転換することができた。二〇世紀において中国でも民主化の実現を求める動きがあったが、それよりも強力な、共和主義、無政府主義、マルクス主義、キリスト教、そしてファシズムを求める動きが活発であった。どのイデオロギーも主義も思想も中国の復活を約束している点では共通していた。現在、中国各都市は急速な経済発展を遂げている。その姿を目にすれば、鄧小平以来の実践主義が国家に対して、そして少なくとも国民の多くに対して利益をもたらしたということが言える。一つはっきりと言えることは、中国は長年にわたり惨めな失敗を繰り返してきたが、中国は粘り強くかつ休むことなく努力を続けたことで、最終的に目を見張る物質的な成功を収めることができたということである。

新しいコンセンサス？

中国の物質的な成功は、人々が「北京コンセンサス（Beijing Consensus）」と呼ぶ新しいモデルを中国の指導者たちが導入したことで導き出されたものなのだろうか？「北京コンセンサス」とは、政治の自由化と、自由市場に基づく経済発展を切り離す、つまり資本主義と民主政治体制を切り離すという新しい経済発展モデルのことを指す。[31] 二〇一〇年、温家宝国務院総理は、この北京コンセンサスという新しいモデル自体については言及しなかったが、この本で散々取り上げてきた、中国の権威主義が成功した理由について次のように語っている。「私たちが成功を収めた理由の一つに、効率的に決断をし、効果的に組織し、巨大なプロジェクトに資源を集中したことが挙げられる」[32]

新しいコンセンサスがあるのかないのかはっきりしない。しかし、一つはっきりしていることは、様々な欠点や失敗、予想通りにいかないことはあったが、中国共産党が比較的安定した政治体制の下で、三〇年にわたり急速な経済発展を成功させたということである。また、中国共産党は穏やかで豊かな「小康社会（*xiaokang shehui* moderately well-off society《モデレイトリー・ウェルオフ・ソサイエティ》）」を実現させようとしている。これは鄧小平がその実現を熱望したものである。政治の安定と小康社会の実現は、中国国民の多くが党と交渉して得られたものと言うことができる。つまり、中国国民はより豊かなそしてより良い生活を享受させてもらえるなら、そして国家が豊かに、強力になり、国際社会である程度の尊敬を集め、それにふさわしい地位を占めるように進んでいくなら、国民は権威主義的な支配に反対しないと約束したのである。

魏源は二世紀前に中国の衰退という深刻な問題を何とか解決しようとした。魏源を始まりとして、中国の復興の夢は中国の愛国者たちの間で世代を超えて受け継がれていった。中国の富強の追求はその後に大きな成功を収め、その成果を中国人たちは、新たな誇りとしている。経済的成功によって、中国国内では中産階級の数が増大しているが、この中産階級の増大は、中国が将来安定した民主国家となるであろうことを想像させてくれる。しかし、中国が富強を手に入れた後に、一体何が起きるだろうか？　指導者と国民は長年追い求めてきた富強を手に入れたら、それ以降に更なる努力をしなくても良いということになるだろうか？

そのようなことはない。中国に現在も欠けているのは、自信である。中国人は自信を取り戻すことで、彼らは自分たちの長年追い求めてきた夢を実現させ、国際社会においてふさわしい地位を得ていると感じることができるようになるのだ。

尊重

「尊敬（respect《リスペクト》）」と「地位（status《ステイタス》）」といった言葉は、「富強（*fuqiang* wealth and power《ウェルス・アンド・パワー》）」といった古い言葉と一緒に使われるものではなかった。しかし、「尊敬」と「地位」は中国が目標を達成するために長い間戦ってきた闘争の中で暗黙的に求められてきたものであった。繁栄と強さを求めたのは、中国が一九世紀に帝国主義的列強に対して敗北を喫したという屈辱感がその根本的な理由である。従って、列強諸国から再び尊敬してもらうことがその屈辱感を癒すために必要な条件となるのだ。しかし、世界的な規模で真の「尊重（*zunzhong* respect）」を勝ち取るためには、中国が富強を獲得するだけでは不十分であり、世界が賞賛する、もっと別の言語には出来ない要素を向上させていかねばならない。中国の外交関係者たちは常に「尊重」という言葉を使っている。しかし、そのための努力も必要なのである。

中国は世界において軽んじられることはなくなった。しかし、多くの中国人、特に政府関係者たちを混乱させるのは、中国は「富強」達成に向かって大きな発展を遂げたのに、それに見合った賞賛を得られていないという事実である。彼らは大きな発展を遂げれば、そうした賞賛は自然についてくるし、必ず賞賛は得られるはずだと考えていた。大恐慌時代に育ったアメリカ人たちは、どれだけの経済的成功を収めても、自分の中に抱える不安感を払拭できなかった。そうした大恐慌時代に育ったアメリカ人と同様、多くの中国人の自信は、奇跡的な経済成長を遂げつつある今でも、低いままである。中国人は実際に大変なことを成し遂げたのに、劣等感を払拭できないままである。中国人が実際に成し遂げたことに見合った自信を得るには長い年月を必要とするかもしれない。しかし、ある国の人々の心性は変化しやすい現実についていけないことが多い。経済は発展しているが、人々は劣等感を払拭できないという中国の現在の例外的な状況から、中国は大きな発展を遂げたのに、屈辱感を払拭できない理由、ナショナリズムが勃興している理由、そして中国人が容易に被害者意識を持ちやすい理由を説明できる。

中国人が長年追い求めた世界からの尊敬というものは、多くの改革者や革命家たちが想像したものよりも、手に入れにくいものである。「ソフト・パワー（soft-power）」という考えを主張する学者たちがいる。彼らに言わせれば、豊かであることと強力であることだけで、ある国が自然に尊敬を集めることはできない。ある国が尊敬を集めるのは、より目に見えにくい分野での成功によってである。多くの場合、それはある国の文化、人々の価値観、政治システムが説明責任を負っているといったことである。こうしたことに他国が魅力を感じ、その国を尊敬するようになるのだ。西洋諸国の観点からすれば、国家統制と「安定性の維持」のための巨大なシステムを特徴とする社会は魅力的ではない。文化的に開かれ、寛容で、異説が影響力を持つことを歓迎する社会を西洋諸国は魅力的だとする。こうした社会から、革新的で、魅力的なソフト・パワーが生み出される。そうして、世界的な賞賛と尊敬を得ることができる。そして、そのような社会では、個々人が自由にさまざまな自己表現を行う。そうした自己表現を、中国共産党は不快に思い、奨励しない。それでも、艾未未をはじめとする、社会不適応の烙印は押されているが、創造性豊かな芸術家たち、劉暁波のような手厳しい批評家たち、陳光誠のような不屈の意志を持つ改革者たちが中国社会に登場している。

中国は最先端の社会インフラを急激に整え、偉大さと信頼を備えた国だという新しいイメージ作りの試みを行っている。こうした動きは印象的である。中国は、二〇〇八年の北京オリンピックや二〇一〇年の上海万博、そして毎年の国慶節での華やかなパレードといったイベントを通じて、世界からある種の尊敬の念を引き出すことに成功している。こうした対外的イメージを気にする、政府主導のイベントやプロジェクトは印象的ではあるが、ソフト・パワーとしての魅力や賞賛を生み出すには至っていないのが現状である。

戦略家ジョセフ・ナイ（Joseph Nye　一九三七年〜）は著書『ソフト・パワー（*Soft Power*）』の中で、目に見えない力であるソフト・パワーについて次のように書いている。「ソフト・パワーとは、ある国家が望む結果を得るために他国の行動に対して影響を与える力のことを言う。他国がある国の諸価値を賞賛し、制度などを真似て、繁栄や開放の度合いに追いつきたいと望むことで、つまり、他国がその国のことから学びたいと思うことで、その国は世界政治において望み通りの結果を得ることができるのだ。魅力は常に強制よりも効果を持つ。民主政体、人権、個人に保証された機会といった諸価値は大変に魅力的なものなのである」[33]。『ソフト・パワー』は二〇〇四年の刊行以来、中国でも人々の関心を集めた著作となった。

　中国人たち自身が中国の核心的な価値が何であるのかを全然分かっていないようである。中国は数十年にわたり、文化的、政治的に破壊と建設を繰り返してきた。中国は伝統的な諸価値観と毛沢東時代に残された文化を捨て去った。その結果、中国では文化や価値観ではなく、表面的な手段だけが重要視されるようになった。中国社会と国家は、技術の飽くなき追求だけが行われることとなった。そうした中で、中国社会と国家はどの方向に向かっているのだろうか？　その答えは全く見つかっていない。

　中国の指導者たちは常に世界に向けて、自国の「核心的な利益（core interests《コア・インタレスツ》）」について強調している。アメリカのバラク・オバマ（Barack Obama　一九六一年〜）大統領は、「米中両国相互の核心的な利益を尊重することは、米中関係の着実な発展にとって大変重要である」と公式の場で述べた[34]。このことを中国の指導者たちにとって外交上の大勝利だと考えた。しかし、「核心的な価値」という言葉の現実的な意味となると、中国の指導者たちは言葉を失い、何も聞こえないふりをする。彼らは、西洋流の民主政治体制と人間が生まれながらにして持つ人権という考えを受け入れないし、中国固有の価値観の代わりに「普遍的な価値観」を受け入れたいとも望まないのである。

空っぽの椅子

二一世紀の中国を訪問すれば、誰もが中国の最近の物質的な進歩の速度と範囲に驚かされる。そして、権威主義的な統治の下での資本主義を果たして中国が本当に必要としていたのかどうか疑問に感じ始める。そして、社会の利益のために個人の諸権利は経済的な諸権利よりも下に置かれ制限されるべきなのかどうか、民主政治体制は、特に発展途上国にとって最も有効な統治形態であるのかどうか、といった疑問を持つようになる。しかしながら、これらのつまらない疑問自体が示しているように、事件がたった一つでも発生したら、権威主義体制の弱さと外国が中国のような国に対して持つ尊敬の念は嫌々持っていたものであることが暴露されることになる。経済的成功ではそうした暴露を覆い隠すことなどできない。そうした事件はすでに起きている。二〇一〇年に投獄中の反体制活動家・劉暁波がノーベル平和賞を受賞した。二〇一二年には当時のヒラリー・クリントン米国務長官が北京に到着した直後、盲目の反体制活動家・陳光誠が自宅軟禁から脱出して北京のアメリカ大使館に駆け込むという事件が起きた。二〇一三年初めには中国政府の強制的な政策に抗議してチベット人の若者が焼身自殺を行ったが、その若者が一〇〇人目の焼身自殺者となってしまった。言うまでもなく、中国の自国を貶めるこうした行為は、中国のソフト・パワーを減退させ、主張の説得力を弱め、世界から尊敬を集めるという彼らの目標に適さないものである。

梁啓超や林語堂が活躍した時代、中国が富強を得るなどということは、荒唐無稽な白昼夢やSF小説の題材でしかなかった。それでも、富強を得るという具体的な目標を中国の人々は持つことができた。それは、「恥辱の世紀」を通して中国が受けた傷を癒すために必要な手段を受け入れる決意を中国の人々が持っていたからだ。そして、現在の中国は、遠い水平線にかすかに見えていた島が眼前に迫りつつあるという状況にある。中国が長年追い求めてきた、偉大さの復興を実現するためには「何か」が必要であることが明らかになりつつある。しかし、中国人のほとんどはその「何か」を正確に定義できないでいる。

現在の中国国内を観察して見受けられることは、二一世紀に入って、中国国内においても、富強を獲得するだけでは、中国の「偉大な復興」という夢の実現には不十分であるという声が上がっているという事実である。習近平は、党総書記と国家主席に就任した際に、中国の偉大な復興の実現のために、人々がより努力するように訴えた。魏京生、方励之、劉暁波といった反体制的な批判者たち、そして彼らよりも前の世代である陳独秀、魯迅、そして梁啓超といった人々は、中国が偉大な国家として認められるためには富強だけでは不十分だということを理解していた。中国が外国から尊敬を受けないのは、外国人から尊敬を集めるだけの富強が欠如していたからなどではないということを彼らは理解していたのだ。主流から外れた彼らは、中国の自尊心に関わる問題は、外国人が中国をどう扱ってきたかの問題だけではなく、中国政府が自国民をどう扱ってきたかの問題でもあると主張した。反体制の人々は少数派であり、彼らの主張は小さいものであり、そうした声は無視されたり、弾圧されたりしてきた。

愛国的な誇りやナショナリズムによって目が曇らされていない人々は、中国が国内、国外で抱える大きな問題は解決が難しく、解決には苦痛が伴うということを認識している。第一に、彼らは、中国が現在抱える問題の主要な原因は外国の帝国主義などではないということを理解している。孫文、蔣介石、毛沢東、そして胡錦濤へと続く中国の指導者たちは、国民の目を厳しい現実から逸らすために、外国からの侵略と列強による公正ではない取り扱いに特徴づけられた歴史と被害者意識を利用してきた。第二に、彼らは、中国が長年追い求めてきた諸外国からの尊敬が得られていない理由を理解する能力と意思を持っている。その理由とは、中国政府が、法の支配の下に、より開かれた、透明性の高い、寛容な、正義が行われる民主的な社会を実現する能力を持っているのかどうか、世界の人々が疑問に思い、懸念を持っていることである。

時折、偉大なそして勇気に溢れる、自由主義を信奉する反体制的な人々が出現してきたが、彼らの民主政治体制実現の要求は、中国史を動かすための力とはなり得なかった。中国史を動かすより強い力として出現したのは中国の富強を回復したいという切迫感であった。しかし、中国の富強を回復するという目標が達成された現在、人々は、より開かれた、そして法律を遵守する社会において豊かさを享受することを望まないのだろうか？　そうした社会では誰が統治を行い、どのように統治を行うかを決めるに当たって国民がより重要な役割を果たす。そうした社会に行きたいと思わないだろうか？　中国の指導者たちは国際社会において中国が尊敬を集める存在になることを熱望している。とすれば、彼らはたとえ民主政体ではなくても、現在よりも合議を取り入れた統治形態の実現に進むことで、国際社会の尊敬を集めようとは思わないだろうか？

中華人民共和国は、独裁ではなく、合議による統治に向かう前提条件を整える方向に大きく前進してきた。中国は、海外からの投資の受け入れ、国際貿易、国内の諸改革によって世界史において最も急激な経済発展を成功させてきた。中国が経済的に大きな成功を収めたのは、孫文が一世紀前に主張し、蒋介石によって採用され、そして、それ以降の指導者たちによって多少の変更はあったが続けられた路線があったことが理由の一つとして挙げられる。それは、民主政治体制という中国にとっては未知なる体制の実現を長期目標としつつ、権威主義的な「保護」によって中国の主権が確立され、国が豊かになり、人々がより直接的に自由を行使できる準備が整うまで、民主体制の実現を留保するというものであった。

中国の将来については不透明な部分が多く残っているが、一つはっきりしていることがある。それは、鄧小平が経済改革を開始して三〇年が経過し、中国の発展は次の段階に近づきつつあるということだ。二〇一二年一一月に第一八期中国共産党大会が開催され、二〇一三年三月に習近平が党総書記と国家主席に就任した時、頽廃的な、緩んだ雰囲気があった。次の段階のシナリオはまだ書かれておらず、誰が人々に不安と懸念を持たせないようなシナリオを書けるのかは明確になっていない。更に言えば、中国の人々は、習近平をリーダーとする新指導部は決定においてコンセンサスの形成を重視するスタイルであることを理解しているので、一人の指導者が大胆な計画を立てて、新しい路線を推し進めることはないと考えている。そして、中国の人々は、新指導部には指導力が欠如しているのではないかという懸念を持っている。もちろん、ほとんどの人々は引き続き希望と楽観主義を持ちたいと望んでいるが、明確な道筋で希望が持てると考えている人はほとんどいないのが現状だ。

鄧小平は、一九九二年に歴史に残る「南巡」を行った。彼は深圳を訪れ、「社会主義に基づいた継続的な改革開放以外の道筋は息詰まり、そうなれば国家の復活などおぼつかない」と高らかに宣言した。[35] 一九八九年以降の逆境にもめげず、鄧小平は中国を改革開放の道に邁進させることに成功した。

それから数十年が経過し、習近平が政治の表舞台に登場した時、中国は新たに進むべき道を見つける必要に迫られていた。興味深いことに、習近平が党総書記として初めての訪問地に選んだのが広東省であった。この訪問は鄧小平に敬意を示すものであったが、同時に、習近平もまた鄧小平等同様に、新たなそして大胆な路線を進むことを望んでいることを示すものであった。これは、習近平は経済改革を推進する意志を明確に示したということになる。一方で、広東省にある複数の陸軍基地と海軍基地を訪問し、彼が国立博物館訪問の際に提唱した「中国夢」という考えには、軍事力の強化という側面があることも示した。恵州市にある広州軍管区本部で幹部たちを前にして次のように述べている。「中国夢は、中国が強国となる夢のことであると言っても差し支えない。軍にとっての中国夢とは強い軍隊となることだ。私たちは中国という国家の偉大な復活という目標を達成しなければならない。そして、そのためには豊かな国家と強力な軍隊の融合が達成されねばならない」[36]

中国は経済力と軍事力を手に入れつつあるが、中国の発展においては一つの部品がまだ揃っていない。政治改革がそれである。北京やその他の大都市では特に、知識人たちの間で一つの認識が形成されている。それは、中国の「復活」のための包括的なそして長持ちする、現実的な道筋は、開放、法の支配、立憲主義の方向に進むしかないというものだ。しかし、この点で習近平の持っている夢がどのようなものなのかは明確ではない。

ほぼ一世紀前、中国は自国を守るために十分な軍事力を持たず、全く豊かでもないという暗い時代にあった。この時期、偉大な作家、魯迅は、自分が直面している荒涼とした現状を中国が抜けることができるのかどうかについて懸念を持っていた。一九二一年、魯迅は次のように書いている。「私が考えるように、希望は存在するとも言えないし、存在しないとも言えない。それは大地の上に作られた道路のようなものだ。元々そこには小道すら存在しなかった。しかし、多くの人々が小道を通ることで、道路になっていくのだ」[37]。

長きにわたる苦しい「道路」を歩き続けた後、中国は国際社会において他国から羨まれる程の地位を得ることができた。魯迅はそのようなことを想像すらできなかっただろう。二〇世紀は「政治的な保護」が行われた時期であった。孫文は、「中国の人々に政治的な諸権利を直接行使する機会を与える立憲的な統治」という最終段階に到達する前の段階として、「政治的保護」の時期が必要だと考えた。中国は、「再建の完了と革命の成功」という孫文が立憲的な統治を実現するために必要だと考え、掲げた目標にこれまでになく限りなく近づいている[38]。

歴史が最終的な安息の地になることはほとんどない。特に中国のような歴史が動き、不安定な国ほどそうである。中国は経済力をつけ、国内では中産階級の数が増加している。習近平が国家主席として中国の最高指導者の地位に就いた時、中国は近隣の台湾、香港、そして韓国の辿った道を行くための適当な場所にいた。これらの国々はそれぞれ権威主義的な政治体制から立憲主義への移行という道筋を辿った。しかし、二〇一三年に新指導部が立ち上がった時、彼らには社会主義の道から外れ、政治的に大きな転換を行うことに対する強い恐怖心が存在した。そのため、近隣諸国の辿った道筋を自分たちも進むなどという結論に至ることはなかった。それどころか、習近平は、いくつかの「秘密演説（secret speeches）《シークレット・スピーチズ》」を行い、その中で、旧ソ連が辿った崩壊への道を進まないようにと党幹部たちに訓示したと言われている。[39]

中国の偉大な発展を演出した鄧小平はかつてこう発言した。「私たちは恐怖感を乗り越えねばならない。全ての物事は最初に誰かによって試される必要がある。新しい道が切り拓かれるにはその方法しかない」。[40]中国の新指導者たちにとって、新しい政治的な道筋を示すための最も簡単な方法は、中国の憲法をしっかりと遵守することである。中国の知識人たちは指導者たちに対して憲法遵守の努力を行うように求めてきた。

二〇一三年の元旦、広東州に本拠を置く進歩的な新聞『南方週末（*Southern Weekend*）』紙は社説に「立憲主義（Constitutionalism）《コンスティテューショナリズム》の夢」と題する文章を掲載した。その一節は次の通りである。「立憲主義が実現されれば、権力はチェックを受けることになる。そうなると、市民たちは権力に対する批判を公然としかも活発に行うことができるようになる。そして、全ての人々は自分たちの信条を持つことができ、自分らしいと考える生活を営むことができるようになる」。この社説は問題になり、編集者たちと広東省の中国共産党広報宣伝部が衝突する結果になった。この社説は掲載不可となり、次に社説が掲載された時には、この文章は完全に書き換えられたものとなっていた。社説は立憲主義の実現を求める内容から現状を賛美する内容に変更された。南方週末紙の社員たちはストライキを断行した。更に、南方週末紙に対する処分に抗議し、権力に対して挑戦したジャーナリストたちへの連帯を表明する一般市民のデモも起きた。[41]

二〇一三年三月、李克強は国務院総理に就任以来、初めての記者会見に臨んだ。李克強は記者会見で、「新指導部は憲法を遵守する」とはっきり述べた。李克強は、国務院総理としての任期をこの宣言と共に開始した。[42]

中国の新指導部はどのような種類の復興を実現することを真に熱望しているのかということが重要な疑問である。同様にはっきりしないのが、中国は現在でもより強大にそして豊かになっているが、彼らは手にした富強を国際社会でどのように行使しようとしているのかということだ。彼らは、鄧小平が遺した言葉である「韜光養晦（目立つことを避けよ）」に従ってこれからも進んでいくのか、最近になって使われ出した言葉である「平和的台頭・和平崛起」を目指して進むのか、どちらの道筋を進むのだろうか？　もしくは、増大しつつある経済力と軍事力を威嚇の手段として使うことになるのだろうか？　退役海軍少将の楊毅《ようき》は、中国は増強中の軍事力を使って近隣諸国を脅して屈服させるべきだと提案している。楊毅は次のように発言したと伝えられている。「私たちは、他国に対して、これからどれくらいの数の空母を建造する予定であるかを教えるべきだ。そうすれば諸大国は安心するだろうし、小国の〝中国を挑発できる〟という希望を打ち砕くことができる」[43]

一九世紀、中国の改革者たちは中国の繁栄が終わり、衰退が始まっていたことをしっかりと認識し、それを何とかしたいと望んだ。彼らにとっての最終的な目標は防衛であって、外国の侵略から中国を防衛することであった。しかし、二〇世紀になると、愛国主義とナショナリズムが中国人統合の道具として使われるようになった。孫文は「一盆散沙（sheet of loose sand）」という有名な言葉を残した。しかし、それには感情の昂揚が常に伴うという恐れがあった。それは、抑圧を受けた人々の多くが自然に持つ感情である、「自分がされたことを他人にもやってみたい」という感情である。その誘惑に抗するのは困難である。

中国の新指導者たちの態度が、国際社会における中国の国力、得に軍事力の行使をより攻撃的なものとするようになるのかどうかについては分からない。新指導者たちの態度が、この本で取り上げた一九世紀と二〇世紀の思想家たちよりも獰猛なものとなるのかどうかは、答えが容易に見つからない疑問である。そして、この疑問に対する答えがどのようなものとなるかは、中国の新指導者たちだけでなく、世界の指導者たちにかかっている。しかし、「富強」という思想がより攻撃的に、そしてより侵略的になる場合、中国が熱心に追い求めてきたソフト・パワーは消滅してしまうだろう。いかなるプロパガンダや広報活動を用いても、一度失われたソフト・パワーを回復させることはできないだろう。更に言えば、中国の人々は長年にわたり世界からの尊敬を得るために努力し、ようやく実を結びつつあるのだが、そうした尊敬も、中国が攻撃的な態度を取るようになれば、中国の人々の目の前から姿を消してしまうことになるだろう。

中国の指導者たちは、攻撃的な態度を取ることを自重し、近隣諸国との間にある種々の争いの解決をめざし、そして、中国の国内政治システムを、法の支配、透明性、支配者の被支配者に対する説明責任に基づいたものにしていくべきだ。そうすることで、中国は長年夢見てきた、ただの大国（great power《グレイト・パワー》）ではなく、真に近代的なそして偉大な国（great country《グレイト・カウントリー》）となる可能性が出てくる。

訳者あとがき

本書『野望の中国近現代史』は、二〇一三年七月一六日に刊行された、*Wealth and Power: China's Long March to the Twenty-first Century*（Random House, 2013）の邦訳である。原著で四九六ページにもなる大部である。本書はこれを全訳したものである。清朝末期の第一次アヘン戦争（一八四〇―一八四二年）から現代（二〇一二年）までの中国近現代史において活躍した、一一名の政治知識人たちを各章で取り上げた、「人物評伝」となっている。それぞれの章では取り上げた人々が活躍した時代や出来事が詳述されており、近現代史を歴史の流れに沿って学ぶこともできる。歴史書のタイプには、編年体（出来事を年代順に記述するスタイル）と紀伝体（個人について詳しく記述するスタイル）の二つがあるが、本書は両方の良いところをミックスさせたスタイルとなっていて、それぞれの時代の人間模様を楽しむことができる、歴史大河ドラマでもある。そして、この一冊を読むことで中国近現代史を理解することができる。

本書で取り上げられているのは、時代順に魏源、馮桂芬、西太后、梁啓超、孫文、陳独秀、蔣介石、毛沢東、鄧小平、朱鎔基、劉暁波といった人物たちである。それぞれがそれぞれの立場や考えに基づいて中国の近代化を目指した「改革者（reformers）」として描かれている。西太后と言えば、残虐な女性として日本でもよく知られた存在であるが、本書では為政者、改革者として、日本ではあまり知られてこなかった面に光を当てている。また、魏源、馮桂芬、梁啓超、陳独秀といった人々のことは高校の世界史で通り一遍のことは習うが、改めて彼らの業績を知ることができる。

著者シェルとデルリーは、本書の中で、ユニークな主張をいくつも行っている。著者たちの大きな主張は、「中国近現代史を通じて、中国人が求めたものは、富と力、〝富強（wealth and power）〟であった。中国人は、第一次アヘン戦争の敗北から続く苦難の歴史を通じて、〝恥辱（humiliation）〟の感情を培養してきた。そして、この恥辱の感情を中国の偉大さの〝復興（rejuvenation）〟を実現するための原動力とした」。「富強」と「恥辱」と「復興」こそが中国近現代史を貫くキーワードになっているのである。

また、本書のユニークな点として、孫文（第六章）が提唱した「政治的保護（political tutelage）」という概念を紹介している点が挙げられる。この政治的保護という考えは、「中国人は長い間封建制度の下で統治されていたために、民主政体（democracy）を受け入れる用意ができていない。従って、賢明な指導者の下で、中国人を長い年月をかけて鍛え上げ、準備ができたところで、民主政体を導入するようにすべきだ」という考えである。孫文は中華民国の臨時大総統になり、三民主義を主張し、その中で民主政体の導入を唱えた人物であったが、現実的には、エリート主義であり、中国人に民主政体は時期尚早だと考えていた。そのために編み出されたのが政治的保護という考えである。そして、この政治的保護という考えは、現在の中国共産党も堅持している。

西洋諸国では、民主政治体制の導入と経済発展はセットとして考えられるが、実際には、民主政治体制を導入したからと言って経済発展が必ず起きるものではない。民主政体の導入によって、統治能力が下がったり、内戦が起きたりして、人々が塗炭の苦しみを味わっている発展途上国は数多くある。現在の中国では民主政治体制と経済発展を切り離して考えており、それが成功を収めている。この点は現在の中国にまで影響を与えている孫文の大きな貢献の一つである。

更には、毛沢東（第9～10章）、鄧小平（第11～12章）を通じてユニークな主張に、ずばり、「文化大革命がなければ、後の経済改革はなかった（no Cultural Revolution, no economic reform）」というものがある。これは、鄧小平が始めた「改革開放（reform and opening up）」がスムーズに進んだ理由の一つが、毛沢東による文化大革命によって中国の伝統文化や習慣が一掃され、改革開放を邪魔する要素がなくなっていたというものだ。毛沢東の行った大規模で徹底的な破壊を、鄧小平は経済発展につなげることができた。この点こそが鄧小平の偉大さなのである。著者は、この破壊から建設への過程について、「創造的破壊（creative destruction）」（経済学者ジョセフ・シュンペーターが使った表現）と呼んでいる。文化大革命の悲惨さや破壊の凄まじさばかりが強調されることが多いが、著者たちは創造的破壊という側面に光を当てている。

二〇一〇年八月一六日に『エコノミスト』誌に掲載された記事「こんにちは、アメリカ：中国経済が実質的に日本を追い抜く（"Hello America China's economy overtakes Japan's in real terms"）」によると（http://www.economist.com/node/16834943）、一八二〇年の段階で、中国は世界の総ＧＤＰの三〇％を占めていた。それが一八七〇年には一〇％台後半にまで急落してしまった。中国が一九世紀まで世界の超大国であったことは数値で裏付けられている。本書でも描かれているように、世界の超大国の地位を失ったことで、中国人は「大国としての地位を回復したい」と望み続けた。中国共産党は、「平和的台頭・和平崛起（peaceful rise）」をスローガンにして、中国を大国として再び登場させようとしている。現在、中国は経済規模で日本を抜き、アメリカに次いで世界第二位となっている。本書は、どうして中国が大国を目指しているのかという疑問に明快な答えを与えてくれる。中国は、「復興（rejuvenation）」の道を着実に進もうとしているのだ。

現在、日本では近隣の中国や韓国に対する反感や嫌悪が蔓延し、書店に行けば嫌中・嫌韓本が数多く並べられている状況だ。日本は衰退の過程に入っているのに、すぐ隣にある中国が大国として台頭しようとしている状況に日本人の多くは恐怖感を持っている。このような時期に中国をまともに取り上げた本を出すというのは、商売（売り上げ）のことを考えれば賢いことではないかもしれない。しかし、冷静になって考えてみれば、中国や韓国は、日本にとってこれからも重要なお隣さんであり続けるし、ビジネスの相手である。ただ怖い、嫌いとだけ言って目と耳を塞いでいれば済むというものではない。「中国なんか大嫌いだ」という人たちにこそ、本書を是非手に取っていただきたいと思う。

対外関係（外交）においても、ビジネスにおいても、一般的な人間関係においても、まず大事なのは相手を知ることである。どうして相手がこういう態度に出るのか、自分たちにとって不可解な対応を取るのか、その理由を知るためには、相手の考えを知らねばならないし、相手の歴史を知ることが重要となる。『野望の中国近現代史』を読むことで、中国の近現代史に関する知識が増え、読者の皆さんの中国に関する理解が深まり、中国の台頭をただ恐れるのではなく、冷静に観察し、国際関係の進む方向について深く考えることができるようになる。このことを私は確信をもって断言する。

本書の構成と内容同様、オーヴィル・シェル（Orville Schell）とジョン・デルリー（John Delury）の著者二人も大変ユニークな経歴の持ち主だ。二人は、ニューヨークにあるアジアソサエティ（一九五六年にジョン・D・ロックフェラー三世が創設）に関係するヴェテランと若手のアジア専門家である。彼らが本書『野望の中国近現代史』を出版した背景は、アメリカ国内にもある中国脅威論に対して、中国の行動原理とは何かを説明しようとした出版されたものであることは間違いないところだろう。

オーヴィル・シェルは、ハーヴァード大学でジョン・フェアバンクとエドウィン・ライシャワーの指導の下で、東アジアの歴史、文化、政治を学び、一九六四年に学士号を取得。一九六七年にカリフォルニア大学バークレー校大学院に入学し、博士号候補生（Ph.D. candidate　博士論文提出以外の全ての課程を修了した学生）となる。その後、ベトナム反戦運動に影響を受けて、反戦運動に参加し、ジャーナリストになる。『ニューヨーカー』誌や『ニュー・リパブリック』誌の特派員を務め、母校カリフォルニア大学バークレー校ジャーナリズム専攻大学院長を務めた経験を持つ。現在アジアソサエティ米中関係センター所長を務めている。ダボス会議（世界経済フォーラム）の常連でもあり、外交評議会（ＣＦＲ）の会員でもある。

ジョン・デルリーは、イェール大学で中国近代史を専攻し博士号を取得した。これまでにブラウン大学で歴史学、コロンビア大学で政治学を教えた経験を持つ。アジアソサエティ米中関係センター副所長を務めた後、現在、韓国の首都ソウルにある名門・延世大学の准教授を務めている。朝鮮半島ウォッチャーとしても様々なメディアに登場し、これからの活躍が期待されている新進気鋭の若手研究者である。

本書訳出にあたり、ビジネス社の岩谷健一氏には大変お世話になりました。記して感謝申し上げます。

二〇一四年五月

古村治彦《ふるむらはるひこ》

【著者】

●オーヴィル・シェル（Orville Schell）

ハーヴァード大学とカリフォルニア大学バークレー校で教育を受ける。中国に関する数多くの著書と記事を発表。カリフォルニア大学バークレー校ジャーナリズム専攻大学院元院長。現在はニューヨークに本拠を置くアジア・ソサエティ付属米中関係センターのアーサー・ロス記念センター長を務めている。

●ジョン・デルリー（John Delury）

イェール大学から中国現代史研究で博士号を取得。博士論文は、明代から清代にかけての儒学者である顧炎武（ルビ：こえんぶ）についてであった。ブラウン大学、コロンビア大学、北京大学で教鞭を執った。アジア・ソサエティ付属米中関係センター元副センター長。現在はソウルにある延世大学の東アジア研究専攻の助教授を務めている。

【訳者】

●古村治彦（ふるむら・はるひこ）

1974年、鹿児島市生まれ。早稲田大学社会科学部卒業、同大大学院社会科学研究科修士課程修了（修士）。南カリフォルニア大学大学院政治学研究科博士課程中退（政治学修士）。現在、SNSI研究員並びに愛知大学国際問題研究所客員研究員。著書に『アメリカ政治の秘密』（ＰＨＰ研究所）、訳書に『バーナード・マドフ事件』（アダム・レボー著、成甲書房）、『ネクスト・ルネサンス』（パラグ・カンナ著、講談社）、『アメリカが作り上げた"素晴らしき"今の世界』（ロバート・ケーガン著、ビジネス社）などがある。

野望の中国近現代史 帝国は復活する

2014年6月1日　第1刷発行

著　者　オーヴィル・シェル　ジョン・デルリー
訳　者　古村治彦
発行者　唐津　隆
発行所　株式会社ビジネス社
〒162－0805　東京都新宿区矢来町114番地
神楽坂高橋ビル5F
電話　03－5227－1602　FAX 03－5227－1603
URL　http://www.business-sha.co.jp/

〈カバーデザイン〉中村　聡
〈本文組版・印刷・製本〉モリモト印刷株式会社
〈編集担当〉岩谷健一　〈営業担当〉山口健志

ISBN978-4-8284-1756-1